KB179663

고두현의 스포츠 이야기

건강보험이란 꿈도 못 꾸었던 시절 치료비 마련이 어려웠던 환자와
그 가족의 사정을 가슴 아프게 여기시며 보살피셨던 아버지(고병령 高秉齡: 외과의사)
그리고 불편한 몸을 무릅쓰고 한마디 불평 없이 애들의 과목별 성적을 그래프에 옮겨 살피면서
점심 시간에는 친구들이 우르르 몰려드는 도시락을 싸 주는 등
학업에 열중할 수 있는 환경을 만들어 준
고마운 아내(김정수 金貞秀)에게 이 책을 바친다.

고두현의 스포츠 이야기

초판 1쇄 인쇄 ㅣ 2016년 12월 20일
초판 1쇄 발행 ㅣ 2016년 12월 25일

지은이 ㅣ 고두현
펴낸이 ㅣ 오웅근
디자인 ㅣ 이은화

펴낸곳 ㅣ 지문사
등록 ㅣ 제2014-000156호(1980. 1. 9)
주소 ㅣ 경기도 고양시 일산서구 탄중로 447
전화 ㅣ (02)715-2305

ISBN 978-89-7211-385-0 03690

고두현의 스포츠 이야기

고두현 지음

지 문 사

Legendary Writer

By Park Song-wu
Staff Reporter

In a crowded subway train, a stocky [man] break the [...] newspaper [...] um. With rustling sounds, he rummages [...] presumably [...] for his favorite column or cartoons.

However, it seems like there are no articles satisfying his desire to read, considering the accelerating speed of the turning pages.

"Next stop is Anguk....," the tinny voice blares from the train's speakers. The man in his 40s stands [...] throws the [...] head rack, [...] refuse. He steps out of the train with an unconfined air.

The newspaper [...] tures and body [...] pages, turned out to be a sports newspaper, which is frequently abandoned by readers in trains.

"Quality newspapers are not thrown away like that. People bring good newspapers to their home to make some clipping."

mors that make it to print are gross exaggerations or complete fabrications by reporters, [...]

[...] a journalist dating back to 1960, Koh also said that sports dailies place an inordinate emphasis on major sports at the expense of minor events.

"Instead of filling up valuable space with indecent cartoons and groundless gossip, they should report at least all of game results from unpopular events. That's the duty of sports papers," Koh said.

[...] who centered his criticism on the absence of in-depth coverage, a must for quality papers.

[...] can't find any investigative reporting. There rarely is any analysis in articles. Even before the World Cup, few dailies prepared well-organized features on the events," said Koh, who published a pictorial book on the World Cup last month.

《코리아 타임즈》(THE KOREA TIMES, 2002. 12. 11) 스포츠 면 TOP에 필자의 스포츠신문 비판기사를 실으면서 제목을 Legendary Writer Slams Sports Papers라고 뽑아 주었다. 스포츠 기자 평생 가장 영광스러운 찬사였다.

경력

- 1935년 일본 오사카 출생
- 한국해양대학 항해과 졸업(1958년)
- 서울신문사 체육부기자, 주간스포츠 부장과 체육부장 거쳐 국장급 기자로 정년퇴임(1960~1995년)
- 한국언론연구원 강사(1992~1993년)
- 연세대 교육과학대 강사(1994년)
- 한국체육대학 사회체육대학원 강사(1998~2002년)

SPORTS

Iams Sports Papers

Legendar Writer
(Korea Times)

3장 역도산

4장 맥아더 원수 움직인 이상백, 한국 올림픽, 아시안 게임 출전의 길 열다

5장 손날로 쇠뿔, 술병 목을 잘라 낸 최영의

6장 가슴에 태극기 못 달았던 한국계 미국 선수, 두 차례 올림픽에서 금메달 딴 이승만(대통령) 친구 아들 새미리

1장

피겨 여왕 불후의 전설

소냐 헤니부터 김연아까지

피겨 여왕들 캐리커추어는 필자의 손녀 고효진(高孝珍)의 작품입니다.

"뭐? 이런 별난 선수가 다 있었어?"

필자는 《*The Guinness Book of Olympics*》를 들춰 보다가 동계올림픽 여자 피겨 싱글에서 소냐 헤니(노르웨이)가 3연패(1928년, 1932년, 1936년), 세계선수권 10연패를 이룩한 후 프로로 전향해 아이스쇼 흥행과 할리우드 영화 출연으로 엄청난 돈을 벌었다는 기록에 깜짝 놀랐다. 덩달아 동계올림픽 여자 피겨스케이팅의 역대 챔피언들을 살펴보니 프로 복싱 세계 챔피언이나 축구 슈퍼스타 못지않게 재미있는 전설적 인물들이 적지 않았다. 1956년 금메달리스트 텐레이 올브라이트(미국)는 은퇴 후 하버드 의대를 졸업하고 이름난 외과의사 겸 의학자(醫學者)가 됐고, 흑인 최초의 세계 챔피언이자 1988년 올림픽 동메달리스트인 데비 토마스(미국)는 고교 시절 어찌나 공부를 잘했던지 하버드 대학, 스탠포드 대학, 프린스턴 대학 등 명문대학의 입학 허가를 받아 그 가운데 스탠포드 대학을 거쳐 노스웨스턴 의대를 졸업해 정형외과의사로 성공했다. 1994년 올림픽 금메달리스트인 옥사나 바이울(우크라이나)은 고아였는데도 정상급 선수로 자라기 위해서는 돈이 많이 드는 피겨를 선택해 그 분야의 여왕이 됐다. (그만하자! 앞글에 너무 자세히 밝혀 버리면 본문을 읽는 재미가 줄어 버릴 테니까!)

2010년 밴쿠버 올림픽이 끝났을 때 몇 명의 젊은 기자들에게 "김연아의 우승을 계기로 '피겨 여왕의 전설'을 써 보면 어떻겠느냐?"고 제안해 보았지만 별 관심을 나타내지 않았다. 2014년 소치 올림픽에서 김연아가 2연패에 도전했을 때는 내가 직접 써 볼 생각으로 몇 군데 신문과 여성 월간지에 알아보았으나 여전히 차가운 반응뿐이었다. 그래서 할 수 없이 80 넘은 노구(老軀)를 채찍질해서 이 책에 담아 보기로 했다. 피겨스케이팅에 대해서 아는 바가 많지 않은 필자라 미흡한 점, 잘못된 점이 있지 않을까 내심 걱정이 된다. 잘못된 점을 발견해 알려 주시면 재판(再版) 찍을 때 ("재판? 누구 맘대로? 이 책이 그렇게 잘 팔릴 것 같아?"), 아니 아무튼 재판을 찍을 행운이 돌아온다면 그때 바로잡겠다는 것이다. ("이젠 됐지?")

남녀를 통틀어 모든 스포츠 가운데 가장 인기 있는 종목은 무엇일까?

두말할 것도 없이 단체경기는 단일종목의 세계선수권인 FIFA 월드컵으로 종합체전인 올림픽을 앞질러 지구 가족을 열광시키고 있는 축구다. 그렇다면 개인종목은? 텔레비전 시청률, 신문의 지면 배정, 광고 스폰서의 관심도 등을 종합한다면 동계올림픽의 여자 피겨 싱글이다. 올림픽 피겨 여왕 가운데는 올림픽 3연패, 세계선수권 10연패를 이룬 뒤 할리우드 영화 출연과 아이스쇼 흥행으로 엄청난 돈을 긁어모아 거부(巨富)가 된 소냐 헤니가 '전설 가운데 전설'이다. 소냐 헤니로부터 김연아에 이르기까지 피겨 여왕들의 아름답고, 때로는 암울한 전설들을 살펴보기로 한다.

1. 소냐 헤니

(Sonja Henie, 노르웨이, 1912~1969년)
1928년, 1932년, 1936년 동계올림픽 3연패

북유럽의 전형적인 미모를 지닌 소냐 헤니는 뛰어난 기술과
예술적 감각으로 1920년대 초반까지 별로 인기가 없었던
여자 피겨스케이팅을 가장 인기 있는 개인종목으로 진화시켜
동계올림픽 3연패, 세계선수권 10연패를 이루고 은퇴한 후 미국으로 건너가
아이스쇼와 할리우드 영화 출연으로 엄청난 돈을 벌어 '전설 가운데 전설'로 꼽히게 됐다.

컷 ⓒ 高孝珍

당초 사람들의 관심도 끌지 못해 별 볼일 없던 여자 피겨를 세계 으뜸의 인기 종목으로 끌어 올리고 자신도 불후의 전설이 된 소냐 헤니는 슈퍼스타가 될 모든 자질을 갖고 태어났다.

제1회 동계올림픽에 나타난 11세 꼬마 소녀

제1회 동계올림픽은 프랑스의 샤모니에서 1924년 1월 25일부터 2월 4일까지 열렸다. 16개국 294명 선수들이 참가했고, 13명밖에 안 되는 여자 선수 가운데 노르웨이에서 온 11세 꼬마 소녀가 너무나 귀여워 사람들의 미소어린 눈길을 끌었다. 8명이 출전한 여자 피겨 싱글에서 비록 최하위인 8위에 머무르긴 했으나 프리스케이팅에서는 엄청나게 믿기 어려운 빼어난 연기를 펼쳐 심판들을 깜짝 놀라게 만들어 "피겨에 무서운 천재 꼬마 소녀가 나타났다"는 소문이 삽시간에 퍼졌다. 그 어린 나이에 헤니는 이미 그 종목의 노르웨이 챔피언을 두 차례나 지낸 관록을 지니고 있었다.

첫 동계올림픽 때만 해도 여자 피겨 싱글은 스피드 스케이팅, 아이스하키, 컬링보다 인기가 없었다. 여자 피겨는 의상도 멋이 없고 기술도 대단치 않아 별 볼일 없는 종목이었다. 하지만 헤니가 눈부신 점프를 엮어 내 눈길 끄는 연기로 여자 피겨 싱글을 세계 최고의 인기 종목으로 치솟아 오르도록 만들었다. 뿐만 아니라 헤니는 피겨를 통해 큰 부자가 됨으로써 이 종목을 세상 사람들의 부러움을 받는 여성만의 직업으로 개척하게 될 줄을 당시 아무도 몰랐다.

운명을 바꾸어 놓은 스케이트 슈즈

"나도 오빠와 같은 스케이트 슈즈를 갖고 싶어! 갖고 싶어!" 소냐 헤

별 볼일 없던 여자 피겨스케이팅을 세계
으뜸의 인기 종목으로 끌어올린 소냐 헤니
는 동계올림픽 3연패, 세계선수권 10
연패, 유럽 선수권 8연패를 이루는 동안
단 한 차례도 얼음판에 넘어진 일이 없던
'전설 가운데 전설'이다(위). 갑부집 딸로
태어난 소냐 헤니는 전형적인 북유럽계
미녀였으며 성격도 활달한 데다 뛰어난
스케이팅, 화려한 의상 등으로 세계 여성
들의 우상이었다(아래).

니가 크리스마스 선물로 오빠가 받은 스
케이트 슈즈를 탐내 부모에게 막무가내
로 조른 것이 6세 때 일이다. 발레리나가
꿈이었던 헤니는 그 후 피겨스케이팅에
서 믿을 수 없을 만큼 빠른 속도로 뻗어
나간다. 9세 나이에 여자 피겨 노르웨이
챔피언의 자리에 오른다. 발레 교사와 전
문코치의 지도 아래 기량을 갈고 닦은 헤
니는 세계 정상 등극을 준비한다.

부잣집에 태어나 아낌없는 뒷받침 받아

소냐 헤니는 1912년 4월 8일 노르웨이
오슬로에서 가장 큰 모피(毛皮) 도매상으
로 돈을 많이 번 월헬름 헤니의 딸로 태
어났다. 오슬로에서 가장 먼저 자가용 자
동차를 사 들일 만큼 돈이 많은 집안이었
다. 피겨 선수로 크게 성공하기 위해서는
균형 잡힌 몸, 뛰어난 체력과 운동신경,
유연성, 음악적 감각 등을 타고나야 하지
만 그런 자질을 키워 내는 데 드는 엄청
난 비용도 감당해 낼 수 있어야 한다. 헤
니는 4세 때부터 시골 별장에서 스키를
탔으며 자라면서 스케이팅, 테니스, 달리
기 등을 즐기면서 몸과 마음을 단련했다.

여러 종목의 스포츠는 그녀의 몸이 얼음판 위에서 자유자재로 움직이도록 만드는 데 도움이 됐다.

전설이 시작된 1928년 산모리츠 동계올림픽

1928년 스위스 산모리츠에서 열린 두 번째 동계올림픽에서 15세 헤니는 세계를 놀라게 만들었다. 7명 심판 가운데 6명이 헤니를 1위로 채점했고, 1명(미국)만이 헤니를 2위로 매겼다.

헤니가 세운 올림픽 여자 피겨 싱글의 최연소 금메달리스트 기록은 1994년 릴레함메르 올림픽에서 같은 15세지만 헤니보다 몇 주 어린 옥사나 바이울(우크라이나)이 우승할 때까지 66년 동안이나 깨지지 않았다. 관중은 다른 선수들이 모두 칙칙하게 어두운 색의 긴 치마를 입고 스케이팅을 펼친 데 견주어 소녀인 탓에 허용된 무릎 위까지 짧은 치마를 입고 헤니가 멋진 점프를 하면서 펼친 발랄한 연기에 완전히 매료됐다. 특히 의상에 신경을 쓴 헤니와 어머니는 여성이 아름답게 보이고 싶어 하는 본성을 살려 밝은 색의 의상을 헤니에게 입혀 자신의 딸이 연기뿐만 아니라 패션에서도 눈길을 끌게 만들었다. 여자 피겨에 패션이 도입된 것이다. 헤니의 패션 감각을 뒤따라 다른 선수들이 베이지

색 의상을 입고 출전하게 되자 헤니는 흰색을 입어 자신을 돋보이게 만들었다. 헤니 등장 이후 유명 디자이너에게 주문한 비싼 경기용 의상이 얼음판을 수놓게 된다. 헤니가 침침했던 얼음판을 환하게 바꾸어 놓은 것이다.

소냐 헤니가 연거푸 여자 피겨 싱글에서 우승한 세 차례 올림픽 포스터로, 왼쪽부터 1928년 스위스 산모리츠의 제2회 대회, 1932년 미국 레이크플래시드의 제3회 대회, 1936년 독일 가르미슈-파르텐키르헨의 제4회 대회다.

대서양을 건너 미국을 열광시킨 헤니

1930년 헤니는 미국 뉴욕에서 열린 세계선수권대회에 참가하기 위해 대서양을 건넜다. 17세 헤니는 이미 보도기관이나 아이스쇼 흥행회사가 으뜸으로 손꼽는 스타였다. 세계선수권이 열리기 5주 전, 그해 1월 뉴욕 메디슨 스퀘어가든에서 헤니가 주인공을 맡은 카니발의 입장권은 일찌감치 매진됐다. 카니발에 나가는 헤니의 의상은 황금과 다이아몬드로 장식되어 있어 뭇 여성들의 꿈이 현실화되어 있었다. 그 모습을 본 순간 미국은 헤니에게 홀딱 반하고 말았다. "헤니는 마치 노르웨이 공주 같았다"고 《뉴욕 타임즈》는 보도했다. 헤니는 피겨스케이팅을 통해 일반 여성의 패션에도 큰 영향을 미치기 시작한 것이다.

1932년 미국 레이크플래시드 동계올림픽에서 헤니는 심판 전원 일치의 우승을 차지해 올림픽 2연패를 이루었다. 11세 때 올림픽에 첫 출전한 헤니의 뒤를 밟아 11세 영국의 꼬마 소녀 2명이 이 올림픽에 도전했다. 메간 테일러는 7위, 세실리아 컬레지는 8위를 각각 차지했다. 올림픽 여자 피겨에 나이어린 꼬마 소녀들이 도전하는 용기를 불어 넣어 준 것도 헤니다. 동메달리스트인 마리벨 빈슨은 은퇴 후 미국 최초의 여성 스포츠 기자로《뉴욕 타임즈》에서 활약했고, 훗날 1956년 올림픽 챔피언이 된 텐레이 올브라이트의 코치를 맡았다. 여자 피겨 선수가 링크를 떠나 지적(知的)인 직업에 참여하는 개척자가 된 것이다.

올림픽 3연패 후 프로로 전향해 할리우드 영화 3대 스타로 떠올라

헤니의 인기는 유럽과 미국에서 대단했다. 헤니가 체코슬로바키아의 프라하나 미국 뉴욕에 모습을 나타냈을 때는 수많은 사람들이 몰려드는 바람에 경찰이 동원되어 정리를 해야 할 정도였다.

1936년 독일 가르미슈-파르텐키르헨에서 헤니는 7명 심판 전원 일치의 채점으로 올림픽 3연패 영광을 안았다. 그러나 1935년 베를린에서 가진 시범경기에서 나치 독일의 독재자 히틀러 총통에게 나치의 손을 들어 올리는 경례를 했다 해서 노르웨이 국민들뿐만 아니라 나치즘을 싫어하는 많은 사람들로부터 비난을 받았다. 하지만 히틀러가 제2차 세계대전을 일으키기 전의 일이고 유

나치 독일의 독재자 히틀러 총통은 1935년 독일 가르미슈-파르텐키르헨의 제4회 동계올림픽 때 소냐 헤니에게 사인이 곁들여진 자신의 인물사진을 액자에 넣어 선사했다. 히틀러는 제2차 세계대전을 일으켜 초기에는 전격작전으로 러시아까지 침공했으나 미국까지 연합군으로 참전해 전세가 역전돼 밀리자 베를린에서 권총으로 자살하고 만다.

1936년 올림픽 3연패를 이룬 뒤 은퇴해서 프로가 된 소냐 헤니는 미국으로
건너가 할리우드 영화에 출연해 셜리 템플, 클라크 케이블 등과 함께 3대 스
타로 꼽히게 되어 지구촌 가족의 사랑을 받았다. 텔레비전, 인터넷 등이 없던
시절 영화는 대중들이 즐길 수 있는 가장 큰 오락거리였다.

대인 학살도 자행되기 전의 일인 데다 독일에서 독일 방식으로 인사했을 뿐 평소 단 한 번도 정치적 성향(性向)을 밝히지 않았던 헤니를 나치 동조자로 몰아세우는 것은 지나치다는 사람도 있었다.

헤니는 올림픽 3연패, 세계선수권 10연패, 유럽 선수권 8연패라는 엄청난 기록을 마감하고 프로가 되어 아이스쇼 흥행과 할리우드 영화 출연으로 돈벌이에 나섰다. 미국의 이름난 영화제작사 20세기-폭스 사가 헤니에게 영화 출연을 교섭해 왔다. 헤니의 첫 영화 〈One in a Million〉은 큰 성공을 거두었다. 그 후 9편의 영화를 더 찍으면서 헤니는 영화 스타로서 인기가 급상승한다. 영화에 데뷔한 지 1년 만인 1938년 영화

1930년대 후반 미국 할리우드 영화의 최고 인기스타는 6세의 어린 나이에 아카데미 특별상을 차지한 셜리 템플이었다. 〈환호의 폭풍〉 등에 출연해 노래 부르고 춤추는 그녀의 귀여운 모습에 세계는 매료되어 〈세계의 꼬마 연인〉으로 인기 으뜸이었다. 두 번째 인기스타는 〈바람과 함께 사라지다〉의 남자 주연 클라크 케이블, 그리고 세 번째가 할리우드 영화에 진출한 소냐 헤니였다.

스타로서 헤니의 인기는 남녀 스타를 통틀어 3위로 치솟았다. 미국은 스포츠 경기장이나 영화관이나 입장객수를 정확히 체크하는 자동계수기(自動計數器)가 장치되어 있어 관객 동원 능력을 정확히 알아낼 수 있다 '세계의 꼬마 연인'이라 불리던 여배우 셜리 템플, 〈바람과 함께 사라지다〉의 남자 주연배우 클라크 케이블에 이어 헤니가 3위를 기록했다.

셜리 템플은 1935년, 7세 어린 나이에 아카데미 상을 수상한 천재 소녀다. 4세 때부터 댄스 레슨을 받으면서 영화계에 들어선 템플은 〈환호의 폭풍〉 등 여러 편의 영화에 출연해 춤과 노래를 곁들인 뛰어난 연

프랭클린 루즈벨트 대통령 내외는 소냐 헤니를 백악관에 초대해 차를 마시면서 이야기를 나누었다. 온 세계를 불황의 늪에 빠뜨리게 한 경제 공황이 일어나자 루즈벨트 대통령은 뉴딜 정책을 펴 미국 경제를 살리고 제2차 세계대전이 터지자 독재자 히틀러가 이끄는 독일, 파시스트 뭇솔리니가 영도하는 이탈리아 그리고 군국주의 일본과 맞서 싸워 연합국을 승리로 이끈 위대한 지도자다.

기로 많은 사람들에게 밝은 마음을 갖도록 해주었다. 셜리 템플은 1935년부터 1938년까지 '돈을 버는 여성 스타' 1위를 4년 연속 차지할 만큼 많은 돈을 벌었다. 당시 프랭클린 루즈벨트 대통령은 세계 공황이라고 불린 경제 불황 속에 시달리던 미국 국민들에게 템플이 밝은 마음을 갖도록 해 위기를 이겨 낼 수 있는 힘을 주었다고 감사의 뜻을 나타내기도 했다. 비비안 리와 함께 출연한 〈바람과 함께 사라지다〉를 불후의 명작으로 만든 중후(重厚)한 남성미의 클라크 케이블은 온 세계 여성들의 가슴을 설레이게 하는 존재였다.

할리우드 영화 3대 스타 가운데 한 사람이 된 헤니는 영화 출연료뿐만 아니라 아이스쇼 흥행으로도 돈을 벌었다. 헤니는 1년에 당시로서는 거액인 20만 달러를 벌어 들였다. 그로부터 20년이나 지난 후에야 미국 프로 스포츠에 연봉 10만 달러 선수가 나타나기 시작한다. 헤니는 모든 일에 완벽주의자였다. 그녀는 스케이트 날을 날카롭게 가는 일을 아무에게나 맡기지 않았다. 미국에 있는 동안 헤니는 뉴욕의 에디 펙에게만 그 일을 맡겼다. 한번은 헤니가 시카고에서 공연이 있어 스케이트 날을 갈아야 한다고 여겼을 때 뉴욕의 펙에게 연락했다. 펙은 바로 열차를 타고 시카고로 가서 몇 분 동안 헤니의 스케이트 날을 갈은 후 곧바로 열차를 타고 뉴욕으로 돌아갔다. 미국의 루즈벨트 대통령 부처는 헤니를 백악관에 초대해 차를 함께 마시며 이야기를 나누기도 했다.

앰뷸런스 항공기 안에서 숨진 위대한 전설

헤니는 자신이 번 돈 그리고 아버지가 남긴 유산까지 합쳐 4,700만 달러의 유산을 남길 만큼 부(富)를 축적했다. 그리고 올림픽 3연패, 세계선수권 10연패, 평생 단 한 번도 경기 중 넘어지지 않은 완벽한 스케이팅으로 아마추어 시절 차지한 1,473개 컵, 메달, 트로피 등으로 뒷받침되는 영광을 누렸다.

하지만 결혼 생활은 별로 행복하지 않았던 듯하다. 미국 생활을 위해 헤니는 1941년 미국 시민권을 취득했다. 미국에서 두 차례나 결혼에 실패한 헤니는 44세 때 어린 시절 남자친구인 노르웨이의 선주(船主)인 닐슨 온스타드와 결혼했다.

그 후 1969년 10월 12일 백혈병을 앓으면서 프랑스 파리에 머무르고 있던 헤니는 상태가 나빠지자 고향인 오슬로에 돌아가기 위해 몸을 실은 앰뷸런스용 항공기 안에서 숨을 거두고 말았다. 한 여성이 얼마나 위대한 일을 해낼 수 있었는지를 몸소 밝힌 '전설 가운데 전설'은 떠났으나 인류의 문화에 스포츠가 남아 있는 한 헤니의 전설은 결코 잊어지지 않을 것이다.

2. 텐레이 올브라이트

(Tenley Emma Albright, 미국, 1935~)
1956년 동계올림픽 우승

1952년 동계올림픽 은메달리스트 텐레이 올브라이트는 1953년과 1955년
세계 챔피언 타이틀을 쟁취한 후 1956년 동계올림픽에서 금메달을 목에 걸고 말았다.
올브라이트는 동계올림픽 여자 피겨 싱글에서 금메달을 차지한
최초의 미국 선수다. 그 후 그녀는 은퇴해서 하버드 의대를 졸업해 외과의사
그리고 의학자로 이름을 떨쳐 세계를 놀라게 만들었다.

컷 ⓒ 高종珍

하늘에 날아오르고 싶던 소녀의 두 가지 꿈

1935년 7월 18일에 태어난 텐레이 올브라이트는 어릴 적부터 두 가지 꿈을 지니고 있었다. 하나는 아버지 홀리스 올브라이트처럼 뛰어난 외과의사가 되는 것이고, 또 하나는 여자 피겨에서 올림픽 금메달리스트가 되는 것이었다. 한 가지 꿈을 이루기도 매우 어려운 일이었으나 올브라이트는 여러 가지 시련을 이겨 내고 기어이 두 가지 꿈을 모두 이루었다.

8세 때부터 피겨 레슨을 받기 시작한 올브라이트는 훗날 미국의 스포츠 주간지 《스포츠 일러스트레이티드(Sports Illustrated)》와 인터뷰에서 "나는 자유롭게 공중에 날아오르고 싶었다. 어릴 때 공중을 날고 싶어 지붕에서 우산을 펼치고 뛰어내려 우산만 망가뜨렸다"고 말했다. 아버지는 스케이팅을 좋아하는 딸과 아들 닐스를 위해 집 뒷마당에 조그만 아이스링크를 만들어 주었다. 그 링크에서 올브라이트는 할머니와 함께 피겨스케이팅을 즐기기도 했다. ("정말 멋쟁이 할머니를 모시고 있었네!") 일상 생활 속에 스케이팅을 받아들인 올브라이트는 집념에 사로잡히기보다는 구김살 없이 스케이팅을 즐기면서 자랐다.

소아마비의 시련을 이겨 내다

올브라이트는 11세 때 소아마비에 걸렸다. 목, 등, 다리 등이 마음대로 움직이지 않았다. "내가 소아마비를 옮길 것을 두려워하는 다른 아이들로부터 따돌림당할까 봐 아빠 엄마는 무척 걱정하셨다"고 올브라이트는 그때를 회고했다. 다행히 몇 달 동안 치료로 올브라이트는 다시 피겨 훈련에 되돌아갈 수 있었다.

1952년 노르웨이 오슬로 동계올림픽에서 올브라이트는 은메달을

1956년 이탈리아 코르티나 담페초 동계올림픽의 포스터는 태양을 그려 넣은 찬란한 도안이었다.

차지했다. 1924년 샤모니 올림픽에서 베아트릭스 로란이 은메달을 차지한 이래 28년 만에 미국 선수가 올림픽 여자 피겨 싱글에서 은메달을 획득한 것이다. 그녀의 프리스케이팅은 찬란했다. 전문가들은 "4년 뒤의 올림픽에서 올브라이트는 금메달을 목에 걸게 될 것이다"라고 예상했다. 이 예언은 미국 스포츠계에 큰 희망과 용기를 불어 넣어 주는 좋은 소식이었다. 그때까지 미국은 동계올림픽 여자 피겨에서 금메달을 차지해 본 적이 없었기 때문이다.

1953년 올브라이트는 세계선수권대회가 창설된 지 47년 만에 처음으로 미국에 여자 피겨 싱글의 세계 챔피언 타이틀을 안고 돌아왔다. 미국 여자 피겨가 세계 정상급으로 치솟기 시작한 것이다. 올브라이트가 세계 정상에 오르며 길을 터놓자 바로 뒤를 이어 팀 동료인 캐롤 헤이스를 비롯해 유망주들이 세계 정상 도전 대열에 끼어들었다.

아찔한 부상을 무릅쓰고 미국 선수 최초로 동계올림픽 금메달리스트되다

돌이켜 생각하기에도 섬뜩한 일이었다. 1956년 코르티나 담페초 동계올림픽을 눈앞에 두고 현지에서 훈련 중이던 올브라이트는 얼음판에 넘어져 왼쪽 스케이트 날로 오른쪽 발목을 베는 끔찍한 부상을 입는다. 사고 현장은 유혈이 낭자했으나 그나마 다행히도 뼈는 상하지 않았다. 큰 충격 속에서도 올브라이트는 곧바로 미국 보스턴에 전화를 걸어 아버지에게 도움을 요청했다. 노련한 외과 전문의인 아버지 홀리스 올브라이트 박사는 지체 없이 딸에게로 날아가 필요한 응급처치를 취했다.

경기 당일에 올브라이트는 다리가 쑤시고 오른쪽 발목에는 온통 테이프를 칭칭 감은 채 은반에 모습을 나타냈다. 하지만 막상 경기가 시작되자 불안은 사라지고 올브라이트는 아름다운 스케이팅으로 관중을 열광시켰다. 올브라이트의 프로그램이 끝난 90초 후 이탈리아 관중은 일제히 그녀가 선택한 곡 'The Tales of Hoffman' 의 'Barcarolle' 을 합창하기 시작했다. "그들이 부르는 노랫소리에 휩싸인 나는 온몸에 소름이 끼칠 만큼 깊은 감동을 느꼈다"고 올브라이트는 회고했다. 11명 심판 가운데 10명이 그녀에게 최고점수를 주었다. 텐레이 올브라이트는 미국 여성으로서 최초로 동계올림픽 피겨 싱글에서 금메달리스트가 됐다.

은퇴 후 하버드 의대를 졸업해 외과 전문의, 의학자로 이름을 떨치다
올브라이트는 또 하나의 목표인 외과 전문의가 되기 위해 1955년부터 래드클리프 대학에 다니면서 의과대학 진학에 힘을 기울였다. 새벽 4시 졸음을 박차고 일어나 트레이닝을 치르고 대학에 나가 강의를 듣는 고된 나날이 계속됐다. 키가 크고 각선미가 뛰어난 데다 용모도 아름다운 올브라이트에게 이름난 아이스쇼 흥행사인 아이스 카페드(Ice Capades)가 거액을 제시하고 입단을 권유했으나 올브라이트는 고개를 가로저었고, 1957년 하버드 의대에 입학했다. 하버드 의대 동급생 150

명 가운데 여학생은 올브라이트를 포함해 단 6명뿐이었으니 여성에게는 얼마나 어려운 관문이었는지 짐작이 갈 만하다.

　의대를 졸업한 텐레이 올브라이트 박사는 외과 전문의뿐만 아니라 질병, 암 등의 조기 발견, 콜레스테롤에 관한 조사연구로 여러 편의 논문을 발표한 의학자(醫學者)로서도 눈길을 끌었다. 실제로 소아마비에 걸린 일이 있던 텐레이 올브라이트 박사는 WHO(세계보건기구)가 소아마비 근절(根絶)에 힘쓰도록 주도적인 역할도 다했다. 학업과 스포츠를 훌륭히 양립한 텐레이 올브라이트 박사는 많은 사람들로부터 존경과 사랑을 받고 있다.

〈Carol Elizabeth Heiss Jenkins, 미국, 1940~ 〉
1960년 동계올림픽 우승

캐롤 헤이스는 1956년 올림픽 은메달. 1960년 올림픽 금메달뿐만 아니라
1956년부터 1960년까지 세계선수권 5연패를 이룩해 '전설 가운데 전설' 인
소냐 헤니가 이룩한 10연패 버금가는 위대한 기록을 세웠다.
훗날 미셸 콴(미국)이 세계선수권을 6차례나 차지하지만 연패는 아니었다.

컷 ⓒ 高菊珍

1956년 이탈리아의 코르티나 담페초 동계올림픽 여자 피겨 싱글에서 텐레이 올브라이트가 미국 선수로는 최초로 금메달리스트가 되었을 때 은메달리스트는 같은 미국의 캐롤 헤이스였다. 11명의 심판 가운데 단 한 명(미국)만이 헤이스에게 1위를 주었을 뿐 나머지 10명은 모두 2위로 채점했다. 올림픽 무대에서는 올브라이트에게 완패한 것이다.

그러나 올림픽 개막 직전 올브라이트가 훈련 중 얼음판에 넘어져 왼쪽 스케이트 날로 오른쪽 발목을 베었을 때 신경이 상했거나 외과의사인 올브라이트의 아버지가 곧바로 미국에서 날아와 부적절한 응급처치로 딸을 올림픽 경기 얼음판에 세우지 못했더라면 금메달은 헤이스에게 돌아갔을 공산이 컸다. 하늘이 올브라이트를 도왔다고나 할까. 1953년부터 1956년까지 4년 동안 올브라이트를 단 한 번도 이겨 보지 못한 헤이스는 올브라이트에게 강한 라이벌 의식을 불태우고 있었다.

당신 딸은 10년 안에 세계 최고의 피겨 선수가 될 수 있다

캐롤 헤이스는 1940년 1월 20일 미국 뉴욕에서 태어났다. 5세 때부터 스케이팅을 시작했으며, 7세 때부터 피엘과 안드레 브루넷에게 본격적인 레슨을 받기 시작했다. 피엘 코치는 헤이스의 어머니에게 "당신 딸은 10년 안에 세계 최고의 피겨 선수가 될 수 있다"고 장담했다. 결코 적지 않은 레슨비, 링크 사용료, 출전비 등을 마련하기 위해 헤이스의 어머니는 프리랜서 의상 디자이너로서 딸이 열심히 훈련하고 있는 동안에도 일에 열중해야만 했다. 1956년 딸이 은메달을 차지한 코르티나 담페초 동계올림픽에 어머니도 따라갔었다. 어머니는 오늘 내일 하는 말기 암 환자였다. 그해 10월 어머니는 끝내 숨을 거두었다. 헤이스는 임종이 가까웠던 어머니에게 "엄마! 나는 반드시 올림픽 금메달을 따고 말 거야"라고 약속했다.

어머니 영전(靈前)에 바친 올림픽 금메달

1960년 스쿼밸리 올림픽에서 여자 피겨 싱글은 4년 전 은메달을 차지한 헤이스가 가장 유력한 우승 후보였다. 그녀는 1956년부터 1960년까지 5년 연속으로 세계 챔피언으로 군림했다. 2003년 미국의 미셸 콴이 6번째 세계 타이틀을 차지해 헤이스의 기록을 깨부수기 전까지 헤이스의 5연속 우승은 '전설 가운데 전설'인 소냐 헤니가 세운 불멸의 기록인 10연승에 버금가는 대단한 기록이었다.

1956년 올림픽에서 남자 피겨 싱글의 금메달을 목에 걸고 1961년 헤이스의 남편이 된 미국의 헤이즈 알란 젠킨스는 "헤이스는 매우 안정된 경기를 치를 수 있는 선수였다"고 현역 시절의 헤이스를 회고했다. 9명의 심판이 모두 헤이스에게 최고점수를 주었다. 헤이스는 돌아가신 어머니와 약속을 지켰다. 스쿼밸리 올림픽 시상대에서 내려오면서 "나는 꿈을 갖는다는 것 그리고 그 꿈을 이룬다는 것이 얼마나 행복한지 깨달았다"고 헤이스는 우승 소감을 말했다.

"돈이 전부가 아니다. 어머니의 임종도 지켜보아야 했고 가정도 꾸며야 했다."

1956년 올림픽 은메달리스트가 된 헤이스에게 순회공연의 보수로 7만 5천 달러를 아이스 카페드가 제의했다. 헤이스는 이 제의에 고개를 가로저었다. "그때 어머니가 암으로 위독했기 때문에 그 곁을 떠날 수 없었고 훈련을 계속해 올림픽에서 금메달도 따고 싶었다"라고 헤이스는 당시 아이스쇼 순회공연에 참가하지 않은 이유를 밝혔다. 헤이스가 1960년 올림픽에서 금메달을 따자 아이스쇼단이 제시한 금액은 10만 달러 이상이 됐다. 그러나 헤이스는 "결혼하고 가정을 꾸며야겠다"며 그 제안도 받아들이지 않았다.

얼마 후 헤이스는 영화사로부터 아이스쇼단이 제시한 같은 거액으로 〈Snow White And The Three Stooges〉에 출연해 달라는 교섭을 받았다. 1960년대 초 10만 달러는 큰돈이었다. 야구, 농구, 미식축구, 아이스하키 등 프로 스포츠에서 연봉 10만 달러를 받은 이른바 '10만 달러 선수'를 찾아보기 쉽지 않던 시절이다. 헤이스는 영화에도 흥미를 나타내지 않았다. "영화는 나의 경력에 새로운 분야였다. 나는 스케이팅 분야에서 나의 경력을 방금 마친 상태라 새로운 분야의 진출은 엄두가 나지 않는다"고 영화를 포기한 이유를 설명했다. 많은 미국의 젊은 여성들이 할리우드 영화에서 성공을 꿈꾸고 있는데도 헤이스는 영화계가 내민 화려한 유혹의 손을 뿌리쳐 버렸다. 여자 피겨의 가장 위대한 전설 소냐 헤니가 돈을 번 아이스쇼 흥행, 할리우드 영화 출연 두 가지를 모두 뿌리친 헤이스는 어쩌면 가장 주체성이 강한 여자 피겨 선수일지 모른다.

올림픽 금 3개, 세계선수권 금 11개, 올림픽 은·동 각각 1개 지닌 집안

젠킨스와 헤이스 부부는 오하이오 애크론으로 이사를 가서 3명의 아이를 키워 낸다. 1978년 헤이스는 얼음판에 다시 선다. 코치로서 말이다. 헤이스가 가르친 여자 제자 가운데는 일본의 안도 미키(2007년, 세계 챔피언), 미국의 토냐 하딩(1994년 올림픽을 앞두고 라이벌 낸시 케리건 습격으로 유죄 선고 받음) 등이 있다. 헤이스, 남편 헤이즈 젠킨스, 시동생 데이빗 젠킨스는 3명 모두 올림픽 금메달리스트이며, 이 3명이 차지한 세계선수권 금메달은 모두 11개 그리고 올림픽 금메달 3개, 은메달·동메달이 각각 1개를 지닌 막강한 피겨 선수 집안이다. 이 엄청난 메달에 대해 헤이스는 담담하게 이렇게 이야기했다.

"우리가 한가족이 되고 보니 차지한 메달이 많긴 했다. 그러나 우리는 그 메달에 그다지 집착하지 않는다. 가끔 생각해 보면 메달에 얽힌 추억이 떠올라 재미있긴 하다. 하지만 평소에는 그 메달을 거들떠보지도 않는다. 그 메달이 우리 삶의 중요한 부분이긴 하지만 삶의 전부는 아니다. 우리는 앞으로 그 메달을 넘어선 삶을 살아야 하기 때문이다."

돈벌이보다 가족의 화합이 더 중요하다고 여기는 헤이스는 정말 대단한 인생 철학을 지닌 여성이다.

4. 페기 플레밍

(Peggy Gail Fleming, 미국, 1948~)
1968년 동계올림픽 우승

1961년 2월 항공기 추락사고로 당시의 미국 피겨스케이팅 국가대표팀이 전원 사망하자
전문가들은 "미국이 다시 세계 정상급으로 복귀하기까지 10년은 걸릴 것이다" 라고 말했다.
그러나 페기 플레밍은 그로부터 5년 만에 세계 챔피언을 차지해 1968년까지 3연패를 이룩하고
1968년 동계올림픽 우승의 영예도 안아 미국 피겨스케이팅 재건의 견인차 노릇을 했다.
플레밍은 올림픽에서 우승한 뒤 프로로 전향해 아이스쇼, 텔레비전 스페셜, 텔레비전 해설 등으로 많은 돈을 벌었다.

컷 ⓒ 高孝珍

피겨스케이팅은 다른 어떤 스포츠 종목보다 선수 육성에 돈이 많이 들어간다. 따라서 일반적으로 피겨 선수는 부유한 집안 출신이 많을 수밖에 없다. 그러나 제2차 세계대전 이후 중산층이나 심지어 근로 계층의 집안에서도 세계 정상급의 선수가 나타나기 시작했다. 캐롤 헤이스도 그랬지만 여기 소개하는 페기 플레밍은 아버지가 신문사 인쇄 공장에서 일하는 인쇄공이었다. 하지만 아버지 알과 어머니 도리스는 딸의 성공을 위해 눈물겨운 노력을 다해 끝내 딸의 꿈, 아니 집안의 꿈을 이루어 내고야 만다.

항공기 추락 사고로 미국 피겨스케이팅 대표팀 전원 사망

1961년 2월 15일 당시 으뜸가는 항공기라 불리던 보잉 707이 벨기에 수도 브뤼셀 근처에 추락해 타고 있던 사람 모두가 사망했다. 사망자들 가운데는 체코슬로바키아의 프라하에서 열리는 세계선수권대회에 출전하려던 미국 피겨스케이팅 대표팀 18명이 끼어 있었다. 그때 11세 풋내기 피겨스케이터인 페기 플레밍은 이 슬픈 소식을 듣고 큰 충격을 받았다. 캘리포니아 파사데나에서 그녀의 코치를 맡았던 빌 켐프도 이 사고로 사망했기 때문이다.

그때까지 13년 동안에 21개 세계 타이틀을 차지했던 미국에게는 18명이나 되는 국가대표급 지도자와 선수들을 한꺼번에 몽땅 잃어버린 것이 큰 타격이 아닐 수 없었다. 전문가들은 "미국이 다시 피겨 강국으로 복귀하려면 10년은 걸릴 것이다"라고 내다보았다. 그러나 플레밍은 전문가들의 예상을 깨고 단 5년 만에 미국 피겨를 세계 정상에 다시 올려놓는 데 성공한다.

딸의 성공을 위해 부모는 모든 것을 바치다

플레밍은 1948년 7월 27일 캘리포니아 주 산호세에서 알 플레밍의 딸로 태어났다. 아버지는 한때 《로스앤젤레스 타임즈》의 인쇄공장에서 일했고 딸의 링크 사용료를 벌기 위해 빙판을 다듬는 잠보니를 운전하기도 했다. 어머니 도리스는 딸의 경기용 의상을 직접 바느질했다. 그 어려운 살림 속에서도 가족은 딸의 성공을 위해 고지대(高地帶)인 콜로라도 스프링스로 이사를 갔다. 1966년 세계선수권대회가 열리는 스위스의 다보스가 고지대였기 때문에 산소가 엷은 고지대에 적응하기 위해서였다.

세계 챔피언되자마자 아버지 운명 소식을 접하다

1966년 다보스의 세계선수권대회에서 플레밍은 여자 피겨에서 금메달을 차지했다. 1961년 항공기 추락으로 미국 피겨 국가대표팀이 전멸한 지 5년 만의 일이다.

1966년은 플레밍 가족에게 큰 기쁨과 슬픔이 교차한 해였다. 세계 챔피언이 된 후 곧바로 유럽 여러 나라를 돌면서 시범경기를 펼치고 있던 플레밍에게 "아버지가 심장마비로 운명하셨다"는 슬픈 소식이 날아들었다. 피겨의 세계 정상에 오르겠다는 딸의 꿈을 이루어 주기 위해 온갖 정성을 다했던 아버지의 사망은 플레밍에게 오랫동안 슬픔에 잠기게 했다.

15세에 최연소 미국 챔피언이 된 플레밍은 미국 타이틀 5연패를 이룩하고 세계선수권도 1966년부터 1968년까지 3연패를 달성해 1968년 그레노블 동계올림픽의 강력한 우승 후보로 떠오른다.

아이스링크와 콜로라도 대학 강의실 오고가

사랑하는 아버지를 잃은 슬픔 속에서도 플레밍은 콜로라도 대학에 입학해 스포츠와 학업을 양립해 나간다. 훗날 미국 ABC 텔레비전의 명해설자로 20년 이상 시청자를 끌어당길 수 있었던 것은 대학 강의를 착실히 듣고 지식과 교양을 쌓았기 때문이다. 1968년 프랑스 그레노블에서 열린 동계올림픽에서 플레밍

페기 플레밍이 금메달을 차지한 1968년 그레노블 동계올림픽의 공식 포스터.

은 여자 피겨 싱글에서 금메달을 차지했다. 이 올림픽에서 미국의 유일한 금메달리스트였다.

플레밍의 매력에 사로잡힌 지구촌 가족

그레노블 동계올림픽 피겨 여왕의 자리에 오른 플레밍의 인기는 대단했다. 용모, 목소리, 여성다운 가냘픔, 각선미 어느 것 하나 흠잡을 데 없는 플레밍에게 지구촌 가족이 환호했다. 텔레비전은 컬러 시대로 접어들었고 플레밍은 그 컬러 텔레비전의 스타였다. 처음으로 방영된 컬러 텔레비전을 통해 플레밍이 자아내는 아름다움을 본 세계의 젊은이들은 "이쁘고 우아하고 춤 잘 추고 몸매 날씬하고…"라고 입에 침이 마르도록 플레밍에게 찬사를 보냈다. 매스컴은 그녀의 사랑스러

움을 두고 "수줍은 미국의 아기사슴"이라고 표현했다. 요즘 젊은이들이 쓰는 말로 '정말 죽여 주는(?) 매력'인 셈이다. 매력이 돈을 벌 수 있는 세상이다. 플레밍이 프로로 전향할 의사를 밝히자 아이스쇼단, 소비품 메이커 등이 몰려들었다. 모두 플레밍의 매력으로 매출을 올려 돈을 벌겠다는 속셈이다. 아이스쇼단인 아이스 폴리어스(Ice Follies)가 거금 50만 달러로 그녀와 계약을 맺었다. 홀리데이 온 아이스(Holiday On Ice)도 플레밍과 출연 계약을 맺는다. 비타민, 비누, 여성 내의 등 주로 여성용품 메이커들이 그녀와 CM 출연 계약을 맺어 플레밍은 하루 아침에 큰 부자가 됐다.

백악관에 특설 링크 설치하도록 만든 플레밍

프로가 된 플레밍은 역사상 처음으로 백악관에 마련된 특설 링크에서 연기를 펼쳤으며, 4명의 미국 대통령과 그 가족 그리고 특별초대 받은 귀빈들이 그녀의 아름다운 스케이팅에 뜨거운 박수를 보냈다. 플레밍은 미국의 큰 도시들을 두루 돌면서 순회공연을 펼쳐 엄청난 돈을 벌어들였다. 《뉴욕 타임즈》를 비롯한 미국의 주요 신문들은 "페기 플레밍은 현대발레를 스케이팅과 융화시킨 매우 뛰어난 존재"라고 극찬했다.

플레밍의 첫 번째 텔레비전 스페셜은 2개 에미 상(賞)을 차지했으며 20년 뒤에도 볼 수 있을 만큼 대단한 작품이었다. 1973년 플레밍의 텔레비전 스페셜은 당시 냉전 상태였던 미국과 소련이 함께 방영했을 정도로 플레밍의 피겨스케이팅은 사상을 초월해 사람들을 열광시키는 힘을 지니고 있었다.

플레밍은 의과대학 재학생 시절 자신이 학비를 내주고 졸업시킨 글

넉넉하지 못한 집안에 태어났으나 부모의 극진한 사랑과 보살핌을
바탕으로 열심히 노력해 올림픽 우승을 차지한 뒤 프로가 되어
아이스쇼, 텔레비전 스페셜, 해설자 등으로 활약한 페기 플레밍은
텔레아 올브라이트 이래 미국이 낳은 위대한 피겨 여왕으로 꼽히고 있다.

렉 젠킨스와 결혼해 샌프란시스코의 저택(자택이 아니라 저택이다)에서 즐거운 나날을 보내고 있었다. 그러나 여성만의 질병인 유방암이 가장 여성다운 플레밍을 엄습했다. 플레밍은 암에도 용감하게 맞섰다. "암과 투병은 또 하나의 올림픽이다. 삶의 올림픽이다"라고 밝힌 플레밍은 의사인 남편과 함께 암에 걸린 모든 여성에게 매스컴을 통해 용기를 불어 넣어 주고 암 퇴치(退治) 연구에도 경제적 지원을 하고 있다. 페기 플레밍은 용모뿐 아니라 마음도 아름다운 여성으로 사랑과 존경을 받고 있다.

(Dorothy Stuart Hamill, 미국, 1956~)
1976년 동계올림픽 우승

1976년 동계올림픽에서 우승한 도로시 해밀은
프로로 전향한 후 아이스쇼 출연 등으로 많은 돈을 벌었으며
그녀의 모습을 본뜬 '도로시 해밀 인형' 은 날개 돋친 듯 팔렸다. 해밀은 트리플 점프 없이
올림픽 금메달을 딴 마지막 선수다. 전설적인 코치 카를로 파시는
독특한 더블 점프를 해밀에게 가르쳐 그녀를 피겨 여왕의 자리에 올려놓았다.

컷 ⓒ 高光珍

세상 살다 보면 이런 일도 다 일어나는 모양이다. 세계선수권도 따지 못한 채 출전한 1976년 동계올림픽 여자 피겨에서 뜻밖에도 강력한 우승 후보들을 모두 물리치고 금메달을 따내 온 세계를 놀라게 만든 도로시 해밀은 프로가 되어 돈방석에 올라앉았다. 그리고 은퇴한 지 한참을 지난 후에도 프로 농구의 슈퍼스타 매직 존슨, 마이클 조던보다 인기가 높았던 엄청난 전설적 스타였다.

미국에서 가장 인기 있는 선수는 누구일까?

1992년 미국에서 "당신은 어느 선수를 가장 좋아하는가?"를 조사한 적이 있다. 그 결과 당시 인기가 높았던 테니스의 여왕 크리스 에버트, 프로 농구의 슈퍼스타 마이클 조던, 매직 존슨 등 쟁쟁한 스포츠 영웅들 가운데 한 사람이 꼽혔을까? 아니다. 오래 전에 경기에서 은퇴한 1976년 인스부르크 동계올림픽 여자 피겨 금메달리스트 도로시 해밀과 1984년 로스앤젤레스 올림픽 여자 체조 금메달리스트 메리 루 레튼이 모든 스포츠를 통틀어 가장 인기 있는 선수로 꼽혔다.

도로시 해밀(미국)이 여자피겨 싱글에서 우승한 1976년 인스부르크 동계올림픽의 공식 포스터.

미국 사람들은 뛰어난 여자 피겨스케이터들과 여자 체조선수들을 좋아하며 이 두 종목의 텔레비전 중계 시청률도 매우 높다. "미국뿐 아니라 온 세계 많은 사람들이 여자 피겨와 여자 체조를 좋아하는 까닭은 이 두 종목이 여성의 아름다운 몸놀림을 예술적으로 표현할 수 있는 대표적인 스포츠이기 때문이다"라고《샌프란시스코 크로니클》의 이름난 여성 스포츠 칼럼리스트인 조안 라이언이 그녀의 저서《*Little Girls in Pretty Boxes*》에서 밝혔다. 그러나 여자 피겨와 여자 체조 사이에는 엄청난 차이점이 있다. 여자 피겨는 프로로 돌면 엄청난 돈을 벌 기회가 있는 반면 여자 체조에는 그런 기회가 없다. 소냐 헤니에서 시작되어 페기 플레밍 등이 뒤를 이어 꾸준히 여자 피겨를 홍보 능력, 홍행 능력을 갖춘 아름다운 구경거리로 발전시킨 결과다.

선물로 받은 5달러 95센트짜리 스케이트 슈즈가 해밀의 인생을 결정짓다

도로시 해밀은 우연한 일이 계기가 되어 피겨 길에 들어서게 된다. 어릴 때 이웃으로부터 크리스마스 선물로 받은 5달러 95센트짜리 스케이트 슈즈가 도로시 해밀의 인생을 결정짓게 된다. 1956년 7월 26일 시카고에서 태어난 해밀은 겨울이 되면 집 근처 연못의 얼음판에서 스케이팅을 타기 시작하면서 스케이팅의 매력에 사로잡히고 만다. "엄마 나는 스케이팅을 제대로 배워야겠어. 뒤로 미끄러지는 후진이 뜻대로 안 돼!"라고 어머니에게 졸라 피겨 레슨을 받기 시작한 것이 8세 때였다.

학교 다니랴 피겨 레슨 받으랴 해밀은 새벽 5시에 침대를 박차고 일어나 먼저 링크로 나가 레슨을 받고 아침식사를 마친 후 학교 수업 그리고 방과 후 또 레슨을 소화해 내는 빠듯한 일과를 감당해 나갔다. 본인이 좋아하지 않으면 누가 억지로 시켜서 될 일은 아니었다.

성실한 노력은 열매를 맺어 기량은 눈부시게 향상되기 시작했다. 1971년 보다 높은 차원의 트레이닝을 받기 위해 해밀은 이름난 코치인 카를로 파시를 찾아 콜로라도 아이스링크로 갔다. 페기 플레밍의 스케이팅을 완성시키는 데 크게 이바지한 파시는 훗날 "가르치기 시작하고 보니 해밀은 피겨스케이터로서 대단한 자질을 타고난 유망주임을 알게 됐다"라고 회고했다. 해밀은 심한 근시로 시력이 나빴다. "나는 안경을 벗으면 스코어 보드를 읽을 수 없을 정도의 근시다. 콘텍트 렌즈를 싫어했기 때문에 나는 컴펄서리 피겨를 탈 때는 안경을 쓰지만 프리스케이팅을 탈 때는 안경을 벗었다"고 해밀은 눈이 나빠 겪는 고충을 털어놓았다. 파시는 엄한 코치였다. 해밀의 약점인 컴펄서리를 보완하기 위한 훈련만 하루 꼬박 4시간씩 시킨 반면 잘 타는 프리스케이팅은 하루 2시간만 배정했다. 훈련은 매주 6일 동안 치러졌다. 해마다 11개월에 걸친 맹훈련이 5년 동안 계속됐다.

미국 챔피언을 두 차례 차지한 해밀이 1976년 동계올림픽이 열리는 오스트리아의 인스부르크에 도착했을 때 여자 피겨의 가장 강력한 우승 후보는 네덜란드의 디안네 드 레이브였다. 그녀는 1975년 세계선수권대회에서 해밀을 물리치고 우승한 강자였다. 또 한 사람의 우승 후보는 1974년 세계 챔피언인 동독의 크리스티네 에라트였다. 경기는 시작됐다. 컴펄서리에서만은 2위였으나 쇼트 프로그램에서 이길 수 있는 기회를 잡은 해밀은 긴장감에 사로잡힌 채 마지막 결판인 프리스케이팅 출전을 기다리고 있었다. 그때 그녀의 눈에는 관중석의 "도로시, 서방(西方)의 멋진 마녀(魔女)"라는 팻말이 들어왔다. "그 팻말을 본 순간 나는 온몸의 긴장이 싸악 풀리고 용기가 치솟았다. '관중은 모두 나의 친구이다' 라는 느낌이 들었다"고 해밀은 당시를 회상했다. 프리스케이팅에서는 해밀이 환상적인 연기를 펼쳐 보였다. 경기장을 메운 9천 명의 관중들은 세계 으뜸으로 꼽히는 해밀의 프리스케이팅에 10차례나 뜨거운 박수를 보냈으며, 어찌나 많은 꽃을 빙판 위에 던져 넣었던지 그 꽃들을 거두기 위해 3명의 소녀들이 한참 동안 부지런히 움직여야 했다. 지금과 달리 그때는 3명의 소녀들이 꽃을 주워 담느라 부지런히 움직여야 했던 것이 이야깃거리가 됐던 시절이다.

11년 동안 피땀어린 노력 끝에 19세 해밀은 그토록 꿈에 그리던 여자 피겨의 올림픽 챔피언 자리에 올랐다. 1960년 올림픽에서 캐롤 헤이스가 심판 전원 일치의 우승을 거둔 이래 해밀의 우승은 동계올림픽 여자 피겨 싱글의 5연속 심판 전원 일치의 우승이었다. 파시 코치 부부와 함께 시상식에 참석한 해밀네 가족은 기쁨을 감출 길이 없었다. "그날밤 나는 너무 흥분해서 잠이 오지 않았다"라고 해밀은 그때 심경을 말했다. 밤이 깊어 잠자리에 들 때 도로시는 금메달을 베개 밑에 넣고서야 행복감에 휩싸여 잠이 들었다. 통상은 세계선수권을 딴 후 올림픽 챔피언이 되지만 해밀은 올림픽 금메달리스트가 된 지 한 달 후에 세계선수권을 따냈다.

대부분 여자 피겨 올림픽 금메달리스트들이 그랬듯이 큰 부자가 되기 위해 해밀도 프로 스케이터로 전향해 이름난 아이스 카페드와 1백만 달러라는 최고액으로 출연 계약을 맺고 순회공연에 나선다. 그 밖에도 텔레비전 스페셜 출연, CM 출연 등으로 엄청 나게 많은 돈을 긁어 들였다. 그녀의 모습을 인형으로 만든 '도로시 해밀 인형'은 날개 돋친 듯 팔렸다. 올림픽 금메달리스트가 될 때 해밀이 꾸몄던 헤어스타일은 한동안 미국과 캐나다의 젊은 여성들 사이에서 유행했다. 해밀은 결혼할 때도 화제를 모았다. 자주 영화 〈My Way〉의 주제가를 불러 유명한 가수 겸 영화배우인 프랭크 시나트라와 절친한 역시 가수 겸 영화배우인 딘 마틴을 기억하는 사람이 아직 있을지도 모르겠다. 그 딘 마틴의 아들과 해밀은 결혼했다.

하지만 해밀의 인생도 마냥 행복하기만 했던 것은 아니다. 2007년에 출간된 그녀의 두 번째 자서전《A Skaing Life My Story》에는 선수 생활 동안 겪은 압박감, 가족관계에서 느끼게 된 우울함, 정신적 괴로움을 잊기 위해 마시게 된 술 때문에 알콜의존증에 빠지게 된 경위, 자존심을 위한 투쟁 등 돈으로는 해결하지 못한 상실감이 솔직히 적혀 있다. 하지만 대부분의 여자 피겨스케이터들처럼 해밀은 성실하게 인생을 살았다.

해밀이 미국 사람들로부터 오랫동안 사랑을 받은 것은 아마추어, 프로를 통틀어 40년 넘게 빙판 위에서 활약했으며, 심지어 2008년에는 유방암 치료를 받아 가며 'Brodway on Ice'의 순회공연에 참가해 관중들을 감동시켰다. 같은 병을 앓은 페기 플레밍처럼 해밀도 유방암 걸린 여성들을 격려하고 도왔다. 병마와 고난을 이겨 나가는 데 피겨스케이팅은 그녀에게 도움이 됐다.

"피겨스케이팅은 나에게 구원(救援)이자 치료방법이었다."

−해밀

6. 카타리나 비트

〈Katarina Witt, 독일〈옛 동독〉, 1965~ 〉
1984년, 1988년 동계올림픽 2연패

1984년에 이어 1988년 동계올림픽에서도 연거푸 금메달을 따내
소냐 헤니(1928년, 1932년, 1936년)의 3연패 버금가는 2연패를 기록해 전설이 된 카타리나 비트.
김연아를 여자 피겨 사상 가장 진화된 선수로 꼽은 비트는 2014년 소치 동계올림픽에서
석연치 않은 판정으로 김연아가 은메달에 머물고 2연패를 이루지 못하자
"김연아는 실질적으로 2연패를 이루어 냈다"고 김연아를 편들었다.

컷 ⓒ 高熙珍

소냐 헤니의 올림픽 3연패 이후 처음으로 2연패를 이룬 옛 동독의 카타리나 비트는 프로가 되자 미국으로 건너가 영화, 아이스쇼 등에 출연하고 성인잡지《플레이 보이》에 누드 사진을 공개하는 등 과감하게 자본주의 문화에 흠뻑 젖어 돈을 벌었다.

사회주의의 가장 아름다운 얼굴

카타리나 비트는 1965년 12월 3일 베를린 근교, 옛 동독 칼 마르크스 스탓트에서 태어났다. 아버지는 농장에 씨앗을 파는 종묘상(種苗商)이고, 어머니는 물리치료사였다. 미국을 비롯한 자본주의 국가에서처럼 부모가 많은 비용을 부담해 비트를 피겨스케이팅 세계 정상에 올려놓은 것은 아니다. 다른 공산국가들도 그랬듯이, 아니 어느 공산국가보다 동독은 국가가 엘리트 스포츠 육성에 힘을 기울여 스포츠에 자질을 타고난 어린 꼬마들에게 조기 영재교육을 시켰다. 5세 때 유치원에서 자질을 인정받아 스케이팅을 시작한 비트는 바로 그 영재교육이 큰 성과를 거둔 대표적인 예라 할 수 있다.

동서냉전(東西冷戰) 시대에 올림픽을 비롯한 국제경기대회는 국가와 체제의 우월함을 겨루는 전쟁터와 다름없었다. 통일되기 전 서독에 견주어 국력이 현저히 뒤지고 있던 동독은 스포츠를 통해 국제사회에서 위상을 높이려고 엘리트 스포츠 육성에 온 국력을 쏟았다. 선수들의 성취의욕을 자극하기 위해 자동차, 주택, 좋은 직장, 학업 성적과 상관없는 대학 진학 등이 미끼로 제공됐다. 그 결과 1988년 서울 올림픽에서는 스포츠 최강국 미국을 제치고 메달 레이스에서 소련에 이어 2위를 차지했을 정도였다.

3만 5천 통의 러브레터를 받은 비트의 매력

미국 시사주간지 《타임(*Time*)》은 동독을 취재했을 때 "비트는 사회주의의 가장 아름다운 얼굴"이라고 극찬했다. 비트는 아름다운 얼굴뿐 아니라 체력, 운동신경, 리듬감각, 균형 잡힌 몸매, 우아함 그리고 무엇보다도 강한 성취욕을 타고난 피겨의 천재였다. 9세 때 전설적인 코치 뮐러를 만나자 비트의 스케이팅은 눈부시게 뻗어 나갔다. 뮐러 코치는 언제나 비트를 나이가 위인 선수들과 함께 훈련시켰다. 뮐러는 그만큼 비트의 잠재능력을 높이 평가하고 있었다.

1981년 미국 코네티컷에서 열린 세계선수권대회에서 비트는 여자 선수로는 처음으로 트리플 점프를 선보여 크게 주목을 끌었다. 일반적으로 유럽의 여자 피겨 선수들은 캐나다나 미국에서 큰 인기를 끌지 못했다. 그러나 유럽 출신 선수인데도 비트는 소냐 헤니 이래 북미 대륙에서 많은 인기를 끌어 모으면서 숱한 화제를 제공한 슈퍼스타로 꼽힌다. 1984년 사라예보 동계올림픽 여자 피겨 싱글에서 비트가 우승하자 3만 5천 통의 러브레터가 그녀에게 배달됐다. ("누구야? '부럽다! 부러워!' 라고 말한 사람 손들어 봐! 남자들이란 외모만 보고 러브레터를 보낸단 말이야. 일찍이 가수 남진도 '얼굴만 예쁘다고 여자냐? 마음씨 고와야 여자지!' 라고 노래 불렀단 말이야. 명심하도록!")

동독의 독재자 호네커도 비트의 열렬한 팬

동독의 비밀경찰 쉬타지(Stasi)는 비트가 9세 때부터 비밀정보원으로 훈련시켰으며 세계선수권대회를 비롯해 국제경기에 자주 참가하게 되자 감시원을 붙여 그녀의 행동을 매일 보고서에 실었으며 이성(異性) 교제까지 감시했다. 심지어 해외 활동에서 돈이 들어오는 은행계

좌까지 관리했다. 독일이 통일된 후 미처 폐기하지 못한 쉬타지의 비밀문서 가운데는 동독 정부가 쉬타지를 통해 엘리트 선수들에게 금지약물을 투여해 경기력을 향상시키고 정보원으로 악용했었던 사실이 드러났다. 무서운 독재정권의 비밀경찰 감시 아래 선수들이 어떻게 그들의 지시를 거역할 수 있었겠는가. 비트도 그런 희생자 가운데 한 사람이었을 뿐이다.

비트와 토마스가 벌인 '카르멘의 전투'

비트는 1984년부터 1988년까지 5차례 세계선수권 가운데 1986년만 세계 타이틀을 놓쳐 5연패를 이루지 못했다. 1986년 세계 타이틀은 사상 최초로 미국의 흑인선수 데비 토마스가 비트를 물리치고 차지했다. 1988년 캘거리 동계올림픽에서 비트는 라이벌 토마스와 이른바 '카르멘의 전투'를 벌였다. 두 선수 모두 프리스케이팅에서 비제의 '카르멘' 곡에 맞추어 춤추듯 스케이팅을 펼쳤기 때문에 당시 매스컴은 이 대결을 '카르멘의 전투'라고 불렀다.

프리스케이팅에서 토마스가 결정적인 실수를 저지르고 만 것은 비트에게 매우 다행스러운 일이었다. 토마스는 다섯 차례 트리플 점프 가운데 세 차례나 실수했고, 심지어 한 차례는 넘어지는 충격을 막기 위해 손을 얼음판에 짚어 적잖은 감점을 당했다. 이 바람에 토마스는 은메달조차 따지 못하고 동메달에 그치고 말았다. 학업과 스포츠를 양립하느라 토마스는 너무나 지쳐 있었다. 금메달 획득의 꿈이 허무하게 사라지자 몹시 낙심한 탓인지 시상식에서 토마스는 비트와의 악수를 거부함으로써 선수 생활의 마무리가 상쾌하지 못했다. 은메달은 뜻밖에도 좋은 연기를 펼친 캐나다의 152cm짜리 엘리자베스 맨레이에게 돌아갔다. 하지만 미국의 스포츠 주간지 《스포츠 일러스트레이티드》는 비트의 올림픽 2연패에 약간의 의문을 나타냈다. 한번쯤은 생각해 보아야 할 중요한 지적이라 소개해 본다.

평가 받아야 할 것은 어디까지나 본경기의 연기여야 한다. 그러나 심판들은 시즌 내내 선수들의 훈련을 관찰하면서 신체 라인을 비롯해 스핀, 음악적 감각, 스피드 등을 체크해 자신의 기호(嗜好)에 바탕을 두고 미리 랭킹을 매겨 놓기 마련이다. 1988년 캘거리 올림픽에서는 심판들의 눈이 모두 카타리나 비트와 데비 토마스의 대결에 쏠려 있었다. 두 선수보다 멋진 연기를 보여 준 캐나다의 엘리자베스 맨레이는 과소평가되어 은메달에 그쳐 눈물을 흘려야 했다. 아무리 판정에 불만의 목소리가 높아도 판정이 뒤집어지는 일은 결코 없다. 많은 전문가 혹은 전문가에 가까운 예리한 눈을 가진 팬들로부터 '편파적'이라고 호된 비판을 받는다. 심판들은 내부 담합(談合) 혹은 외부 압력에 의해 조성되었건 아니건 자신의 소신에 따라 채점한다. 믿을 것은 오직 심판들의 양심밖에 없다. 그러나 때때로 심판들의 양심을 의심 받는 판정 말썽이 일어나는 것은 참으로 안타까운 일이다. 2014년 소치 동계올림픽에서는 김연아가 그 쓰라림을 겪게 된다.

이야기는 캘거리 동계올림픽으로 돌아가야겠다. 올림픽이 끝난 후 은퇴한 토마스는 학업을 계속해 스탠포드 대학에서 의대 진학 과정을 마치고 노스웨스틴 의대를 나와 정형외과 전문의로 성공한다. 비트가 올림픽 2연패에 도전한 것은 동독이 공산국가였기 때문인지도 모른다. 자본주의 국가 선수들은 올림픽 여자 피겨 챔피언이 되면 지체 없이 프로가 되어 돈을 벌기 마련이었지만 공산국가에서는 프로를 인정하지 않아 선수 자신이 아무리 원해도 프로가 될 수 없었다. 올림픽 2

연패를 달성한 1988년 개방의 물결이 밀어 닥친 동독도 어쩔 수 없이 비트의 프로 전향을 승인했다.

그러나 공산주의 문화 속에서 자란 비트에게 자본주의 문화가 처음에는 어설프기만 했다. 1989년 베를린 장벽이 무너지고 동독이 서독에 흡수통일되자 비트는 비로소 올림픽 2연패의 실적과 여성으로서의 매력을 자본 삼아 미국에서 홀리데이 온 아이스 등 아이스쇼 순회공연으로 돈을 벌기 시

카타리나 비트의 누드 사진이 실린 성인잡지 《플레이보이》는 1954년 육체파 여배우 마릴린 몬로(사진)의 누드 사진이 실린 이래 가장 많이 팔렸다

작했다. 처음 3년 동안 미국을 두루 돌면서 아이스쇼에 전념했다. 특히 1988년 동계올림픽 남자 피겨 싱글 금메달리스트인 미국의 브라이언 보이타노와 함께 공연한 '비트와 보이타노 스케이팅 쇼'는 1988년 캘거리 동계올림픽 피겨의 남녀 챔피언이 함께 묘기를 펼친다는 점에서 대단한 인기를 모았다. 이 공연은 뉴욕에서 지난 10년 동안 치러진 아이스쇼 가운데 입장권 매진 1위를 기록할 정도로 인기가 높았다.

그뿐 아니라 비트는 영화 〈낭인(浪人)〉에 출연하고 성인잡지 《플레이보이》에 누드 사진을 서슴없이 공개하는 등 자본주의 문화에 녹아들었다. 비트의 누드 사진이 실린 《플레이보이》는 1954년 육체파 여배우 마릴린 몬로의 누드 사진이 실린 이래 가장 많이 팔렸다. ("미안! 비

트와 몬로의 누드 사진 보여 주지 못해서. 아마 이 두 미녀의 누드 사진이 실렸던《플레이보이》는 지금 엄청난 프리미엄이 붙었을지도…")

굳센 의지로 여러 가지 시련을 이겨 낸 비트는 경기 중에 받는 엄청난 중압감을 극복해 내기 위해 "나는 경기 중에 다른 선수들과 경쟁하고 있는 것이 아니라 오로지 스케이팅을 즐기고 있는 것이라고 스스로에게 타이르면서 얼음을 지쳤다"라고 말했다. 김연아를 "가장 진화한 아름답고 완벽한 여자 피겨스케이터"라고 칭찬해 왔던 비트는 2014년 소치 동계올림픽에서 김연아가 말썽어린 심판 탓에 2위로 밀려나자 "도저히 믿을 수 없는 판정"이라고 분개하면서 "김연아의 리피트 클럽(Repeat Club, 올림픽 금메달 2개 이상 차지한 선수들의 모임) 가입을 환영한다"고 공식적인 인정과는 상관없이 김연아의 올림픽 2연패를 자신은 인정한다고 확고히 밝혔다. ("연아는 좋은 친구 두었네!")

7. 데비 토마스

(Debra Janine Thomas, 미국, 1967~)
1988년 동계올림픽 3위

1988년 캘거리 동계올림픽에서 데비 토마스는 올림픽 2연패를 노리는
카타리나 비트(옛 동독)와 이른바 '카르멘의 전투'를 벌였으나 피겨 트레이닝,
학업 두 가지에 힘을 기울이는 바람에 너무 지쳐 있어 동메달에 머무르고 말았다.
데비 토마스는 학업과 스포츠를 양립시킨 전설 가운데 한 사람이다. 스탠포드 대학에서
의대 진학 과정을 마치고 노스웨스턴 의대를 졸업한 뒤 정형외과 의사로 성공했다.

컷 ⓒ 高秀珍

"어떻게 올림픽 동메달리스트가 피겨 여왕의 전설에 끼어들 수 있느냐?"라고 의문을 가질 사람이 있을 법하다. 그러나 그 주인공이 흑인이라면 이야기는 달라진다. 흑인 데비 토마스가 여러 가지 시련을 극복해 내고 여자 피겨의 세계 타이틀을 차지해 "흑인 최초의 여자 피겨 세계 챔피언이 나타났다!"고 온 세계를 놀라게 만든 후 비록 올림픽은 동메달에 머물렀으나 흑인 최초의 세계 정상급 피겨스케이터라는 점은 특기(特記)할 만한 일이다. 더구나 은퇴 후 스탠포드 대학에서 의대 진학 과정을 마치고 노스웨스턴 의대를 졸업해 정형외과 전문의가 됨으로써 1956년 동계올림픽 금메달리스트인 텐레이 올브라이트(미국)에 이어 스포츠와 학업을 양립한 인물로 온 지구촌 가족의 존경을 받고 있어 인종차별주의자들에게 일격을 가한 점도 통쾌하다. 데비 토마스의 존재는 모든 경기 종목을 통틀어 스포츠 역사에 남을 만한 교육적 가치가 크다고 여겨진다.

컴퓨터 기술자 부모 사이에 태어난 데비 토마스

데비 토마스는 1967년 3월 25일 미국 뉴욕에서 지적(知的) 수준이 높은 흑인 가정에서 태어났다. 아버지 맥켄레이 토마스는 컴퓨터 프로그램 매니저이고 어머니 제니스는 컴퓨터 산업의 큰손 IBM에 근무하는 컴퓨터 프로그램 분석가였다. 텐레이 올브라이트가 아버지의 뒤를 이어 외과 전문의 된 것처럼 훗날 토마스가 정형외과 의사로 성공하게 된 바탕 가운데 하나는 부모의 지적 수준이 영향을 미쳤을 것이다. 컴퓨터 기술자 가족인 토마스 집안은 실리콘 밸리에 새로운 직장을 얻어 산호세로 이사 갔다.

5세 때 스케이팅을 시작한 토마스는 타고난 자질을 살려 선수로서

급성장해 나갔다. 하지만 불행히도 부모가 이혼하는 바람에 토마스는 어머니와 함께 살게 된다. 어머니는 딸의 자질을 키워 주고 꿈이 이루어지도록 많은 비용을 홀로 감당해 나간다.

토마스는 로스앤젤러스 피겨스케이팅 클럽에 몸담고 10세 때부터 알렉스 맥거번 코치로부터 본격적인 레슨을 받게 된다. 맥거번 코치는 그녀가 아마추어 선수를 그만두는 21세 때까지 코치를 맡았다. 토마스를 세계 정상급 피겨스케이터로 키우겠다는 어머니의 헌신적 노력은 눈물겨운 정도였다. 생활비와 교육비말고도 딸의 레슨비, 출전비, 경기용 의상비 등에 시달린 어머니는 부모 가운데 한 사람만이 자녀를 양육하고 있는 경우에 지급되는 연 2만 5천 달러의 스포츠 장학금을 받아 어려운 고비를 넘기기도 했다.

하버드 대학, 프린스턴 대학, 스탠포드 대학의 입학을 허가 받은 토마스

토마스 모녀는 정말 열심히 하루하루 최선을 다해 살았다. 토마스가 다니는 고등학교와 레슨을 받는 아이스링크 사이 그리고 일과를 마친 후 집으로 돌아가기까지 매일 240km를 어머니가 운전하고 토마스는 차 안에서 학교 숙제를 풀고 자신의 경기용 의상을 만들면서 꿈을 키워 나갔다.

토마스의 고등학교 성적은 매우 뛰어나 1985년 가을 토마스는 하버드 대학, 프린스턴 대학, 스탠포드 대학 등 미국에서도 손꼽히는 명문

대학으로부터 입학 허가를 받았다. 양립하고 싶었던 학업과 스포츠 가운데 학업 성취의 문이 먼저 열린 것이다.

올림픽에서의 불운. 매일 눈물 흘린 토마스

1986년 토마스는 미국 챔피언, 세계 챔피언을 차지한 최초의 흑인선수가 되어 사람들의 눈을 휘둥글게 만들었다. 이 쾌거만으로도 토마스는 흑인 그리고 유색인종 모두에게 희망과 용기를 충분히 불어 넣어 주었다. 인종편견을 지니고 있던 많은 백인들에게 "모든 인간은 평등한 존재다"라는 말이 진실임을 증명해 보였다. 아마추어 선수로서 토마스의 최종 목표는 당연히 동계올림픽의 금메달리스트가 되는 것이었다.

피겨스케이터 누구에게나 닥쳐 올 수 있는 시련이긴 하지만 1987년 토마스는 양쪽 발목의 아킬레스건을 다쳤다. 묘기를 펼치기 위해서는 될 수 있는 대로 높이 점프해야 하기 때문에 피겨 선수들은 착지할 때 큰 충격을 받아 허리, 무릎, 발목 등을 다치기 쉽다. 세계선수권 2연패를 이루고 다음 해의 올림픽 출전을 계획했던 토마스는 1987년 세계선수권대회에서 근소 차로 카타리나 비트에게 지고 말았다.

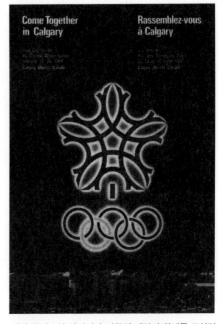

데비 토마스와 카타리나 비트의 대결이 화제를 모았던 1988년 캐나다 캘거리 동계올림픽의 공식 포스터.

1988년 토마스가 캘거리 동계올림픽에 모습을 나타내자 당연히 매스컴의 집중 취재대상이 됐다. 1976년 동계올림픽에서 도로시 해밀이 우승한 이래 미국 선수가 올림픽 챔피언의 자리에 오르지 못하고 있었기 때문에 12년 만에 토마스가 시상식에서 성조기를 가장 높이 휘날리게 할 수 있을 것인지, 그보다도 동계올림픽 사상 최초로 흑인 금메달리스트가 되어 온 세계를 발칵 뒤집어 놓을 것인지, 이미 3년 전 하버드 대학, 프린스턴 대학, 스탠포드 대학 등 미국 명문대학의 입학 허가를 받아 놓은 토마스가 1956년 동계올림픽 금메달리스드인 텐레이 올브라이트의 뒤를 이어 올림픽 챔피언과 의학박사 학위 취득의 두 가지 엄청난 일을 해낼지 토마스가 매스컴의 관심을 가장 많이 끌어 모을 이유는 충분했다. 하지만 올브라이트 같은 부자 집안 출신이 아니었던 토마스에게 학업과 스포츠를 양립하는 일은 매우 힘든 작업이었다. 토마스는 지칠 대로 지쳐 있었다.

167cm의 균형 잡힌 몸매에 뛰어난 스케이팅 재주를 지닌 토마스는 피로와 긴장 탓에 제 실력을 발휘하지 못하고 동메달을 목에 걸 수밖에 없었다. 맥거번 코치는 "토마스는 학교 공부도 열심히 하느라 거의 탈진 상태에서 링크에 나타나 트레이닝을 치렀다"고 털어놓았다. 올림픽이 끝난 3주 후 세계선수권대회에서 토마스는 비트에게 설욕해야겠다고 마음먹었다. "이번 세계선수권대회는 내 생애를 통해 가장 힘든 경기였다"라고 토마스는 《스포츠 일러스트레이티드》와 인터뷰에서 말했다.

"나는 매일 울었다."

헝가리의 부다페스트에서 열린 세계선수권대회에서 토마스는 놀라울 만큼 훌륭하고 아름다운 스케이팅을 펼쳐 비트를 압박했으나 설욕하지는 못했다. 토마스의 아마추어 선수 생활은 이로써 끝났다.

정형외과 토마스 박사 전설이 되다

1988년 3월 토마스는 스탠포드 대학에 다니면서 사귀었던 브라이언 반덴 호겐과 결혼했다. 하지만 3년 후 1991년 토마스와 호겐은 이혼했다. 1996년 토마스는 한 공항에서 그녀를 알아보고 손을 흔든 멋진 신사로부터 편지를 받았다. 그 사나이는 크리스 비퀘트 변호사로 그와 한 달 동안 데이트를 가진 끝에 두 사람은 뜻이 맞아 그해에 결혼을 했다.

토마스는 1991년 스탠포드 대학에서 의대 진학 과정을 마치고 졸업한 후 노스웨스턴 의대에 들어가 학업을 마무리 지어 끝내 정형외과 전문의 자격을 따냈다. 여자 피겨의 올림픽 메달리스트로 미국 사회에서도 가장 존경 받는 전문직종인 의사가 된 사람은 1956년 올림픽 우승자 텐레이 올브라이트 이래 토마스가 두 번째이며, 흑인으로서는 처음이다. 1996년에는 아들도 낳아 어머니가 된 토마스 박사는 어려운 시련을 이겨 내고 학업과 스포츠를 훌륭히 양립한 대표적 인물로 존경 받고 있다.

8. 크리스티 야마구치

(Kristine Tsuya Yamaguchi, 미국, 1971~)
1992년 동계올림픽 우승

1992년 동계올림픽 여자 피겨 싱글에서
크리스티 야마구치가 차지한 금메달은 1976년 도로시 해밀 이래 26년 만에 미국이 거둔
올림픽 챔피언 타이틀이다. 일본계 야마구치의 올림픽 정상 정복은 그 후 일본,
한국 등 동북아 파워가 여자 피겨 세계판도를 뒤흔드는 신호가 됐다.

컷 ⓒ 高孝珍

이름을 보면 알 수 있듯이 크리스티 야마구치는 일본계 미국인이다. 야마구치가 성(姓)이고 크리스티는 이름이다. 김연아의 라이벌이었던 아사다 마오도 영어로 표기하면 마오 아사다이고 김연아도 연아김이다. 일본 여성들은 일본 예술의 정교함과 꼼꼼함을 피겨스케이팅에 나타내면서 올림픽 여왕의 자리에 도전해 왔다.

도로시 해밀에 매료되어 피겨 시작

야마구치는 1971년 7월 12일 미국 캘리포니아 헤이우드에서 태어났다. 캘리포니아에서는 성공한 편으로 꼽히는 일본계 가정에서 자란 야마구치는 5세 때 텔레비전을 통해 도로시 해밀이 올림픽에서 우승하는 멋진 모습을 보고 요즘 시쳇말로 '뿅 가 버리고 말았다'. 그래서 야마구치는 어디를 가든 그녀의 우상인 도로시 해밀 인형을 꿰차고 다녔다. "나도 도로시 해밀처럼 될래! 될래!"라고 외쳤던 야마구치의 소망은 그로부터 16년 후 현실이 된다.

야마구치의 할머니는 제2차 세계대전 중에 일본계 미국인을 수용한 캠프에 갇혀 있었고, 어머니는 그 캠프 안에서 태어났다. 미국과 일본이 싸우고 있었기 때문에 혹시 일본계가 미국을 배반하고 그들의 모국인 일본을 도와주려고 스파이나 후방에서 파괴 활동을 벌일까 염려되어 강제로 격리한 것이다. 야마구치의 할아버지는 미군 장교로 근무하고 있었는데도 예외 없이 일본계는 수용소 생활을 해야만 했다. 일본계 미국인도 미국을 위해 전쟁에 참전했지만 주로 태평양 지역이 아닌 유럽 전선에 투입됐다. 유럽 전선은 일본군과 싸우지 않는 탓에 일본계 병사들이 정신적 부담을 갖지 않고 전투를 할 수 있다는 미국 정부의 배려에서 나온 조치다. 특히 하와이에서 동원되어 유럽 전선에 파견된 이른바 '파인애플 부대'는 혁혁한 무공(武功)을 세워 일본계 미국인들이 가슴을 펼 수 있도록 만들었다.

싱글에 집중하기 위해 페어는 버려

야마구치는 처음 싱글과 함께 페어에도 출전했었다. 1988년 세계 주니어 선수권대회에서 여자 싱글과 페어의 우승을 차지했을 정도로 두 종목에서 뛰어난 기량을 자랑하고 있었다. 1990년 야마구치는 두 종목에 모두 힘을 기울이는 것이 자신의 궁극적 목적인 올림픽 여자 싱글의 우승에 결코 도움이 되지 않는다고 판단해 과감히 싱글 외길로 나가기로 결심했다. 152cm 키에 41kg 몸무게를 지닌 야마구치는 매우 특별한 선수였다. 우아함과 경기 능력이 완전히 하나가 되어 프리스케이팅에서 일곱 차례나 트리플 점프를 해도 어찌나 우아한지 하나도 힘들이지 않고 매끄럽게 아름다움을 보여 주었다.

강력한 우승 후보 2명은 모두 일본 핏줄

1992년 알베르빌 동계올림픽 여자 피겨 싱글의 가장 유력한 우승 후보는 22세인 일본의 이토 미도리와 20세인 일본계 미국 선수 크리스티 야마구치였다. 이토는 1969년 8월 13일 일본 나고야에서 태어났다. 이토는 5세 때부터 스케이팅을 시작했고 6세 때부터는 경기에 나갔다. 이토의 부모는 그녀가 10세 때 이혼을 하는 바람에 그녀는 야마다 마치코 코치와 함께 지내게 된다.

이토는 놀라운 점프를 보여 줄 수 있는 보기 드문 선수다. 12세라는 어린 나이에 여자 선수로는 세계 최초로 트리플과 트리플 컴비네이션을 성공시켜 세계 피겨스케이팅 관계자들의 눈을 휘둥글게 만들었다.

또 한 사람의 무서운 천재 소녀가 나타난 것이다.

1988년 캘거리 동계올림픽에서 이토는 관중들의 마음을 사로잡는 빼어난 점프 연기로 5위를 차지해 다음 올림픽의 기대주로 치솟아 올랐다. 그러나 모든 경기가 그렇듯이 실력만으로 챔피언이 결정되는 것은 아니다. 경기 당일의 컨디션 그리고 무엇보다도 운(運)이 승패에 크게 작용한다. 1992년 알베르빌 동계올림픽에서 이토가 지정된 훈련시간에 첫 번째 점프를 시도하려고 했을 때 프랑

크리스티 야마구치(미국)가 우승한 1992년 알베르빌 동계올림픽의 공식 로고.

스의 수리아 보날리가 그녀의 앞을 가로지르는 반칙 행위인 백 플립(Back-Flip)을 저질렀다. 스포츠맨십에 어긋나는 보날리의 몰지각한 행위로 정신적 안정이 흔들린 이토는 열 차례 시도한 트리플 액셀 가운데 일곱 차례나 실패하고 만다.

직전 올림픽에서 2연패를 달성한 카타리나 비트는 보날리의 행위가 "거의 부정(不正) 행위"라고 비난하면서 격노했다. ISU(국제스케이팅연맹)는 보날리에게 "훈련할 때 더 이상 백 플립을 하지 말라"고 지시했다. 다음 날부터 본경기는 시작됐다. 이때부터 보날리는 ISU 심판들에게 '나쁜 아이'로 낙인 찍힌 것 같다. 보날리의 그릇된 행위로 정신적으로 안정을 잃은 이토는 쇼트 프로그램에서 구사하기로 했던 트리플 액셀 대신 보다 쉬운 트리플 루츠로 바꿔 연기를 펼쳤으나 트리플 루

츠도 실패하면서 넘어져 부상까지 입었다.

이토의 부진으로 덕을 본 야마구치

강력한 라이벌 이토의 부진은 야마구치에게는 행운일 수밖에 없었다. 경기를 앞두고 야마구치의 우상인 도로시 해밀이 야마구치를 격려했다. "행운을 빈다. 그리고 경기를 즐겨라"는 해밀의 말 대로 야마구치는 롱 프로그램에서 처음부터 끝까지 관중들을 즐겁게 해준다는 마음으로 자신의 스케이팅을 우아하게 보여 준 결과 금메달을 차지했다.

9명 심판 가운데 7명이 야마구치를 1위로 채점했고, 나머지 2명 일본과 체코슬로바키아 심판은 이토를 1위로 매겼다. 이토는 은메달을 목에 걸었고 동메달은 미국의 낸시 케리건에게 돌아갔다. 4위는 미국의 토냐 하딩, 5위는 몹쓸 행위로 이토의 컨디션을 무너뜨려 금메달을 놓치게 만든 수리아 보날리였다. 이들 가운데 다음 올림픽 직전 토냐 하딩이 라이벌 낸시 케리건 습격 사건을 일으켜 온 세계를 떠들썩하게 만든다.

야마구치는 피겨스케이팅의 두 기둥인 경기 능력과 예술적 표현 어느 하나에 치우치지 않고 이 두 가지를 하나로 융화시킨 옥사나 바이울(1994년 올림픽 금메달리스트, 우크라이나), 미셸 콴(1998년 올림픽 은메달리스트, 2002년 올림픽 동메달리스트, 미국), 아라카와 시즈카(2006년 올림픽 금메달리스트, 일본), 사샤 코헨(2006년 올림픽 은메달리스트, 미국) 등과 같은 부류(部類)의 뛰어난 피겨 여왕이다. "경기에서 긴장감으로 압박 받는 것보다 관중들에게 즐거움을 주는 스케이팅이 더 마음에 든다"고 말한 야마구치는 올림픽 금메달 획득으로 아마추어 선수로서 목표는 이루어졌다고 여겨 프로 피겨스케이터가 된다. 야마구치는 역사상 프로 여자 피겨스케이터로 가장 성공한 인물 가운데 한 사람으로 뽑힌다.

  야마구치의 아시아계 용모는 그녀가 미국에서 인기를 모으는 데 아무런 지장을 주지 않았다. 아이스쇼, 텔레비전 쇼, 광고 출연 등으로 야마구치는 엄청난 돈을 벌어들여 이른바 '아메리칸 드림' 의 전형적인 예가 됐다. 야마구치는 프로 아이스하키 NHL(미국 하키리그)의 디펜스맨이자 스탠리컵에서도 우승한 적이 있는 브렌 헤디칸과 결혼해서 두 명의 아이를 낳았다. 자신의 성공을 두고 야마구치는 "나는 내가 이루려는 목표를 세우면 다른 일에 마음을 빼앗기지 않고 오직 목표만을 향해 힘써 왔다"고 말했다.

9. 토냐 하딩

(Tonya Maxene Harding, 미국, 1970~)
1994년 검은 전설의 낸시 케리건 습격 사건

컷 ⓒ 高孝珍

낸시 케리건이 습격당해 부상을 입는 바람에
출전하지 못한 1994년 미국 선수권대회 겸
올림픽 출전 선수 선발전에서 우승한 하딩이 기쁨을 나타내고 있다.
그러나 얼마 후 하딩이 케리건 습격의 배후 조종자임이 드러난다.
온 세계에 충격을 준 이 사건으로 하딩은 그 대가를 톡톡히 치렀다.

1994년 1월 6일 미국 디트로이트에서 열리고 있던 미국 피겨스케이팅 선수권대회에서 그해 2월 릴레함메르 동계올림픽에서 여자 싱글의 유력한 우승 후보로 꼽히고 있던 낸시 케리건이 괴한에게 무쇠 몽둥이로 무릎을 강타당해 부상을 입는 사건이 일어났다. 수사 당국의 조사에 따라 케리건의 경쟁자인 토냐 하딩이 전남편 제프 길룰리에게 다른 사람을 고용해 저지른 범죄임이 밝혀지자 온 세계가 충격을 받았다.

20세기 스포츠 100년사(史)에 가장 중대한 사건

스포츠 경기는 투쟁의 마당이다. 그러나 상대방에게 뇌진탕(腦震蕩)을 일으키도록 가격이 허용된 복싱에도 지켜야 할 경기규칙이 있다. 안 지키면 주심 실격패를 선언할 수 있고 반칙이 심했을 경우 커미셔너는 반칙 정도에 따라 일시 출전정지나 심한 경우 영구 제명까지 시킬 수 있다. 그래야만 팬들로부터 공정한 스포츠로 인정받을 수 있기 때문이다. 공정성은 스포츠의 생명이라고도 할 수 있다. 스포츠 경기에서 반칙 행위는 대부분이 경기장 안에서 일어나기 마련이다. 케리건 습격 사건처럼 장외에서, 그것도 자신은 숨고 다른 사람을 시켜 상대선수의 경기 생명을 끊으려는 악랄한 행위가 아름다움을 추구하는 피겨스케이팅의, 그것도 종목이 ladies(숙녀들)로 구분되는 여자 싱글에서 저질러졌다는 점에서 비상한 관심을 모았다.

사람들의 심리란 참으로 묘하다. 사건이 터지자 처음에는 "말도 안 돼!"라고 눈을 부라리던 많은 사람들이 사건의 뒷소식을 시시콜콜하게 알고 싶어 했다. "그래? 그 후 하딩은 어떻게 됐어? 그리고 케리건은?"이라고 귀를 쫑긋 세웠다. 매스컴들은 속으로 미소를 지으면서

"이게 웬 떡이냐? 오랜만에 사람들의 관심을 끄는 기삿거리가 생겼네"라고 속보 경쟁에 열을 올렸다. 미국의 스포츠 전문방송인 ESPN은 20세기 스포츠를 간추려 기록하는 '스포츠 세기'라는 비디오에 케리건 습격 사건을 담았다.

여섯 차례나 결혼하고 딸을 '쓰레기, 개 같은 년, 바보'라고 마구 욕하는 토냐 하딩의 어머니

피겨스케이팅에서 엘리트 선수를 키워 내는 데는 많은 돈이 들어간다는 것은 이미 잘 알려져 있다. 하지만 넉넉지 못한 집안에서도 꿈은 꿀 수 있다. 그 좋은 예가 1968년 동계올림픽 금메달리스트 페기 플레밍(미국), 1994년 동계올림픽 금메달리스트 옥사나 바이울(우크라이나)이다.

매우 어려운 집안에서 태어난 토냐 하딩(미국)도 같은 꿈을 꾸었으며 그녀는 세계 정상급으로 뻗어 나갈 수 있는 정신적 육체적 자질도 타고난 재목이었다. 하딩은 1970년 11월 12일 미국 포틀랜드에서 아버지 알 하딩과 어머니 라보나 사이에 태어났다. 그 후 어머니 라보나가 남편을 여러 차례 갈아치우는 바람에 하딩은 그때마다 새아버지를 맞이해야 했다. 하딩이 라이벌 낸시 케리건의 선수 생명을 끊어 버리려고 음모를 꾸밀 때 하딩의 어머니는 식당 종업원이었고 어머니의 다섯 번째 남편인 새아버지는 일정한 직업 없이 일자리를 구해 떠도는 날품팔이였다. 어머니는 딸의 경기용 의상을 손수 바느질하고 먼 거리의 링크에 자동차를 몰아 딸을 데려가고 데려오는 것이 일과(日課)였다. 링크에서 만난 다른 애들의 어머니들은 하딩의 어머니에 질려서 말도 건네지 못했다. 하딩의 어머니는 딸에게 '쓰레기, 개 같은 년,

바보'라고 욕을 마구 퍼부을 뿐만 아니라 스
케이팅 연기가 마음에 들지 않으면 남들이
보는 앞에서 딸의 뺨을 서슴없이 후려패기
도 했다. 아버지는 딸에게 낚시와 사냥을 가
르쳤다. 하딩은 14세 때 처음으로 사슴을 죽였
다. 살아 있는 동물의 목숨을 빼앗는 사냥이 성
장기에 있는 하딩의 인격형성에 어떤 영향을
미쳤을까? 거친 가정환경 속에서 자라면서도
하딩의 스케이팅 실력은 쭈욱쭈욱 뻗어 나갔다. 하딩의 홈타운 포틀
랜드에서는 하딩이 누구보다도 스케이팅을 잘 탔다. 10세도 되기 전
에 트리플 루프를 할 수 있었고 12세 때는 트리플 루츠를 성공시켜 보
는 사람들의 입을 벌어지게 만들었다.

하딩이 16세 때 다섯 번째 아버지가 아이다호에 일자리를 구해 옮겨
가게 되자 어머니는 다섯 번째 남편과 조금도 망설임 없이 이혼해 버
리고 여섯 번째 남편과 결혼했다. 하딩은 물론 어머니와 함께 남았다.
밑바닥 생활에서 탈출해 그런대로 사람답게 살기 위해서는 하딩에게
피겨스케이팅밖에 아무것도 없었다.

하딩과 대조되는 유복한 가정에 태어난 낸시 케리건

낸시 케리건은 1969년 10월 13일 미국 매사추세츠 주 스톤햄의 부유
한 집안에서 아버지 댄 케리건과 어머니 브렌다 사이에 태어났다. 케
리건은 5세 때부터 스케이팅을 시작했다. 오빠들이 아이스하키를 할
때 끼어들어 함께 즐기기도 했다. "그래서 사람들은 나를 '말괄량이'
라고 불렀다"고 케리건은 어릴 때를 돌이켜 말한 적이 있다. 케리건은

9세 때 처음으로 경기에서 메달을 땄다. 케리건은 에비와 메리, 스코트 볼드 부처의 코치를 받았다. 케리건은 그들을 존경하고 따르면서 정상급 선수로 자라기 위해 노력을 했다.

케리건이 메이저 국제경기대회에서 처음으로 메달을 딴 것은 1991년 세계선수권대회에서였다. 피겨스케이팅 역사상 세계선수권대회에서 한 나라가 여자 싱글의 메달을 싹쓸이한 것은 이 대회가 처음이었다. 미국은 이 대회에서 야마구치가 금메달, 하딩이 은메달, 케리건이 동메달을 각각 차지해 미국 여자 피겨의 막강함을 온 세계에 알렸다. 돈 많은 집안의 케리건은 이름난 디자이너 베라 웡이 만든 한 벌에 5천 달러 넘는 경기용 의상을 입고 얼음판에 나타나 다른 선수들의 부러움을 사기도 했다.

하딩은 야마구치가 지나가는 챔피언이라 곧 아마추어에서 물러나고 머지않아 자신의 라이벌은 케리건이 될 것이라고 내다보았다. 하딩의 예상은 들어맞게 된다. 그것이 케리건에게는 불행이었는지도 모른다. 이 예상을 바탕삼아 하딩이 케리건 습격을 꾸미게 됐으니 말이다. 1992년 동계올림픽에서 케리건이 동메달을 따고 자신이 4위에 머물러 메달권 진입에 실패하자 하딩은 케리건이 자신의 앞길을 가로막는 걸림돌이라고 확신하게 된 것 같다.

하딩, 폭력 잘 쓰는 길룰리와 결혼

고등학교를 퇴학당한 하딩은 15세 때 폭력적인 남자 친구 제프 길룰리와 사귀었다. 당시 길룰리는 18세로 두 사람 모두 올바른 인생의 길잡이가 되어 줄 어른이 없는 가정환경에서 자란 공통점을 지니고 있었다. 1989년 하딩이 미국 선수권에서 3위를 차지하자 장래가 밝다고

토냐 하딩의 사주를 받아 낸시 케리건 습격을 맡은 4명의 악한들. (왼쪽부터) 하딩의 전남편 제프 길룰리, 숀 엑커드, 데릭 스미스, 션 스탄트.

여겼는지 하딩과 길룰리는 결혼했다.

1991년 미국 선수권에서 하딩은 일곱 차례나 트리플 점프(한 차례는 트리플 액셀)를 성공시켜 예상을 깨고 야마구치를 꺾고 우승을 차지했고, 다음 달 세계선수권에서는 야마구치에 이어 2위에 파고들어 세계의 주목을 끌었다. 하지만 케리건이 다음 시즌 미국 선수권 우승을 따낸 데 견주어 하딩은 4위에 머물러 그해 세계선수권 출전 미국 팀의 명단에 오르지 못했다. 케리건은 코카콜라, 리복, 캠벨 수프, 노스웨스트 항공, 제록스, 세이코(일본 시계), 에비앙(생수), 매사추세츠 주 로또복권 등의 CM 모델로 돈을 왕창 벌어들이고 있었다. 하딩은 자신이 차지해야 할 좋은 성적을 케리건이 가로채고 자신이 벌어들일 수 있는 돈을 케리건이 가져가 버린다고 앙심을 품는다.

하딩의 부탁을 받은 전남편 길룰리가 케리건 습격 꾸며 내

이미 이혼한 사이였으나 하딩과 길룰리의 악연(惡緣)은 끊어지지 않고 있었다. 하딩은 이혼한 전남편 길룰리에게 자신의 앞길을 가로막고 있는 케리건이 경기에 나오지 못하도록 해달라고 부탁했고 길룰

리는 이 부탁을 받아들였다. 길룰리는 어릴 때부터 친구인 몸무게가 140kg을 넘는 숀 엑커드에게 "돈을 줄 테니 하딩의 올림픽 영광의 길을 방해하는 케리건에게 본때를 보여 달라"고 말을 건넸다. 엑커드는 데릭 스미스와 접촉하고 스미스는 사촌인 션 스탄트를 이 일에 끌어들였다.

1993년 12월 28일 4명의 사나이들은 모임을 갖고 케리건 습격에 여러 가지 아이디어를 교환했다. 케리건을 아예 죽일 것이냐, 발뒤꿈치의 아킬레스건을 잘라 버릴 것이냐를 놓고 의견을 나누었다. 결론은 케리건의 다리를 쓰지 못하도록 강타하는 것으로 의견을 모았다. 살인과 같은 큰 범죄가 아니기 때문에 이 일을 맡기는 대가로 길룰리는 그들에게 6,500달러를 주기로 합의했다. 범행을 맡기로 한 3명의 사나이들은 길룰리를 못 믿어 계약 내용을 녹음까지 했다. 그동안 케리건의 동향을 알려 주면서 습격을 기다려 온 하딩은 참다 못해 1994년 1월 1일 엑커드에게 "케리건에 대한 공격이 왜 실행되지 않고 있느냐?"라고 불만을 털어놓았다.

케리건, 습격당해 큰 충격에 빠지다

케리건 습격의 하수인으로 선정된 스탄트는 미국 선수권대회를 겸한 동계올림픽 파견 미국 대표 선발전이 치러지고 있는 디트로이트에 친척 아저씨와 함께 나타난다. 아저씨는 스탄트가 범행을 저지르고 난 뒤 도주할 때 이용할 자동차 운전을 위해 스탄트와 동행했다. 1994년 1월 6일 케리건은 레이스로 된 섹시하고 아름다운 흰색 의상을 걸치고 트레이닝을 마친 후 디트로이트 코보 아이스링크에서 벗어나 옷을 갈아입기 위해 드레싱 룸으로 향하고 있었다. 때마침《피츠버그 포스트 가제트》의 기자가 다가와 케리건을 취재하려고 했다. 그때 갑자기 검정 옷차림의 건장한 사나이가 두 사람 사이를 밀고 들어와 53cm 길이의 접을 수 있는 쇠몽둥이를 두 손으로 잡고 케리건의 다리 무릎 위를 힘껏 내리쳤다. 범행을 저지른 스탄트는 합성수지 유리문에 몸을 던져 뚫고 지나가 눈길을 달려 도망하기 위해 준비된 자동차에 몸을 실었다.

케리건은 비명을 지르고 아픔을 참지 못해 쓰러졌다. 케리건의 아버지는 딸을 도와주기 위해 딸에게 달려왔다. "아버지는 큰 충격을 받았다. 나는 정말 무서웠다. 왜 내가 이런 일을 당해야 하는가?"라고 케리건은 말했다. 처음에는 "정신이상자의 소행이 아닌가?"라는 억측이 나돌 정도의 어처구니없는 끔찍한 사건이었다. 이틀 후 케리건이 출전하지 못한 가운데 하딩이 미국 선수권도 차지하고 올림픽 출전권도 따 냈다. 그녀의 속셈대로 케리건 습격 사건은 일단 성공한 셈이다. 케리건에게 다행스러운 일은 USOC(미국올림픽위원회)가 케리건의 올림픽 파견선발전 불참은 불가항력(不可抗力)에 의한 것이며 그때까지 케리건이 거둔 성적을 감안해 올림픽 파견 미국 선수단에 2위로 선발해 주었다. 1위는 물론 하딩이었다. 케리건의 무릎은 무사했다. 타격이 2~3cm만 빗나가지 않았더라면 케리건의 무릎은 박살이 날 뻔했다. 그러나 부어 오른 무릎을 가라앉히기 위해 의사는 그녀의 무릎에서 피를 뽑아 내야 했다.

세상에 비밀은 없다. 밝혀지기 시작한 진상

얼마 후 진상은 차츰 밝혀지기 시작했다. 먼저 엑커드의 아버지가 경찰에게 지난 12월 28일 4명의 사나이들이 모여 케리건 습격을 모의

했을 때 녹음한 테이프에 대해 털어놓았다. 습격 나흘 후 엑커드와 스미스가 잡혔다. 며칠 후 스탄트도 체포됐다. 경찰이 길룰리를 잡아 "케리건 습격을 엑커드 등에게 위탁했느냐?"고 묻자 그는 "나는 내 아내의 경기를 방해하는 인간을 치워 버려야 했다"고 대답했다. 이 소란 속에 미국 ABC 텔레비전의 '굿모닝 아메리카'에 출연한 하딩은 "나는 때때

로 거칠게 살았을지 모르지만 나 스스로 근본적으로는 좋은 사람이라고 생각한다"고 말했다. 다음 날인 1월 18일 하딩은 FBI로부터 10시간 반 동안 심문을 받았다. 심문이 끝난 후 하딩은 기자들에게 "나는 길룰리와 분리되어 심문을 받았다" 고 말했다.

다음 날 길룰리도 체포됐다. 하딩은 "나는 습격 음모에 가담하지 않았고 일이 터진 후에야 알았다. 나는 책임이 없다"고 발뺌했다.

USOC에 소송 걸어 올림픽 출전하게 된 하딩

올림픽 파견 권한을 지닌 USOC는 "잘못을 저지른 선수를 올림픽에 보낼 수는 없다"고 처음에는 강경한 자세를 보였으나 하딩이 변호사를 내세우고 고소하자 바로 꼬리를 내리고 굴복해 하딩을 올림픽에 보내기로 했다.

1994년 릴레함메르 동계올림픽 여자 피겨가 열리기 전 이상한 현상이 일어났다. 원래는 매스컴이 우승 후보 중심으로 취재하기 마련인데 이번만은 그렇지 않았다. 1993년 세계선수권대회에서 케리건은 5위에 그쳤다. 이 세계선수권에서 우승한 옥사나 바이울(우크라이나)을 비롯해 사토 유카(일본), 첸 루(중국), 수리야 보날리(프랑스) 등 4명이 케리건을 앞섰는데도 매스컴은 이들보다도 케리건과 하딩에게 흥미를 나타냈다. 케리건은 부상이 완쾌된 상태로 릴레함메르에 나타났다. 하딩은 길룰리가 FBI의 조사에서 자신을 배신했을 뿐 아니라 자신들의 결혼 첫날밤을 찍은 비디오를 매스컴에 팔아먹은 것을 알고 쓰라린 마음으로 릴레함메르에 도착했다. 적나라한 비디오 사진들은 유럽에서도 흥미 위주의 대중신문에 실렸다. 하딩은 속된 말로 '개망신'을 당하고 있는 것이다.

케리건과 하딩의 대결은 선(善)과 악(惡)의 대결인가?

개회식이 가까워지자 미국 여론은 케리건과 하딩의 이야기를 선과 악의 대결로 받아들여 갔다. 그리고 마치 다른 선수들은 이야깃거리가 되지 않는 듯한 분위기였다. 올림픽에서 ISU는 케리건과 하딩이 같은 시간에 훈련을 함께하도록 지시했다. 두 명 모두 같은 나라 미국의 선수이기 때문이라는 것이다. 케리건은 첫 훈련 시간에 습격 받았을 때 입었던 흰색 레이스의 경기용 의상을 입고 나와 사진기자들을 즐겁게 만들었다. 2월 23일 밤 7시 쇼트 프로그램이 시작됐다. 경기 실황이 몇 시간 후 미국에 녹화 중계되자 시청률은 지난 11년 동안 어느 쇼보다 높았다. 미국 텔레비전 방송 사상(史上)으로는 여섯 번째로 높은 시청률이었다.

처음으로 등장한 선수는 올림픽 2연패(1984년, 1988년)를 이룩한 카타리나 비트(독일, 옛 동독)였다. 세 번째 올림픽 금메달 획득에 자신이 있어서인지 비트는 기술보다 로빈 후드 차림으로 눈길을 끌고 6위로 롱 프로그램 출전 대열에 끼어들었다.

다음으로 이름 난 선수는 하딩이었다. 그녀는 미국 선수권 우승 때 입었던 의상을 그대로 걸치고 나왔다. 워싱턴 포스트의 칼럼리스트인 토니 콘헤이저는 "토냐 하딩은 붉은 소매 없는 댄스홀 의상을 입고 나타났다. 어떻게나 진하게 화장했는지 스케이팅이 끝나고 나면 나에게 술 주문을 받을 것 같은 생각이 들 정도였다"고 하딩의 야한 모습에 일침(一針)을 가했다.

눈물을 글썽이며 스스로 무너져 버린 하딩

'Much About Nothing' 곡에 맞추어 스케이팅을 탄 하딩은 메달 획득의 꿈을 30초 만에 날려 버렸다. 하딩은 첫 번째 트리플 점프 때 두 발로 착지해 버렸으며 컴비네이션에서는 한 발자국 더 디뎠고 연속 동작에서는 두 발을 딛는 등 실수의 연속이었다. 금요일에 치러진 프리스케이팅 프로그램은 미국에서 가장 높은 텔레비전 시청률을 기록했다. 메달권에서 벗어났지만 하도 큰 소란을 일으켰던 탓에 하딩은 아직 매스컴의 주목을 끌고 있었다. 자신의 이름이 불렸는데도 모습을 나타내지 않던 하

1992년 동계올림픽 여자 피겨 싱글에서 동메달을 딴 낸시 케리건은 1994년 동계올림픽 미국 대표 선발전을 앞두고 라이벌인 토냐 하딩이 꾸민 습격으로 부상을 입었으나 다행히 경기력에는 지장이 없어 은메달을 차지했다.

딩은 실격 직전 링크에 돌진해 들어왔다. 그러나 하딩의 스케이팅은 평소와는 달리 공격적이 아니라 주춤거렸다. 연기를 시작한 지 45초 후 하딩은 눈물을 글썽이며 스케이팅을 멈추고 말았다. 엄청난 스트레스를 받고 있음이 분명했다. 제 실력을 발휘하지 못하고 스스로 무너져 내려앉아 버린 것이다. 하딩은 8위에 그쳤다.

미국으로 돌아간 하딩에게는 엄정한 처벌이 기다리고 있었다. 오레곤 사법 당국은 3월 16일 하딩이 케리건 습격 사건의 배후자임을 밝혀내고 그녀에게 3년 동안의 보호관찰, 5백 시간의 사회봉사, 10만 달러의 벌금, 장애자를 위한 스페셜 올림픽 기금에 5만 달러를 보태도록 유죄 판결을 내렸다.

인생은 롤러코스터, 올라가기도 하고 내려가기도 한다. 포기하지 않으면 희망은 있다

한때의 잘못된 생각과 행동으로 하딩은 호된 법적, 사회적 제재를

받았다. 그러나 시간이 흐름에 따라 적잖은 사람들이 그녀의 불우했던 성장과정 그리고 축복 받지 못한 결혼, 빈곤으로부터 탈출하는 데 스케이팅밖에 없다는 집념에 사로잡혀 범죄를 저지른 그녀를 용서는 안 되더라도 동정하기 시작했다. 사법 당국이 하딩에게 내린 사회봉사 명령은 그녀가 많은 사람들에게 이해와 용서를 구할 수 있는 좋은 기회가 됐다.

1997년 네바다 주 리노의 아이스하키 경기에서 하딩은 스케이팅을 펼쳐 보였다. 처음으로 입장권 매진을 이룩해 경기장을 꽉 메운 관중들은 하딩에게 기립박수를 보내며 환영했다. 경기가 끝나자 그녀의 사인을 받으려 두 줄의 행렬이 길게 이어졌으며 하딩이 그들에게 친절하게 사인하고 인사를 적어 주는 데 2시간이나 걸렸다. 2000년 하딩은 피겨스케이팅 세계에 많은 주목을 받으며 컴백했다. 미국의 스포츠 전문방송인 ESPN이 웨스트버지니아, 헌팅턴에서 개최한 프로 피겨 경기대회에 초대 받아 출전한 하딩은 2위를 차지해 예전의 기량이 녹슬지 않았음을 증명했다. 관중은 두 팔을 벌려 그녀를 환영했으며 기립박수로 격려해 주었다. 이 텔레비전 쇼는 그 주(週)의 가장 높은 시청률을 기록했다.

하딩은 여러 텔레비전 프로그램에도 초대 받았다. HBC 코미디 쇼, ROSANNE 쇼, MAURY 쇼 등에 특별출연자로 초대됐으며 와이셔츠 바람에 바지멜빵 차림이 등록상표 같은 CNN(케이블 뉴스 네트워크)의 래리 킹(Larry King) 라이브 인터뷰에도 두 차례나 초대 받아 기탄없이 자신의 이야기를 털어놓았다. 하딩은 프랑스 스케이팅협회 초청으로 프랑스 텔레비전 크리스마스 쇼에 출연해 화려한 스케이팅으로 장식했다. 지방자치 단체나 사회사업 단체들은 자기네 자선행사 모금액을 많이 올리기 위해 하딩의 도움을 요청했다. 하딩은 뛰어난 피겨스케이터인 데다 비록 나쁜 일로 유명해졌지만 아무튼 사람들이 만나고 싶은 유명인임에 틀림없기 때문에 아이 캐처(Eye-Catcher)로서는 큰 힘을 지니고 있었다.

샌프란시스코 시민단체가 자선사업 모금을 위해 하딩을 초청했을 때 윌리 브라운 시장도 그녀를 만나 협조를 의뢰했고, 하딩은 자신과 함께 사진 찍는 행사 등을 기꺼이 받아들였다. 하딩은 피겨스케이터로 성공하고 싶은 꿈을 꾸는 후진들에게 세미나를 통해 가르쳐 주는 일에도 관심을 나타냈다. "사람들은 정말 나를 좋아 한다. 나와 만나고 싶어 하고 나의 사인을 받고 싶어 한다. 나와 같이 사진 찍기를 원한다. 내가 끔찍한 일을 겪었지만 사람들은 나를 정상적인 사람으로 대해 준다"라고 하딩은 밝게 말한다.

"인생은 롤러코스터와 같다. 때로는 올라가고 때로는 내려간다. 포기하지만 않으면 인생의 기복(起伏)과는 상관없이 언제나 희망은 있다."

하딩은 시련에서 얻은 교훈을 말한다. 그러나 인생은 결코 짧기만 한 것이 아니다. 남은 인생을 어떻게 보내느냐에 따라 하딩의 전설은 빛날 수도 있고 어두울 수도 있다.

10. 옥사나 바이울

〈Oksana Baiul, 우크라이나, 1977~ 〉
1994년 동계올림픽 우승

컷 ⓒ 高孝珍

하늘 아래 아무도 의지할 사람이 없었던 천애의 고아 옥사나 바이울은
1993년 세계 챔피언을 따고 다음 해인 1994년 동계올림픽 금메달을 차지해 세계를 감동시켰다.

우크라이나의 천애(天涯) 고아인 옥사나 바이울은 의지할 곳이 없어 어릴 때부터 코치의 가족과 함께 살면서 피겨스케이터로 자라 1993년 15세 나이에 여자 피겨 세계 챔피언이 됐고, 다음 해인 1994년 동계올림픽에서 미국의 낸시 케리건과 피 말리는 아슬아슬한 접전 끝에 올림픽 여자 피겨 사상 가장 근소 차로 우승을 차지했다. 고아인 바이울의 인간 승리 이야기는 세계를 감동시켰다.

아버지는 집 나가고 어머니는 암으로 사망, 외할아버지와 외할머니도 세상 떠나 고아가 된 옥사나 바이울

동계올림픽 여자 피겨 금메달리스트 가운데, 아니 온 세계의 피겨스케이터 가운데 옥사나 바이울처럼 역경 속에서 자라 자신의 꿈을 이루어낸 선수가 또 있을까? 미국의 토냐 하딩도 불우한 가정에서 자랐으나 그래도 어머니가 있었고 하딩은 이혼했지만 결혼도 했었다. 바이울은 아버지의 얼굴조차 모른다. 그녀가 아직 사람의 얼굴을 제대로 가려 볼 수 없던 어린 나이에 아버지는 집을 나가 버렸기 때문이다. 어머니마저 암으로 세상을 떠난 후 함께 살던 외할아버지와 외할머니도 사망해 버린 것은 그녀가 13세 때 일이다. 바이울은 피겨에 워낙 뛰어난 자질을 타고났기 때문에 형편이 매우 어려운 가운데도 피겨 레슨을 받을 수 있었다.

공산국가 권역(圈域)인 동구권(東歐圈)에 속한 우크라이나는 소련이 붕괴되기 전부터 엘리트 선수 육성에 힘을 기울여 왔기 때문에 옛 동독의 카타리나 비트처럼 바이울도 국가가 보살펴 준 유망주다. 하지만 바이울을 어릴 적부터 가르쳐 온 코치마저 캐나다로 이민을 가 버리자 그녀는 하늘 아래 아무도 돌볼 사람이 없는 천애 고아가 되어 버렸다. 그녀는 그때 14세이었다.

그러나 "하늘이 돕는다"는 말이 있다. 바이울은 1992년 알베르빌 동계올림픽 남자 피겨 싱글의 금메달리스트인 빅토르 페트렌코프를 만나 그의 도움을 받게 된다. 페트렌코프는 그의 장모인 갈리마 즈미에프스카야의 가르침을 받고 올림픽 챔피언의 자리에 올랐으니 그의 집안은 피겨스케이팅의 명문이라 할 수 있다. 페트렌코프는 장모에게 꼬마 바이울을 데리고 있으면서 보살펴 달라고 부탁했다. 즈미에프스카야는 "사위 빅토르는 바이울에게 식사와 경기용 의상 구입을 위해 돈을 보내 왔다. 사위는 나에게 '저 꼬마가 먹으면 얼마나 먹고 생활비가 들면 얼마나 들겠느냐'고 나에게 맡아 키워 줄 것을 간곡히 부탁했다. 그래서 바이울은 우리 가족의 한 사람이 됐으며 나는 그녀의 코치가 됐다"고 즈미에프스카야는 설명했다. 바이울의 기량은 날로 향상됐으며, 1993년에는 세계선수권에서 우승해 '떠오르는 별'로 주목을 끌게 됐다.

세계 챔피언 바이울이 올림픽도 제패할 수 있을까?

올림픽 직전의 1993년 세계 챔피언이긴 하지만 바이울이 1994년 릴레함메르 동계올림픽에서 우승할 수 있을 것인지에 대해서는 의문을 갖는 사람들이 적잖았다. 감정적으로 기복이 심한 어린 선수가 정신적 압박감을 이겨 내고 가장 큰 무대인 올림픽에서 실력을 마음껏 발휘할 수 있을지 알 수 없다는 것이다. 1993년 10월 '스케이트 아메리카'에서 바이울은 프랑스의 보날리와 미국의 하딩을 물리쳐 기세를 올렸다. 그러나 한 달 후 바이울은 독일의 스베첸코에게 패배했다. 올림픽 한 달 전 유럽 선수권에서 보날리가 바이울을 꺾었다. 아직 바이울의 실력은

2010년 밴쿠버 동계올림픽을 앞두고 김연아가 받았던 '압도적으로 강력한 우승 후보'라는 평가를 받지 못하고 있는 상태였다.

릴레함메르 대회는 지난 알베르빌 대회가 치러진 지 2년 만에 열리는 이례적인 올림픽이다. 하계대회이건 동계대회이건 4년마다 같은 해에 열려 오던 것이 IOC가 "두 대회 모두 규모가 비대해져서 같은 해에 열기가 힘드니 하계대회와 동계대회를 종전과 같이 4년마다 열되 두 대회가 2년의 간격을 두자"고 결정했다. 그러자면 두 대회 가운데 한 대회가 한 번은 2년 만에 열려야 한다. 당연히 규모가 큰 하계대회보다 규모가 작은 동계대회를 2년 만에 여는 것이 쉽기 때문에 1992년 대회 개최 2년 만인 1994년에 동계대회가 치러진 것이다. 그러나 일각에서는 "텔레비전 방영권료와 스폰서 찬조금 등으로 돈 맛을 알게 된 IOC가 더 많은 수익을 올리기 위해 두 대회를 한 해에 치르지 않고 2년 간격을 두었다"라는 비판이 있었다.

1994년 대회는 동계 종목 선수들에게는 다시 없는 기회였다. 1992년 대회가 끝난 후 4년을 기다려야 다음 올림픽에 출전할 수 있는데 이번에는 2년 만에 그 기회가 돌아왔기 때문이다. 여자 피겨스케이팅에서도 "다시는 돌아오지 않을 이 기회를 놓치지 말아야 한다"는 분위기가 짙었다. 게다가 강력한 우승 후보가 떠오르지 않고 있으니 일단 우승 가능성이 있는 선수들은 저마다 칼을 갈고 있었다.

경기 앞두고 부상 입어 세 바늘 꿰매고 IOC 허가 받아 진통제 투여

1994년 2월 25일 저녁 릴레함메르 동계올림픽은 여자 피겨의 금메달리스트를 가리는 경기를 앞두고 있었다.

하딩의 케리건 습격 사건으로 화제는 온통 하딩과 케리건에게 쏠렸

옥사나 바이울이 우승한 1994년 릴레함메르 동계올림픽의 공식 로고.

었으나 전문가들은 우승의 향방을 점치지 않을 수 없었다. 강력한 우승 후보는 4년 전 알베르빌 동계올림픽에서 동메달을 딴 미국의 낸시 케리건이었다. 완벽한 테크닉을 구사하는 케리건이 강력한 우승 후보였으나 즈미에프스카야는 바이울에게도 여왕 등극의 기회가 있다고 내다보고 있었다. 그러나 경기 전날 바이울은 훈련 도중 독일의 스베젠코와 서로 뒤로 스케이팅하다가 강하게 부딪쳤다. 스베젠코는 의료진의 들것에 실려 나갔고 바이울은 등과 다리에 부상을 입었다. 다리는 세 바늘을 꿰매야 할 정도로 통증이 심했다. 통증을 견디다 못한 바이울은 IOC에 진통제 주사를 맞을 수 있도록 신청해 허락을 받아 냈다.

추첨운이 좋아 마지막 경기에서 바이울은 케리건보다 뒤에 출전하기로 됐다. 케리건의 스케이팅은 참으로 찬란했다. 그러나 즈미에프스카야는 바이울에게 한 가닥 희망이 남아 있다고 판단했다. "첫 번째 점프가 매우 중요했다. 우리는 주사를 맞은 바이울의 다리가 점프한 후 제대로 착지를 견뎌 낼 수 있을지 걱정했다"고 즈미에프스카야는 회고했다. 바이울의 첫 번째 점프인 트리플 루츠는 환상적이었다. 1981년 비엔나에서 알로이스 루츠가 처음으로 선보인 뒤부터 '루츠'라는 이름이 붙은 고난도의 점프 기술은 매우 강한 인상을 준다. 바이울은 좋은 출발로 경기에 들어갔다. 그녀는 다섯 차례의 트리플 점프를 모두 성공했다.

"나는 경기 내내 하나님에게 기도 드렸다. 나만이 바이울이 무엇을 해낼 수 있는지를 알고 있었다."

즈미에프스카야의 말이다.

바이울의 연기가 끝나자 관중들은 폭발적인 반응을 나타냈다. 심판 판정의 결과는 놀라운 것이었다. 9명 심판 가운데 4명이 케리건의 승리로 채점했고 또 다른 4명은 바이울이 이겼다고 채점했다. 마지막 1명의 독일 심판은 두 선수에게 똑같은 점수를 주어 동점이었으나 기술 점수보다 예술 점수가 앞선다는 경기규정에 따라 예술 점수가 근소하게 앞섰던 바이울이 결국 5 대 4로 아슬아슬하게 금메달을 목에 걸 수 있었다. 너무나 근소 차로 승패가 엇갈렸기 때문에 이 결과를 놓고 말이 많았던 것은 어쩔 수 없는 일인지도 모른다. 공교롭게도 케리건을 지지한 4명 심판들은 서방(옛 자유진영) 측이었고 바이울을 지지한 5명 심판은 동구권(옛 공산권) 측이었다. 따라서 이 판정은 '정치적 심판이 아니냐?' 라는 의문까지 제기됐다. 그러나 이 판정은 사상(思想)보다 심판들이 어떤 스타일의 스케이팅을 선호(選好)했느냐에 따라 나온 결과라는 주장이 옳을 것 같다.

미국의 이름난 피겨 심판 벤 라이트는 "스케이팅이 기계적으로 보일 수도 있었던 케리건에 견주어 바이울은 멋진 음악적 감각을 풍기는 스케이팅을 보여 주었다. 주관적인 판단에 승패가 엇갈린 것이다"라고 말했다. 시상식이

1992년 동계올림픽 여자 피겨 싱글에서 동메달을 딴 낸시 케리건.

끝나자 바이울은 아무도 돌볼 사람이 없던 고아인 자신을 정성껏 보살피며 올림픽 챔피언으로 키워 준 은인 빅토르 페트렌코프와 갈리마 즈미에프스카야에게 깊은 감사의 뜻을 나타냈다. "두 분과 그 가족의 도움으로 위대한 일을 해낸 나는 과거의 슬픔을 이겨 낼 수 있었다"고 바이울은 고마움을 나타냈다. 바이울은 금메달을 차지함으로써 올림픽 사상 최초로 우크라이나 국기 계양과 국가 연주를 실현시킨 영광을 누렸다.

판정에 불만을 품은 케리건은 폐회식에도 참가하지 않고 곧바로 미국 플로리다에 있는 디즈니 월드로 날아가 미키마우스와 포즈를 취했다. 올림픽이 끝난 후 아마추어 선수 생활을 그만둔 케리건은 여러 아이스쇼에도 출연하고 잠깐 영화도 찍었다. 케리건은 두 번이나 이혼한 제리 솔로몬과 1995년 9월 결혼했다. ("솔로몬이 정말 그렇게 잘생겼어?") 케리건은 시각장애인들을 보살펴 주기 위한 '낸시 케리건 재단'을 설립했다. 케리건의 어머니 브랜다는 시력을 잃은 시각장애인이었다.

(Michelle Wingshan Kwan, 미국, 1980~)
1998년 동계올림픽 2위, 2002년 동계올림픽 3위

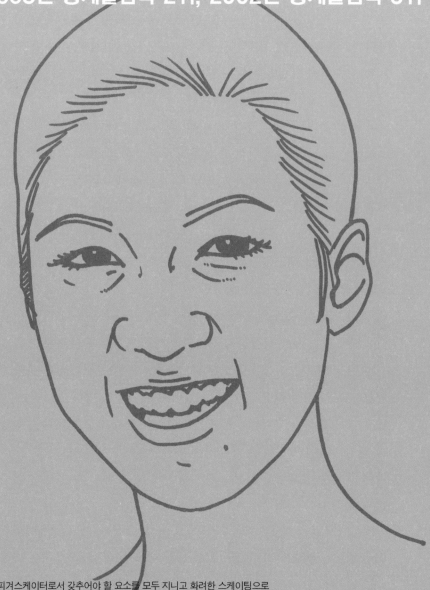

피겨스케이터로서 갖추어야 할 요소를 모두 지니고 화려한 스케이팅으로
지구촌 가족의 마음을 사로잡았던 미셜 콴은 올림픽 금메달만 빼놓고 주요 국제대회를 모두 제패했다.
전문가들이 콴을 '무관(無冠)의 여왕' 으로 꼽는 까닭이 바로 여기에 있다.
2009년 미셜 콴은 김연아와 함께 아이스쇼를 펼쳐 뜨거운 박수 갈채를 받았다.

컷 ⓒ 高燦珍

미셸 콴은 올림픽 은메달리스트에 그쳤지만 그 실력이나 전적으로 보아 '무관(無冠)의 여왕'이라 불릴 만한 전설적 피겨스케이터다. 올림픽은 4년마다 한 차례밖에 열리지 않는다. 온 세계의 강호들이 모여들어 격돌하는 올림픽에서 최강자가 반드시 금메달을 차지하는 것은 아니다. 경기 당일의 컨디션, 전략, 대진운, 부상, 심지어 날씨 등 여러 요소가 승패에 영향을 미친다. 최강자가 우승하는 것이 아니라 우승자가 최강자로 인정받는 것이다.

미국의 CNN은 "미셸 콴은 우아함, 쇼맨십, 스타일, 정확함 등 피겨스케이팅의 전설이 될 만한 요소를 대부분 가지고 있다. 그녀에게 하나 모자란 것은 올림픽에서 금메달을 따지 못했다는 것뿐이다"라고 콴을 높이 평가했다.

홍콩(중국)계 미국인으로 로스앤젤레스 근교에서 태어난 미셸 콴

중국으로부터 홍콩을 99년 동안 빌려 쓰면서 아시아에서 국익을 지켜 오던 영국이 홍콩을 공산국가 중국에게 돌려주어야 할 기한이 가까워지자 많은 홍콩 사람들이 캐나다와 미국으로 이주(移住)했다.

1980년 7월 7일 로스앤젤레스에서 남쪽으로 얼마 되지 않은 토란스라는 곳에서 미셸 콴은 태어났다. 아버지 대니와 어머니 스텔라는 일단 홍콩으로 돌아가 아버지는 지방전화국에 근무하고 어머니는 식당을 경영하면서 아이들의 양육비를 벌었다. "5세 때쯤 기억으로는 스케이트 끈을 매고 웃으면서 스케이팅을 탔던 기억밖에 없다"고 콴은 어릴 때를 회상했다.

미셸에게는 오빠 론, 언니 카렌이 있었다. 그들도 모두 스케이팅에 열중했으며 부모는 자식들의 꿈을 실현시켜 주기 위해 온 힘을 기울였다. 콴은 7세 때 처음으로 경기에서 우승을 차지해 기쁨을 감추지 못했다. 콴은 잠들 때 경기용 의상을 입고 잠자리에 들었다. 아침 훈련에 늦지 않기 위해서 작은 머리를 굴린 것이다. 콴 3남매의 훈련비용은 장난이 아니었다. 못사는 집안이 아니었지만 생활비말고 1년에 12만 달러 이상 아이들의 훈련비를 마련한다는 것은 매우 힘든 일이었다.

이름난 코치 프랭크 캐롤과의 만남

1991년 콴 자매의 훈련 수준을 높이기 위해 그들은 캘리포니아의 아로우헤드로 옮겨 갔다. '아이스캐슬 트레이닝 센터'의 본거지인 이곳에서 그들은 이름난 코치 프랭크 캐롤의 지도를 받게 된다. 콴의 2002년 올림픽 출전 4개월 전까지 11년 동안이나 캐롤 코치의 지도는 계속됐다. "콴 같은 위대한 선수는 일찍이 없었다"고 캐롤 코치는 말했다. 캐롤 코치의 이 말을 전설 가운데 한 사람인 페기 플레밍이 뒷받침한다. "스폰지가 물을 빨아들이듯 콴은 피겨스케이팅의 모든 것을 자기 것으로 만들었다"고 플레밍은 콴에게 찬사를 보냈다.

주니어 대회에서 몇 차례 우승한 12세 콴은 시니어 대회 출전 준비가 됐다고 생각했지만 캐롤 코치는 "지금은 이르다. 경기력이 더 향상된 뒤에 시니어 대회에 도전해도 늦지 않다"고 반대했다. 1993년 1월 아리조나 피닉스에서 열린 미국 선수권에 콴은 첫 출전했다. 1988년 동계올림픽 남자 싱글의 금메달리스트이자 콴의 친구이기도 한 브라이언 보이타노는 "머리를 뒤에서 묶고 핑크 드레스를 입은 콴은 화장을 전혀 하지 않았는데도 정말 귀여웠다"고 그때를 회상했다. 콴은 이 대회에서 6위를 차지하면서 온 미국의 주목을 끌기 시작했다.

미국의 대표적인 신문 《뉴욕 타임즈》와 《워싱턴 포스트》가 콴의 기사를 실었을 만큼 그녀는 빛났다. 《워싱턴 포스트》의 브레난은 "피겨스케이팅에 젊은 신인이 나타났다. 우리 모두 콴을 지켜보자"라고 썼다. 텔레비전 시대의 가장 뛰어난 메가(MEGA) 스타로 꼽히게 되는 콴의 시대가 열린 것이다. 그해 겨울 산 안토니오에서 열린 올림픽 페스티발에서 콴은 금메달을 땄다.

하딩이 못 나갈 경우에 대비해서 콴도 1984년 동계올림픽에 갔다

콴의 롤 모델이 말썽꾸러기 토냐 하딩이었다는 것은 뜻밖이다. 그만큼 하딩의 스케이팅 실력은 대단했었다는 이야기가 되는 것일까? 콴은 부상의 후유증으로 케리건이 출전을 못하게 되거나 하딩이 범죄 행위 탓에 올림픽 출전을 못하게 될 경우 대체(代替) 출전하도록 되어 있었으니 매스컴으로부터 가장 많이 인터뷰를 받았다. 경기 결과는 케리건이 은메달, 하딩이 8위로 끝나 출전할 기회는 돌아오지 않았지만 이 올림픽에서 콴은 출전하지도 않고 그 이름이 온 세계에 알려졌다.

1996년 콴은 미국 선수권과 세계선수권 두 대회에서 첫 우승을 차지해 세계 최강으로 치솟아 올랐다. 1998년 퍼펙트 스코어로 미국 선수권을 제패하고 세계 타이틀도 장악해 1998년 나가노 동계올림픽의 강력한 우승 후보로 자리매김했다. 개막을 앞둔 나가노 올림픽 스케이트 링크에서 훈련을 갖던 콴의 눈에는 이슬이 맺혔다.

"7세 때부터 꿈이었던 올림픽 금메달 획득이 이루어졌으면…"

콴은 올림픽 현지에서 여자 피겨의 전설이자 친구인 페기 플레밍에게 전화를 걸어 "유방암에 걸렸다는데 괜찮으냐? 나는 당신의 건강이

걱정된다"고 안부와 위로의 뜻을 전했다. 플레밍은 "나는 괜찮으니 염려하지 마라. 당신은 올림픽에만 집중해라"고 오히려 콴을 격려해 주었다.

올림픽 금메달만 빼놓고 모든 영예를 차지했다는 미셸 콴(미국)이 여자 피겨 은메달을 차지한 1998년 나가노 동계올림픽의 공식 포스터.

모든 개인종목이 그렇듯이 세계 정상 정복을 꿈꾸는 유망주들은 이미 정상에 올랐던 전설들에게 도움말을 듣고 싶어 한다. 프로 복싱 헤비급 사상(史上) 가장 위대한 챔피언으로 꼽히는 미국의 무하마드 알리도 그의 우상이었던 미들급의 전설 슈가 레이 로빈슨에게 전화를 걸어 "나는 힘든 로드워크(길에서 장거리달리기)가 하기 싫은데 그걸 꼭 해야만 하느냐?"고 물은 적이 있다. 그때 로빈슨은 "잘 들어. 세계 타이틀매치 15라운드(그때는 15라운드였다)를 끝까지 뛰려면 지구력이 필요하다. 그 지구력을 키워 주는 것이 바로 로드워크다"라고 도움말을 해주었으며, 알리는 그 후 로드워크를 열심히 해서 불멸(不滅)의 전설이 됐다.

신예 리핀스키에 밀려 은메달에 그치다

콴이 결코 마음을 놓을 수 없는 미국 팀 동료 타라 리핀스키는 1997년 세계 챔피언이었다. 15세 활기찬 풋내기 리핀스키와 17세 성숙한 베테랑 콴이 금메달 다툼을 벌일 것이라는 관측이 힘을 얻고 있었다. 1996년 세계선수권에서 콴이 첫 우승을 차지했을 때 리핀스키는 한참

1998년 미국 미네소타 주 미네아폴리스에서 열린 세계선수권대회에서 우승한 미셸 콴.

못 미치는 15위였다. 하지만 다음 해인 1997년 리핀스키는 세계 챔피언의 자리에 올라 사람들을 놀라게 만들었다. 1997년 스케이트 아메리카에서 콴은 리핀스키를 꺾었다.

　그런데도 1924년 제1회 동계올림픽 이래 그때까지 17차례 올림픽에서 14차례는 전년도의 세계 챔피언이 금메달을 차지했기 때문에 리핀스키가 유망하다는 예상도 설득력이 있었다. 2010년 밴쿠버 동계올림픽에서 금메달을 딴 김연아도 전년도인 2009년 세계 타이틀을 차지했었으니 이 확률은 꽤 높다고 보아야 할 것 같다. 리핀스키는 일찌감치 나가노 현지에 도착해서 개회식에도 참석하고 선수촌에 묵었다. 리핀스키는 친구에게 "내가 올림픽에서 메달을 따지 못한다면 나에게 무엇이 남겠니? 나는 올림픽 추억을 남기고 싶다. 나는 메달 따기를 원하고 있다"고 메달 획득에 강한 의욕을 나타냈다. 반면 콴은 리핀스키와 대조적으로 대회가 한창 진행되고 있을 때 도착해서 호텔에 숙소를 정하고 광고 출연을 비롯한 비즈니스, 한마디로 돈벌이에 열중했다. 콴이 너무 방심한 것일까? 콴은 쇼트 프로그램에서 선두를 달렸다. 그러나 한 달 전 미국 대표 선발전에서 리핀스키를 2위로 밀어냈을 때의 집중력은 보이지 못했다.

롱 프로그램에서도 콴은 선두를 지키면서 일곱 차례 트리플을 모두 성공시켰으나 두 차례는 착지가 신통치 않았다. 리핀스키에게 아직 기회는 남아 있었다. 리핀스키에 앞서 프랑스의 수리아 보날리가 나섰다. 그러나 4년 전 릴레함메르 동계올림픽에서 메달권에 한 발자국 앞까지 육박해 들어갔으나 4위에서 멈추었던 보날리는 그때 본경기를 앞둔 지정 훈련시간에 미국의 낸시 케리건에 대한 고의적 반칙 백플립 탓에 경고를 받는 등 심판들로부터 '골치 아픈 아이'로 찍혀 있었다. 쇼트 프로그램에서 6위로 밀려나 "메달권 진입은 물 건너갔다"고 판단한 보날리는 롱 프로그램에서 역전을 노린 트리플 살코우로 공격적인 스케이팅에 들어갔다.

여기서 살코우에 대한 설명이 필요할 것 같다. 공식적인 동계올림픽은 1924년 프랑스의 샤모니에서 열린 대회를 제1회 대회로 친다. 하지만 1908년 런던 올림픽(물론 하계대회) 때 프린스 링크에서 피겨스케이팅 경기가 열렸다. ("요건 몰랐지?") 그 우승자는 지금도 올림픽 챔피언으로 인정되고 있다. 1920년 벨기에의 앤트워프 올림픽에서도 동계종목인 피겨스케이팅과 아이스하키가 치러졌다. 역시 이 경기의 우승자도 올림픽 챔피언, 즉 금메달리스트로 공인(公認)된다. 런던 올림픽, 앤트워프 올림픽 두 대회 모두 IOC가 주최한 대회이기 때문이다. 따라서 피겨와 아이스하키는 올림픽에서 족보 따지기가 좀 복잡할 수밖에 없다.

이야기가 샛길로 들어간 데다 좀 길어졌다. 아무튼 1908년 초대 올림픽 남자 피겨 챔피언인 울리히 살코우(스웨덴)은 모두 열 차례나 세계 타이틀을 차지한 남자 피겨의 전설이다. 이 살코우가 창안해 낸 점프는 그의 이름을 따서 지금까지도 얼음판을 빛내고 있는 것을 보면 참 대단하다. 1백 년 세월에도 도태(淘汰)되지 않고 살아남았으니 말이다.

보날리의 이야기로 돌아가자. 트리플 살코우로 역전을 노렸던 보날리는 긴장 탓인지 실패하고 말았다. 이 실패로 보날리는 극단적인 선택을 하고 만다. "나를 싫어하는 심판들과 더 이상 만날 필요가 없다"는 듯 보날리는 심판진 테이블 앞에서 반칙적이고 모욕적인 백 플립을 해 버려 그들을 화나게 만들었다. 세계수준급의 기량을 지녔으면서도 감정 억제에 문제가 있던 보날리는 이렇게 올림픽, 세계선수권 등 피겨 경기의 아마추어 선수 생활을 끝내고 만다.

금메달을 놓고 격돌한 롱 프로그램에서 콴은 예술성에서 뛰어난 연기를 보여 주기는 했으나 우승을 굳힐 정도의 스케이팅은 못 된 반면에 리핀스키는 기술성에서 결점이 없는 스케이팅으로 앞서 금메달을 낚아챘다. 15세 255일의 리핀스키는 1928년 동계올림픽에서 '전설 가운데 전설'인 소냐 헤니가 세웠던 최연소 동계올림픽 여자 피겨 싱글 금메달리스트의 기록을 70년 만에 깨고 우승의 영광을 안았다. 심판 10명 가운데 폴란드 심판은 두 선수에게 동점을 주었고 나머지 9명 가운데 6명은 리핀스키에게 1위, 3명은 콴에게 1위를 각각 매겼다. 《스포츠 일러스트레이티드》는 이 결과도 '미묘한 판정'의 하나로 다루었다. 이름난 피겨 전문기자인 브레난은 이렇게 이야기했다.

"만약 누가 콴과 열 차례 경기를 갖는다면 콴이 이긴다. 만약 누가 콴과 1백 차례 경기를 갖는다면 콴이 아흔다섯 차례 이긴다. 그러나 스포츠란 결정적인 순간을 어떻게 잡느냐에 따라 승패가 갈린다. 타라 리핀스키는 그 순간을 잡은 것이다."

그치지 않는 콴의 올림픽 금메달 도전

2002년 미국 솔트레이크에서 열리는 동계올림픽을 앞두고 모든 눈은 미셸 콴에게 쏠려 있었다. 지난 올림픽에서 다 잡았던 금메달을 리핀스키에게 빼앗겨 은메달리스트에 머물렀지만 그때까지 세계선수권 우승 네 차례를 비롯해 주요 국제경기의 우승을 여러 차례 차지함으로써 세계 최강으로 꼽히고 있는 콴에게 매스컴의 관심이 집중되는 것은 당연한 일이었다. 아마추어로 남아 있으면서 매년 4백만 달러의 광고 출연, 텔레비전 쇼 출연 등으로 돈을 벌어 가면서 콴은 경기 생활을 계속해 나갔다.

올림픽 금메달 획득의 집념은 콴의 의식에 주목할 만한 변화를 가져왔다. 2001년 6월 그녀의 경기용 의상, 경기용 화장 등 분장을 오랫동안 맡아 왔던 로리 니콜과 헤어졌고, 그로부터 4개월 후 그때까지 11년 동안이나 코치를 맡아 왔던 프랭크 캐롤과도 작별한다. 왜 그랬을까? "나는 틀에 박혀서는 안 된다고 생각했다. 필요하다면 종전의 틀에서 벗어나야 한다"고 기자회견에서 콴은 밝혔다. 아무에게도 구속 받지 않는 자신의 자유로운 아이디어로 올림픽 금메달을 따야 한다고 여겼던 모양이다. 아니면 올림픽 금메달 획득에 대한 조바심이 그녀의 판단을 흐리게 만든 것일까?

1996년, 1998년, 2000년, 2001년 그때까지 모두 네 차례나 세계선수권대회에서 콴은 오랜 친구이자 라이벌인 러시아의 이리나 슬루츠카야를 물리치고 우승했다. 그러나 2002년 동계올림픽을 앞두고 치러진 여덟 차례의 주요 국제대회에서는 콴이 두 차례만 우승했고 슬루츠카야가 다섯 차례나 우승했다. 이 실적만 보아서는 슬루츠카야 우세 속에 콴과 금메달 다툼이 벌어질 것이라는 전망이 힘을 얻고 있었다. 그러나 스포츠 세계에서는 무슨 일이 일어날지 아무도 모른다. 이번에도 그랬다. 2001년 세계선수권대회에서 동메달을 차지한 것 빼놓고는 주요 국제대회에서 이렇다 할 성적을 낸 적이 없는 16세 미국 소녀 사라 휴즈가 우승하리라고 내다본 사람은 별로 없었다. 하지만 휴즈는 2001년 캐나다에서 열린 경기대회에서 콴과 슬루츠카야를 물리친 적이 있다. 그러니까 조건만 맞으면 엄청난 연기를 펼칠 수 있는 잠재력을 휴즈는 가지고 있었다는 이야기다.

뉴욕에서 변호사를 하고 있는 집안의 자녀 6명 가운데 넷째인 사라 휴즈는 고등학교 우등생이며 학교 오케스트라의 바이올린 연주자이니 전형적인 부잣집 딸이다. 쇼트 프로그램에서 '아베 마리아' 곡에 맞추어 스케이팅을 탄 휴즈는 몸 움직임이 굳어 보였고 트리플 루츠를 하기 위해 점프할 때 한 차례 실수함으로써 4위에 그쳤다. 이 상황에서 콴과 슬루츠카야가 금메달과 은메달을 나누어 갖게 될 것으로 보였다. 슬루츠카야가 슈베르트의 '세레나데'를 타고 연기를 펼쳤으

홍콩계 미국인 미셸 콴은 올림픽의 은·동메달을 차지했으나 금메달은 아쉽게 놓치고 말았다. 세계선수권, 미국 선수권 등 거의 모든 중요한 타이틀을 차지했으면서도 올림픽 챔피언 자리에는 오르지 못한 무관(無冠)의 여왕이다. 그러나 미셸 콴이 여자 피겨 사상 위대한 선수라는 데 이의를 제기할 사람은 별로 없을 것 같다.

며, 마지막으로 콴이 4년 전 나가노 올림픽 때와 같이 라흐마니노프 (Rachmaninoff) 프로그램을 소화했다. 쇼트 프로그램에서 콴은 슬루츠카야에게 근소 차인 5 대 4로 앞서 1위를 차지했다. 메달 색깔을 결정짓는 롱 프로그램에서 메달 도전자 가운데 첫 번째로 나선 휴즈가 큰 이변을 일으켰다. 휴즈는 더블 액셀로 시작해서 트리플 살코우, 트리플 루프 컴비네이션 등을 현란하게 펼쳤다. 처음부터 자기 뜻대로 얼음판 위에서 멋있는 연기를 보인 휴즈에게 관중들은 열광적인 갈채를 보냈다. 휴즈는 그때를 이렇게 돌아보았다. "지난날을 돌이켜 보아도 나의 모든 것을 나타낸 스케이팅은 별로 생각나지 않는다. 그러나 오늘밤은 내 생애 최고의 스케이팅을 펼쳤다고 여겨진다." 관중들의 기립박수까지 받은 휴즈는 자신이 메달을 딸 수 있을지 다른 선수들의 스케이팅을 유심히 지켜보았다.

콴은 치명적인 실수를 저지르고 만다. 강한 스타트를 보이려던 콴은 트리플 플립을 시도하다가 쓰러지면서 두 손으로 얼음판을 짚었다. 콴은 트리플 루츠로 자신의 프로그램을 마무리했으나 그녀가 입은 손상은 너무 컸다. 다음에 나선 슬루츠카야가 금메달을 따기 위해 필요한 것은 흠잡을 데 없는 깨끗한 스케이팅이었다. 슬루츠카야는 여러 가지 트리플 점프를 섞어 가면서 자신의 존재를 알리려 애썼다. 트리플 플립을 하다가 하마터면 쓰러질 뻔했다. 판정 결과 휴즈가 5 대 4의 근소 차로 슬루츠카야를 앞서 금메달을 차지했다. 슬루츠카야가 은메달, 콴이 동메달을 각각 목에 걸었다. 휴즈는 올림픽 여자 피겨스케이팅 사상 쇼트 프로그램에서 4위에 머무르고도 금메달리스트가 된 첫 번째 선수가 됐다.

콴은 여자 피겨스케이팅 사상 가장 위대한 선수 4명 안에 드는 '전설'이다

2000년 한 대중잡지의 통계에 따르면 콴은 광고회사가 가장 선호하는 50명의 미녀 가운데 한 사람으로 꼽혔고 그녀는 비디오 게임의 모델로도 등장했다. 그만큼 콴은 CM 모델로 높이 평가를 받고 있었다. 하지만 콴은 경기를 포기하지 않고 2003년 다섯 번째 세계 타이틀을 차지했고 2004년 세계선수권 동메달을 땄다. 이로써 콴은 아홉 차례의 세계선수권에서 금 5, 은 3, 동 1, 모두 9개 메달을 획득하는 놀라운 기록을 세웠다. 소냐 헤니(노르웨이)가 1928년부터 1936년까지 이룩한 세계선수권 10연패, 캐롤 헤이스가 1956년부터 1960년까지 따낸 세계선수권 5연패 버금가는 대단한 기록이다. 콴은 2006년 토리노 동계올림픽에도 출전해 기어이 올림픽 금메달을 따려고 했으나 부상으로 출전을 포기하고, 2006~2007년 시즌을 결장(缺場)하고 2008년 경기 생활과 작별했다. 그 후 그녀는 아이스쇼 출연과 텔레비전 해설자로 여유 있는 생활을 보내고 있다.

김연아의 우상이기도 한 콴은 2009년 김연아와 아이스쇼를 함께 가진 일도 있다. 콴도 학업과 스포츠를 양립한 위대한 피겨스케이터로 존경 받고 있다. 1998년 고등학교를 졸업한 후 콴은 학업을 잠시 쉬었다가 UCLA를 1년쯤 다니고 2006년 가을 덴버 대학으로 옮겼다. 덴버 대학에서 국제관계학을 전공으로 정치학을 부전공으로 학사 학위를 따고 2009년에 졸업했다. 그해 바로 터프츠 대학 대학원에서 국제관계학 석사 과정을 밟았다. 좋은 뜻에서 '악바리' 인 콴이 앞으로 지적(知的) 생활에서 어떻게 뻗어 나갈 것인지 지켜보아야겠다.

12. 아라카와 시즈카

(Shizuka Arakawa, 일본, 1981~)
2006년 동계올림픽 우승

2006년 동계올림픽에서 아라카와 시즈카(일본)가 여자 피겨 싱글의 금메달을
차지한 것은 뜻밖의 일이었다. 직전 대회인 2002년 레이크플래시드 동계올림픽에서
은메달을 차지했던 이리나 슬루츠카야(러시아)가 유력한 우승 후보였고
사샤 코헨(미국), 수구리 후미에(일본)에게도 기회는 있을 것 같았으나
아무도 기대하지 않았던 깜짝 연기로 아라카와 시즈카는 '토리노의 기적'을 일궈 냈다.

컷 ⓒ 高光珍

사실 한참 동안 곰곰이 생각해 보지 않을 수 없었다. 아라카와 시즈카의 동계올림픽 금메달 획득은 정말 뜻밖의 일이었던 데다가 별로 재미있거나 감동적인 이야깃거리도 지니지 못한 인물이었기 때문에 '피겨 여왕의 전설'에 넣을 것이냐 아니냐를 두고 망설이지 않을 수 없었다. 요즘 매스컴에서 잘 쓰는 말로 '그럼에도 불구하고' 아라카와를 전설의 한 사람으로 꼽아야겠다고 마음먹게 된 데는 나름대로 이유가 있다. 비록 천재일우(千載一遇)의 기회를 운 좋게 잡았다 하더라도 아라카와는 그 기회를 잡을 능력이 있었다는 점이다.

아라카와가 우승한 2006년 토리노 동계올림픽은 '무관의 여왕' 미셸 콴의 진격이 멈추어 버린 올림픽이라는 점이다. 게다가 2010년 밴쿠버 동계올림픽에서 김연아가 우승하기 직전 올림픽이라는 점이다. 김연아의 이야기를 풀어 놓으려면 직전 올림픽에서 아라카와가 금메달을 차지하고 일본 파워가 상승세를 탔는데도 김연아가 그들을 완패하고 올림픽 사상 최초로 동계올림픽 여자 싱글의 왕좌에 즉위한 배경을 알기 위해서도 아라카와의 전설이 필요할 것 같아 여기에 소개한다.

'토리노의 기적'이라 불린 아라카와의 우승

아라카와 시즈카가 뜻밖에도 2006년 토리노 동계올림픽 여자 피겨 싱글에서 금메달을 차지하자 세계는 물론 심지어 일본의 매스컴까지 '토리노의 기적'이라고 놀라움을 나타냈다. 한때 부진(不振)으로 은퇴까지 고려했던 아라카와는 어떻게 해서 평생에 한 번 돌아오기도 힘든 기회를 잡아 올림픽 금메달을 목에 걸 수 있었던 것일까?

1989년 이토 미도리가 여자 피겨의 세계 챔피언이 된 것을 첫머리로 일본 선수들의 여자 피겨 세계 정상 노크는 줄줄이 이어졌다. 사이토 유카(1994년), 아라카와 시즈카(2004년), 안도 미키(2007년) 등이 세계 챔피언이 되고 올림픽에서도 1992년 알베르빌 대회에서 이토 미도리가 은메달을 따냈으며, 이 대회에서 비록 국적은 미국이지만 일본계 크리스티 야마구치가 금메달을 차지하는 등 일본은 여자 피겨의 세계적인 강국으로 떠오르게 된다.

이쁜 피겨스케이팅 의상을 입고 싶어 스케이팅을 시작한 아라카와

아라카와 시즈카는 1961년 12월 29일 도쿄에서 태어났다. 아라카와는 5세 때부터 스케이팅을 시작했지만 처음에는 스케이팅보다 꼬마 소녀들의 화려한 스케이팅 의상에 넋을 빼앗겨 "나도 저런 옷 입고 싶어! 나도 이쁜 옷 입고 스케이트를 탈래!"라고 막무가내로 졸라 어린이 스케이팅 클럽에 등록해 링크에 서기 시작했다. 그녀는 피겨스케이팅에 타고난 자질을 지니고 있었다. 초등학교 3년생인 8세 때 트리플 점프를 마스터해 "천재 소녀가 나타났다"고 주목을 끌기에 이르렀다. 1994년부터 1996년까지 여자 피겨의 일본 주니어 선수권대회 3연패를 이룩해 두각을 나타냈다. 날로 기량이 향상되어 가는 아라카와의 진격은 이어졌다. 잇따라 국내 경기대회에 출전하면서 실력을 키웠으며 시니어 일본 선수권대회에서도 2연패를 달성하는 등 일본의 대표적인 존재로 떠오른다.

그러나 아라카와가 나가는 길이 결코 순탄한 것만은 아니었다. "스케이팅을 그만둘까 생각한 적도 있었다. 성적도 성적이지만 내가 만족할 수 있는 연기를 펼치지 못했을 때는 심각한 좌절감이 나를 엄습했다"고 아라카와는 돌이킨다. 강력한 라이벌도 나타났다. 15세 어린 나이에 시니어들도 제대로 구사하지 못하는 놀라운 점프를 무기로 등장한 신예 아사다 마오의 추격에도 신경이 쓰였다. "하긴 나도 주니어 시절에는 무서운 것 없이 과감하게 연기를 펼치지 않았느냐고 스스로에게 타이르며 중압감에서 벗어나려 했다"고 아라카와는 지난날을 회상했다. 2004년 세계 챔피언의 자리에 한 차례 오르긴 했어도 아라카와는 2006년 토리노 동계올림픽을 앞두고 우승 후보로는 꼽히지 못하고 있었다. 일본 대표 선발전을 앞두고 오히려 아사다 마오가 유력하다는 이야기마저 나돌았다. 하지만 아사다는 15세라는 어린 나이가 ISU의 새로운 올림픽 출전 연령 제한에 걸리는 바람에 토리노 올림픽 출전 일본 대표팀에는 끼지 못했다.

미셸 콴이 빠진 우승전선은 예측이 어려운 혼전 상태

막강 미셸 콴의 영향력은 정말 대단했다. 2002년 올림픽 은메달리스트인 이리나 슬루츠카야(러시아)는 동메달리스트인 콴을 물리치고 2002년 세계선수권을 따냈다. 슬루츠카야는 건강에 문제가 많은 선수였다. 기관지염으로 한 달 동안 병원 신세를 지게 되는 나쁜 건강 상태 속에서도 2003년 유럽 선수권 제패라는 저력을 보이며 2006년 올림픽을 향한 진격을 계속했다. 어머니의 콩팥 질환으로 경기 전날 밤 걱정을 했으면서도 슬루츠카야는 세인트 페텔스부르그의 그랑프리에서 미국의 신예 사샤 코헨에 이어 2위를 차지했다.

혈관계 염증을 앓고 있던 슬루츠카야는 병마(病魔)와 계속 싸워야 했다. 투병 끝에 회복한 슬루츠카야는 2004년 베이징 그랑프리에서 우승했다. 경기에 복귀한 후 슬루츠카야가 겪은 단 한 차례의 패배는 2005년 도쿄 그랑프리에서 일본의 무서운 신예 아사다 마오에게 당한 것뿐이었다. 이미 파리 그랑프리에서 미국의 사샤 코헨을 물리친 아사다 마오는 올림픽의 유력한 금메달리스트 후보로 꼽혔으나 출전 연령 제한에 해당되는 어린 나이 탓에 토리노에서는 그녀의 연기를 볼 수 없었다. 아사다의 토리노 결장은 아마도 메달을 노렸던 선수들에게는 반가운 소식이었는지도 모를 일이다.

진격을 멈추어 버린 미셸 콴

슬루츠카야가 병마와 싸우느라 경기에서 빠져 있던 동안 콴은 2003년 세계 타이틀을 챙기고 미국선수권도 2003년, 2004년, 2005년 연거푸 우승함으로써 "나 아직 안 죽었어!"라고 자신의 존재감을 나타내고 있었다. 2002년 올림픽 때 이미 22개국 30명 선수들 가운데 21세를 넘어서 가장 나이 많은 선수인 콴이 이번 올림픽에도 나온다면 역시 '가장 나이 많은 선수' 라는 타이틀만은 틀림없이 차지할 수 있을 것 같았다.

투병 중인 가운데도 슬루츠카야는 2005년 세계선수권에서 또다시 우승했으니 징크스대로 하면 2006년 올림픽의 강력한 우승 후보인 셈이다. 이 세계선수권대회에서 콴은 4위로 밀려나 1996년 이래 처음으로 세계선수권의 메달을 따지 못하고 말았다. 이제는 내리막길에 들어선 것일까? 콴은 허벅지 부상으로 결국 토리노 올림픽을 포기하고 2008년에는 경기에서 은퇴하고 만다.

아라카와 기적을 일으키고 슬루츠카야의 꿈은 깨지다

아라카와는 2005년 세계선수권에서 5위에 머물러 큰 충격을 받는다. 하지만 아라카와는 "나는 나 자신에게 '은퇴하려면 최고의 성적을 거두었을 때 은퇴해야 한다'고 타일렀다"고 말했다. 4년 전 16세 나이에 일본 대표선수로 뽑혀 나가노 올림픽에서 일본 왕 부처에게 연기를 펼쳐 보여 13위를 차지해 아라카와는 이번 토리노 대회가 올림픽 메달 획득의 마지막 기회라는 것을 누구보다도 잘 알고 있었다.

막강 미셸 콴이 빠져 버린 미국은 사샤 코헨을 유력한 우승 후보로 내세웠다. 4년 전 솔트레이크 동계올림픽에서 은메달을 차지하고 세계 챔피언의 자리에도 두 차례나 오른 러시아의 이리나 슬루츠카야가 객관적으로는 가장 강력한 우승 후보였다. 막상 경기가 시작되고 보니 쇼트 프로그램에서는 3명이 근소 차의 접전이었다. 코헨이 66.73으로 선두, 그 뒤를 66.70의 슬루츠카야가 0.03 차로 바짝 따라붙고 아라카와도 66.02로 충분히 전세를 뒤집을 만한 거리에 있었다. 4위는 61.75의 스구리 후미에(일본)이었으나 앞선 3명과의 점수 차가 벌어져 있어 메달권 진입은 어려워 보였다.

프리스케이팅에서 아라카와는 깨끗하고 우아한 연기로 관중들을 열광시켰다. 아라카와 시즈카는 총계 191.34로 일본인 최초 그리고 아시아인 최초로 동계올림픽 여자 피겨 싱글의 금메달리스트가 됐다. 은메달은 183.36을 기록한 미국의 사샤 코헨 그리고 동메달은 181.44를 마크한 러시아의 이리나 슬루츠카야가 각각 차지했다. 과거 세 차례 올림픽에서 쇼트 프로그램의 1위를 차지한 여자 선수가 프리스케이팅에서도 이겨 우승한 적은 단 한 번도 없었다. 이번에도 그 징크스는 들어맞았다. "나는 이제 은퇴하고 싶다. 은퇴하기 위해서는 최선을 다해 금메달을 따야만 했다"고 아라카와는 우승소감을 밝혔다.

힘겨운 선수 생활 속에서도 학업을 계속한 아라카아는 2004년 와세다 대학을 졸업해 학업과 스포츠를 양립하였다. 올림픽 금메달을 딴 그해 5월 아라카와는 프로 선수가 되어 도쿄 프린스 호텔에 몸담은 채 일본 국내와 해외에서 아이스쇼에 나가고 텔레비전 출연, 자선행사 참여 등 여러 가지 분야에서 폭넓게 활약했다.

(Kim Yuna, 한국, 1990~)
2010년 동계올림픽 우승, 2014년 동계올림픽 2위

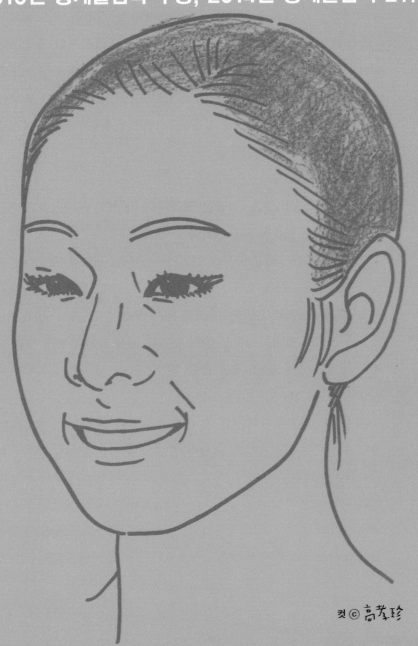

컷ⓒ高孝珍

여자 피겨스케이팅 역사상 가장 진화(進化)된 선수를 꼽는다면 대부분의 전문가들은 김연아를 내세울 것이다. 특히 2010년 밴쿠버 동계올림픽에서 금메달을 땄을 때 보여 준 완벽한 연기는 동영상을 통해 볼 때마다 보는 이들에게 깊은 감동을 느끼게 할 것이다.

일단 은퇴까지 생각했으나 부상으로 훈련도 제대로 못한 채 출전한 2014년 소치 동계올림픽에서는 러시아의 소토니코바에게 밀려나 은메달에 머물자 온 세계의 매스컴과 전문가들이 "ISU까지 낀 편파 텃세 판정"이라는 거센 비난을 퍼부이 "김연아의 올림픽 2연패는 실질적으로 달성됐다"고 주장했다.

올림픽 금메달이라고 다 같은 금메달이 아니다. 손기정과 김연아의 연결고리는 민족적 자부심이다

밴쿠버 동계올림픽을 앞두고 김연아의 금메달 획득을 점치면서 미국의 유력 신문 《뉴욕 타임즈》(2009년 11월 15일자)는 2010년 밴쿠버 동계올림픽을 앞두고 "김연아가 피겨 여자 싱글에서 우승하면 1936년 베를린 올림픽 마라톤에서 우승한 손기정 이래 한국이 낳은 가장 위대한 올림픽 금메달리스트로 꼽힐 것이다. 두 사람의 연결고리는 민족적 자부심(自負心)이다"라고 썼다.

《뉴욕 타임즈》의 지적은 맞다. 손기정은 일제강점기(日帝强占期)에 강인한 체력과 정신력으로 올림픽 경기 종목 가운데 가장 힘들다는 마라톤을 제패해 우리 민족에게 기쁨, 희망, 용기를 불어넣어 주었다. 한편 김연아는 광복 후 산업화, 민주화를 함께 이룩해 세계를 놀라게 만든 한국의 발전에 걸맞게 체력, 기술, 예술이 하나로 조화된 여자 피겨에서 세계 정상을 정복함으로써 스포츠 강국의 이미지를 넘어선 문

화국가로서 한국의 국격(國格)을 한
층 높였다는 평가를 받고 있다.

1936년 베를린 올림픽 마라톤에서 우승한 손기정.

김연아가 '압도적으로 강력한 우승 후보'로 꼽히게 된 까닭

통상 모든 경기를 앞두고는 패권의 향방(向方)을 놓고 경기 능력에 따라 '우승 후보'를 꼽기도 하고, 그 가운데서도 우승 가능성이 더욱 강한 선수에게는 '강력한 우승 후보'라는 1급 딱지를 붙이기도 한다. 그러나 큰 이변이 일어나지 않는 한 우승이 거의 확정적인 특급 딱지는 '압도적으로 강력한 우승 후보'라 부른다. 2010년 밴쿠버 동계올림픽을 앞두고 매스컴이나 전문가들은 김연아를 '압도적으로 강력한 우승 후보'로 찍었다. 김연아는 2009년 4대륙 선수권대회 우승, 2009년 세계선수권 우승, 2009~2010년 시즌 그랑프리 파이널 우승을 차지해 막강함을 자랑하고 있었다. 그뿐만이 아니다. 김연아는 쇼트 프로그램과 프리스케이트에서 국제심판들로부터 역대 최고점수를 받아 냈으니 엄청난 최강자임에 틀림없었다.

그러나 그런 김연아에게도 마음 놓을 수 없는 경쟁자가 한 사람 있었다. 2008년 세계 챔피언이며 지난 두 차례의 시즌에서 김연아에게 패배를 안긴 적이 있는 단 한 사람의 선수인 일본의 아사다 마오였다. 김연아와 같은 19세 동갑내기인 아사다 마오 다음으로는 2009년 세계선수권 은메달리스트인 캐나다의 조안니 로체트가 메달권 진입 가능성을 지닌 선수였다. 로체트는 경기 직전 어머니를 잃는 비통함을 겪

김연아가 완벽한 연기로 세계 최고점수를 기록하며 우승해서 세계를 매료시킨 2010년 밴쿠버 동계올림픽의 공식 포스터.

는다. 쇼트 프로그램이 시작되기 이틀 전 로체트의 부모는 같은 캐나다의 퀘벡으로부터 비행기를 타고 밴쿠버로 날아 왔다. 로제트의 어머니는 도착하자마자 가슴에 통증을 느끼고 병원으로 실려 갔으나 얼마 후 심장마비로 숨을 거두고 말았다. 그렇다! 어머니다. 대부분의 경우 여자 피겨 선수는 어머니의 헌신적인 보살핌으로 경기 능력이 뻗어 나가기 마련이다. 그 말썽꾸러기 토냐 하딩마저 거칠고 교양은 없지만 딸을 일류 선수로 키워 내겠다는 어머니의 뒷받침을 받아 세계 정상급으로 성장하지 않았던가. 어머니의 영전(靈前)에 메달을 바치기 위해 로체트는 슬픔 속에서도 경기에 나가기로 마음먹었다.

경기는 예상대로 진행됐다. 쇼트 프로그램에서 김연아는 세계 최고 기록인 78.50으로 1위를 차지했고 아사다가 73.78로 그 뒤를 따랐다. 로체트는 어머니를 여읜 충격 속에서도 71.36으로 3위에 파고들었다. 프리 프로그램에서 선두로 나선 김연아는 조지 거쉬인의 '콘체르토 F'를 타고 관중들의 넋을 빼앗는 기술적으로도, 예술적으로도 아름다운 연기를 펼쳐 보였다. 트리플 루츠, 트리플 토(Toe) 루프 컴비네이션에 이어 세 차례 더 트리플을 보여 주고 플라잉 싯 스핀(Flying Sit Spin)으로 연결시켰다. 김연아는 이 연기로 150.06을 따내 총계 228.56으로 자신의 종전 세계 최고기록을 갈아치웠다.

"구야시이(분하다)!"라고 울부짖은 아사다 마오

김연아에 이어 얼음판에 나선 아사다는 백투백(Back-to-Back) 트리
플 액셀로 시작해서 더블 토 루프를 컴바인했으나 김연아를 위협할
정도는 못 되어 김연아에게 23.06이나 뒤지는 총계 205.50으로 은메달
에 머무를 수밖에 없었다.

일본 여자 피겨는 1964년 인스부르크 동계올림픽부터 직전 대회인
2006년 토리노 동계올림픽까지 열두 차례 대회에서 여덟 차례나 8강
진입에 성공했다. 1992년 알베르빌 동계올림픽에서는 1989년 세계 챔
피언인 이토 미도리가 은메달을 차지했고, 2006년 토리노 동계올림픽
에서는 2004년 세계 챔피언인 아라카와 시즈카가 일본인 최초이자 아
시아인 최초로 금메달리스트가 됐다. 이번 대회에서도 일본 2연패를
노려 아사다 마오, 안도 미키, 스즈키 아키코 등 국제무대에서 실력이
검증된 쟁쟁한 멤버들을 밴쿠버에 파견했다.

그러나 그동안 동계올림픽 8강에 한 번도 끼어들지 못했던 한국이
배출한 천재선수 김연아가 일본 2연패의 꿈을 산산이 깨부수었다. 경
기가 끝난 후 아사다가 "구야시이(분하다)!"라고 울부짖은 이유 가운
데 하나는 일본의 2연패를 기대했던 국민들에게 볼 낯이 없었기 때문
일 테고, 또 하나는 김연아의 너무나 뛰어난 연기에 큰 점수 차로 완패
(完敗)당했기 때문일 것이다.

캐나다 관중들 3위 로체트에게 우레 같은 기립박수

아사다 다음 로체트가 '삼손과 데릴라' 곡에 맞추어 연기를 펼쳤다.

몇 차례 불안정한 착지로 캐나다 관중들을 불안하게 만들긴 했으나 로체트는 동메달을 차지할 수 있었다. 어머니의 영전에 올림픽 메달을 바칠 수 있게 된 것은 다행한 일이었다. 캐나다 여자 선수가 올림픽 피겨 싱글에서 메달을 차지한 것은 1988년 캘거리 대회에서 엘리자베스 멘레이가 은메달을 딴 이래 처음이었다. 캐나다 관중들은 그녀의 연기가 끝나자 우레 같은 기립박수를 보내 올림픽 메달 획득을 축하했다.

"우리나라에서 열리는 동계올림픽에 나갈 수 있는 기회는 드물다. 나는 최선을 다할 것이다."

경기를 앞두고 로체트가 한 말이다.

얼음판을 떠난 후 로체트는 점핑 트람폴린, 발레, 요가, 롤러 스케이팅, 독서, 댄싱, 음악 등 다양한 방면에 관심이 많다. 로체트는 1986년 1월 13일 몬트리올에서 태어났으니 동메달 땄을 때는 꽉 찬 24세로 여자 피겨선수로는 환갑, 진갑 다 지난 나이다. ("솔직히 마지막 기회를 잘 잡았지 뭐!")

김연아를 괴롭힌 부상 그리고 오서 코치와 잡음 섞인 이별

김연아가 어떤 혹독한 대가를 치르고 세계 정상에 오르게 됐는지를 제대로 아는 사람은 별로 없다. 2007년 1월 태릉 아이스링크에서 훈련 중이던 김연아가 허리에 통증을 느껴 진단을 받은 결과 가벼운 허리 디스크라고 밝혀지자 일본의 대표적인 신문《아사히》를 비롯한 매스컴들이 민감한 관심을 나타냈다. 2010년 밴쿠버 동계올림픽 여자 피겨에서 금메달을 노리는 아사다 마오의 가장 강력한 라이벌인 김연아의 부상은 일본 스포츠계의 큰 관심거리가 될 수밖에 없었다.

직선적으로 얼음을 타다 그 에너지를 원형(圓形)운동으로 바꾸어 점프, 스핀, 스톱 등을 펼치는 피겨스케이터는 다리, 허벅지, 허리 등에 충격을 주기 마련이다. 하루 4시간씩 같은 동작을 되풀이하다 보면 척추(脊椎), 요추(腰椎)와 그 뼈에 붙어 있는 근육에 엄청난 스트레스를 준다.

다행히 치료를 받아 요통을 극복하고 올림픽 금메달을 따게 되지만 완쾌란 있을 수가 없다. 김연아뿐만 아니라 세계 정상급을 향한 트레이닝과 경기출전은 일반인들의 정상적 일상생활이 아니기 때문이다. 2009년 이명박 대통령, 영부인 김윤옥 여사가 김연아에게 '2010~2012년 한국 방문의 해' 홍보대사를 위촉하면서 "요즘 건강은 괜찮으냐?"고 물었다. 김연아는 "앞으로 운동하는 동안에는 허리 통증이 계속될 것이라고 의사가 말했습니다. 요즘도 가끔 아프지만 직업병으로 알고 통증과 함께 살아가고 있습니다"라고 대답했다. 김연아가 얼마나 힘든 세월을 보냈는지는 기자회견 때마다 보이는 그녀의 밝은 모습으로는 짐작할 수 없다.

2015년 7월 김연아는 미국 로스앤젤레스로 건너가 2015 로스앤젤레스 스페셜 올림픽 행사에 참석했다. 스페셜 올림픽의 글로벌 홍보대사인 김연아는 기회 있을 때마다 이재민, 장애자, 불우한 사람 돕기에 힘쓰고 있다. 로스앤젤레스 현지에서 《조선일보》의 성진혁 기자를 만난 김연아는 "선수 생활을 하는 동안 힘겨웠던 기억이 80~90퍼센트였다. 행복했던 기억은 얼마 되지 않지만 그 순간 때문에 포기하지 못했다"고 말했다. 2010년 여름 김연아는 브라이언 오서 코치와 헤어지고 말았다. 둘이서 만나 이야기를 나누고 헤어진 것이 아니라 매스컴을 통해 서로의 입장만 밝히다 보니 상대방을 비난하면서 언짢게 결별했다.

2014년 소치 동계올림픽서 2연패 도전

허리와 발의 부상, 누적된 피로, 경기에 대비한 힘든 다이어트, 앞날의 진로 모색 등을 놓고 한동안 깊은 생각에 잠겼던 김연아는 2014년 소치 동계올림픽 출전을 결심한다. 올림픽에 맞추어 몸과 마음을 최상의 컨디션으로 가져가는 것도 쉬운 일은 아니지만 무엇보다도 공정한 심판을 기대할 수 있느냐도 문제였다. 아직도 그녀의 자리를 위협할 만한 새로운 스타가 떠오르지는 않았지만 19세 전성기에 '압도적으로 강력한 우승 후보'로 꼽혔던 밴쿠버 대회 때의 완벽한 연기를 재현해 심판들이 어쩔 수 없이 김연아를 지지하도록 만들 수 있을까? 장명희 아시아 빙상경기연맹 이사장을 비롯한 국내 전문가들 사이에서는 "러시아에서 열리는 소치 동계올림픽 여자 피겨에서 과연 공정한 판정을 기대할 수 있을까?"라는 우려의 목소리가 강했다. 이종세 전 (前)《동아일보》의 체육부장은 이렇게 이야기했다.

"아무래도 푸틴 대통령의 존재가 꺼림칙하다. 2014년 동계올림픽 개최지를 결정하는 과테말라 IOC 총회에는 평창에 유치하려는 이명박 대통령도 가고 소치에 유치하려는 푸틴 대통령도 갔다. 그러나 현지에서의 유치 활동은 푸틴 대통령이 훨씬 적극적이었다. 푸틴 대통령은 러시아에서 공수해 온 아이스링크를 천막 안에 설치해 놓고 '소치는 동계올림픽을 성공적으로 개최할 수 있다'고 힘주어 설명했다. 그뿐만 아니라 푸틴 대통령은 자기 방에 IOC위원들을 한 사람씩 차례로 불러들여 간곡히 소치를 지지해 달라고 설득했다. 푸틴 대통령의 영향력이 소치 동계올림픽 여자 피겨 심판진에도 영향을 미칠까 봐 걱정이 된다."

아마도 2014년 동계올림픽이 평창으로 유치됐더라면 김연아가 2연패를 이루었을 가능성은 상당히 높았을 것이다. 푸틴 대통령은 스포츠를 통해 강대한 러시아를 국내·외에 알리려는 전형적인 스포츠 패권주의자다. 2009년 당시 푸틴 총리는 우수선수 훈련시설을 찾아갔을 때 1년 전 12세 나이로 여자 피겨의 챔피언이 된 한 소녀를 껴안고 격려해 주었다. 바로 이 소녀가 소치 동계올림픽 여자 피겨의 금메달리스트가 된 아델리나 소트니코바다.

"피겨 사상(史上) 가장 의심스러운 판정"

소치 동계올림픽 여자 피겨 경기가 막상 시작되자 쇼트 프로그램에서 김연아는 74.92로 1위에 나섰다. 2위는 74.64의 아델리나 소트니코바였다. 단 0.28의 근소 차로 김연아에게 명색만의 쇼트 프로그램 1위가 주어진 것이다. 프리 프로그램에서는 소트니코바에게 149.95 라는 높은 점수가 주어져 총계 224.59로 러시아 최초의 올림픽 여자 피겨 금메달리스트가 탄생했다. 프리에서 김연아에게 매겨진 점수는 144.19여서 총계 219. 11로 은메달이었다.

지금은 온 세계가 관심거리를 동시에 텔레비전으로 지켜보는 시대다. 김연아가 소트니코바에게 2위로 밀려나 2연패의 꿈이 깨진 장면을 목격한 세계의 전문가들과 매스컴이 강력히 항의를 하면서 벌떼처럼 들고 일어났다. 예외적으로 미국의《뉴욕 타임즈》,《USA Today》처럼 "소트니코바의 우승은 정당하다"고 주장하는 매스컴도 있었다. 하지만 보다 많은 전문가와 매스컴들은 "김연아가 금메달을 차지해야 옳았다"고 ISU 심판진과 러시아의 텃세 판정을 맹렬히 공격했다. 미국의《시카고 트리뷴》은 "피겨스케이트 역사상 가장 의심스러운 판정으로 소트니코바가 우승했다"고 비난했다.

러시아의 푸틴 대통령은 스포츠 패권주의자로서
2014년 동계올림픽을 소치에 유치하기 위해 IOC위
원들을 한 사람씩 차례로 만나 간곡히 요청했다.

미국 NBC 방송은 소치 올림픽 공식 트위터에 "김연아가 은메달, 코스트너가 동메달 그리고 소트니코바가 금메달이라는 이 판정결과에 당신은 동의하는가?"라는 강한 의문을 제기했다. NBC 캐스터인 알렉스 골드버거는 자신의 트위터를 통해 "김연아는 (금메달을) 도둑맞았다"고 ISU에 한방 날렸다. 미국의 스포츠 전문방송인 ESPN은 "소트니코바가 텃세 판정으로 금메달을 목에 걸었다"고 김연아 편을 들었다. 프랑스의 스포츠 전문지인《레퀴프》는 '또 스캔들!' 이란 제목 아래 "예술 점수와 아름다움, 우아함 등에서 소트니코바가 김연아나 카롤리나 코스트너보다 앞선 것이 없다. 심판들이 타락하고 있다"고 호되게 꾸짖었다. 누구보다도 전문가로서 안목을 지닌 피겨의 세계 정상급 스타들도 김연아 옹호 사격에 가담했다.

올림픽 2연패(1984년, 1988년)의 카타리나 비트는 독일의 국영 ARD 방송을 통해 "이해할 수 없는 결과다. 채점 결과에 실망했다"면서 그 후 별도로 "김연아는 실질적으로 올림픽 2연패를 이루었다"고 김연아를 격려해 주었다. 올림픽 남자 싱글 2연패(1948년, 1952년)를 이룩한 미국의 리처드 버튼은 "김연아, 당신이 진정한 챔피언이다. 오늘밤 당신은 격이 다른 스케이터였다. 축하한다"고 글을 올렸다. 미국의 이름난 피겨 전문 칼럼리스트 제시 헬름스는 '스캔들, 사기 그리고 피겨스케이팅의 종말' 이라는 화끈한 제목 아래 "온 세계 시청자들이 보는 앞에서 김연아가 받았어야 하는 금메달을 강탈한 것은 바로 러시아의 날강도 같은 정치집단 그리고 러시아의 신예선수들을 도와주기 위해 채점 시스템을 바꾼 ISU의 사전계획에 따른 것이었다. 소치 올림픽은 피겨 스케이팅이 종말을 고한 대회로 역사에 기억될 것이다. 1백 년이 넘는 역사를 지닌 피겨스케이팅에서 스캔들과 사기극은 전혀 새로운 일이 아니지만 소치처럼 터무니없이 표출된 적은 단 한 번도 없었다. 지난 해(2013년) 리프니츠카야의 애송이 같은 점프에도 엄청나게 부풀려진 점수를 줄 때부터 이미 거대한 '소치 사기극'이 시작되고 있었다. 소트니코바는 2013년 세계선수권에서 쇼트 프로그램은 60점에도 못 미치는 59.6 2를 받았으나 소치 올림픽에서는 75점에 가까운 점수(74.64)를 받았다. 프리스케이팅도 세계선수권대회에서는 111.36이었으나 소치 올림픽에서는 149.95를 기록했다. 소트니코바의 올림픽 쇼트 프로그램 연기는 2013년 세계선수권의 완벽한 복제판(複製版)이었는데도 1년 만에 무려 15점 넘게 올랐다. 1년 전 세계선수권대회 시상대에 선 김연아, 카롤리나 코스트너, 아사다 마오의 기량은 다른 어린 선수들이 당분간 따라잡을 수 없을 만큼 견고했다. 바로 이런 사실 때문에 ISU 심판들이 지난해부터 어린 선수들의 수준 낮은 점프에 기술수행점수를 몰아 주었다. ISU는 이렇게 피겨스케이팅에 대한 지식이 없는 팬들을 속이며 수준 낮은 점프에 마구 높은 점수를 주는 쿠데타를 꾸몄다. ISU의 오타비오 친콴타 회장과 연맹 고위관계자들이 이 음모에 연루된 것은 이미 명백히 드러났다. ISU가 해야 할 일은 진상조사가 아니라 공식 사과문을 내고 판정을 번벅하는 것이다."

　헬름스의 주장은 많은 사람들의 고개를 끄덕이게 만드는 강한 설득력을 지니고 있다. 그리고 공정치 못한 판정이 사람들로부터 피겨스케이팅을 외면 받게 만들어 종말을 맞이하게 될 것이라는 경고에 스포츠를 사랑하는 모두가 귀를 기울여야 할 것이다.

사람 눈에 띄지 않는 곳에서 눈물 흘린 김연아

2위로 밀려나자 누구보다도 억울하게 여겼을 것 같은 김연아였지만 당사자는 이 판정에 너무나도 어른스럽게 대응해서 사람들을 감동시켰다. 김연아는 메달리스트 회견 자리에서 "판정은 심판의 몫이다. 나는 판정에 대해 말할 입장이 아니다"라고 말했다. 공식석상에서 끝까지 냉철함을 잃지 않았던 김연아의 속은 얼마나 원통했을까? 끈질기게 파고드는 취재로 이름난 일본의 《닛간(日刊) 스포츠》(2014년 2월 22일자)는 "김연아는 사람 눈에 띄지 않는 대기실에서 관계자의 어깨에 기대어 '나도 사람이니까…' 라고 되풀이 말하면서 눈물에 젖었다"라고 보도했다.

"끝났으니까 끝이다"라는 명언(名言)을 남기고 은퇴를 선언하자 김연아의 실질적 2연패를 강력히 지지하는 카타리나 비트는 "김연아의 리피트 클럽 가입을 축하한다"고 밝혀 김연아를 아끼는 사람들로부터 박수를 받았다.

장명희 아시아 빙상경기연맹회장

김연아가 소치에서 올림픽 2연패에 실패하자 장명희 아시아 빙상연맹회장은 이렇게 아쉬워했다.

"나는 브라이언 오서가 1984년 동계올림픽에서 남자 싱글의 은메달을 땄을 때부터 친분을 쌓아 왔다. 1988년 올림픽에서도 은메달을 차지한 오서는 매우 뛰어난 지도자로 자랐다. 심성(心性)이 착한 오서는 피겨스케이팅계에서 많은 사람들로부터 호감을 샀다. 김연아는 오서의 나라인 캐나다 밴쿠버에서 금을 땄다. 오서 코치와 헤어지지 않았더라면 김연아의 2연패가 이루어지지 않았을까 하는 아쉬움을 버릴 수가 없다. 오서는 선수에게 안정감을 줄 수 있는 능력을 지닌 지도자였다."

아사다 마오와의 라이벌 전설도 끝을 맺다

김연아의 은퇴로 아사다 마오와 라이벌 관계도 끝났다. 소치 동계올림픽이 열리기 3년 전 간경변(肝硬變)으로 48세 나이에 세상을 떠난 어머니 영전(靈前)에 바치고 싶었던 금메달을 따지 못한 아사다 마오는 쇼트에서의 16위가 치명상이 되어 프리에서 눈부신 반격을 펼쳤으나 총계로 6위에 머무를 수밖에 없었다. 경기가 끝나자 아사다 마오는 엉엉 울음보를 터뜨렸다. 왜 안 그렇겠는가. 이 시점에서 가장 진화(進化)된 피겨스케이터라는 김연아와 같은 시기에 마주치지 않았더라면 올림픽 금메달을 딸 수도 있었던 천재 스케이터였으니 한마디로 '불운(不運)했다'고 해야 할까.

아사다 마오가 엉엉 우는 모습을 텔레비전을 통해 지켜본 김연아는 자신도 눈물을 흘리면서 일본 기자에게 "'그동안 수고했어요'라는 인사를 마오에게 전해 주십시오"라고 당부했다. 오랜 라이벌 경쟁 속에서도 상대방에게 우정을 느끼게 된 것으로 여겨진다. 동계올림픽 사상 보기 드물게 10년 이상이나 되는 긴 세월에 걸쳐 불꽃 튀는 접전을 벌여 온 이들의 이야기는 오래 오래 전해질 것이다.

2장

이승만 · 김구 감동시킨
손기정의 올림픽 마라톤 제패

1936년 베를린 올림픽 마라톤에서 손기정은 금메달을 목에 걸었다.

이 책에 실린 손기정 관련 사진은 손기정 기념재단(사무총장 이준승〈손기정의 외손자〉)에서 제공되었습니다. 호의에 감사드립니다.

우리 근대 스포츠의 역사를 돌이켜 온 겨레의 가슴에 용기와 희망을 불어넣어 준 가장 위대한 선수를 꼽는다면 손기정일 수밖에 없을 것 같다.

손기정의 우승은 일제의 압제 아래 시달리고 있던 국

미국에 망명해 독립운동을 펼쳤던 이승만 박사는 1936년 베를린 올림픽 마라톤에서 손기정이 우승, 남승룡이 3위를 차지하자 매우 기뻐했다. 광복 후 대한민국 초대 대통령이 된 이승만 박사는 손기정에게 풍국제분을 불하해 주었다.

백범 김구(1876~1949년) 선생은 한국의 정치가이자 독립운동가로 황해도 해주에서 출생해 상하이에서 항일무장투쟁과 대한민국 임시정부 주석에 선출되었다. 그 후 신탁통치 반대운동을 주도하다가 안두희에게 암살당했다.

내 동포뿐만 아니라 외지에서 항일운동을 벌이고 있던 애국지사들에게도 크게 용기와 희망을 북돋워 주었다.

조국이 광복된 다음 해인 1946년 8월 20일 덕수궁에서 열린 베를린 올림픽 마라톤 우승 10주년 기념축하회에는 그로부터 2년 후 대한민국 초대 대통령으로 뽑힌 이승만과 대한민국 임시정부 주석을 지낸 김구가 참석해 그들이 망명 당시 손기정의 우승 소식을 듣고 느꼈던 바를 털어놓았다. 이승만은 "우리 민족은 일제의 탄압 아래에서 그저 먹고, 입고, 숨 쉬고 있던 '산 송장'에 지나지 않았다. 그 역경 속에서 손기정, 남승룡 두 선수가 조선의 명예를 위해 세계무대에서 싸워 이겼다. 우리 3천만 민족도 이 두 선수처럼 불굴의 투지를 발휘하자"고 축사를 통해 말했다. 김구의 다음과 같은 축사는 손기정의 귀에 생생하다.

"나는 오늘까지 세계를 제패한 손기정 때문에 세 번 울었다. 10년 전 베를린에서 망국민의 한 청년으로서 세계 열강의 젊은이들과 사투를 벌여 우승했으나 조선 사람이면서도 조선 사람으로 행세하지 못해 신문지상에서 그대들의 가슴에 달린 일장기를 보면서 나는 울었다. 태평양 전쟁이 일어났을 때 중국의 중경에서는 조선 청년 손기정이 일본군에 지원해 필리핀에서 전사했다는 소식을 듣고 불쌍해서 울었다. 그리고 오늘 죽었다던 손 군을 광복한 조국 땅에서 다시 보니 감격해서 또다시 눈물을 흘리고 말았다."

그 자리에 참석했던 모든 사람이 김구의 이 축사를 듣고 함께 감격의 눈물을 흘렸다.

1936년 베를린 올림픽 마라톤에서 손기정이 차지한 금메달. 온세계에 우리 겨레의 저력을 알리고 일제의 강압 아래 신음하던 우리 겨레에게 희망과 용기를 불어넣어 준 금메달이다.

스포츠 인물 비사(秘史) 손기정과 남승룡, 빛과 그림자

'풍국제분'을 불하 받은 손기정, 은둔의 길을 택한 남승룡

– 《월간조선》(2004년 11월호)에 실린 글

베를린 올림픽 마라톤 시상대에 선 손기정과 남승룡, 가슴에는 어쩔 수 없이 일장기가 달려 있다.

손기정, "호떡이라도 실컷 먹어 보았다면…"

1936년 베를린 올림픽 마라톤에서 손기정과 남승룡이 각각 1위와 3위를 차지했다는 소식은 식민지 백성의 아픔을 덜어 주는 낭보였다. 그러나 양정고보 선후배 사이로 선의의 경쟁자였던 두 사람의 운명은 이후 확연히 갈라졌다. 손기정은 말년까지 화려한 조명을 받았다. 남승룡은 손기정의 그늘에 가려졌고, 1960년대 후반 은둔의 길을 선택했다.

필자는 1990년대 초, 손기정과 복싱 원로 김명곤과 함께 거의 한 달에 한 번 꼴로 만나 점심식사를 하곤 했다. 우리는 보신탕 집을 즐겨 찾았는데, 손기정은 고기라면 가리지 않고 좋아했다.

"우리 어릴 때는 너무나 가난해서 고기는 먹어 볼 엄두도 못 냈어. 양정에 다니면서 힘들게 훈련할 때 고기는 감히 바라지도 못하고 호떡이라도 실컷 먹어 보았으면 하는 것이 소원이었지."

당시 호떡 한 개에 5전이었다고 한다. 집이 가난한 손기정은 호떡을 마음대로 사 먹을 수 없었다.

"우리 양정고보 근처에 호떡 집이 네댓 군데 있었지. 하지만 재동에 가면 같은 5전을 주어도 큰 호떡을 파는 집이 있었어. 그래서 그 큰 호떡을 사 먹기 위해 재동까지 열심히 걸어가곤 했어. 왔다갔다하면서 힘 빠지는 걸 생각하면 호떡을 사 먹으러 재동까지 갔던 게 잘한 일인지 모르겠어."

"그때 호떡을 마음껏 먹고 달렸으면 내 마라톤 기록이 더 좋았을지도 몰라."

이 이야기를 할 때 손기정의 표정은 진지했다.

손기정의 말이 맞을런지 모른다. 마라톤 선수들은 30~35km 지점까지 근육 속의 글리코겐을 연료 삼아 달린다. 밀가루와 설탕으로 이루어진 호떡은 글리코겐을 공급하기에 매우 좋은 음식이다. 가난했던 손기정은 배가 고프면 호떡 대신 냉수로 배를 채우고 달려야 했다.

호떡 좋아한 손기정, 찹쌀떡 좋아한 남승룡

필자가 손기정을 처음 만난 것은 1960년 여름 《서울신문》 견습기자로 체육부에 배치되어 대한체육회와 KOC(대한올림픽위원회)에 나가기 시작했을 때였다. 당시 KOC위원장이었던 이상백 박사의 사무실은 마치 체육계 중진들의 살롱 같은 분위기였다. 축구의 김용식·이유형, 농구의 이성구·정상윤, 유도의 이제황, 복싱의 김명곤, 아이스하키의 유한철 그리고 마라톤의 손기정 등 '살아 있는 체육사' 같은 인물들이 모여들어 이상백을 중심으로 화기애애하게 이야기를 나누는 모습은 참으로 보기에 좋았다. 손기정을 만났을 때, 필자는 그가 강한 눈빛을 지니고 있어 의지가 매우 굳은 사람이라는 느낌을 받았다.

1966년 제5회 방콕 아시안 게임 특파원이었던 필자는 당시 한국 선수단 단장이던 손기정을 취재했다. 1980년대에는 손기정이 필자와 같은 동네인 서울 동부 이촌동에 살았기 때문에 자주 만나 스포츠 이외의 이야기도 나누었다.

그러나 남승룡을 만나 이야기를 나눈 것은 딱 한 차례뿐이다. 1960년 가을, 필자는 국가대표 축구선수 출신인 이유형 체육부장의 지시에 따라 서울 마포에 살고 있던 남승룡을 찾아가 그의 근황을 취재했다.

단정한 한복 차림에 안경을 쓴 남승룡은 스포츠맨이라기보다는 선비 같은 인상이었다. 그는 찹쌀떡을 특히 좋아했다. 그는 경기 직전에 흔히 '모찌'라고 부르는 일본 찹쌀떡을 먹지 않으면 기운이 나지 않

연습 중인 손기정과 남승룡.

아 잘 달릴 수 없다는 징크스를 갖고 있었다. 따라서 남승룡은 마라톤 경기가 있을 때마다 출발 전에 찹쌀떡 네댓 개와 경우에 따라서는 찐 고구마를 먹고 경기에 출전했다. 당시 일부 육상 관계자들은 '경기 직전에 소화가 잘 안 되는 찹쌀떡을 먹는 것은 미련한 짓' 이라고 남승룡을 비웃었다고 한다.

남승룡의 선견지명
찹쌀떡은 호떡처럼 글리코겐을 공급해 준다. 훗날 일본 실업 육상 팀이 마라톤 선수들에게 경기를 앞두고 찹쌀떡을 권하게 된 것을 보면 남승룡은 선견지명이 있었던 모양이다.

그러나 탄수화물은 먹고 난 후 세 시간이 지나야 에너지가 될 수 있다. 그러니까 두 시간 남짓에 끝나는 마라톤에서는 경기 직전에 탄수화물을 섭취하는 것이 별 효과가 없다는 이야기다. 하지만 남승룡의 경우는 몸 안에서 다른 사람들보다 빨리 탄수화물을 글리코겐으로 바꾸는 특이체질이었는지도 모를 일이다. 남승룡이 특히 막판에 강했던 것은 찹쌀떡이 글리코겐으로 변하기 시작했기 때문인 것일까? 필자는 '남승룡이 경기 직전이 아니라 탄수화물이 글리코겐으로 바뀌는 데 충분한 시간인 경기 세 시간 전쯤에 찹쌀떡을 먹었으면 어떻게 됐을까?' 라는 생각을 가끔 하곤 했다.

훗날 전남대학 체육교수를 지낸 남승룡이지만, 경기를 앞두고 영구차를 보아야만 운이 좋아 경기에서 좋은 성적을 낼 수 있다는 징크스를 갖고 있었다. 남승룡이 일본 명치대학(明治大學)에 재학할 당시 그의 후원자였던 기타바타케가 경기 당일 아침 일찍부터 남승룡을 차에 태우고 동경 시내를 돌며 영구차를 찾아 헤맨 이야기는 유명하다.

손기정, 양정고보 1년 선배인 동갑내기 남승룡을 평생 선배로 모셔

손기정은 1912년 평북 신의주에서 작은 구멍가게를 경영하던 손인석 슬하의 4남매 가운데 막내로 태어났다. 워낙 집안이 어려웠기 때문에 손기정은 어릴 때부터 여름에는 참외와 옥수수, 겨울에는 군밤 등을 팔며 초등학교 수업료를 벌어야 했다. 남달리 빠른 발을 이용해 전보배달도 했다.

남승룡은 1912년 전남 순천에서 가난한 농부 남찬숙의 아들로 태어났다. 기록상으로는 손기정의 생일이 빠르다. 당시는 호적의 나이가 정확하지 않은 경우가 많았다. 1931년 서울로 올라온 남승룡은 협성

실업학교에 들어갔다가 열아홉 살 때 양정고보 1학년에 편입했다. 손기정은 그 이듬해 스무 살의 나이로 양정고보에 입학했다. 공식적으로는 동갑내기인데도 손기정은 양정 1년 선배인 남승룡을 평생 동안 깍듯이 선배로 예우했다.

당시 서울의 하숙비는 한 달에 13원이었다. 10원이면 쌀 세 가마를 사고도 돈이 좀 남는 시절이었으니, 시골의 가난한 집에서 매달 13원씩을 보낸다는 것은 여간 어려운 일이 아니었을 것이다. 손기정과 남승룡은 양정고보 육상부 특기생이었지만, 그들에게 베풀어지는 특혜란 수업료 면제뿐이었다. 하숙비, 교과서, 문방구 값은 모두 본인 부담이었다. 손기정은 선배들이 썼던 교과서를 물려받아 사용하고, 육상부 선배인 부잣집 아들 김봉수의 집에 가정교사 명목으로 들어가 숙식을 해결했다. 손기정은 "남형(남승룡)이나 내가 양정에 다니던 시절 하숙비 13원을 장만하기란 정말 어려운 일이었다"면서 "전차 값 3전을 아끼기 위해 웬만한 거리는 걸어 다녔다"고 했다.

남승룡은 고향으로부터 송금이 점점 줄어들자 "일본에 가면 고학하면서 운동을 할 수 있다"는 말을 듣고 일본으로 건너갔다. 신문배달, 우유배달 등을 하면서 학비를 마련한 남승룡은 1934년 명치대학 전문부로 진학했다. 남승룡은 도쿄와 하코네 사이에서 벌어진 대학역전경주대회에 출전하여 놀라운 스피드로 달려 명치대학 우승에 결정적으로 이바지했다. 이 모습을 눈여겨본 명치대학 출신 기타바타케라는 부자가 남승룡이 졸업할 때까지 학비 일체를 도와주겠다고 나섰다. 덕분에 남승룡은 학업과 운동에 열중할 수 있게 됐다. 이후 그는 출전하는 경기마다 상위권에 들었다.

러닝셔츠 무게 줄이기 위해 가위로 잘라 내기도

양정고보 재학 시절, 손기정은 이른 새벽 삼청동을 돌아 북악산 꼭대기까지 뛰어 올라가는 것이 일과였다. 내려올 때에는 나무와 나무 사이를 누비며 일정한 리듬으로 달렸다.

손기정은 가파른 산비탈을 쉬지 않고 꼭대기까지 올라가면서 심폐 기능과 근지구력을 강화했고, 달려 내려오면서 달리기의 리듬감각을 익혔다. 그의 회고다.

"장거리 경주에서는 팔과 다리 놀림에 호흡을 어떻게 맞추느냐가 매우 중요하지. 이런 감각은 산을 내려오면서 연마할 수 있었어. 평지

양정고보 시절의 손기정(앞쪽 오른쪽).

에서는 도저히 경험하기 어렵지. 조금이라도 빨리 달리고 싶어 안해 본 일이 없어. 우리나라 독립군이 바지에 모래주머니를 달고 뛰면서 다리 힘을 기른다는 이야기를 듣고 나도 그렇게 해보았지. 그런 훈련 이 오늘날의 웨이트 트레이닝과 다를 바 없었던 것 같아. 모래주머니 를 달고 훈련하다가 그걸 풀어 놓으면 마치 발에 날개가 달린 것처럼 가볍게 달릴 수 있었어."

1988년 서울 올림픽 때 일본의 마라톤 대표선수 나카야마(中山竹通) 는 115g밖에 안 되는 가벼운 마라톤 슈즈를 신고 뛰었다고 해서 화제 가 됐었다. 가벼운 신발은 옛날부터 마라톤 선수의 꿈이었다. 손기정 은 "신발을 조금이라도 가볍게 만들어 보려고 칼로 신발바닥을 조심 조심 깎아 내곤 했다"고 회상했다. 손기정은 가위로 러닝셔츠를 도려 내고 팬티를 잘라 보기도 했다고 한다. 그는 피로와 주폭의 상관관계 를 실험해 보았다고 한다.

"신발바닥에 횟가루를 칠하고 트랙을 도는 거야. 트랙을 몇 바퀴나 돌면 피로 때문에 달리는 스트라이드(Stride)가 좁아지는지 알아보기 위해서야. 지금 돌이켜 보면 '정말 별짓 다해 보았구나'라는 생각이 들어."

전문적인 코치도 없이 손기정은 타고난 자질과 성실한 노력에 독창 적인 발상을 더해 가면서 세계 정상을 향해 질주했다.

'기미가요'가 어째서 조선의 국가(國歌)냐?

손기정은 1935년 11월 3일 베를린 올림픽 파견 2차 선발전 겸 제8회 명치신궁 경기대회 마라톤에서 2시간 26분 42초로, 당시 세계 최고기 록을 세우며 우승했다. 당시 일본 육상경기연맹은 공인 세계기록이나 세계 타이틀 기록이 세워지면 시상식에서 일본 국가 '기미가요'를 연주했다.

손기정의 명치신궁 경기대회 우승 때도 마찬가지였다. 당시 일본의 《호치(報知) 신문》(1935년 11월 4일자)은 다음과 같이 보도했다.

"시상대 위의 손 군은 너무나 감격한 나머지 고개를 숙이고 스탠드의 관중들이 부르는 국가에 묻혀 조용히 눈물 짓고 있었다."

그러나 손기정의 눈물은 감격의 눈물이 아니라 나라를 빼앗긴 서러움과 분함이 뒤섞인 눈물이었다. 시상식이 끝나자 손기정은 곧바로 양정 응원단석 바로 아래 필드에 있던 인솔교사 김연창에게 달려갔다. 눈물에 젖은 손기정은 "선생님! 선생님!"이라고 외치며 김연창 교사의 품에 안기더니 이렇게 절규했다.

"선생님, 왜 우리나라에는 국가가 없습니까? 어째서 '기미가요'가 조선의 국가입니까?"

이 말에 김연창은 당황했다. 마라톤 세계 최고기록을 수립한 손기정을 취재하기 위해 많은 일본 기자들이 속속 몰려들고 있었다. 만일 일본인 가운데 누군가가 손기정이 한 말을 알아듣기라도 한다면, 불령선인(불온한 사상을 가진 조선인)으로 몰릴 판이었다. 자신도 눈물을 흘리면서 김연창은 목소리를 낮추어 손기정을 타일렀다.

"기정아, 지금 여기서는 그런 말을 하면 안 돼!"

하지만 심상치 않은 분위기를 눈치챘는지, 일본인 기자 한 명이 일본 말로 김연창에게 물었다.

"왜 손기정 선수는 저렇게 울고 있습니까?"

김연창은 이렇게 둘러댔다.

"손 군은 이번 세계 최고기록 수립으로 베를린 올림픽 출전 자격을

얻은 것으로 생각해 아까부터 감격하고 있는 것입니다. 그래서 우리
도 손 군과 함께 기쁨의 눈물을 흘리고 있는 것입니다."

그제야 손기정도 사태의 심각함을 깨닫고 냉정을 되찾았다. 손기정
의 인터뷰와 사진촬영이 끝나자마자 김연창은 손기정을 택시에 밀어
넣고 도망치듯 숙소로 향했다. 직선적인 성격의 손기정이 또다시 무
슨 말을 해서 문제를 일으키지 않을까 걱정됐기 때문이다.

손기정의 강한 민족정신은 양정고보의 훌륭한 교사들에 의해 배양
된 것으로 보인다. 예컨대 제8회 명치신궁대회에서 농구 팀을 인솔했
던 교사 김교신은 후일 '성서조선' 사건으로 옥고를 치렀던 민족주의
성향의 탁월한 기독교 사상가였다.

양정고보 출신인 유달영(柳達永) 서울대학 명예교수는 "베를린 올
림픽의 영웅 손기정 선수도 김교신의 민족애와 인격적 감화에 힘입어
육체적 한계를 초월할 수 있었을 것"이라고 말했다.

"조선인 마라톤 선수는 한 명만 뽑아라"

1936년 5월 21일 베를린 올림픽 출전 일본 마라톤 대표 최종 선발전
이 명치신궁 경기장과 로쿠고바시(六鄉橋) 사이의 공식 코스에서 치러
졌다.

출전 선수는 일본 육상경기연맹이 후보선수로 선정한 손기정, 남승
룡, 스즈키(鈴木), 이케나카(池中), 시오아쿠(鹽飽) 등 8명과 전국 14개
지역에서 뽑힌 신진 13명, 모두 21명이었다. 이 가운데 상위 3명을 베
를린 올림픽에 보낸다는 것이었다.

손기정의 자서전과 일본의 가마다(鎌田忠良)가 쓴 《일장기와 마라
톤─베를린 올림픽의 손기정》이라는 책에 의하면 이 최종 선발전에

서 손기정은 의도적으로 남승룡에게 1위를 양보한 것으로 되어 있다. 그 내용은 대략 다음과 같다.

당시 조선육상경기연맹을 대표해서 일본 육상경기연맹과 접촉하고 있었던 사람은 양정고보를 거쳐 명치대학을 나온 정상희였다. 최종 선발전을 앞두고 정상희는 손기정에게 매우 중요한 정보를 알려주었다.

"왜놈들은 지난 올림픽 마라톤에서 참패한 것은 조선 선수가 두 사람이나 끼어 있어 팀워크가 흐트러졌기 때문이라고 단정 짓고 있어. 그래서 이번 최종 선발전에서는 일본의 시오아쿠와 스즈키를 우선적으로 뽑은 다음 손기정과 남승룡 둘 가운데 하나만 보낼 작정이야."

정상희가 말하는 지난 대회의 참패란 1932년 로스앤젤레스 올림픽 마라톤에서 일본 대표로 출전했던 츠다(津田)가 5위, 김은배가 6위, 권태하가 9위를 각각 차지한 것을 말한다.

그때 경기를 앞두고 츠다는 김은배와 권태하에게 "너희 두 사람은 경기할 때 나를 앞지르지 마라. 나를 선두로 해서 두 사람은 그 뒤를 따르라. 이것이 일본이 필승을 거두는 팀워크이자 절대조건이다"라고 요구했다.

손기정, 남승룡이 1위를 하게 경기운영

경기가 끝난 후 츠다는 "막상 경기가 시작되자 조선 선수들이 나의 요구를 무시하고 마구 앞으로 뛰쳐나가는 바람에 페이스를 잃어 우승을 놓쳤다"고 주장했다.

츠다의 주장에 분개한 권태하는 "츠다가 있는 일본 팀과는 행동을 함께할 수 없다"고 선언하고 미국에 남아 남캘리포니아 대학에 입학했

손기정은 훌륭한 지도자였다. 1948년 서윤복 선수의 보스턴 마라톤 우승에 이어 1950년에 열린 보스턴 마라톤 대회에서 함기용(왼쪽), 손길윤(중앙), 최윤칠(오른쪽)이 1, 2, 3위를 모두 차지하는 성과를 올렸다.

다. 그런데도 일본 육상경기연맹은 1932년 로스앤젤레스 올림픽에서와 같은 일이 재현되는 것을 막기 위해 베를린 올림픽에는 조선 선수를 한 명만 출전시키겠다는 내부 방침을 세웠던 것이다. 정상희는 이렇게 말했다.

"기정아, 너는 지난해 11월의 올림픽 파견 2차 선발전에서 세계 최고기록까지 냈으니 이번 최종 선발전에서는 2위만 차지해도 뽑히도록 되어 있다. 하지만 남승룡은 그 대회에서 4위밖에 못했으니 이번 최종 선발전에서 1위가 안 되면 베를린에는 못 가."

정상희의 이야기를 들은 손기정은 '최종 선발전에서 남형(남승룡)이

1947년 보스턴 마라톤에서 제자인 서윤복을 우승시키고 배를 타고 인천항에 개선한 손기정(오른쪽), 서윤복(가운데), 남승룡(왼쪽).

1위, 내가 2위로 골인하도록 경기운영을 해보아야겠다'고 결심했다.

최종 선발전 당일, 기온은 25℃를 웃돌았다. 마라톤 경기를 치르기에는 더운 날씨였다. 선수들은 더위 때문에 페이스를 무너뜨리게 될까 봐 두려운 데다가 '기록이야 어떻든 반드시 3위 안에 들어야만 베를린 올림픽에 나갈 수 있다'는 생각 때문에 과감하게 앞서 나가기를 꺼렸다. 선두 그룹에 끼어 있던 손기정이 반환점을 돌아 한참 달리다가 갑자기 다른 선수들을 뿌리치고 앞으로 달려 나갔다. 당황한 일본 선수들은 이를 악물고 따라왔다.

손기정은 일본 선수들이 따라오면 페이스를 늦추어 함께 달리다가 다시 스퍼트를 걸어 앞서 나가 일본 선수들을 따라오게 만들면서 스즈키, 시오아쿠 등의 진을 빼 버렸다. 그동안 더위와 후반에 강한 남승룡은 앞서가던 일본 선수들을 차례로 잡아 도라노몽(虎之門)에서 맨 앞을 달려가던 손기정과 어깨를 나란히 했다. 남승룡이 손기정에게 격려의 말을 던졌다.

"손, 정신차려. 다른 놈들은 다 녹초가 됐으니 잘 뛰어!"

남승룡은 피로한 기색도 없이 앞으로 달려 나가 1위로 골인했다. 뒤이어 손기정이 계획했던 대로 2위로 들어섰다. 3위는 스즈키, 4위는 시오아쿠였다.

일본 육상경기연맹은 큰 충격을 받았다. 최종 선발전의 상위 3명을 베를린에 보내겠다고 공표해 놓고, 내부적으로는 조선인 선수는 한 명만 보내기로 해 놓고 있었는데 남승룡과 손기정이 1, 2위를 차지해 버렸기 때문이다. 경기가 끝나고 이틀 후 일본 육상경기연맹은 베를린 올림픽 파견선수를 결정하기 위한 기술위원회를 열었다. 몇몇 일본 육상 관계자들은 이렇게 주장했다.

"남승룡은 비록 최종 선발전에서 1위를 차지했다고는 하나 그동안 기록이 별로 좋지 않았고, 이번에 1위를 차지한 것도 다른 선수들의 컨디션 난조 덕분이니 대표선수에서 탈락시켜야 한다."

조선육상경기연맹을 대표해 그 자리에 참석했던 정상희가 반박했다.

"최종 선발전의 상위 입상자 세 명을 올림픽 대표로 뽑겠다는 것은 일본 육상경기연맹의 공약입니다. 그런데 다른 사람도 아닌 1위 남승룡을 뽑지 않겠다니 말이 됩니까? 남승룡을 안 보내고 누구를 베를린 올림픽에 보내겠다는 겁니까? 일본에서 좋은 성적을 올리지 못한 선수에게 어찌 올림픽에서 좋은 성적을 기대할 수 있겠소?"

남승룡, 코치를 몰아 내다

정상희의 말에 회의장은 물을 끼얹은 듯 조용해졌다. 그때였다.

"정씨의 말이 옳아요!"

1963년 베를린 올림픽 마라톤에서 우승한 손기정(왼쪽)과 동메달리스트 남승룡(오른쪽)이 《조선일보》 도쿄 지국에서 걸려온 국제전화를 통해 인터뷰를 가졌다. 가슴이 벅찬 나머지 인터뷰 도중 손기정은 울음보를 터뜨렸다.

1928년 암스테르담 올림픽의 3단뛰기에서 금메달을 딴 일본 육상계의 큰별 오다(織田幹夫)였다. 오다의 한마디에 대세는 결정됐다. 남승룡은 올림픽 대표로 뽑혔다.

그러나 조건이 하나 달려 있었다. 손기정, 남승룡, 스즈키, 시오아쿠 네 명을 베를린에 보내 현지에서 마지막 평가전을 갖고 세 명을 가려 낸다는 것이었다. 공교롭게도 일본 마라톤 대표팀의 코치는 1932년 로스앤젤레스 올림픽에서 5위를 차지했던 츠다였다. 그때 함께 출전했던 김은배와 권태하에게 경기에서 자기 앞으로 나서지 말라고 주문했던 츠다가 이번에도 조선인 선수들에게 또다시 어떤 수작을 부릴지 알 수 없는 노릇이었다.

뚝심이 강한 남승룡은 다른 세 명 선수를 끌어들여 일본 육상경기연맹에 츠다 코치의 경질을 요구했다. "지난 2년 동안 후보선수들은 츠다의 지도를 받았지만 별 성과를 거두지 못했다"는 것이 명분이었다. 이들은 일본 육상계 원로들과 격론을 벌인 끝에 베를린으로 떠나기 1주일 전에 츠다를 내몰아 버렸다. 사토(佐藤)가 코치로 들어왔다. 코치 교체의 표면상 이유는 츠다의 신병 때문이라고 발표했다.

베를린 현지의 평가전에서 스즈키가 탈락했다. 손기정과 남승룡, 시오아쿠 세 명이 마라톤 본경기에 출전하게 됐다. 우여곡절 끝에 출전이 확정된 남승룡은 베를린 올림픽 마라톤의 출발 신호를 들을 때까지 마음이 편치 않았다고 한다.

손기정과 남승룡의 제자로 1950년 보스턴 마라톤에서 우승한 함기용은 "마라톤 경기에서 작전을 세워 자신은 2위로 들어오고, 다른 선수를 1위로 골인시킨다는 것은 어려운 일"이라고 말했다.

훗날 손기정도 자신이 1936년 베를린 올림픽에 파견할 마라톤 일본 대표 최종 선발전에서 남승룡에게 1위를 양보했다는 이야기가 나오면 이를 부인했다. 이에 대해 손기정이 남승룡의 체면을 생각해 자서전 내용을 부인한 것이라는 해석도 있다.

선두를 따라잡은 후 결승점까지 독주

1936년 8월 9일 오후 3시 베를린 올림픽 마라톤에 출전한 27개국 56명 선수 가운데 손기정과 남승룡도 끼어 있었다. 6km 지점에서 지난 대회 우승자인 아르헨티나의 사발라를 선두로 포르투갈의 디아스, 영국의 하퍼에 이어 손기정은 4위로 나섰다.

후반에 강한 남승룡은 더운 날씨와 어려운 코스를 머리에 넣고 초반에 무리하지 않고 후반에 역전할 속셈으로 뒤처져 달렸다. 손기정과 나란히 달리게 된 하퍼는 손기정에게 "슬로(Slow), 슬로! 세이브(Save), 세이브"라고 말을 건넸다. 더운 날씨에 전반부터 스피드를 너무 내면 후반에 체력이 저하되니 체력을 축적하라는 충고였다. 손기정은 21km의 반환점이 보일 때 디아스를 따돌리고, 27km 지점에서는 하퍼를 제쳤다. '이쯤에서 하퍼를 뿌리치지 않으면 끝까지 달라붙어 접전을 벌이게 될지 모르니 떼어 버리자' 는 생각에서였다. 29km 지점에서 선두 사발라를 따라잡은 손기정은 그 후 결승점까지 독주했다.

남승룡, 지나치게 체력 안배에 신경 쓰다 은메달 놓쳐

선두에 나선 순간부터 손기정은 불안감에 사로잡혔다. 손기정은 70세를 앞두고 있을 무렵 이렇게 말한 적이 있다.

"마라톤에서 선두를 달린다는 것은 참으로 불안한 일이야. 뒤에서 누가 쫓아오지 않을까 걱정이 되지. 지금도 그런 꿈을 꾸어. 제아무리 안간힘을 쓰고 달리려 해도 몸이 말을 안 들어. 그런데 뒤에서는 자꾸 선수들이 몰려오고…. 여간 기분 나쁜 게 아냐!"

한편 반환점을 33위로 돈 남승룡은 그 후 무서운 속도로 앞서가는 선수들을 차례로 제쳐 나가기 시작했다. 30km 지점에서 16위로 나선 남승룡은 31km 지점에서는 10위, 빌헬름 언덕 바로 앞의 32km 지점에서는 7위로 올라왔다. 빌헬름 언덕을 넘어선 남승룡은 놀라운 저력을 발휘해 3위로 올랐다. 그의 앞에는 이제 손기정과 하퍼 두 사람만이 달리고 있었다. 마지막 고비인 비스마르크 언덕이 시작되는 37km 지점에 이르렀을 때, 손기정과 하퍼의 거리는 1분가량 그리고 하퍼와 남승룡의 거리는 2분 15초가량이었다.

주경기장 마라톤 게이톤 게이트 근처에 몰려 있는 인파 한가운데 뚫린 검은 공간인 마라톤 터널을 뚫고 들어간 손기정은 10만 관중들의 환호 속에 트랙을 돌고 결승점을 통과했다. 손기정의 우승기록은 2시간 29분 19초 2로 올림픽 사상 최초로 2시간 30분의 벽을 깬 당시 올림픽 최고기록이었다. 필드의 잔디에 앉아 신발을 벗은 손기정의 발은 물집이 생긴 데다 군데군데 갈라져 피투성이여서 그가 얼마나 치열한 격전을 치렀는지를 말해 주고 있었다.

그때쯤 관중들에게 보이지 않는 마라톤 터널에서는 2위 하퍼와 3위 남승룡이 처절한 레이스를 벌이고 있었다. 페이스의 안배에 무척 신

영국의 하퍼와 거의 나란히 반환점을 도는 손 선수. 중간 기록 1시간 12분 19초, 선두 자바래(아르헨티나)와는 약 1분 차이가 있었다.

레니 리펜슈탈 여사(히틀러의 총애를 받아 나치의 선전영화를 전담했던 명감독으로 베를린 올림픽 공식 기록영화 '민족의 제전'을 제작하였다. 마라톤에 많은 비중을 할애한 이 영화의 하이라이트는 손기정의 결승선 통과 장면이다)와 함께한 손기정. 그녀는 20년이 지난 1956년에 손기정과 재회한다.

경을 쓰고 달렸지만 하퍼는 피로한 기색이 뚜렷했다. 후반에 강한 남승룡은 한참 라스트 스퍼트로 하퍼를 맹추격하고 있었다.

손기정이 결승점에 들어온 지 2분쯤 지나서 하퍼는 기진맥진한 상태로 결승점을 통과했다. 그는 바로 쓰러져 들것에 실려 나갔다. 그의 기록은 2시간 31분 23초였다.

하퍼보다 19초 뒤져서 남승룡이 활기 넘치는 모습으로 골에 들어왔다. 그의 기록은 2시간 31분 42초였다. 골을 5km 남짓 남긴 지점에서 하퍼에게 2분 15초나 뒤져 있었던 남승룡이 골에 들어올 때쯤에는 그 거리를 거의 2분이나 단축한 것이다. 결승점을 통과한 남승룡은 자신의 레이스 운영이 납득이 안 간다는 듯 손목시계에 눈길을 보냈다.

베를린 올림픽의 더운 날씨, 오르막 길의 어려운 코스는 남승룡에게 더할 수 없이 유리한 조건이었다. 그가 19초 차이로 3위를 한 것은 그가 조금만 더 빨리 스퍼트를 걸었더라면 금메달은 어려워도 은메달은 딸 수 있었음을 뜻한다.

베를린 올림픽의 기록영화 '민족의 제전'을 본 성기용은 "골에 들어온 남 선생님은 체력이 많이 남아 있었다. 체력 안배에 지나치게 신중해서 아깝게 은메달을 놓친 셈이다"라고 말했다. 이 사실이 남승룡에게는 두고 두고 아쉬움으로 남았을 것이다.

한글로 손기정 그리고 KOREA

베를린 현지에서 성격이 활발한 손기정은 사인 요청을 받으면 서슴없이 한글로 '손긔정'이라고 쓴 자신의 이름에 곁들여 나라 이름은 JAPAN 아닌 KOREA라고 적었다. 맞춤법이 오늘날과 달랐던 그때 손기정은 '손긔정'이라고 썼던 모양이다. 때로는 '손긔정 KOREA' 옆에 한반도를 그려 넣기도 했다.

"1932년 로스앤젤레스 올림픽에 일본 대표선수로 출전했던 김은배 선배가 현지에서 사인 요청을 받으면 한글로 써 주었다는 이야기를 듣고 나도 그대로 따랐다. 우리나라 사람이 우리말로 사인을 하는 것은 당연한 일이지."

손기정의 이야기를 듣고 보니 김은배는 선수로서뿐만 아니라 민족정신을 지닌 한국인으로서도 후배에게 강한 영향을 끼쳤던 인물임을 알 수 있다.

'나는 일본인이 아니라 한국인이다. 그리고 우리에게는 한글이라는 훌륭한 문자가 있다. 온 세계의 젊은이들이 모이는 올림픽 무대에서 우리 배달민족의 존재를 알려야겠다'는 손기정의 강한 의지가 그

1988년 서울올림픽 개회식에서 성화주자로 메인스타디움에 모습을 나타낸 손기정은 기쁨을 감추지
못해 덩실덩실 춤추며 트랙을 돌았다.

베를린 올림픽 우승자들의 사인이 실린 독일 국빈 방명록에도
손기정은 한글과 영문으로 서명했다.

의 사인에서 나타나 있었다. 함께 베를린 올림픽에 참가했던 이성구는 손기정의 사인에 대해서 이렇게 이야기해 주었다.

"손기정은 민족정신이 대단히 강했던 선수다. 일본인이 손기정에게 사인을 해달라고 요청하면서 사인 옆에 그들의 명산인 후지산(富士山)을 그려 달라면 후지산 대신 우리나라 금강산을 그려 주곤 했다. 그래서 내가 농담으로 그에게 '당신, 그러다가는 일본으로 송환돼서 올림픽에 나가지도 못하게 돼'라고 겁을 주면 손기정은 '나를 올림픽에 안 내보내면 자기네만 손해지'라고 끄덕하지 않았던 기억이 생생하다."

손기정은 선수촌 안팎에서 외국인이 "어디서 왔소?"라고 물어보면 언제나 "KOREA에서 왔습니다"라고 대답했다. 베를린 올림픽에서 마라톤에서 우승한 후 올림픽 금메달리스트들이 사인하기로 되어 있는 독일의 국빈방명록에도 '손긔정'이라고 한글로 뚜렷이 적었다.

손기정의 이러한 행동은 일본 선수단 내부에서도 일단 논의는 됐었으나 문제를 더 확대시키지 않기로 방침을 세워 덮어 두었다고 손기정은 회고한다. 한자에는 익숙하지만 한글은 잘 모르는 일본인 선수나 임원이 손기정에게 "어째서 그런 어려운 글자로 사인을 하느냐?"고 물어보면 손기정은 "한자로 손기정이라고 쓰면 획이 많아 시간이 걸리지만 우리 글인 한글로 손기정이라고 쓰면 간단하기 때문이다"라고 대답해 그들의 입을 막아 버렸다. 《나치 올림픽》의 저자 리처드 만델, 《더 올림픽 북》의 저자 데이비드 월친스키, 《베를린 올림픽의 손기정》의 저자 가마다 다다도시, 《올림픽 역사의 100가지 위대한 순간》의 저자 버드 그린스판 등은 한결같이 손기정이 한글로 사인하고 자신은 'KOREA'에서 왔다고 주장한 신념 강한 민족주의자였다고 증언했다.

마라톤 경기 당일에만 일장기 단 손기정

"손기정은 마라톤 경기 당일 하루만 일장기를 달았다"는 소문이 있다. 일본의 가마다는 이 소문의 사실 여부를 확인하기 위해 손기정·남승룡과 함께 베를린 올림픽 마라톤에 출전했던 시오아쿠가 보관하고 있던 30장의 사진을 비롯해 수많은 관련 자료들을 뒤져 보았다. 그 결과 손기정은 베를린 올림픽 기간 중 다른 선수들과는 달리 언제나 양복 차림이거나 일장기 없는 유니폼 차림이었음이 확인됐다.

일본 마라톤 팀이 베를린 현지에 도착한 것은 올림픽이 열리기 두 달 전이었다. 손기정은 마라톤 경기가 열리는 날까지 코치가 아무리 권해도 일장기 달린 유니폼을 입지 않았다. 손기정은 "귀한 유니폼이니 대회가 열릴 때까지 더럽히지 않고 간직하겠다"고 둘러댔다.

훈련이 없는 일요일에 선수단은 베를린 현지의 일본인들로부터 자주 초청을 받았다. 그때도 손기정 혼자만은 일장기가 달리지 않은 양복 차림으로 참석했다. 손기정은 생전에 이렇게 회고했다.

"나는 한국 사람이지 일본 사람이 아니었으니까 일장기 달린 옷은 입지 않았다. 일장기를 달 수밖에 없었던 경기 때 한 차례만은 어쩔 도리가 없었지만…"

《동아일보》가 손기정의 우승 시상식 사진에서 일장기를 지워 버린 '일장기 말소 사건'은 너무나 유명하다. 손기정이 이 사건에 대해 듣게 된 것은 배를 타고 귀국길에 올라 중국 상해에 들렀을 때였다. 이 소식을 듣고 손기정은 런던에서 만났던 신성모(후일 국방부장관)의 얘기가 생각나서 깜짝 놀랐다. 올림픽 마라톤에서 우승한 후 손기정은 그동안 모았던 돈으로 혼자 런던으로 여행을 갔다. 대영제국이 어떤 나라인지 직접 보고 싶었기 때문이다. 당시 상선의 1등 항해사로 일하고

1992년 바르셀로나 올림픽 마라톤 우승자 황영조와 손기정. 아무도 황영조의 우승을 내다보지 못했으나 손기정은 황영조의 올림픽 제패 가능성을 예언했었다.

있던 신성모는 손기정에게 "당신이 돌아가기 전에 고국에서 무슨 일이 일어날지 모르니 아무쪼록 언동에 조심하시오"라고 당부했다.

60년 후 손기정은 이렇게 회상했다.

"그것 참 신통한 일이야. 신성모 씨가 딱 '일장기 말소 사건'이라고 꼬집어 말하지는 않았지만, '무슨 일이 일어날 것'이라고 예언했단 말이야. 그분은 어떻게 그런 일을 미리 알았을까?"

아마도 신성모는 손기정의 베를린 올림픽 마라톤 우승이 일제의 억압 아래 시달리고 있던 한국인들의 민족의식을 매우 강하게 자극하게 되리라고 내다보았던 것 같다.

88서울 올림픽을 앞두고 주경기장 트랙을 달리는 손기정과
1972년 뮌헨 올림픽 마라톤 우승자 프랭크 쇼터.

사람들 앞에서 사라져 버린
남승룡

광복 후 손기정과 남승룡은 선배 김은배 등과 함께 조선마라톤보급회를 결성해 후진들을 길러 냈다. 서윤복이 우승한 1947년의 보스턴 마라톤에 손기성은 감독으로, 남승룡은 선수로 참가했다. 이 대회에서 35세 남승룡은 12위를 차지했다. 그 후 대한육상경기연맹 이사 등을 지낸 남승룡은 전남대학 체육교수로 4, 5년 동안 재직하다가, 1960년대 후반 홀연히 사람들 앞에서 사라지고 말았다.

손기정은 금메달리스트인 자신의 그늘에 가려 남승룡이 별로 빛을 못 보고 있다고 항상 미안한 생각을 지니고 있었던 것 같다. 그는 "육상인들이나 사회에서 남형을 잘 예우해 드려야 하는데…"라고 말하곤 했다.

남승룡이 사람들 앞에서 사라진 지 10여 년이 지난 1980년 9월 양정고등학교의 체육교사를 지낸 이병권이 양정 체육사에 남승룡의 발자취를 담기 위해 그를 찾아갔다. 남승룡은 그의 나이 네 살 때 돌아가신 친어머니 사진을 꺼내 보이며 눈물을 흘렸다고 한다. 그는 1936년 베를린 올림픽 현지 평가전에서 탈락했던 일본의 스즈키 선수에게 미안한 생각을 지니고 있다고 털어놓았다.

오랫동안 사라졌던 남승룡은 1996년 서울에서 손기정, 서윤복 등과 점심식사를 같이했다. 함기용 등이 베를린 올림픽 마라톤 제패 60주년을 기리기 위해 주선한 자리였다. 그 후 남승룡은 또다시 사라져 버렸다.

함기용은 그 이유를 이렇게 말했다.

"남승룡 선생님이 외부와 연락을 끊게 된 데는 여러 가지 까닭이 있을 것이다. 워낙 독서를 좋아해 서재에서 지내시는 시간이 많았던 데다 눈이 나빠지면서 바깥출입에 번거로움을 느끼게 되셨을 것이다. 손기정 선생님과는 사이가 좋았으나 훗날에는 벌어졌던 것 같다. 손기정 선생님은 이승만 대통령으로부터 풍국제분이라는 제분공장을 불하 받았다. 첫 번째 아내와 사별한 손 선생님은 그 공장의 경영을 두 번째 아내에게 전적으로 맡겼다. 경영이 어려워지자 손 선생님 아내는 남 선생님 아내에게서 돈을 빌려다 썼다. 결국 풍국제분이 부도 나는 바람에 돈을 돌려 받지 못한 남 선생님은 형편이 더욱 어려워졌다. 이 일로 두 분 사이가 예전 같지 않게 된 것으로 안다. 또 기회가 있을 때마다 정부나 여러 기관으로부터 초청 받는 손 선생님과는 달리 남 선생님은 빛을 보지 못했다. 그래서 나는 손 선생님에게 "초청 받을 때마다 남 선생님도 함께 가실 수 있도록 초청자에게 교섭하시라"고 말씀드렸으나 그렇게 되지 못했다."

츠부라야의 비극과 남승룡

남승룡이 체육계와 연락을 끊은 시점이 1960년대 후반이라는 점에서 필자 마음에 짚이는 일이 하나 있다. '혹시 1964년 도쿄 올림픽 마

일본 명치대학 재학 시절 경복궁을 찾은 손기정(오른쪽), 남승룡 부부(왼쪽)

라톤에서 일어났던 2, 3위 역전극에서 3위로 밀려난 츠부라야(圓谷幸吉)가 4년 후 자살한 사건이 남승룡에게 큰 충격을 주어 더욱 사람 만나기를 꺼리게 만든 것이 아닐까' 라는 생각이다.

도쿄 올림픽 마라톤에서는 에티오피아의 아베베가 2시간 12분 11초 2의 세계 최고기록으로 올림픽 사상 최초의 마라톤 2연패를 이룩했다. 2위는 영국의 히틀리로 2시간 16분 19초 2였고, 3위가 일본의 츠부라야로 2시간 16분 22초 8이었다. 아베베보다 4분가량 늦어 경기장에 두 번째로 모습을 나타낸 것은 츠부라야였다.

그 뒤로 5m가량 떨어져 몸집 큰 히틀리가 따라 들어왔다. 스탠드를 메운 일본 관중들이 츠부라야를 응원하느라 지르는 함성 속에 츠부라야가 자신을 뒤따르는 히틀리의 기척을 느끼지 못한 채 경기장을 한 바퀴 돌아 제3 코너에 이르렀을 때, 히틀리가 츠부라야를 추월했다. 그 순간 츠부라야는 놀라는 기색을 보이며 황급히 뒤쫓으려 했으나 이미 기력이 다한 상태였다. 결국 2위 히틀리보다 3초가량 뒤져 결승점을 통과한 츠부라야는 일본 마라톤 사상 최초의 올림픽 메달리스트가 됐다.

그의 동료 기미하라(君原)는 "3초 차이로, 그것도 경기장 안에서 관중들이 보는 앞에서 추월을 당해 은메달을 빼앗긴 츠부라야의 표정은 처절할 정도로 어두웠다"고 회고했다. 츠부라야는 1968년 1월, 부상으로 멕시코 올림픽 출전이 좌절되자 스스로 목숨을 끊었다. 마라톤에 삶의 모든 것을 걸었던 사나이의 최후였다.

1936년 베를린 올림픽 마라톤에서 2위 하퍼를 맹추격해 19초 차까지 육박했으면서도 끝내 역전을 이루지 못한 남승룡은 1964년 도쿄 올림픽 주경기장에서 츠부라야를 제치고 은메달을 낚아챈 히틀리의 역전극을 보고 어떤 충격을 받지는 않았을까?

손기정의 마지막 주거는 경기도 수지의 한 연립주택이었다. 그의 말년에 필자가 그곳을 방문했을 때, 손기정의 딸 문영은 이렇게 말했다.

"아버지가 요즘은 산책 나갔다가 넘어져서 울고 들어오세요."

세계를 제패했던 다리가 세월을 못 이겨 이제 제 몸 하나 지탱하지 못하게 된 것이다. 수지로 옮기기 전 경기도 과천의 아파트에 살던 1990년대 후반만 하더라도 손기정은 전철역 근처의 돼지갈비 집까지는 천천히 걸어나올 수 있었다. 그때 손기정은 "요즘은 의사가 하루에 500m 이상 걷지 말라고 한다"고 말했다.

"결승 테이프가 걸려 있다면 터벅터벅 걸어서라도 도달하면 되지 않겠는가?"

그는 사람을 매료시키는 환한 웃음으로 그렇게 말하면서도 자유롭게 걷지 못하는 것이 답답한 모양이었다.

손기정은 자서전 끝에 이렇게 썼다.

"이미 권태하 선배는 1971년 65세로 생애를 마감했고, 김은배 선배도 1980년에 70세 인생을 마쳤다. 나는 때때로 42.195km의 긴 마라톤 코스 위에 나 혼자만이 남은 것 같은 외로움에 사로잡힐 때가 있다. 하지만 이제 더 이상 골을 향해 초조해할 것도 없겠다. 나를 위해 아직 결승 테이프가 걸려 있다면 터벅터벅 걸어서라도 도달하면 되지 않겠는가. 이제 새삼 늙은 몸에 더 이상 채찍질할 것까지는 없다고 생각하는데…"

손기정은 2002년 11월 15일, 마지막 결승 테이프를 끊었다. 서울삼성병원에서 90세 삶을 마감한 것이다. 유해는 그가 원했던 대로 대전 국립묘지에 묻혔다. 남승룡은 그보다 앞서 2001년 2월 20일 89세를 일기로 타계했다.

3장

역도산

일본 스모(씨름) 선수 시절부터 미남이었던 역도산은 여성 팬들에게 인기가 높았다. 프로 레슬러가 된 뒤 웨이트 트레이닝으로 군살 없는 멋진 체격을 갖추고 '100만 불짜리 미소'를 띄우며 일본 프로 레슬링의 황제로 군림했다. 일본 사람들은 역도산을 일본 말로 '리키도잔(力道山)', '리키도(力道)', '리키(力)'라고 불렀다.

천재적 프로 레슬러, 숱한 수수께끼 속의 역도산

아무리 프로 레슬링의 실체를 알지 못했던 시절이라 해도《아사히신문(朝日新聞)》과 함께 일본의 대표적인 신문으로 꼽혔던《마이니치신문(每日新聞)》이 미국에서 프로 레슬러로서 1년 남짓 수업(修業)한 역도산을 칼럼에서 다룬 것부터가 수수께끼였다.

하와이에서 일본계 미국인 오키시키나의 지도 아래 군살은 빼고 근육을 불리면서 레슬링 기술을 익힌 역도산이 260여 차례의 경기에서 싱글은 단 세 차례 치렀다. 그 후 귀국해 1954년 2월 NWA 세계 태그 챔피언 마이크와 벤의 샤프 형제를 초청해 유도 영웅 기무라와 태그 팀을 짠 역도산은 제2차 세계대전 승전국인 미국의 덩치 큰 사나이들을 가라데춉을 주무기 삼아 혼을 내서 패전의 열등감에 사로잡혀 있던 일본 사람들을 열광시켜 단숨에 프로 레슬링을 프로 야구와 맞먹을 수 있는 구경거리 스포츠로 만들어 버렸다.

그러나 샤프 형제와의 대결에서 멋있는 장면은 자신이 독차지하고 기무라에게는 지는 역할만 맡겼다고 불만을 품은 기무라의 도전을 받아 그해 12월 기무라를 혈투 끝에 부상을 입히고 이겨 프로 레슬링 일본 챔피언이 됐다.

그 후 이 대결을 앞두고 기무라와 비기기로 밀약했다는 소문이 돌았으나 기무라가 써 준 확약서가 역도산에 의해 공개됨으로써 기무라는 완전히 레슬러로서 선수 생명이 끊어지고 만다. 미국의 프로 레슬러는 전혀 다른 방식으로 처음에는 외국인 레슬러의 부당한 공격을 정정당당히 레슬링으로 상대하다가 더 이상 참을 수 없는 상태에서 전가(傳家)의 보도(寶刀)를 꺼내 휘두르듯 작렬시키는 역도산의 가라데춉에 관중 그리고 텔레비전 시청자들은 환호했다. 역도산이 프로 레

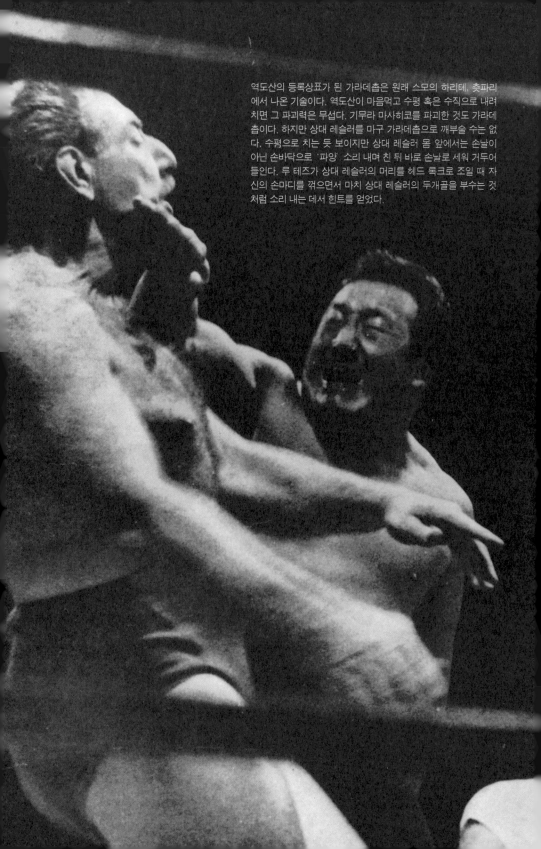

역도산의 등록상표가 된 가라데춥은 원래 스모의 하리테, 츳파리
에서 나온 기술이다. 역도산이 마음먹고 수평 혹은 수직으로 내려
치면 그 파괴력은 무섭다. 기무라 마사히코를 파괴한 것도 가라데
춥이다. 하지만 상대 레슬러를 마구 가라데춥으로 깨부술 수는 없
다. 수평으로 치는 듯 보이지만 상대 레슬러 몸 앞에서는 손날이
아닌 손바닥으로 '파앙' 소리 내며 친 뒤 바로 손날로 세워 거두어
들인다. 루 테즈가 상대 레슬러의 머리를 헤드 록크로 조일 때 자
신의 손마디를 꺾으면서 마치 상대 레슬러의 두개골을 부수는 것
처럼 소리 내는 데서 힌트를 얻었다.

1952년 2월 하와이로 건너간 역도산은 호놀룰루에서 일본계 미국인 오키시키나의 코치로 웨이트 트레이닝과 레슬링 테크닉을 익혀 나갔다. 명코치 오키시키나는 힘든 트레이닝을 게을리하지 않는 역도산의 투지에서 그의 미래를 보았다.

슬링 흥행의 주도권까지 장악하려 들자 닛다(新田), 나가타(永田)의 일본 프로 레슬링 경영의 두 톱은 역도산보다 스모의 챔피언 요코즈나 출신인 아즈마후지(吾象)를 내세운다. 하지만 역도산은 멕시코의 거상(巨像) 제스 올테가가 아즈마후지를 묵사발 만들라 지시해 놓고 막판에 자신이 링 위에 뛰어 올라가 올테가를 짓이긴다.

결국 아즈마후지도 소용없고 역도산이 으뜸이라는 자리매김을 확실히 함으로써 아즈마후지도 거세당해 프로 레슬링을 떠났다. 프로 레슬링이 차츰 인기를 잃어 가자 월드리그를 창설해 온 세계(사실은 미국이 주축)의 뛰어난 레슬러들을 불러들여 다시 프로 레슬링 붐에 군불을 지피는 데 성공한다. 쌓이는 스트레스 속에서 과음, 폭행, 도핑 등으로 망가져 가던 역도산은 끝내 1963년 12월 야쿠자의 칼을 맞고 목숨을 잃는다. 그가 떠난 후 프로 레슬링 역도산 왕국은 몰락하고 프로 레슬링 시장은 갈기갈기 찢어진다. 도대체 역도산은 어떤 인물이었을까? 그가 지녔던 수수께끼는 무엇이었을까? 남겨진 자료를 바탕삼아 알아보자.

역도산의 수수께끼 같은 삶

역도산은 1923년 함경남도 용원면 신풍리에서 김석태(金錫泰)의 막내아들로 태어났다. 본명은 김신락(金信洛)이다. 그러나 세상을 떠날 때까지 그는 일본에서 태어난 일본 사람으로 여겨졌다. 1963년 12월 15일 역도산이 숨을 거두고 난 뒤 발간된 그의 전기《역도산 꽃의 생애》를 보아도 일본 나가사키 현 오무라 시에서 태어난 '모모다 미쓰히로'로 되어 있다.

왜 한국인임을 감추고 일본인으로 행세해야만 했던 것일까? 일본의 스포츠 격주간지인《넘버(Number)》(제70호 1983년 3월 5일자)는 역도산 특집을 엮으면서 그의 출생을 꽤 자세히 추적했다.《넘버》가 밝힌 사실을 근거로 역도산의 출생과 일본인 모모다 미쓰히로로서 스모판에 서게 된 경위 그리고 일본인으로서 행세할 수밖에 없었던 그의 내면 갈등을 살펴보자.

역도산의 가족사

"역도산이 제2차 세계대전 이전에 조선에서 태어났다는 것을 우리

한국 씨름의 유망주로 군림하다가 1940년, 일본 스모의 니쇼노세키베야라는 스모 팀에 들어간 김신락은 역도산이라는 이름으로 모래판에 올랐다. 1944년 세키와케(랭킹 3위)까지 올랐으나 다음 해인 1950년 부엌칼로 상투를 자르고 스모를 그만두었다. 그 이유로는 민족차별로 랭킹에서 불리했다는 설과 민물 게를 먹은 탓에 간디스토마에 걸려 체력이 떨어졌기 때문이라는 설이 있었다. 간디스토마는 미국인 친구가 미국에서 좋은 약을 구해 주는 바람에 완쾌되었다. 도효(스모판)에 올라갈 때 오토바이를 타고 올라가 팬들을 놀라게 만드는 등 그때부터 개성이 강했다.

프로 레슬링 담당기자들은 모두 알고 있었습니다. 그러나 그런 사실을 쓰는 기자는 한 사람도 없었지요. 역도산이 싫어하는 것은 쓰지 않는다는 분위기도 있었고, 그는 '일본의 역도산' 이라야 했으니까요."

프로 레슬링의 텔레비전 해설자인 사쿠라이의 말이다.

제2차 세계대전에서 패배함으로써 패전 국민이 되는 바람에 사기가 떨어져 있던 일본인들의 용기를 가장 크게 북돋워 준 인물이 바로 프로 레슬러 역도산이었다. 비록 프로 레슬링의 매트 위에서나마 승전국인 미국의 레슬러들을 일본 무도인 가라데에서 이름을 딴 가라데촙으로 마구 혼내 주는 그의 모습에 일본 열도 전체가 열광했다. 그런데 그 주인공이 일본인이 아니라 한국인이라고 밝힌다는 것은 모처럼 달아오른 프로 레슬링 붐과 일본인들의 사기양양에 찬물을 끼얹을 것이 뻔했다. 그래서 역도산 본인은 물론 그의 측근과 담당기자들까지 굳게 입을 다물었던 것이리라.

함경남도는 산이 많은 곳이었지만 역도산이 태어난 용원면은 북쪽과 동쪽, 서쪽이 산으로 둘러싸인 가운데 남쪽으로 평지가 바다까지 이어져 있는, 논밭이 풍요로웠던 곳이다. 역도산의 아버지는 한학자였기 때문에 어머니가 쌀장사를 하면서 집안 살림을 꾸려 나갔다. 빼어난 미인이었던 어머니는 엿새마다 영무 역전에 서는 장에 나가 쌀을 팔았다.

역도산의 큰형은 항락(恒洛), 작은형은 공락(公洛) 그리고 그의 이름은 신락(信洛)이었다. 3형제 가운데 가장 몸이 크고 씨름에 뛰어난 실력을 발휘했던 것이 큰형 항락이었다. 어머니를 닮아 용모가 준수하고 씨름을 잘했던 항락이 씨름판에서 차지해 온 황소가 여름이면 몇 마리씩 집마당에 매어 있곤 했단다. 역도산의 초등학교 동창이며 도쿄의 고탄다 역전에서 불고기 집을 경영했던 진명근은 역도산의 집안에 대해 가장 잘 알고 있는 사람이다.

"항락 형이 씨름판에서 차지해 온 황소를 팔아 집안 살림에 보탰던 것 같다. 그 형은 매우 강하고 잘생긴 데다가 성품이 온순해서 모든 사람이 좋아하며 따랐다. 그 근처 사람들은 모두 그 형을 알고 있었으며 존경했다."

몸집이 별로 크지 않던 작은형 공락은 역도산이 초등학교에 입학할 때쯤 서울의 병원에 조수로 취직했다고 한다.

"역도산은 어릴 때부터 엄청나게 몸이 컸다. 씨름도 동급생 가운데는 상대가 없었지. 성미는 격한 편이라 자주 싸움을 하곤 했다."

역도산과 대조적인 성품의 씨름꾼 큰형 항락

진명근의 말에 따르면 큰형 항락과 역도산은 매우 대조적인 성품을 지니고 있었던 모양이다.

김항락과 함께 씨름을 했던 사람 가운데에는 지난 1991년 사망한 유도 원로 김근찬(金根燦) 명예 10단과 치안국장, 국회의원을 지낸 이성주(李成株)가 있다. 1907년 평양에서 태어난 김근찬은 유도, 축구, 씨름 등으로 이름을 떨친 만능 스포츠맨이었다. 필자의 아버지(高秉齡, 유도 6단)와도 친분이 있었던 김근찬은 김항락이 매우 씨름을 잘했었다고 필자에게 들려 준 적이 있다.

"역도산을 만난 게 두 번이었던가. 형인 항락의 편지를 가지고 서울에 나를 만나러 온 적이 한 번 있었다. 세계 유도선수권대회(1961년, 파리)가 끝난 후 한국 선수단을 인솔하고 귀국하는 도쿄에서 정건영(鄭建永)의 주선으로 만났어. 그때는 이미 프로 레슬러가 된 뒤였지. 나는

제2차 세계대전이 끝나기 전 고향을 찾았을 때의 역도산(앞줄 왼쪽), 준수한 용모와 역도산보다 뛰어난 씨름으로 인기가 높았던 큰형 김항락(앞줄 오른쪽)과 둘째형 김공락(뒷줄 오른쪽)의 모습도 보인다.

역도산에 대해서는 잘 알지 못하지만 그의 형 항락은 정말로 씨름을 잘했어. 인품도 좋았고….”

이성주는 항락과 역도산 형제에 대해 이렇게 이야기했다.

“나는 항락과 함께 전국을 돌며 씨름을 했다. 그는 정말 씨름을 잘했다. 몸도 역도산보다 컸다. 하지만 온순한 성격으로 동생과는 정반대였다. 그래서인지 두 사람은 뜻이 잘 맞지 않았다. 항락은 동생이 씨름하는 것을 좋아하지 않아 역도산이 씨름판에 나타나면 야단치곤 했다. 그래서 내가 역도산을 데리고 다니며 훈련을 시켰지만 형에게는 크게 못 미쳤다.”

김근찬과 이성주의 증언에 따르면 역도산의 형은 씨름을 잘했는데도 성품이 온화해서 스포츠맨의 귀감 같은 사람이었던 모양이다. 반

신혼의 아내와 첫날밤도 치르지 않고 집을 뛰쳐나와 스모에 뛰어들었던 풋내기 시절의 역도산. 앳된 모습이 채 가시지 않았다.

면 역도산은 격한 성격으로 싸움을 자주 벌이고 부모와 형의 속을 많이 썩였던 것 같다. 역도산의 이런 점은 최영의와 닮았다.

당시 조선에서는 단오 명절에 씨름대회가 열렸다. 경찰관 오가타가 명태의 어장인 작은 고을에 근무하고 있을 때 모모다가 일본에서 건너가 마침 그곳에서 열리고 있던 단오절 씨름을 구경했다. 1등 황소 두 마리, 2등 황소 한 마리, 3등 광목 등의 상품이 걸려 있었다. 그 씨름대회에서 김항락이 우승했고 훗날의 역도산인 김신락도 3위를 차지했다.

그때 어리지만 늠름한 몸집의 역도산을 본 모모다는 그를 일본으로 데려가 스모 선수로 키워야겠다고 단단히 마음먹었다. 모모다와 오가타의 권유에 역도산은 일본으로 건너가 스모 선수가 되겠다고 대답했다. 그러나 어머니는 강력히 반대했다. '하필이면 엉덩이까지 다 드러내고 남의 구경거리가 되는 스모 선수가 되겠다는 것이냐' 였다. 그러던 어머니는 어떻게 해서든 아들의 마음을 돌려 자신의 곁에 두려고 서둘러 역도산을 장가보내기로 했다. 결혼 이야기를 듣고 오가타는 역도산에게 단단히 못을 박았다.

"하룻밤이라도 신부와 잠자리를 같이하면 절대로 데려가지 않을 테니 그리 알아!"

역도산은 어머니의 말에 따르면서도 오가타의 당부도 어기지 않았다. 어머니 뜻대로 결혼식은 올렸으나 신부는 팽개쳐 둔 채 혼자만 오가타의 집으로 옮겨서 열일곱 살의 나이에 일본으로 건너갔다.

역도산의 삶을 추적하다 보면 여러 차례 수수께끼에 부딪히게 된다. 국적, 출생지, 성장 과정 등에 얽힌 수수께끼들은 한국인 역도산을 일본인으로 위장하려는 데서 생겨난 것들이다.

역도산의 남다른 민족정신

이제는 역도산에 관한 수수께끼들이 대부분 풀린 셈이지만 그의 명예를 위해서라도 반드시 밝혀 두어야 할 문제가 하나 있다. 바로 역도산이 지니고 있던 민족정신이다.

제2차 세계대전에서 패배하여 무조건 항복한 일본의 국민들은 특히 연합국의 우두머리 격인 미국에 대해 강한 열등감을 지니게 됐다. 이러한 열등감은 역도산이 미국 프로 레슬러들의 가슴과 목덜미에 가라데춉을 작렬시켜 쓰러뜨리는 것과 함께 해소될 수 있었다.

프로 레슬링 관계자들뿐 아니라 일본 각계의 지도자급 인사들까지 역도산이 일본인이어야 한다고 생각을 하게 된 이유였다. 그가 미국 프로 레슬러에게 거둔 승리는 곧 일본이 미국에게 거둔 승리라는 등식을 성립시키려는 뜻이 바탕에 깔려 있었기 때문이다. 물론 역도산도 '일본의 영웅'으로 군림하기 위해서는 한국인임을 감추어야 한다는 것을 깨닫고 일본인 행세를 했다.

우시지마는 《역도산 이야기》에서 역도산이 일본인 모모다 미쓰히로로 호적을 바꾼 것은 쇼와 25년(1950년)의 일이다. 그리고 쇼와 25년이라면 역도산이 프로 레슬링의 왕자가 되어 국민적 영웅인 빛나는 일본의 혜성으로 자리를 확고히 만든 시기라고 썼다.

하지만 이 대목은 우시지마가 잘못 알고 쓴 것 같다. 1950년은 역도산이 스모를 그만둔 해이긴 하지만 아직 프로 레슬링에 뛰어들지는 않았던 때다.

1951년 10월에야 프로 레슬러의 길에 들어선 역도산은 1952년 미국 원정, 1953년 일본 프로레슬링협회 창립을 거쳐 1954년 세계 태그 챔피언 샤프 형제의 일본 초청 그리고 기무라와 대결로 비로소 이름을 떨치게 된다. 그러니까 역도산이 1950년에 일본인 모모다 미쓰히로가 되려고 마음먹었을 때만 해도 '일본의 영웅'이기 때문에 일본인 행세를 하려고 했던 것이 아니라 일상생활에서 일본 정부나 일본인들로부터 차별을 받지 않기 위해서였던 것으로 보는 편이 옳겠다.

1950년 5월 스모를 그만둔 역도산이 그해 11월 법원의 허가 심판을 받아 호적을 고치겠다는 신청을 냈던 때만 해도 그는 '일본인의 영웅'이기는커녕 제대로 직장도 없는 백수건달이나 다름없었다. 한마디로 생활의 편의를 위해 일본 국적을 얻어야겠다는 것이 애당초 목적이었던 셈이다. 그러나 그 후 프로 레슬링을 통해 '일본의 영웅'으로 떠오르게 되자 프로 레슬링이라는 장사를 위해서라도 역도산은 일본인으로 버텨야만 했다.

'실전 가라데'의 최영의도 일본 이름 오야마 마스다쓰로 일본 국적을 지니고 있다. 가라데에서 영웅의 자리를 차지하게 된 최영의가 일본 국적이 필요했던 것도 역도산의 경우와 비슷했다. 최영의는 일본으로 귀화했다는 표현을 매우 싫어했다.

"나는 틀림없는 한국인이다. 다만 일본에서 살아가려면 일본 국적을 갖는 것이 편리하기 때문에 취득했을 뿐이다."

최영의는 고국의 한국인들이 미국으로 이민한 사람들에게는 아무런 저항감을 느끼지 않으면서도 일본 국적을 얻은 교포들에게는 마치 조국을 버린 듯한 눈초리를 보내는 것 같다고 못마땅해 했다. 공개 석상에서도 같은 한국인을 만나면 서슴없이 큰 소리로 우리말을 쓰고 한국 음식점에 떳떳하게 출입한 최영의와는 달리 역도산은 자신이 한국인임을 알리지 않으려고 무척 신경을 쓸 수밖에 없었다.

매우 친했던 몇 사람에게만 자신이 한국에서 태어난 사실을 털어놓았을 뿐이며, 고향 친구인 진명근이 경영하는 불고기집에는 어두운 밤에 남의 눈을 피해 드나들었다.

하지만 그의 일본인 행세는 결코 일본인이 뛰어난 민족이기 때문에 동경해서 이루어진 것이 아니다. 역도산은 평생 동안 대부분의 일본인들을 경계했으며 마음속에는 뜨거운 반일감정이 불타고 있었다.

'일본 사람에게만은 꼭 이기자'

역도산의 반일감정에 대해 말해 준 사람은 전 신민당 총재인 신도환(辛道煥)이다. 1939년부터 1943년까지 일본 메이지 대학에 유학했던 그는 유도의 메카인 고도칸(講道館)에서 5단을 받은 뛰어난 유도 선수이기도 했다. 광복 이후 이승만 대통령의 특명으로 도쿄 대학 법학부에서 1951년부터 4년 동안 국제법을 연구하는 동안에 역도산을 몇 차례 만났다. 역도산과 기무라 마사히코가 혈투를 벌이기 전에 기무라의 소개로 역도산을 만났으니 아마도 1953년에서 1954년 사이에 있었던 일일 것이다.

"신 상, 역도산이라는 프로 레슬러를 압니까?"

"역도산요? 글쎄, 저는 프로 레슬러 가운데는 아는 사람이 없는데요."

같은 유도인끼리여서 전부터 안면이 있던 기무라는 자리를 같이한 신도환에게 역도산을 아느냐고 물었다.

"신 상, 역도산은 신 상과 같은 한국인입니다. 아주 대단한 친구죠."

그들 사이가 나빠지기 전이었기 때문이기도 했겠지만 기무라는 칭찬을 늘어놓았다.

"정말 대단해요. 훈련하는 모습을 보고 있노라면 놀라지 않을 수 없습니다. 어떻게나 열심히 땀을 흘리는지 말입니다."

"그렇습니까? 기무라 상도 요즘은 프로 레슬링을 하고 계시니까 함께 훈련도 하겠군요."

"역도산은 몸도 크고 힘도 셉니다. 스모 선수 출신인데 조선에서는 씨름을 했다더군요."

워낙 술을 좋아하던 기무라는 며칠 후 역도산과 만나기로 되어 있으니 신도환에게도 함께 가자고 권했다. 신도환은 역도산을 긴자의 술집에서 만났다.

"나 역도산입니다. 고향이 함경남도 용원면입니다. 반갑습니다. 기무라 상에게 말씀 많이 들었습니다. 유도를 하셨다죠?"

"신도환이라고 합니다. 고향은 대구입니다."

그때만 해도 역도산은 한국인을 만나면 거리낌 없이 한국 말을 썼다.

"신 선생, 유도를 하신다니까 말씀입니다만 절대로 일본 사람들에게 져서는 안 됩니다. 우리는 어떤 분야에서건 일본 사람들에게만은 꼭 이깁시다."

신도환은 "일본 사람에게만은 꼭 이기자"라고 열띤 목소리로 말하는 역도산이 마음에 들었다. 신도환의 집안은 큰형 신재우(辛在佑)가 항일운동을 하다가 옥살이를 마친 뒤 바로 세상을 떠났다. 어머니 지낙이(池洛伊)는 큰아들에게 3년 징역을 구형한 일본인 검사를 의자로 내리쳐서 법정 구속된 적이 있으니 민족의식이 매우 뚜렷했던 집안이다.

작고한 신도환(유도 10단, 전 신민당 총재)은 이승만 대통령의 특명으로 도쿄 대학 법학부에 유학했다.

대구 계성 중학교 4학년 때부터 유도를 시작한 신도환은 메이지 대학 유학 시절 일본 고유의 무도인 유도에서 일본인을 꺾어 우리 민족의 우수함을 알려 주어야겠다고 훈련에 열중하였다. 그 결과 전 일본 학생 챔피언을 꺾어 천람시합(天覽試合, 일본 천황 앞에서 펼치는 경기)의 우승 후보로 뽑혔으나 한국인이라는 이유 때문에 뜻을 이루지 못했다. 민족 차별의 쓰라림을 그 어느 누구보다도 뼈저리게 겪었던 신도환은 역도산의 다짐을 두고 두고 잊지 못했다.

"역도산은 참으로 민족의식이 투철한 사람이었네. 일본 사람에게만은 꼭 이기자고 다짐하던 그의 목소리가 지금도 귀에 쟁쟁하네."

1992년 겨울 서울 프레지던트 호텔의 철판구이 식당에서 노(老) 정객이자 유도 원로인 신도환은 그때까지 아무도 밝히지 않았던 역도산의 민족의식에 대해 들려주었다.

만경봉호에서 만난 북의 딸 김영숙

북한에 역도산의 딸이 살고 있다는 충격적인 소식이 전해진 것은 그가 세상을 떠난 지 20년이 지난 1983년의 일이다. 역도산은 그의 유복자인 딸까지 포함해서 일본에 4남매를 두었지만 일본으로 건너가기 전 고향에서 결혼한 한국인 아내와의 사이에 첫딸을 낳았던 사실이 뒤늦게 밝혀진 것이다.

일본에서 발간되고 있는 잡지 《통일 평론》(1983년 3월호)은 북한에 사는 역도산의 큰딸 김영숙(金英淑)의 수기 《우리 아버지 역도산》을 실어 역도산을 알고 있던 사람들을 놀라게 만들었다.

"아니, 역도산에게 이토록 큰 딸이 있었다니…?"

"고향이 북한이라는 이야기를 들은 적은 있으나 그곳에서 결혼했고 딸까지 낳았다니 정말 뜻밖이야."

1991년 7월 일본인 기자로서는 처음으로 《석간 후지》의 오노 루리코 기자가 역도산의 큰딸 김영숙과 인터뷰하는 데 성공했다. 오시타는 《영원의 역도산》에 다음과 같이 썼다.

"오노 루리코 기자의 인터뷰에 따르면, 김영숙은 1943년 2월 2일 역도산의 고향인 함경남도 용원면 신풍리에서 태어났다. 지금의 신풍시 용중리다. 1991년 현재 마흔여덟 살로 평양의 중심가에 있는 고급 아파트에서 조선체육위원회에 근무하는 남편 등 가족들과 살고 있다. 스물일곱 살(1991년)짜리 큰딸을 비롯해서 다섯 명의 딸과 두 명의 손자를 두고 있다. 사진을 보면 첫눈에도 역도산을 빼놓은 듯이 닮았다."

김영숙의 수기와 오노 기자의 인터뷰를 종합하면 김영숙 탄생의 경위는 이렇게 된다.

역도산은 1940년 2월 일본으로 건너갔다. 그때 이미 결혼한 몸이었다. 역도산을 스모 선수로 만들기 위해 일본인들이 끌고 간 것이다. 부모는 반대했으나 일본인 경관이 강제로 데려갔다. 김영숙의 주장에 따르면 그렇다는 것이다.

역도산은 1942년과 1945년 두 차례에 걸쳐 고향에 돌아왔단다. 당시

역도산의 초등학교 동창이자 절친한 친구인 진명근은 1988년 고향을 찾아갔을 때 역도산(김신락)의 딸 김영숙(金英淑)을 평양의 호텔에서 만났다. "피는 못 속인다" 라는 말대로 김영숙은 아버지를 빼닮은 용모를 지니고 있었다.

스모는 일본에서 스케줄을 마치고 나면 조선, 만주 등에서도 위문 순회경기를 가졌다. 아마도 순회경기 때 짬을 내 고향에 들른 듯하다. 김영숙은 1942년에 아내와 만났을 때 생긴 딸이라는 이야기가 된다. 가까운 측근들에게조차 자신에 대해서만은 입을 굳게 다물고 있었다. 몇 사람은 알고 있었지만 이 사실이야말로 비밀 가운데 비밀이었다.

역도산이 아꼈던 제자인 레슬러 도요노보리는 북한에 그의 딸이 존

어쩐 일인지 역도산은 아시아 태그 챔피언의 파트너였던 도요노보리(왼쪽)를 좋아해서 사생활 문제까지 털어놓았다. 북한에 아내와 딸까지 있다는 비밀을 들려줄 만큼 그에 대한 신임이 두터웠다.

재한다는 사실을 알고 있던 몇 안 되는 사람 가운데 한 사람이다.

"리키제키(力關, 세키도리였던 리키도잔을 도요노보리는 이렇게 불렀다)는 웬만한 사람에게는 북한에 딸이 있다는 이야기를 하지 않았습니다. 나는 함께 목욕하다가 그 이야기를 들었습니다. 괴로워 보였어요. 니가타 항에 딸이 왔기 때문에 만나고 왔다고 말하더군요."

〈통일 평론〉의 수기에 김영숙 자신이 뚜렷이 이 사실을 적어 놓았다. 한국 나이로 열일곱 살 때 김영숙은 몰래 일본으로 아버지를 찾아왔단다. 그렇다면 1959년의 일이었을까. 김영숙이 역도산과 만난 것은 도요노보리가 이야기한 대로였다.

"입국 허가가 나지 않았기 때문에 배 안에서 만났습니다. 나는 그때 농구 국가대표 선수였기 때문에 1964년의 도쿄 올림픽 때 다시 꼭 만나자고 아버지는 말씀하셨습니다."

역도산이 일본으로 건너가 버린 뒤 그의 집안은 가난하게 살았지만 먹고 살 만했단다.

김영숙은 인민학교 때부터 키가 크고 운동신경도 남달리 뛰어나 주변 사람들로부터 주목을 받았다. 사실 그림 그리는 것이 좋아 화가가 되고 싶어 했지만 역도산의 딸로서 그리고 운동 능력 면에서 뛰어났기 때문에 농구 국가대표 선수로서 활약했다. 그 후 체육대학에 진학했고 대학에 들어가기 얼마 전에 역도산과 니가타 항에서 만났던 것이다.

재일 조선인들 사이에서는 이런 이야기가 돌고 있었다. 니가타 항에서 북송선을 타고 고국으로 돌아가는 동포를 전송하기 위해 역도산은 시간이 닿는 대로 니가타에 갔다는 것이다. 역도산은 남몰래 한밤중에 혼자 외제차를 몰고 가서 몸을 숨긴 채 눈물을 흘리며 먼발치서 동포들에게 작별을 고하곤 했다. 북송선이 부두를 떠나면 도쿄로 돌아가서 다음 날 아무 일도 없었던 것처럼 볼일을 보았다는 그런 이야기다. 사실인지 아닌지는 알 수 없다. 그러나 먼 고국으로부터 찾아온 딸을 만났을 때 격정적인 성격의 역도산은 전해 내려오는 것 이상으로 통곡했을 것이다.

역도산은 딸을 만나기 위해 니가타 항에서 북한 선박에 올랐던 모양이나 한편으로는 만경봉호(萬景峰號)에서 형인 김항락도 만났다는 이야기가 전해진다. 일본의 스포츠 격주간지인 《넘버》(1958년 3월 5일자)가 실은 역도산 특집에는 이런 대목이 있다.

재일 대한민국 거류민단의 단장을 지낸 조영주(曺寧柱) 씨는 기묘한 이야기를 들려주었다. 역도산의 형인 김항락이 일본에 온 일이 있다는 것이다.

 "역도산으로부터 직접 들은 이야기지만 그가 죽기 몇 년 전 니가타에 북의 만경호(아마도 만경봉호인 듯함)라는 배가 들어왔었으며 그 배에 항락이 타고 있었다는군. 항락은 상륙하지는 않았으나 몰래 연락을 받은 역도산이 배 위에서 형과 만났어. 감시원 한 사람이 달라붙어 있었다는 거야. 그리고 항락은 '북으로 돌아오너라. 돌아오면 거국적인 최고의 환영을 하겠다. 지금 너는 일본에서 살고 있지만 그 몇 배나 되는 대우가 준비되어 있다'고 역도산의 마음을 움직여 보려고 했지. 그러나 역도산은 물론 이 권유에 응하지 않았어. 자기는 여러 가지 사업을 하고 있으므로 지금은 돌아갈 수 없다고 하며 항락과 헤어졌다는 거야."

 한국 전쟁 때 북한에서 넘어온 피난민이 김항락은 사망했다는 소식을 전했다는 이야기도 있는 모양이다. 그러나 역도산 본인이 친하게 지냈던 조영주에게 직접 김항락이 자신을 만나러 왔었다는 이야기를 했다고 하니 그 말을 믿어야 할 것 같다. 형의 간곡한 권유에도 북한으로 돌아가지 않겠다고 거절한 것은 그의 말대로 일본에 벌여 놓은 사업이 많았던 데다가 역도산을 둘러싸고 있었던 울타리들이 대부분 보수 우익의 거물들이었던 탓일지도 모른다.

일본 보수 우익 거물들과의 친교
 역도산이 프로 레슬링을 발판 삼아 '일본의 영웅'으로 떠올랐을 때 그에게 뜨거운 박수를 보내고 이모저모로 뒤를 밀어 주기 시작한 것은 일본 정계와 민간 흥행계 등 보수 우익 거물들이었다.

이 거물들의 면면을 살펴보면 프로 레슬링 매트 밖에서 역도산이 당시 일본을 휩쓸고 있던 사상 대결의 소용돌이 속에서 어떤 위치를 차지하고 있었는지 알 만하다.

우시지마가 쓴《역도산 이야기》는 역도산이 일본을 지배하던 정계 그리고 민간 우익들과 어떤 관계를 갖고, 자민당 주도 아래 추진 중이던 일본 부흥에 어떤 역할을 했는지에 초점을 맞춘 책이다. 우시지마가 밝힌 우익 인사들과의 관계를 간추려 보면 다음과 같다.

'노도의 사나이 역도산'은 단지 프로 레슬링의 왕자만이 아니었다. 그는 프로 레슬러 겸 프로모터였을 뿐만 아니라 레스토랑, 볼링장, 체육관, 터키탕, 매트를 하나로 묶은 '리키 콘체른'이라 불리는 레저 산업의 소유주이기도 했다. 그리고 그 사업과 프로 레슬링은 늘 인맥으로서 정치가, 우익 인사, 폭력단 등과 연결을 맺고 있었다.

훗날 프로 레슬링협회 회장을 맡기도 했던 고다마 요시오는 제2차 세계대전 중 고다마 기관(특수공작기관)을 이끌고 활약했다. 그는 제2차 세계대전이 끝난 후 A급 전범으로 스가모 형무소에 수감됐다가 석방된 인물이다. 고다마는 풀려난 뒤에도 군대 인맥, 고다마 기관의 인맥, 기시(훗날 일본 수상), 시이나(훗날 일본 외상) 등 만주 인맥과 일본군의 어용상인 및 우익 등과 인간관계를 엮어 일본 정계에 강한 영향력을 행사했다. 일본 프로 레슬링의 커미셔너를 맡고 있던 오노 반보쿠 자민당 부총재를 움직여 한국과의 국교정상화를 추진하도록 만든 것도 고다마였다.

이케다 내각의 대들보였던 오노 자민당 부총재는 제2차 세계대전이 끝난 직후 한국 청년들에게 몰매를 맞아 앞니가 부러졌던 일로 한이 맺혀 한국과의 교류에는 당초 사사건건 부정적인 태도를 취하고 있었다.

김종필(金鍾必) 당시 중앙정보부장이 한일 문제로 일본의 모 신문사 주한 특파원에게 의견을 구한 적이 있다.

"누군가 일본의 정치가 가운데 한일 문제 해결에 힘을 쓸 만한 사람은 없을까요?"

그때 그 특파원은 기시 노부스케가 오노 반보쿠를 적극적인 친한파로 만들기 전에는 양국 관계가 원만히 풀리지 않는다고 여겨 왔던 점이 생각났다.

"오노 자민당 부총재가 어떨까요. 그가 국교정상화에 신중론을 내세우고 있으니 그를 설득하면 오히려 큰 추진력이 될 수도 있을 것입니다."

1962년 12월 10일 오후, 오노가 이끄는 자민당의 방한 친선사절단 열한 명이 특별기로 도쿄를 떠나 김포공항에 내렸다. 공항에 마중 나온 박 정권의 요인들 속에는 고다마 요시오의 모습이 보였다. 한국을 싫어했던 오노를 직접 움직인 것은 고다마였다. 한국 측은 오노를 제1급 빈객으로서 접대했다. 먼저 박정희가 대통령 관저에 초청했고 이어 남산 중턱에 자리잡은 KCIA 본부에서 김종필과 개별회담에 들어갔다.

그리고 그 후 한국 측은 오노를 판문점으로 안내해서 공산주의에 대한 방파제로서 박 정권을 인식시켰다. 오노는 친근한 접대에 기분이 매우 좋아서 기자회견에서도 "육친처럼, 부모 자식처럼, 형제처럼 일본과 한국의 관계가 진행됐으면 좋겠다"고 역설했다. 박정희에게도 "조선병합(한일합병)이라는 과거를 물에 흘려 보내고 반공주의를 위해서도 가족과 같은 관계를 갖고 싶습니다"라고 말했다.

1963년 12월 17일(역도산이 사망한 지 이틀 후) 오노는 대통령 취임식에 정부 특사로 참석하여 박 대통령, 공화당 의장이 된 김종필, 정일권 외무부 장관 등과 회담했다. 이때 나카가와(역도산이 사망한 뒤에도 프로 레슬링을 보살핀 농림부 장관)가 특사 고문으로서 수행했다. 그리고 다음 해인 1964년 3월 20일에는 김종필이 방일해 오노 반보쿠, 마에오(자민당 간사장), 이케다(수상), 오히라(외무부 장관), 고노(건설부 장관), 사토 등 수뇌를 비롯해 상당수의 국회의원들과 친분을 맺었다.

이 시기에 나카소네는 《한국일보》 사장 장기영(훗날의 부총리)이 초대하는 방식으로 방한하여 박 대통령, 김종필과 회담했다. '빠른 시일 안에 국교정상화 문제를 매듭지어야 한다'는 결론을 내린 나카소네는 귀국 후 즉시 보스인 고노가 국교정상화 문제에 영향력을 행사하도록 바탕을 마련했다. 역도산은 이 고노-나카소네 라인과도 긴밀한 관계를 갖고 있어 나카소네에게는 사무실을 무료로 제공하는 등 편의를 봐 주었다.

우시지마의 글에도 나타나 있듯이 역도산은 한일 국교정상화를 이루는 데 힘쓴 일본 정계의 보수 우익 거물들과 친밀한 관계를 유지하고 있었다.

최영의도 이렇게 이야기했다.

"아마도 역도산이 살아 있었더라면 일본 정계의 거물로 자랐을지 모른다. 훗날 수상이 된 나카소네에게는 아파트를 무료로 제공해 주는 등 각별히 보살펴 주었기 때문에 역도산을 형님 모시듯 했다. 그가 칼을 맞고 세상을 떠나지 않았더라면…. 글쎄, 역도산은 일본의 총리대신(수상)을 한 차례 지내지 않았을까."

한때는 앙숙 사이였으나 최영의는 역도산의 수완을 높이 평가했으며 정계에 투신했더라면 크게 성공했을 것이라고 내다보았었다. 그러한 최영의도 1994년 4월 26일 도쿄에서 폐암으로 일흔두 살의 생애를 마감하고 말았다.

역도산과 절친했던 정건영은 우익의 투사였다. 그가 이끄는 도세이카이(東聲會)는 역도산의 경호를 맡을 만큼 두 사람은 친밀했다. 정건영은 1923년 7월 도쿄에서 태어났다. 네 살 때 일단 고국으로 돌아가 초등학교를 졸업한 뒤 다시 일본으로 건너가 센슈(專修) 대학 전문부를 중퇴했다. 정건영은 제2차 세계대전이 끝나자 반공 기치를 높이 든 조선건국촉진청년동맹을 최영의, 이유천(李裕天) 등과 함께 결성하고 좌익계인 재일조선 통일민주전선과 실력으로 대결했다.

정건영은 반공운동을 펼치면서 긴자에서 주먹으로 두각을 나타내 훗날 일본 경찰에게 '광역(廣域) 폭력단' 이라고 낙인 찍히게 된 도세이카이의 기초를 닦는다. 뛰어난 포용력과 추진력을 지닌 정건영은 일본 정계의 거물 기시, 아베, 시이나, 일본 우익 폭력단의 대들보 고다마 요시오, 다오카 가즈오, 재일 거류민단의 권일(權逸, 훗날 민단단장), 조영주(훗날 민단단장), 한국의 박정희, 김종필, 이후락, 정일권, 박종규 등과 친교를 닦아 한일 두 나라의 국교정상화를 측면에서 도왔다.

가미노고 도시아키가 지은 《야망(野望)》은 강렬한 개성을 지니고 각계에서 두각을 나타낸 인물들과 그룹을 다룬 책인데 내용 중에, 다나카 가쿠에이(田中角榮) 전 수상 등과 함께 정건영이 실려 있다. 정건영을 고다마 요시오의 분신이라고까지 표현했던《야망》의 내용을 간추리면 다음과 같다.

정건영은 우익적 색채를 지닌 마피아이다. 마피아는 학대받던 시칠리아 사람들의 혈맹적 저항 조직으로 발생하여 지금과 같은 폭력조직으로 변형되었다. 마피아는 지금도 미국의 지배계급인 WASP(White Anglo-Saxon Protestant)로부터 밀려난 이탈리아계 이민의 자손들에 의해서 구성되어 있다.

정건영의 경우도 일본에서의 피압박 소수 민족인 조선인의 보호자가 되려 했으나 그것이 어느새 광역 폭력단 도세이카이로 변형되어 갔다. 그는 어느 정도 성공하자 사업가로 변신해서 권력과 맺어지게 되는데, 이 점도 마피아의 돈(수령)과 비슷하다. 다만 마피아와 조금 다른 것은 처음부터 일관되게 국사(國土)를 동경하는 우익적 사상의 소유자였다는 점이다.

정건영의 원시 마피아적 측면을 말해 주는 이런 에피소드가 있다. 하마구치 수상을 도쿄 역에서 습격해 죽인 것으로 유명한 우익의 사고야 도메오가 정건영을 불러 낸 일이 있었다. 한국인과의 사이에 문제가 일어나면 누구나가 "나는 정건영 밑에 있는 사람이다" 혹은 "나는 정건영의 친척입니다"라고 내세우는데 도대체 당신의 세력 범위는 어디까지인지 그 한계를 분명히 긋자는 것이었다. 그때 정건영은 이렇게 대답했다고 한다.

"당신은 애국자요. 나도 애국자가 되고 싶습니다. 그러나 아무엇도 한 일이 없어요. 나의 이름을 사용하는 것으로 동포가 도움을 받는다면 나는 기꺼이 이름을 빌려 주고 싶습니다. 나의 이런 심정을 참작하셔서 부디 그들을 너그럽게 대해 주십시오."

사고야는 이 말에 크게 감동을 받았다.

정건영은 자신이 국사나 협객이라고 믿고 있었기 때문에 폭력단이라 불리는 것을 극도로 싫어했다. 긴자의 호랑이라 불릴 만큼 자란 도세이카이 회장 정건영이 일본과 한국의 정치 뒷무대에서 은밀하게 힘을 지닌 실업가로 떠오르는 계기가 된 것은 일본을 떠들썩하게 만들었던 1960년 안보 소동 그리고 한국과의 국교정상화와 연결된 고다마 요시오와의 친분 때문이다.

정건영의 측근에 의하면 그가 고다마와 처음 만난 것은 1959년 역도산이 신축한 맨션에서였다. 그러나 정건영 자신은 어느 잡지에 고다마 선생님을 전부터 알고 있었다고 말한 적이 있으므로 1959년이 첫 대면은 아니었을 것이다.

아무튼 역도산을 둘러싸고 있었던 보수 우익의 인맥과 한일 국교정상화를 위해 자신도 측면에서 도왔던 점, 또 1963년 한국 정부의 초청을 받아 서울 땅을 밟았던 점을 놓고 볼 때 역도산이 그렇게 일찍 죽지 않았더라면 사업에서 성공한 뒤 일본 정계에 투신해서 한일 두 나라 친선에 한몫을 했을지도 모를 일이다.

일본 유도 사상 최강의 챔피언 기무라

프로 레슬링 태그 매치의 세계 챔피언 샤프 형제와 대결하기 위해 짜여진 역도산과 기무라 마사히코와의 만남은 샤프 형제와의 첫 대결이 이루어지기 며칠 전 도쿄의 요정에서 이루어졌다.

기무라는 초등학교 4학년 때 유도를 시작해서 이미 중학생 시절 4단을 따고, 1937년부터 3년 연속 일본 선수권 대회에서 우승을 차지했으며, 1940년에는 일본인들에게 최고의 영예인 천황 앞에서의 천람경기도 치른 바 있었다. 1950년 무패로 은퇴한 그는 "기무라 앞에 기무라 없고 기무라 뒤에 기무라 없다"는 찬사를 받은 위대한 유도 선수였다. 그는 일본 유도 사상 최강의 챔피언으로 꼽혔다.

기무라의 자서전《귀(鬼)의 유도》에는 그가 프로 레슬링에 대해 어떻게 생각하

기무라 마사히코는 1940년 천황이 지켜보는 이른바 천람시합에서 5연속 한판승으로 우승한 것을 비롯해 유도 선수 시절 무패를 자랑하면서 일본 유도 사상 최강의 챔피언으로 꼽혔다.

고 있었는지 뚜렷이 밝혀져 있다. 일본 말의 '귀'란 원래 도깨비란 뜻도 있으나 한 가지 일에 집념을 불태우는 사람을 표현할 때에도 쓰인다. 우리나라에서도 유도의 귀신이라면 유도에 매우 뛰어난 사람을 가리킨다.

《귀의 유도》에 실린 그의 프로 레슬러 시절을 간추리면 다음과 같다.

　내가 프로 레슬링을 시작한 것은 프로 유도 선수로서 브라질 원정을 마치고 귀국한 직후인 1951년 11월의 일이다.

　다음 해인 1952년 나는 미국으로 건너갔다. 본격적으로 프로 레슬링의 기술을 닦기 위해서였다. 미국에서 4개월 정도 머무르면서 로스앤젤레스로부터 샌프란시스코, 캐나다 등을 돌았다. 그때 하와이, 브라질에 함께 갔던 야마구치도 동행했다. 그리고 우리의 매니저는 하와이의 일본계 미국인 라바미 히가미가 맡았다. 당시 우리는 클라이슬러 한 대를 사서 각지를 돌면서 경기를 가졌다. 그때쯤에는 이기건 지건 프로모터의 지시대로 움직이게 되었다.

　프로 레슬링이란 절대로 개인의 자유의사로 치를 수 없도록 되어 있다. 프로모터의 지시대로 해야 한다. 승패는 미리 각본에 짜져 있다. 예컨대 졌을 때는 매우 분하게 졌다는 투로 져야 하며 반대로 이길 때에는 화려한 방식으로 이겨야 한다. 한마디로 자기 뜻대로 해서는 안 되는 것이다. 만약 이 룰을 어기면 프로 레슬링계로부터 완전히 추방당한다. 각지의 프로모터들은 긴밀히 연락을 하고 있기 때문에 말을 듣지 않는 프로 레슬러는 철저히 보이콧해 버린다. 이러한 룰이 있다는 것은 프로 레슬링이 어디까지나 관중 본위의 구경거리로 되어 있었기 때문이다. 관중들을 즐겁게 만드는 것이 최대 조건인 것이다.

　시간이 흘러 나의 프로 레슬링도 꽤 틀이 잡혀 갔다. 한 시간의 경기에서 50분에 질 경우라면 어디쯤에서 관중들을 흥분시키고 어디에서 피를 흘릴 것인지를 상대방과 의논해서 그 줄거리대로 경기를 진행시킬 수 있게 됐다. 이 경우 프로모터가 끼어들어 구체적으로 각본짜기를 지도할 때도 있다. 피를 흘릴 때에는 순간적으로 박치기를 당한 것처럼 해서 이마 위를 긋도록 한다. 얼굴에서 그 부분이 가장 피를 흘리기 쉽기 때문이다. 각본에 피를 흘리도록 되어 있을 때는 주심이 면도칼을 넘겨준다. 안전면도날을 잘게 세모꼴로 쪼갠 것에 테이프를 감았기 때문에 깊은 상처는 나지 않도록 되어 있다.

처음에는 아무리 그래도 피가 잘 나지 않았으나 여러 차례 하다 보니 차츰 익숙해져서 단번에 피를 흘릴 수 있도록 됐다. 또 관중들을 열광시키기 위해서 나는 거울을 보면서 기쁜 표정, 분한 표정 등 여러 가지 표정을 짓는 트레이닝도 쌓았다. 우스운 이야기 같지만 이런 노력이 관중들을 즐겁게 만드는 큰 요소가 되고 있다. 이렇게 해서 나는 프로 레슬링 전반의 기술을 터득했다. 그래서 어떤 챔피언하고도 2~3분이면 경기의 각본을 완전히 짤 수 있게 됐다. 일상생활에 불편이 없을 정도의 영어는 몇 개월 사이에 익힐 수 있었다.

자서전에서 밝힌 대로 기무라는 프로 레슬링을 완전한 쇼로 인식하고 그 인식을 바탕으로 삼은 프로 레슬러 노릇에 충실했다. 그러나 역도산은 경우에 따라 프로 레슬링은 스포츠의 이름을 빌린 진짜 싸움이 될 수도 있다는 생각을 지니고 있었다.

프로 레슬링을 바라보는 두 사람의 시각 차이가 얼마 후 벌어진 역도산과 기무라의 대결에서 명암을 갈라놓는 변수로 적용하게 된다.

미국에서 가장 권위 있는 프로 레슬링 단체 NWA의 세계 태그 챔피언. 벤과 마이크의 샤프 형제는 몸집도 크지만 뛰어난 테크닉을 지니고 있어 일본 팬들을 놀라게 만들었다. 비싼 출전료를 지불하면서도 프로 레슬링의 진수를 보여 줄 수 있는 샤프 형제 초청 타이틀 매치는 큰 성공을 거두었다. 왼쪽 사진은 챔피언 트로피를 든 샤프 형제, 오른쪽 사진은 벤샤프에게 가라데춉을 퍼붓는 역도산.

역도산과 기무라의 진짜 실력 대결

'기무라 마사히코, 리키도잔(역도산)에 도전!' 이라는 기사가 《아사히 신문》에 특종 기사로 실린 것은 1954년 11월 26일 조간이었다.

기무라가 그 많은 신문 가운데 유독 《아사히 신문》의 기자에게 자기 속을 털어놓은 것은 《아사히 신문》이 전 일본 유도선수권 대회를 강력하게 밀어 주고 있던 데다가 처음부터 프로 레슬링에는 비판적이었기 때문인 것으로 풀이된다.

"리키도잔이 부탁했기 때문에 그와 태그 팀을 짜고 샤프 형제와 경기를 치렀으나 나에게는 언제나 손해 보는 역할만 맡겨졌다. 리키도 잔의 프로 레슬링은 나하고는 달리 제스처가 많은 쇼다. 실력으로 겨루는 진짜 경기라면 나는 절대로 그에게 지지 않는다."

기무라가 역도산에게 도전하면서 밝힌 내용을 간추리면 대략 이렇다.

하지만《나이가이(內外) 타임즈》의 기자였다가 훗날 일본 프로 레슬링협회 사무국에 관여했고 1964년 가을 요시노사토, 요시무라, 유소프 터키 등과 함께 김일의 한국 프로 레슬링 시장 진출을 위해 우리나라에도 왔던 가도 시게오(門茂男)는 그의 저서《역도산의 진실》에서 이렇게 밝히고 있다.

기무라로부터 직접 역도산에게 도전하겠다는 기사를 취재한《아사히 신문》의 기자를 만나 보았더니 이렇게 이야기했단다.

"당신들이 잘 분석해 보면 금방 알 수 있는 일이지만 역도산과 팀을 짜서 태그 매치를 벌이면 언제나 나에게는 지는 역할만 맡겨졌다. 타이틀 매치라고는 하지만 경기를 하기 전부터 이미 승패가 결정되어 있는 프로 레슬링에서 나이도 꽤 먹은 어른이 이겼다 졌다에 집착하는 것은 우습다고 생각할지 모르지만, 역도산은 기껏해야 세키와케(랭킹 3위)까지 오르지 못했던 스모 선수의 실패작 아닌가. 큰소리 치는 것 같지만 나는 제2차 세계대전이 일어나기 전부터 전 일본 유도의 톱을 지키면서 무패인 채 현역을 떠난 사나이다. 이 넓은 일본 땅에는 나를 동경해서 '저 기무라처럼 강한, 패배를 모르는 사나이가 되어야겠다' 면서 힘든 훈련에 열중하고 있는 유도 수련생들이 잔뜩 있다. 그들의 절반은 나의 신자다. 그들에게 모두 존경 받고 있는 내가 프로레슬링에서 단골로 지는 역할만 맡고 있을 수는 없다. 그래서 말이다. 나는 미리 각본 같은 것은 짜지 않고 리키도잔과 실력 대결을 벌여 누가 진

일본 프로 레슬링의 으뜸을 가리는 초대 일본 헤비급 챔피언 결정전에 조인하는 역도산과 기무라(오른쪽 끝). 그러나 이 대결은 처참하게 끝나 훗날 여러 가지 억측을 낳게 된다.

짜로 강한지를 겨루어 보자는 마음을 갖게 됐다. 리키도잔도 마음속에서는 나와 진짜 실력 대결을 벌이면 '과연 깨끗이 이길 수 있을까?'라는 복잡한 생각을 지니고 있는 것이 틀림없다. 당신은 내가 역도산보다 일곱 살이나 나이 많고 몸집도 작아 체중도 약한 사나이라고 생각하겠지만 내가 천하의 기무라 마사히코라는 사실을 잊지 말아 주었으면 좋겠다."

"기무라 녀석, 국제 프로 레슬링단의 간판만 가지고는 밥을 먹을 수 없게 되니까 이제야 비로소 나에게 도전할 생각을 하게 된 모양이야."

그 진상 규명을 위해 철저히 파고드는 취재로 이름난 가도는 서슴없는 질문을 역도산에게 퍼부었다.

"……."

"유도계의 어떤 고단자로부터 들은 이야기인데 그들은 기무라가 어떤 수를 써서라도 공개적인 자리에서 역도산을 묵사발이 되도록 KO

시킨 뒤 서슴없이 프로 레슬링계에서 은퇴한다고 단언하더군."

"바보 같은 소리 하지 마. 돈이 아쉬워서 도전해 온 기무라가 나에게 이긴다고 치자. 은퇴할 까닭이 없지. '나는 리키도잔을 쓰러뜨렸다. 나는 실력으로 일본 제일이다' 라고 계속 외치면서 다른 선수의 도전을 받으며 돈벌이에 열을 올릴 것은 뻔하다. 다른 돈벌이 재주가 하나도 없는 기무라가 그렇게 쉽사리 프로 레스링계를 떠날 수는 없지. 다만 이것 하나만은 100퍼센트의 확률로 이야기할 수 있어. 만약 경기 중에 비겁한 기습을 감행해서 나의 꼭지를 돌게 만든다면 용서 없이 짓이길 것이니까 나에게 참패당한 뒤에는 아무리 얼굴 가죽이 두꺼운 기무라라도 이 일본에서는 프로 레슬러로서 장사할 수 없게 된다는 거야."

막상 그들의 대결이 처참한 혈투 끝에 기무라의 참패로 끝난 뒤에야 가도는 역도산의 이 말이 무슨 뜻이었는지 알게 된다.

죽여라! 죽여야 돼!

프로 레슬링 일본 최강자 결정전은 유도의 기무라가 이기느냐, 스모의 리키도잔이 이기느냐로 온 나라 안을 두 쪽으로 쪼개 놓았다. 이 경기는 팬이 아닌 사람들마저도 흥분시킬 만한 몇 가지 조건을 갖추고 있었다.

첫째, 비록 프로 레슬링이라는 형식을 통해서지만 고유의 무도인 유도와 국기라는 스모가 우열을 가린다는 점이었다. 따라서 이 경기는 개인적인 대결이 아니라 유도인과 스모인의 대표가 벌이는 경기와 같은 분위기를 풍기고 있었다. 당연히 유도 팬들은 기무라가 이기기를 바랐고 스모 팬들은 역도산의 승리를 원했다.

둘째, 이 대결이 기무라의 복수극이라는 성격을 띠고 있다는 점이었다. 샤프 형제를 초청해 놓고 역도산 혼자만 멋있는 역할을 독차지하여 인기도 높고 나이도 많은 스포츠계의 선배 기무라에게는 속된 말로 물을 먹이니까 참다 못해 드디어 역도산을 응징하기 위해 일어났다는 내용의 복수극은 일본 사람들의 취향에도 맞았다.

셋째, 이 대결이 진짜 실력 대결로 치러진다는 점이었다. 그동안에도 항간에서는 프로 레슬링이 쇼라는 소문이 나돌았다. 그러나 덩치 큰 양키를 때려눕히고 패전 국민의 열등감을 시원히 날려 버린 역도산의 가라데촙이 쇼라고 믿고 싶지 않은 대다수의 사람들은 그동안 이 소문에 의식적으로 귀를 기울이지 않았다. 쇼라고 쳐도 그토록 재미있었던 프로 레슬링인데 이번에는 역도산과 기무라가 진짜 실력 대결로 자웅을 가린다니 얼마나 더 팬들의 피를 끓게 만들겠는가라는 기대가 매우 클 수밖에 없었다.

넷째, 매스컴이 앞을 다투어 크게 그리고 떠들썩하게 다루었다는 점이다. 매스컴들이 이 대결을 놓고 즐겨 쓴 표현은 '현대판 간류지마(嚴流島)의 결투'였다.

간류지마의 결투란 도쿠가와 막부 시대에 간류지마라는 섬에서 당시 최강의 검호(劍豪)라 불리던 마야모토 무사시(宮本武臟)와 사사키 고지로(佐佐木小次郞)가 목숨을 걸고 대결해서 마야모토의 승리로 끝났던 결투를 말한다.

연일 매스컴이 자극적으로 보도하는 바람에 팬들의 관심은 날로 치솟았다. 대결하기 하루 전날인 12월 21일 역도산의 일본 프로 레슬링 협회, 기무라의 국제 프로 레슬링단, 야마구치의 전 일본 프로 레슬링 협회 등 세 개 단체의 대표들이 모여 일본 프로 레슬링 커미션을 창립

역도산보다 프로 레슬링은 자신이 더 빨랐다고 주장하는 유도의 기무라가 멕시코에서 로메로를 상대로
보스턴 크탭을 꺾어 공격하고 있다.

하고 커미셔너로 사카이 일본 프로 레슬링협회장을 선출했다.

1954년 12월 22일 고쿠기칸에서 치러진 대결에는 정원 1만 3천 명을
훨씬 넘는 약 2만 명의 관중들이 몰려들어 입추의 여지가 없었다. 미처
입장하지 못한 팬들이 체육관 언저리에서 혼잡을 이루는 바람에 경찰
기동대가 출동해서 군중을 정리해야만 했다.

이날 경기 규칙은 많은 사람들의 예상과는 달리 61분 3판 2승제였
다. 이 룰에 대해서도 팬들은 두 쪽으로 갈라졌다. 진짜 실력 대결이라
면 3판 2승제란 있을 수 없고 시간 제한 없이 한 판으로 끝내야 한다고

주장하는 관중들이 많았다. 그러나 한 판 승부보다는 두 선수의 힘과 기술의 차이를 뚜렷이 살펴볼 수 있는 3판 2승제라야 한다는 주장도 꽤 강했다.

이 경기는 두 선수에게 각각 미리 정해진 파이트머니를 지급하는 것이 아니라 상금을 걸고 승자와 패자가 7 대 3 비율로 나누어 갖는 방식을 채택했다. 그때의 상금 총액은 150만 엔으로 승자 105만 엔, 패자 45만 엔이었다.

메인 이벤트에서 링에 오른 역도산은 웃음을 띠며 먼저 기무라에게 악수를 청했다. 링사이드에는 기무라의 스승인 우시지마 다즈구마(牛島辰熊) 7단 그리고 기무라의 모교인 다쿠쇼쿠(拓殖) 대학 유도부의 관계자들도 자리잡고 있었다.

경기는 처음에 프로 레슬링답게 시작되었다. 서로의 팔을 잡으려 승강이를 벌이고 상대방의 허리를 조이려는 등 전형적인 프로 레슬링이 펼쳐졌다. 4분쯤 지났을 때 역도산이 기무라의 다리를 잡고 공격하자 기무라는 이를 뿌리치고 두 손으로 역도산의 허리를 조였다. 관중들이 숨을 죽이고 지켜보는 가운데 기무라가 재빨리 두 손을 풀자 역도산의 큰 몸집이 허공에 원을 그리자 경기장은 함성으로 떠나갈 듯했다. 그러나 역도산은 넘어지면서도 기무라의 목을 잡은 채 놓지 않고 조이려 들었다.

이때 기무라가 작은 목소리로 "무승부야! 무승부!"라고 속삭였다. 기무라는 그런 일이 없었다고 부정하지만 역도산은 분명히 그때 무승부로 하자고 속삭였다고 말했다. 진짜 실력 대결이었어야 할 게임에서 경기 도중 무승부라는 속삭임이 오고갔다는 이야기는 도대체 무엇을 뜻하는 것일까?

첫 경기를 무승부로 끝내자

역도산은 기무라가 건네준 두 장의 확약서를 지니고 있었다.

확 약 서

역도산 군에게
일본 선수권 경기에 대한 의견을 밝힘.
제1회 일본 선수권 경기는 무승부 경기로 할 것.
첫 판은 당신이 차지하고, 둘째 판은 내가 차지한다. 결승인 셋째 판
은 경기 종료로 무승부를 만든다.

1954년 11월 26일
위 기무라 마사히코

이 확약서의 제1회 일본 선수권이란 12월 22일 벌어지는 역도산과
기무라의 대결을 가리킨다. 그러니까 두 사람의 대결은 한 차례로 끝
나지 않고 적어도 두 차례는 치르기로 되어 있었다. 나머지 한 장의 확
약서는 두 번째 대결에서 기무라가 승리를 양보하겠다는 내용이다.

확 약 서

역도산 군에게
1955년 안에 치러질 제2회 일본 선수권 경기에서는 역도산 씨에게
승리를 양보하겠음….

1954년 11월 26일
위 기무라 마사히코

이 두 장의 확약서에는 기무라의 손도장까지 찍혀 있었다. 이 확약서가 역도산의 손안에 있는 한 이번 경기에서 그는 결코 지지 않는다는 것이 보장되어 있는 셈이다. 그러나 기무라가 뜻을 밝힌 대로 비겨주고 다음에 경기를 한 차례 더 갖는 것이 과연 좋은 것인지….

역도산과 기무라는 11월 27일 조인식에서 만나고 12월 22일 대결할 때까지 전혀 자리를 함께하지 않았던 것으로 알려져 있지만 사실은 그 전에 한 차례 은밀히 만났다.

일본의 양대 신문 가운데 하나인 《아사히 신문》은 프로 레슬링에 비판적이었던 반면 《마이니치 신문》은 역도산의 프로 레슬링을 적극적으로 지원하고 있었다. 《마이니치 신문》의 사업부장인 모리구치는 기무라에게 역도산과 정말로 경기를 가질 뜻이 있는지를 타진하면서 조건을 제시했다. 그 조건이란 첫 번째 대결이 끝난 뒤에 의논하자는 것이었다.

프로 레슬링의 정체를 잘 알고 있는 모리구치로서는 일본 전체를 흥분시킬 만큼 놀라운 마력을 지닌 대결을 단 한 차례만으로 끝내는 것은 매우 아깝다는 생각을 가졌던 모양이다. 이 제안은 '어떻게 하면 한 푼이라도 더 벌 수 있을까' 라는 궁리에 빠져 있던 기무라에게는 더할 수 없이 매력적인 것이었다. 기무라가 이 제안에 적극적인 반응을 보인 것은 물론이다.

역도산에게 밀려나기 전까지 프로 레슬링 흥행의 총책임을 맡았던 나가타가 도쿄 하나초 요정에 자리를 마련해서 여섯 명의 사나이들이 극비리에 만났다. 역도산, 기무라 그리고 나가타와 그의 비서 나카가와, 《마이니치 신문》의 모리구치, 역도산이 스모를 그만두었을 때 보살펴 주었던 닛다이다. 역도산과 기무라의 대결이 순조롭게 진행되도록 나가타가 배려해서 주선한 모임이었다. 식사가 끝나자 나가타는 자신의 비서인 나카가와에게 귓속말을 나누었다.

"이야기가 원만히 진행되도록 하게."

그리고 나가타는 닛다와 모리구치에게 얼굴을 돌리고 종용했다.

"자, 이제 우리는 자리를 피해 줍시다."

나가타, 닛다, 모리구치 세 사람은 자리를 떴다. 입회인으로서 나카가와와 대결의 당사자만이 자리에 남았을 때 기무라는 안주머니에서 종이 두 장을 꺼내 슬그머니 역도산에게 넘겨주었다. 그 두 장의 종이가 바로 첫 번째 대결은 비기고, 두 번째 대결은 역도산에게 승리를 양보하겠다는 내용이 담긴 확약서였다. 역도산은 그 종이를 재빨리 주머니에 넣어 버렸다. 그러나 역도산 자신은 기무라에게 확약서 같은 것은 아무것도 건네주지 않았다. 그때 기무라는 넘겨준 확약서가 대결이 끝난 뒤 자신을 매장시켜 버리는 결정적인 증거가 되리라고는 미처 생각조차 하지 못했다.

그러면 어떻게 해서 기무라만이 확약서를 건네주게 된 것일까? 역도산은 생전에 기무라가 일반적으로 첫 번째 대결은 무승부, 두 번째 대결은 승리를 양보하겠다고 제의하면서 자신에게 확약서를 건네주었다고 주장해 왔다. 그러나 기무라의 이야기는 다르다.

"그 확약서는 서로의 의사를 확실히 밝혀 두기 위해 교환하자고 역도산이 제안하길래, '좋다. 당신이 이야기하는 대로 하자' 하고 그 문서를 교환하기로 한 날 가지고 갔더니 역도산은 잊어버리고 가져오지 못했다고 말하기에 그 말을 믿었지. 그런데 내가 쓴 확약서는 역도산이 가져가 버렸어."

기무라의 말대로라면 역도산은 처음부터 기무라의 것만 받고 자신은 그런 확약서 따위는 넘겨줄 생각이 없었던 것으로 풀이된다. 그날의 모임이 바로 확약서를 교환하기 위한 자리였으니 역도산이 잊어버린다는 것은 상식적으로 납득이 가지 않는다. 또 설사 잊었다 해도 그 자리에서 당장 쓸 수도 있는 문서였기 때문이다.

아무튼 역도산의 주장이 옳든 기무라의 주장이 옳든 확약서는 기무라가 쓴 것만이 일방적으로 역도산에게 넘어가고 말았다. 그리고 그 시점에서 하나초의 회담 내용을 알고 있는 사람은 그 자리에 참석한 여섯 명밖에 없었다.

비기기로 알고 있기 때문에 무방비 상태인 기무라를 가슴으로 박살 내 버리는 것은 어려운 일이 아닐지 모른다. 그러나 그렇게 할 경우 요정에 모여서 무승부 합의를 이끌어 냈던 사람들에게 신의가 없는 비겁한 사나이로 역도산은 낙인찍히게 마련이다. 더구나 나가타와 《마이니치 신문》이 등을 돌리고 비난을 퍼부으면 그 또한 감당하기 어려운 일이다.

역도산은 그렇다면 경기 직전이라도 떳떳하게 관계자 입회 아래 기무라에게 무승부는 받아들일 수 없으니 진짜로 실력 대결을 벌이자고 통고하면 될 것이었으나 역도산은 그렇게 단순한 인간이 아니었다.

무승부를 합의해 놓고 경기 직전에 번의를 통고한다는 것도 어른스럽지 못한 일이고, 만약 진짜 실력 대결을 벌였을 때 100퍼센트 역도산의 승리가 보장되는 것도 아니다. 키는 역도산이 180cm로 10cm 이상 크고 몸무게도 113kg로 30kg 이상이나 무겁다. 기무라는 나이도 역도산보다 일곱 살이나 많은 서른일곱 살이다. 이러한 여러 조건을 감안할 때 결코 힘으로는 지지 않을 자신이 있었다.

하지만 상대가 누구인가. 유도의 귀신이라 일컬어졌던 기무라가 유도의 조르기나 꺾기 등으로 공격해 왔을 때 반드시 빠져 나올 수 있다는 자신감은 없었다. 마이크 샤프를 목조르기로 거의 실신 직전까지 몰고 갔던 그의 조르기 실력과 유도의 관절꺾기는 위험한 기술이다. 그런 기술이 나오기 전에 초전박살을 내야만 승리가 완전히 보장되는 셈이다.

그렇다면 어떻게 해야만 이쪽이 단 한 차례도 위기에 몰리지 않고 승리할 수 있을까? 무승부를 다짐한 기무라의 확약서 그리고 무승부로 믿고 있는 그의 심리를 담보 삼아 어떻게 자신에게 유리하도록 이용해서 진짜 대결로 끌고 가 승리를 이끌어 낼 것인가. 그러자면 기무라가 먼저 무승부의 약속을 깨뜨리도록 만들어야 한다. 아니 겉으로 보기에 악질적인 반칙을 저지르도록 만들면 된다. 경기 시간은 61분이니 그동안에 기무라가 관중들에게 보여 주기 위해 반칙을 저지르기만 하면 그때를 놓치지 말고 기무라를 박살내 버려야 한다.

경기 전날 밤 역도산이 기무라를 프로 레슬링의 무대에서 추방하기 위한 전략을 세우고 있을 때 같은 도쿄의 간다(神田)에 있는 지요다(千代田) 호텔에 묵고 있던 기무라는 역도산의 이런 마음을 짐작도 하지 못하고 술을 마시고 있었다. 술을 지나치게 좋아하는 것이 유도 귀신의 약점이기도 했다. 내일의 경기를 무승부로만 믿고 있던 기무라 그리고 어떻게 해서든지 기무라를 매장시켜 버려야겠다고 이를 갈았던 역도산, 경기를 하루 앞두고 두 사람이 품고 있던 정신 자세의 차이가 바로 다음 날의 승패를 판가름하게 된다.

술수에 걸려들다

기무라가 경기 도중 새삼 무승부를 확인하려 했던 것은 본능적으로

역도산의 가라데촙을 맞고 의식이 흐려져 주저앉은 기무라에게 역도산은 사정없이 발길질을 했다(왼쪽). 일본 프로 레슬링 으뜸을 가리는 역도산과 기무라의 대결은 처음에는 순조롭게 진행되다가 기무라가 역도산의 급소를 걷어치는 시늉을 했을 때부터 갑자기 파란이 일었다. 역도산의 가라데촙에 파괴된 기무라는 매트에 뻗고 말았다(오른쪽).

역도산의 움직임에 의심을 품었기 때문일 것이다. 기무라는 지금 펼치고 있는 것이 쇼인 프로 레슬링이 아니라 무엇인가를 신중하게 노리고 있음을 뛰어난 격투기 선수의 직감으로 눈치챘다. 불안감에서 무승부 합의를 다시 확인하려 했으나 역도산은 못 들은 척 대답을 하지 않았다. 기무라는 당연히 혼란에 빠질 수밖에 없었다.

그러나 마음 한 구석에는 관계자들이 마련한 자리에서 나카가와를 증인으로 합의한 무승부를 설마 깨뜨릴까 하는 안이한 방심이 도사리고 있었던 모양이다.

기무라의 업어치기에 걸려 한 번 넘어가 준 역도산이 이번에는 그를 안아 던졌다. 그러나 그 안아 던지기 라는 것이 마치 갓난애나 되는 것처 럼 다칠새라 조심스럽게 매트에 내 려놓는 동작이었다. 역도산은 경기 가 시작되면서부터 기무라가 맨발 로 링 위에 올라온 것이 마음에 걸렸 다. 지금까지는 레슬링 슈즈를 신고

한때 태그 팀을 이루어 파트너였던 역도산과 기무라.

매트 위에 올랐던 그가 오늘따라 왜 맨발로 나왔을까? 역도산의 의심 은 경기가 진행되는 동안 부풀어 갔을 것이다. 발이 미끄러지지 않도 록 맨발로 올라온 기무라는 무승부라고 안심시켜 놓고 유도의 굳히기 로 기습을 걸어 승리를 강탈하려는 속셈이 아닐까?

경기가 시작된 지 13분쯤 지났을 때였다. 기무라가 왼쪽 발로 역도 산의 급소를 걷어찼다. 아니 차라리 걷어차는 시늉이란 표현이 정확 할지 모른다. 기다리고 기다리던 기회였다. 충격이 큰 것처럼 역도산 은 점프를 하면서 외쳤다.

"치사한 짓 하지 마!"

순간 표정이 험악해지면서 역도산은 코뿔소처럼 앞으로 돌진했다. 역도산은 무거운 체중을 실어 가라데춉을 기무라의 어깨에 내리쳤다. 혼란 속에 무슨 일이 일어났는지 채 깨닫지 못하는 기무라는 코너에 몰 리고 말았다. 만약 자신의 첫 가라데춉이 빗나가고 기무라가 목조르기 나 관절꺾기를 걸어 왔을 때 그 위기를 벗어날 수 있다는 절대적인 보 장은 없었다. 제대로 맞은 기무라는 몸이 작으니만큼 부서진 장난감이

나 거의 다를 바 없었다. 잇달아 가라데춥이 기무라를 엄습했다. 고개를 떨군 기무라의 턱을 역도산은 아래에서 위로 걷어차 올렸다. 피투성이가 된 그의 얼굴 한가운데에 역도산의 발이 박혀 들어갔다.

"죽여라! 죽여! 더 짓밟아라!"

인간의 잔인성을 드러내는 고함이 이 자리에는 어울렸다. 역도산에게 보내는 성원에 맞서 기무라의 팬들도 외쳤다.

"기무라! 일어나랏!"

매트 위에 엎어진 기무라의 입에서는 피가 흐르고 있었다. 그러나 역도산의 공격은 멈출 줄 모른다. 이윽고 주심인 해럴드 도키가 역도산을 떼어 내고 카운트를 시작했다.

"원! 투! 스리!···."

그때까지만 해도 함성과 비명의 소용돌이였던 경기장 안은 카운트가 진행되는 동안 물을 끼얹은 듯 조용해졌다. 창백한 표정의 관중들은 너무나 큰 충격에 말문을 잃고 있었다. 15분 49초 만에 카운트 아웃됐을 때도 기무라는 매트 위에 엎어진 채 꼼짝도 하지 않았다. 61분 3판 2승제인 이 대결의 첫 판은 KO로 끝났으나 둘째 판은 기무라가 경기를 계속할 수 없어 결국 역도산의 완승으로 끝났다.

주심이 역도산의 승리를 선언하자 그는 두 손을 높이 들어 올렸으나 경기장 안은 쥐 죽은 듯 조용했다. 아무도 박수를 치지 않았고 아무도 함성을 지르지 않았다. 기무라는 역도산의 술수에 걸려들고 말았던 것 같다. 진짜 실력 대결에 반대 의사를 나타내고 있던 후원 신문의 비기기 제안을 뿌리치되 프로 레슬링의 장래를 위해 결코 무시할 수 없는 신문사의 노여움은 피하는 술수를 역도산은 썼다. 그 술수란 기무라가 진짜 실력 대결을 벌이도록 만드는 것이다. 이 술수에 기무라는 어이없이 말려들고 말았다. 이로써 무승부 합의를 먼저 위반한 것은 기무라가 되고 말았다.

기무라를 반죽음으로 만들어 놓고도 역도산의 흥분은 가라앉지 않았다. 마치 우리 안의 맹수처럼 링 안을 어슬렁거리면서 자기가 저지른 엄청난 일이 과연 어떤 결과를 가져올 것인지 불안해 하면서 신경을 곤두세우고 있었다. 관중석은 여전히 침묵에 짓눌린 채 마치 못 볼 것을 보는 것처럼 링에 차가운 눈초리를 보내고 있었다.

"역도산! 너, 용서할 수 없어. 내가 가만두지 않겠다."

우렁찬 외침이 경기장 안의 침울한 정적을 깨뜨렸다. 소리 나는 쪽에 힐끗 시선을 보낸 역도산의 얼굴에서 핏기가 가시고 표정이 굳어졌다. 지금 이 자리에서는 맞부딪치고 싶지 않은 사나이가 기무라 진영에서 웃옷을 벗고 링 위로 뛰어올라오려 하고 있지 않은가. 많은 관계자들이 그의 팔다리를 붙들어 말리고 그의 앞에 인간 장벽을 세워 돌진에 대비하고 있었다. 역도산과 기무라의 대결이 뜻밖의 관중 난동을 불러일으킬까 봐 미리 동원됐던 경비 인력이 그 사나이를 에워싸고 있었다.

최영의 역도산에 도전

최영의였다. 인간의 힘의 한계에 도전, 황소 뿔을 맨손으로 꺾고 세 손가락으로 동전을 엿가락처럼 구부리기도 하는 엄청난 전투력의 소유자다.

일본 이름 오야마 마스다(大山倍達)로 격투기계에 널리 알려진 최영의는 기무라 그리고 역도산과도 친분이 있었다. 그러나 이날 최영의는 기무라 진영에 몸을 담고 경기를 지켜보았다. 기무라의 모교인 다쿠쇼쿠 대학의 후배이며 무도인으로서 기무라를 존경하고 친형처럼 따랐던 최영의도 무승부 합의를 눈치채고 있었다. 경기 진행을 날카로운 눈으로 지켜보았던 최영의는 기무라가 술수에 말려들었고 역도산이 하찮은 제스처를 빌미삼아 일방적으로 합의를 파기하고 기무라를 파괴해 버렸다고 판단했다. 우리에서 빠져 나온 호랑이처럼 길길이 뛰는 최영의를 애써 외면하고 아무런 반응도 나타내지 않았다.

폭력단의 위협

기자들은 숨이 막힐 만큼 놀랐다. 역도산과 기무라의 혈투가 끝난 뒤 라커룸에서 기자들을 만난 역도산은 조금 전 끝난 피투성이 대결보다 더 충격적인 발언으로 기자들의 넋을 나가게 만들었다.

"기무라는 정말 비겁한 녀석이다. 오늘 밤의 경기를 치르기 전에 이미 이번 경기는 무승부로 끝내자고 제안해 왔었다. 스포츠 경기는 쇼가 아니기 때문에 물론 처음부터 무승부 따위는 생각조차 하지 않고 있었던 나는 대답도 하지 않았다. 그랬더니 경기 도중 두 번이나 무승부를 다시 다짐해 왔다. 경기가 시작된 직후 그의 목을 조였을 때 폴을 빼앗아 낼 수 있었지만 그때도 봐 달라고 부탁하는 바람에 놓아 주었다. 그랬더니 그 직후 나의 급소를 발로 공격해 오길래 그때까지 참고 쓰지 않았던 가라데춉을 사정없이 날려서 죽여 버리려고 했다. 기무라가 그때 뻗어 버렸기에 망정이지 일어났더라면 나는 정말로 그녀석을 죽였을지도 모른다."

참으로 엄청난 내용이었다. 이번 경기를 순수한 진짜 실력 대결로만 알고 있었던 기자들에게 이 말은 청천벽력이나 다름없었다. 기자들은 그 자리에서 바로 기무라가 묵고 있는 지요다 호텔로 우루루 몰려갔다.

산노(山王) 병원에서 오른쪽 눈 위를 세 바늘이나 꿰매고 앞니가 하나 부러져 전치 3주의 부상을 입은 채 호텔에 누워 있던 기무라는 기자들의 질문을 받자 고개를 치켜들며 도대체 누구에게서 그런 이야기를 들었느냐고 반문했다. 역도산 본인이 말했다고 하자 분노의 표정을 띠면서 입을 열기 시작했다.

"리키도는 신의를 지키지 않는 녀석이다. 원래 이런 이야기는 덮어 두어야 할 사항이지만 상대가 폭로한 이상 나도 사실을 밝혀야겠다."

기무라는 자신이 알고 있는 진상이라면서 다음과 같이 털어놓았다.

"나에게 리키도와 경기를 갖지 않겠느냐고 교섭해 온 것은 《마이니치 신문》의 사업부장인 모리구치였다. 그때 모리구치는 리키도와 조건부로 경기를 치르지 않겠느냐고 말했다. 그 조건이란 것은 첫 번째 경기는 비기고, 두 번째 경기는 첫 번째 경기가 끝난 뒤 다시 의논하자는 것이었다. 대체로 지금까지 프로 레슬링은 경기 전에 어느 쪽이 이기고 어느 쪽이 지는지 미리 담합해서 정해 놓고 치르기 때문에 나는 리키도만 무승부를 받아들인다면 그렇게 하자고 대답했다. 이리저리 생각해 보다가 가라데춉은 위험하니까 이번 경기에서는 사용하지 않는 것이 좋겠다고 말했더니 그렇다면 쓰지 않겠다고 리키도가 받아들였다. 그래서 나는 처음부터 오늘 밤의 경기는 무승부로 생각하고 링위에 올랐다. 그런데 경기의 분위기가 달랐다."

역도산에게 걸려 온 협박 전화

기자들은 도대체 누구의 말을 믿어야 할지 몰랐다. 역도산은 기무라가 무승부를 제의했으나 자기는 받아들이지 않았다고 주장하고 기무라는 기무라대로 역도산이 무승부를 합의해 놓고 무방비 상태인 자신을 짓밟았다고 비난했다. 그날 밤 역도산에게는 여러 통의 협박 전화가 걸려 왔다.

"너, 죽을 줄 알아. 기무라의 체면을 묵사발로 만들었으니 너도 온전하지 못해."

"조심해. 오늘 밤은 눈을 붙이지 못할 거야. 언제 무슨 일이 일어날지 모르니까."

일본의 자랑이라고도 할 수 있는 유도의 제1인자였던 기무라는 규슈 지방을 비롯한 각지의 폭력단 두목들로부터 존경과 후원을 받고 있었다. 리키도잔이 속임수를 써서 기무라를 등신으로 만들어 버렸다는 소식에 기무라의 뒤를 미는 오야붕(親分, 폭력단의 두목)들은 격분해서 잇달아 협박 전화를 걸어 왔다. 한편 기무라는 기무라대로 부하를 끌고 역도산을 깨뜨리기 위해 도쿄로 올라오겠다는 오야붕들의 전화를 받고 이를 말리느라고 진땀을 흘렸다.

우메다초의 자택 응접실에서 역도산은 요시노사토, 도요노보리, 다나카 등 세 명에게 엽총을 건네주고 명령했다.

"알겠어? 담벼락 위로 머리를 내미는 녀석이 있으면 가리지 말고 쏴 죽여 버려!"

일본의 폭력단이 얼마나 무서운 존재인지 잘 알고 있는 역도산은 바짝 긴장해서 총과 실탄을 심복 레슬러들에게 지급하고 뒷일은 자기가 책임질 테니 수상한 그림자가 담 너머로 비치면 쏴 버리라는 무지막지한 지시를 서슴지 않았다.

역도산이 기무라와 대결하기 열흘 전인 12월 12일 프로 레슬링에 처음 뛰어든 도요노보리는 스모 선수 출신으로 괴력의 소유자였다. 벤치에 등을 대고 드러누워 바벨을 밀어 올리는 벤치 프레스로 230kg을

역도산이 아끼던 제자 도요노보리(오른쪽)는 역도산과 기무라의 혈투가 끝난 뒤 기무라를 미는 폭력배의 습격에 대비하기 위해 역도산의 집을 총으로 지키기도 했다.

거뜬히 들어 올리는 그는 두목 기질이 있어 후배들을 잘 돌보았으며, 1958년부터는 역도산에 이어 일본 프로 레슬링의 제2인자에 오른 사나이다. 지나치게 노름을 좋아해서 프로 레슬러로서 생명이 끝나 버리지만 도요노보리는 호기심이 매우 강했다. 그가 역도산으로부터 건네받은 것은 엽총이 아니라 카빈 총이었다. 역도산을 노리는 자객이 나타나면 정말 쏴 죽일 각오였다.

'어디 이 총이 얼마나 위력이 있는지 한번 쏴 보자.'

정원의 나무를 향해 방아쇠를 당겼다.

"타앙!"

굉음이 울려 퍼지고 나뭇가지가 떨어져 나갔다. 깜짝 놀란 역도산이 응접실에서 뛰어나왔다. 그러나 역도산의 경악은 아랑곳하지 않은 채 능청스럽게 말했다.

"히야아, 세키도리! 이 총 정말로 대단한데요."

총구에서 모락모락 피어나는 초연을 바라보면서 아무렇지 않게 이야기하는 그에게는 역도산도 어이가 없는 모양이었다. 작달막한 키에 어린이 같은 동안을 지닌 그를 어쩐 일인지 그 성미 급한 역도산이 단 한 차례도 때린 일이 없었다. 다나카와 요시노사토 그리고 훗날에는 김일도 골프채로 마구 얻어맞았는데 도요노보리만은 손찌검 한번 하지 않고 귀여워했다.

기무라의 선수 생명은 끝

"신문! 신문을 가져와!"

역도산의 고함은 벌써 몇 번째인지 모른다. 기무라를 피바다에 잠재운 다음 날 아침 날이 밝자 신문이 배달되기만을 기다리고 있었다. 어젯밤의 경기를 신문들은 어떻게 보도하고 있을까? 역도산은 무척 궁금했다. 매스컴의 위력을 너무나도 잘 알고 있는 그는 자신과 일본 프로 레슬링의 앞날이 어젯밤의 경기를 다룬 신문 기사의 내용에 따라 크게 영향 받는다는 것을 꿰뚫어 보고 있었다. 3대 신문이 배달되는 대로 앞에 놓여졌다. 두껍고 투박한 손으로 스포츠 면부터 펼쳐 보았다.

《마이니치 신문》과 《요미우리 신문》은 역도산과 기무라의 경기를 진짜 실력 대결 그 자체라고 보도했다. 《마이니치 신문》은 스포츠 면 머릿기사로 '프로 레스(프로 레슬링의 준말) 첫 일본 선수권 시합, 리키도(力道) 기무라를 쳐서 쓰러뜨리다. 뚜렷한 실력 차' 라는 제목을 달고 경기 경과 해설 그리고 두 사람의 소감까지 자세히 다루었다. 《요미우리 신문》도 비슷한 내용이었다.

그러나 《아사히 신문》만은 달랐다. '경기 규칙이 있으면서도 없는 거나 다름없는 프로 레슬링의 경기는 바로 야수들의 싸움이다. 이대로 놓아 두었다가는 프로 레슬링의 장래는 없다'는 비판 기사를 실었다.

그날 지요다 호텔에 들러 기무라를 만났던《나이가이 타임즈》의 가도 기자가 역도산을 자택으로 찾아왔다.

"기무라는 역도산의 일방적인 반칙으로 경기가 망가지고 말았으니 커미셔너에 제소해서 재대결을 벌이겠다고 아우성을 치고 있는데…."

가도가 기무라로부터 들은 말을 그대로 옮기자 역도산은 기무라가 두 차례 경기를 쇼로 치르겠다고 한 확약서를 내보였다. 움직일 수 없는 물적 증거인 셈이다. 역도산은 확약서를 뚫어지듯 바라보고 있는 가도에게 빈정대듯 한마디 내뱉었다.

"어때, 신문쟁이 양반. 이제 내 말을 믿을 수 있을 것 같은가?"

가도는 아무 대꾸도 하지 못하고 넋 나간 듯 확약서에 시선을 고정시켜 놓고 이 특종 기사를 어떻게 꾸미느냐에 골몰하고 있었다. 그 다음 날인 12월 24일 저녁 '역도산-기무라의 경기는 쇼였다'라는 제목을 단《나이가이 타임즈》는 날개 돋친 듯이 팔렸다. 이 특종 기사의 덕으로 평소보다 15만 부가 더 팔려 나갔다.

'역도산과 기무라의 경기가 진짜 실력 대결이라는 것은 손님을 끌기 위한 선전이었을 뿐 사실은 아내의 치료비를 마련하기 위해 기무라가 쇼인 무승부를 제의했다가 역도산에게 외면당한 것'이라는 내용이 폭로되자 프로 레슬러로서 기무라의 생명은 완전히 끊어지고 만다.

확약서의 사본까지 손에 넣고 쓴 가도의 특종 기사는 어느 누구도 의문을 품을 여지가 없었다. 역도산은 링 위에서 기무라를 피투성이로 만든 데 이어 자신에게 건넸던 확약서를 물적 증거로 제시함으로써 그를 매장시키는 데 성공했다.

1955년 역도산의 프로 레슬링 경기를 지켜보기 위해 거리에 설치된 텔레비전 수상기 앞에 몰린 군중들. 당시 텔레비전 수상기는 엄청나게 비싸서 서민들은 살 수가 없었다.

알아서 기어 버린 야마구치

역도산과 기무라 전의 승자가 자신의 도전을 받아들이는 것을 조건으로 오사카의 야마구치 도시오(山口利夫)는 그 경기를 프로 레슬링 일본 챔피언 결정전으로 인정한다고 이미 밝혔다.

기무라를 무찌른 지 한 달 남짓 만인 1955년 1월 26일 역도산은 오사카 부립 체육관에서 야마구치의 도전을 받아 61분 3판 2승제의 타이틀 매치를 치렀다. 그러나 사실은 치르나 마나 결과가 뻔한 하나의 형식적인 절차였을 뿐이다.

일부의 매스컴에서는 '역도산 위기를 맞이하다!' '야마구치 도시오

유도의 체면을 살리려나?' 라고 자극적인 제목을 달아 팬들의 관심에 부채질했으나 힘, 기술, 투지 모든 면에서 적수가 될 수 없었다. 기무라와의 대결이 너무나 비참하게 끝났고 경기 시간도 고작 15분 49초밖에 안 되어 별로 구경거리가 되지 못했다는 비판에 골치가 아팠던 역도산은 '이번 경기는 프로 레슬링답게 치르자' 고 제의했었다.

이 제의는 막판에 보다 강한 자가 승리를 차지하기는 하되 그때까지는 서로가 지니고 있는 힘과 재주로 관중들을 즐겁게 만들어 주자는 내용이었다. 야마구치는 두말하지 않고 승낙했다. 야마구치는 같은 유도 선수 출신이면서 자기보다 훨씬 강했던 기무라가 반죽음이 된 것에 매우 위축되어 있었다. 둘째 판에서 야마구치는 몸통 부딪치기로 역도산을 링 아래에 떨어뜨리려는 것처럼 맹렬히 대시해 들어갔다.

역도산이 살짝 몸을 피하자 야마구치가 로프 사이로 빠져 링 아래로 떨어졌다. 그리고 다시는 링 위에 올라오지 않았다. 트레이닝할 때 다쳤던 늑골이 링 아래로 떨어질 때 더 큰 타격을 입었기 때문에 경기를 속행할 수 없다는 것이었다. 둘째 판은 6분 31초 만에 끝났다.

최영의와 싸울 이유 없다

기무라를 피투성이 제물로 삼고 야마구치를 완파한 역도산은 명실공히 일본 프로 레슬링의 정상에 올랐으며, 그 후 세상을 떠날 때까지 프로 레슬러 가운데는 아무도 감히 그에게 도전한 사람이 없었다.

그러나 기무라와의 대결이 끝나자 링 위에 뛰어오르려 했던 가라데의 최영의는 그 후 일본 프로 레슬링협회에 역도산과의 대결을 신청해 놓고 있었다. 물론 협회는 이 신청을 받아들이지 않았고 역도산도 그의 도전에는 고개를 돌렸다. 싸워 보았자 아무 이득이 없었고, 만약

지게 되면 그와 일본 프로 레슬링은 완전히 끝장 난다고 생각했다. 그리고 최영의는 결코 만만치 않은 적수였다.

같은 핏줄끼리 싸워서 되겠는가!

최영의는 역도산에게 도전했으나 그 도전은 끝내 실현되지 못하고 말았다. 역도산으로서는 그와의 대결로 얻을 것이 아무것도 없어 싸울 뜻이 없었던 데다가 재일교포인 유력자가 두 사람의 충돌을 말렸기 때문이다.

"이게 무슨 짓인가. 그렇지 않아도 일본 땅에서 서러움을 받아 가며 살아가고 있는 우리가 아닌가. 같은 핏줄끼리 싸워서 되겠는가. 어느 한쪽이 이기면 나머지 한쪽은 몰락하니 아예 싸울 생각은 하지 말게."

최영의도 이 유력자의 타이름에 고개를 끄덕이지 않을 수 없었다.

몇 가지 이유가 있었으나 최영의가 역도산과 대결을 단념하게 만들었던 가장 큰 이유는 "내가 미국 원장을 떠났을 때 경제적으로 도와주고 평소에도 폐를 끼친 마쓰무라라는 재일교포 선배가 역도산과도 친했기 때문에 그분이 그만두라고 타이른 데다 그 후 역도산과 기무라가 만나서 화해했다는 소식을 기무라 선배로부터 들었기 때문이다"라고 최영의 본인이 밝히고 있다.

"내가 역도산을 노리고 있다는 사실을 알게 된 마쓰무라 선배 그리고 건설회사의 우메다 사장 등이 나에게 "같은 친구끼리 싸우는 것은 그만둬라. 없었던 일로 해라"라고 강력하게 타일렀지. 나는 그때 정말로 가난했어. 마쓰무라 선배나 우메다 사장에게 신세를 많이 지고 있었기 때문에 내 생각도 달라졌어. 또 하나는 기무라 선배와 역도산이 화해 모임을 가졌기 때문이야. 그러나 역도산은 기무라 선배를 자신이 불러 놓고 선배가 돌아갈 때에는 방에 앉은 채 전송하지도 않았다는 거야. 그래서 기무라는 나를 만났을 때 "실수했어. 화해하지 말 것을 해 버렸구나"라고 이야기하더군. 그 이야기를 듣고 나는 "당신, 바보 아니오? 기무라 선배, 이쪽은 목숨 걸고 역도산을 노리고 있는데 도대체 선배는 무엇하고 있는 거요?"라고 말해 주었어. "이제 당신하고는 만나지 않겠어"라고 절교를 선언해서 그 후 기무라 선배와는 만나지 않고 있어."

스모 팬들의 심장을 얼어붙게 만든 참변

제스 올테가, 봅 오튼 등이 참가한 프로 레슬링 서머 시리즈는 1955년 7월 15일 구라마에 고쿠기칸에서 막을 올렸다. 사람들, 특히 스모 팬들의 심장을 얼어붙게 만든 엄청난 이변이 일어난 것은 역도산이 진명근에게 이야기했던 대로 대회 이틀째인 7월 16일이었다. 스모의 메카인 구라마에 고쿠기칸에서 열린 이틀째 경기의 세미파이널은 아즈마후지와 올테가의 싱글 매치였다. 매트에 오르기 전 역도산은 아즈마후지에게 장담했다.

"염려 마시오. 당신이 이기도록 되어 있으니까. 마음 놓고 실력만 발휘하면 됩니다."

그는 당연한 일이라는 듯 고개를 끄덕였다. 이미 샌프란시스코에서 치른 경기에서 올테가와 비긴 적이 있었다. 아즈마후지의 관록을 키워 주라는 닛다의 엄명에 따라 역도산은 프로모터인 말코비치에게 아즈마후지가 비록 올테가를 물리치도록 해 줄 수는 없어도 최소한 비기도록 해 달라고 당부했다.

아즈마후지는 닛다와 나가타가 자신을 일본 프로 레슬링의 간판스

역도산과 나란히 선 아즈마후지(왼쪽). 아즈마후지는 역도산에게 간판스타가 되기에는 너무 깊은 상처를 입게 된다. 게다가 월드 리그 창설을 앞두고 밀린 파이트머니를 고루 나누지 않고 독차지해 버려 따돌림 당해 프로 레슬링을 떠나 버렸다.

타로 밀어 올리려고 마음먹고 있으니 역도산도 순순히 그 뜻을 받들어 자신의 앞길을 순탄하게 다져 놓을 것으로만 여기고 있었다.

'아무래도 나는 요코즈나 출신이 아닌가. 일본 사람들의 우상인 내가 정상에 군림해야만 일본 프로 레슬링의 앞날은 밝아진다.'

그러나 느긋한 마음으로 링에 오른 아즈마후지는 경기가 시작되자마자 섬뜩한 공포감에 사로잡히고 말았다. 아즈마후지뿐만 아니었다. 고쿠기칸의 스탠드를 꽉 메운 관중들은 숨조차 제대로 쉬지 못하고 링 위에서 벌어지는 엄청난 참극에 몸서리치고 있었다.

올테가는 경기가 시작되자마자 아즈마후지의 목을 왼쪽 팔로 껴안고 오른쪽 무쇠 주먹으로 마구 강타했다. 아즈마후지는 이마에서 피를 흘리며 도대체 일이 어떻게 돌아가고 있는지 영문을 몰라 공포감이 더욱 커졌다. 관중들은 마치 악몽을 꾸고 있는 기분이었다.

1년 전 스모 시절 아즈마후지는 칼을 받쳐 든 다치모치를 이끌고 모래판에 등장했던 요코즈나가 아니었던가. 일본의 국기인 스모의 최정상에 군림했던 사나이가 지금 그 스모의 메카인 고쿠기칸에서 가슴에 털이 난 멕시코의 올테가에게 두들겨 맞고 이마가 깨진 처참한 모습을 드러내고 있는 것이었다. 경기장의 지붕을 떠받치고 있는 큰 철골에는 역대 요코즈나의 전신을 천연색으로 그린 초상화가 즐비하게 걸려 있었으며 이 참극을 내려다보고 있었다. 물론 그 가운데 하나는 아즈마후지 자신의 초상화였다.

일본 사람치고 아즈마후지는 큰 몸집을 지니고 있었지만 올테가는 그보다 한 둘레는 더 컸다. 스모의 영웅이 피범벅이되어 허우적거리는 모습에 일본 관중들은 좌절감 속에 빠져들어갔다.

"제발, 중지시켜 다오!"

멕시코 출신 제스 올테가는 130kg의 거구에 힘도 매우 강해 아즈마후지를
피투성이로 만들었다.

링사이드에서 벌떡 일어난 중년 신사가 비명처럼 외쳤다. 그 외침은
증오가 담겨 있다기보다 애원에 가까웠다. 아즈마후지는 오늘 여기서
참패를 당하면 프로 레슬링에서의 장래가 끝장날까 봐 어떻게 해서든
지 반격을 가하려고 했지만 뜻대로 되지 않았다. 베테랑인 올테가는
아즈마후지의 움직임을 미리 눈치채고 선수를 치면서 반격을 봉쇄해

버렸다.

프로 레슬링이 이토록 어려운 스포츠인 줄은 몰랐다. 보디 슬램을 걸어도 올테가가 버티고 꼼짝도 하지 않고, 자신의 주특기인 베어 허그(허리꺾기)를 시도해도 아픈 표정을 짓기는커녕 웃고만 있으니 아즈마후지는 어떻게 하면 좋을지 모른 채 투지만 점점 오그라들었다. 평소에 술도 사 주고 밥도 사 주었던 유소프 터키가 주심을 맡고 있는데도 올테가의 난폭한 공격으로부터 구해 낼 생각을 하지 않고 있었다. 의식이 몽롱해져 가는 가운데에서도 아즈마후지는 몇 가지 수수께끼가 어떤 연관을 가지고 있는지 생각해 보려고 안간힘을 썼다. 미국에서 경기를 치렀을 때와는 달리 왜 이번에는 올테가가 자신을 진짜로 짓밟으려 드는 것일까? 올테가가 그렇게 해야만 할 까닭은 무엇인가? 눈으로 흘러내리는 이마의 피를 손바닥으로 닦아 내면서 해답을 찾으려고 이리저리 머리를 굴렸다. 그로기 상태에 빠져 거의 실신 직전에 이르렀을 때 별안간 경기장 안에는 활기찬 함성이 터졌다.

"리키도잔이다! 리키도잔!"

경기장과 선수 대기실을 이어 놓은 복도에서 경기의 돌아가는 꼴을 보고 있던 역도산이 번개처럼 링을 향해 달려 올라가자 관중들은 생기를 되찾았다. 마치 서부 활극에서 인디언의 습격을 받은 역마차가 몰살 직전에 구원하러 달려온 기병대의 나팔 소리를 들었을 때처럼 관중들은 신이 났다. 링 위로 올라간 역도산은 다짜고짜 올테가의 턱을 발로 걸어찼다.

"읍!"

뒤로 넘어진 올테가가 불만스러운 표정으로 일어나자 쓰러져 있는 아즈마후지의 몸을 뛰어넘은 역도산의 가라데촙이 올테가의 두꺼운

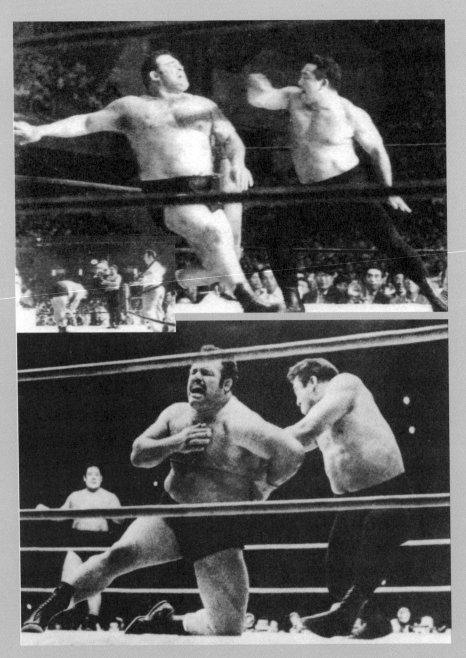

스모의 챔피언인 요코즈나 출신의 아즈마후지가 피투성이가 되자 역도산은 날쌔게 링 위로 뛰어 올라가 올테가에게 가라데촙을 날려 우레 같은 박수를 받는다. 아즈마후지는 올테가에게 혼이 나고 올테가는 역도산에게 박살이 났으니 결국 역도산이 아즈마후지보다 훨씬 강하다는 것이 증명된 것이다(위). 아즈마후지를 피투성이 제물로 만든 올테가는 실질적인 프로모터 역도산에게 꼼짝 못하고 당해서 아즈마후지보다 역도산이 강자임을 증명하는 데 협조한 셈이다(아래).

가슴판에 터졌다. 엄청난 진동 소리가 경기장을 뒤흔들었다. 얼마나 신나는 장면인가! 일본 스모의 정상 요코즈나를 지낸 아즈마후지가 위기를 맞이했을 때 이를 구하기 위해 뛰어든 역도산의 용감한 모습에 팬들은 전기에 감전된 듯 짜릿한 감동과 흥분을 느꼈다.

"이 자식이! 도대체 요코즈나를 뭘로 알고 있는 거야!"

링 사이드에 있던 관중들은 역도산의 중얼거리는 듯한 이 욕설을 들었다. 바로 관중들의 속마음을 후련하게 대변해 주는 말이었다. 가라데촙은 잇달아 둔탁한 충격음을 울리며 목덜미와 가슴팍에 작렬했다. 연타를 맞고 무너져 내린 올테가의 그 큰 몸뚱이를 역도산이 거꾸로 안아 올리고 매트에 패대기치자 관중들은 모두 자리를 박차고 일어나 기뻐서 어찌할 바를 몰랐다.

그로기 상태에서 헤어나지 못하는 아즈마후지를 역도산이 안아 일으켜 링 중앙에 데려가자 주심인 유소프 터키는 그때서야 그의 손을 높이 들었다. 아즈마후지의 반칙승이었다.

경기가 시작되고 반칙승으로 매듭지어질 때까지 9분 17초 동안은 아즈마후지에게나 관중에게나 악몽의 기나긴 시간이었다. 아직도 제정신을 찾지 못해 눈의 초점을 잃고 있는 아즈마후지에게 역도산이 속삭였다.

"내가 뭐랬소? 당신이 틀림없이 이긴다고 하지 않았소. 반칙승이라도 승리는 틀림없는 승리요. 메인 이벤트를 곧 끝낼 테니 라커룸에서 기다려 주시오."

역도산이 스루가노우미와 짝을 이루어 오튼―크루스컴프 조와 이 날의 메인 이벤트인 태그 매치를 치르고 있을 때 아즈마후지는 라커룸에서 고개를 푹 숙인 채 생각에 잠겨 있었다. 아까 링에서 자신을 엄습했던 의문들이 머릿속에서 실타래처럼 엉켜 있었다.

'왜 올테가는 미국에서 비겨 주었을 때처럼 호의적으로 경기를 진행시키지 않고 나를 망신시켰을까? 그 까닭은 무엇일까?'

남을 별로 의심할 줄 모르는 그였으나 올테가의 초청이 역도산에 의해 이루어진 것이고 보면 그가 표변한 이면에는 역도산이 존재하고 있다는 느낌이 들었다.

'왜 주심은 반칙이라는 이유를 내세우고라도 뜯어 말려 주지 않았을까? 터키는 원래 역도산보다 나를 따르던 녀석인데…?'

일본 프로 레슬링의 실권은 점차 역도산에게 넘어가고 있었다. 선수들의 파이트머니만 해도 전에는 흥행의 총책 나가타가 지급했었으나 지금은 역도산의 손을 거쳐서 지급되고 있었다.

'아즈마후지가 올테가에게 반칙승으로 이기도록 각본은 짜 놓았으니 내가 링 위에 뛰어 올라가 올테가를 혼내 줄 때까지 기다리라고 역도산이 터키에게 당부했다면 터키가 그 지시에 따랐을 공산은 크다. 그리고 내가 올테가에게 시달리는 것을 기다리고 있었다는 듯 역도산이 링 위에 뛰어들어 올테가를 거꾸러뜨렸다.'

올테가가 자신에게 무자비한 공격을 가한 것은 역도산의 지령에 의한 것이라는 심증이 마음속에서 굳어 갔다.

'내가 자기보다 인기도 높고 몸집도 큰 것을 경계해서 올테가가 나의 체면을 깎아 내린 것이 틀림없어. 게다가 나를 괴롭힌 올테가를 가라데춉으로 박살 냄으로써 리키도잔은 나보다 강하다는 것을 팬들에게 알리고 싶었던 거야.'

스모 시절 역도산을 음으로 양으로 도와주었던 그는 일종의 배신감 같은 것을 느꼈다.

'맞았어. 유도의 기무라가 샤프 형제에 의해 그 이미지가 파괴됐던 것처럼 나의 체신은 올테가에 의해 망가져 버린 거야. 리키도잔 녀석이 파놓은 함정에 내가 빠져 버린 거야.'

벌떡 일어난 아즈마후지는 앞에 있던 걸상을 발로 힘껏 걷어찼다. 걸상은 라커룸 벽에 부딪혀 다리가 부러지더니 바닥에 덜어졌다. 샤워로 몸도 씻지 않고 타월로 몸을 닦은 그는 옷을 입고 아무에게도 알리지 않은 채 라커룸을 빠져 나갔다. 이날부터 역도산과 아즈마후지 사이에는 도저히 회복할 수 없는 깊은 감정의 골이 패고 말았다.

역도산이 파놓은 함정

역도산은 메인 이벤트인 태그 매치에서 2 대 1로 이기고 마무리지었다. 일본 팀이 빼앗긴 1패는 말할 것도 없이 역도산의 뜻에 따라 지는 역할을 맡은 스루가노우미가 당한 것이었다. 땀을 뻘뻘 흘리며 라커룸에 들어선 역도산이 고함을 질렀다.

"아니! 아즈마후지는 어디 갔어? 정말 웃기는 친구로군. 나는 목숨을 걸고 링 위에서 싸우고 있는데도 자기 스케줄이 끝났다고 돌아가 버려? 정말 이래도 되는 거야?"

역도산의 기분이 언짢은 것을 보고 제자들은 저마다 그가 왜 혼자 돌아가 버렸는지 모른다고 대답했다. 그때 역도산의 비위를 지나치게 맞춘다 해서 기자들로부터 치사한 녀석이라 불리고 있는 한 스포츠 기자가 고자질하듯 입을 열었다.

"아까 경기장을 빠져 나가는 아즈마후지와 만났는데 당신에게 매우 화를 내고 있습니다."

역도산이 분노에 찬 날카로운 눈초리로 그 기자에게 다음 말을 재촉

했다. 그러나 그 기자도 역도산의 표정이 심상치 않았기 때문에 미리 발뺌부터 시작했다.

"내가 지금 이야기하는 것은 나의 말이 아니라 아즈마후지의 말이니 나에게 화를 내지는 마십시오."

"그래, 당신에게는 화내지 않을 테니 어서 이야기해 보시오."

"미국에서 대결했을 때는 올테가와 무승부였으나 오늘은 전혀 달랐다. 누군가가 그의 손에 돈을 쥐어 주고 많은 사람들 앞에서 나를 등신으로 만들려고 일을 꾸민 거라고 말했어요."

"흐음! 그래?"

기자는 역도산의 분노가 언제 폭발할지 몰라 저도 모르게 한 발짝 뒤로 물러나면서 말을 이었다.

"그래서 내가 물어보았죠. 그럴 리가 있느냐고? 혹시 그렇게 일을 꾸민 사람이 있었다면 그게 누구냐고 물었어요. 그랬더니 뭐라고 대답한 줄 알아요?"

"……."

"요코즈나 출신인 자기가 무참하게 짓밟히면 가장 기뻐할 사람은 리키도잔말고 누가 있겠느냐는 겁니다."

"당신에게는 화를 내지도 않고 때리지도 않을 테니 끝까지 이야기해 보시오."

"마지막으로 이렇게 이야기했어요. 리키도잔은 자기 자신을 돋보이게 하기 위해 다른 레슬러들을 외국인 레슬러의 제물로 바친다는 거예요. 그리고 어디 두고 보자고…."

역도산은 끓어오르는 울화를 갖추지는 못했으나 그 자리에서 감정을 폭발시키지 않았다.

'개새끼! 비록 레슬링 실력은 엉망이라도 요코즈나 출신이라는 간판을 지니고 있으니까 내 밑에서 2인자 노릇을 할 생각이 있으면 그런대로 키워 주려고 했는데 이렇게 되면 봐 줄래야 봐 줄 수가 없다.'

그러나 그 다음 날 아즈마후지는 경기장에 모습을 나타내 엔도와 팀을 이루고 오튼−커티스 조와 세미파이널인 태그 매치를 치러 2 대 1로 졌다. 전날 홧김에 역도산에게도 알리지 않고 먼저 돌아가 버리긴 했어도 그렇다고 프로 레슬링을 때려치울 만한 배짱을 지니고 있지는 못했다.

의식적으로 시선을 마주치지 않으려는 그에게 이날 역도산은 아무 말도 하지 않았다. 역도산은 아즈마후지가 뒤에서는 험구를 퍼부어도 정면으로 자기에게 대들지는 못한다는 것을 잘 알고 있었다.

역도산은 이날의 메인 이벤트인 거인 카르네라를 싱글 매치에서 2 대 0 스트레이트로 격파하고 또다시 팬들을 경탄시켰다. 서머 시리즈에 참가한 외국인 레슬러 가운데 총수 격인 카르네라를 굴복시킨 그의 인기는 하늘 높은 줄 모르게 치솟았다.

"뭐니뭐니해도 리키도잔이다. 프로 레슬링에서는 아즈마후지도 소용없어. 리키도잔이 최고야!"

"리키가 으뜸이야. 가라데춥을 맞고 안 떨어지는 사람 있으면 어디 나와 보라고 그래."

이제 역도산은 유도의 기무라, 스모의 아즈마후지 등 자신보다 더 높이 있었던 사나이들을 완전히 제치고 정상에 군림했다.

NWA 인터내셔널 챔피언 타이틀 매치 탄생의 비밀

1958년 8월 27일 로스앤젤레스의 올림픽 오디트리엄에서 역도산은 스스로 NWA 세계 챔피언 루 테즈를 2 대 1로 꺾고 세계 타이틀을 빼앗았다고 주장했다.

그러나 그 경기는 NWA 세계 타이틀 매치가 아니라는 보도가 전해져 일본의 프로 레슬링 기자들은 그 진상을 알기 위해 역도산의 귀국만을 기다리고 있었다.

타이틀에 얽힌 수수께끼

테즈를 꺾은 역도산은 8월 31일 하네다 공항에 개선했다. 과연 정말 챔피언 벨트를 빼앗아 돌아온 것일까? 아니면 외신이 전한 대로 논타이틀전에서 이긴 것일까? 아직도 테즈 대 역도산 전의 진실을 뚜렷이 모르고 있던 기자들은 공항에 몰려들어 역도산이 나오는 것을 기다리고 있었다. 그러나 역도산은 지난 몇 년 동안 기회만 있으면 입에 올렸던 NWA의 황금 벨트를 가지고 있지 않았다.

"고맙소. 이렇게 많이 나와 환영해 주어서 정말 고맙소. 기자 여러분이 프로 레슬링을 밀어 준 덕분에 테즈를 2 대 1로 꺾고 타이틀을 차지했소."

"……."

외신이 전한 내용 때문에 타이틀에 대해 의혹을 품고 있다는 것을 재빨리 눈치채고 선수를 쳤다.

"내가 빼앗아 온 타이틀은 NWA 세계 타이틀이 아니오. 현재 그 타이틀은 허튼이 지니고 있으며, 그녀석은 나의 도전을 피하고 있소. 내가 테즈로부터 탈취한 타이틀은 인터내셔널 챔피언의 타이틀이오."

한 기자가 용감하게 질문을 던졌다.

"당신 이야기는 알겠소. 그렇다면 테즈가 지니고 있었다는 인터내

NWA가 루 테즈에게 프로 레슬링을 국제적으로 홍보하는 데 공이 컸다고 해서 인터내셔널 챔피언의 호칭을 주었다. 따라서 인터내셔널 챔피언은 타이틀 매치 흥행을 할 수 없는 훈장과 같은 영예였다. 역도산은 루 테즈에게 좋은 조건을 제시해 인터내셔널 챔피언 타이틀 매치를 치러 이기고, 이어 NWA의 승인도 받아 내 두고 두고 이 타이틀로 묶어 낸 돈을 벌었다. 아무튼 흥행에도 천재적인 두뇌를 가진 사나이였다. 아시아 선수권도 만들어 내는 등 여러 가지 타이틀을 내걸어 일본의 프로 레슬링 팬들을 열광시켰다. 1959년에 창설한 월드 리그는 온 세계에서 그 예를 찾아보기 힘든 규모가 크고 뛰어난 레슬러들이 초청되는 빅 이벤트였다. 역도산이 들고 있는 것은 자신의 돈을 들여 만든 화려한 NWA 인터내셔널 챔피언 벨트다.

셔널 챔피언의 벨트가 있을 것 아니오. 당신이 타이틀을 빼앗았다면 그 벨트를 가지고 돌아왔을 것이고, 그 타이틀에 대한 **NWA**의 인정서도 가지고 돌아왔으리라 생각하오.”

“벨트는 개인이 만드는 것이오. 물론 테즈도 자기 자신의 벨트를 지니고 있소. 그것을 넘겨 달라고 했더니 3만 달러를 내라고 했소. 1,080

만 엔이나 되는 돈이오. 그런 돈도 없지만 설사 있어도 일본 정부가 그 많은 외화를 사용하도록 승인해 주지도 않아요. 그러니까 벨트는 내가 만들 수밖에 없는 거요."

역도산의 말이 전혀 그릇된 것은 아니었다. 프로 복싱의 경우도 챔피언들은 자기 자신들이 챔피언 벨트를 각자 만든다. 다만 프로 레슬링의 경우 흥행을 위해 프로모터들이 만든 벨트를 매트에서 승자에게 넘겨주지만 그것은 엄격한 의미에서 볼 때 쇼인 프로 레슬링에서나 사용되는 흥행의 소도구일 뿐이다.

"이제 나도 챔피언이 됐으니 머지않아 벨트를 만들어 여러분에게 보여 드리겠소. 그리고 NWA의 인정서는 가방 속에 넣어 부쳤기 때문에 지금 내 손에 가지고 있지는 않소."

역도산은 여기에서 말을 끊고 다시 이어 나갔다.

"가능한 한 빨리 여러분과 만날 자리를 마련하겠소. 물론 그때에는 챔피언 벨트도 화려하게 사진을 찍어 주시오. 프로 레슬링 기자단의 간사를 맡고 있는《마이니치 신문》의 기자를 통해 연락하겠소."

기자회견은 일방적인 페이스로 끝나고 말았다. 얼마 후 약속대로 자신의 왕좌 획득 기념 파티를 열고 기자들을 초대했다. 역도산이 만든 벨트는 테즈가 지니고 있었던 NWA 세계 챔피언 벨트와 똑같았다.

왕관을 두른 타원형의 찬란한 버클을 한가운데에 두고 좌우 양쪽에 세 개 둥근 황금 장식이 달려 있었다. 그리고 그곳에는 갖가지 기술을 펼치는 레슬러들의 모습이 담겨진 벨트였다. 보는 사람마다 그 화려한 챔피언 벨트에 감탄하지 않을 수 없었다.

"어떻소? 훌륭하지? 나는 이 벨트를 빼앗으려 몰려드는 세계의 강호들을 상대로 최선을 다해 싸우겠소."

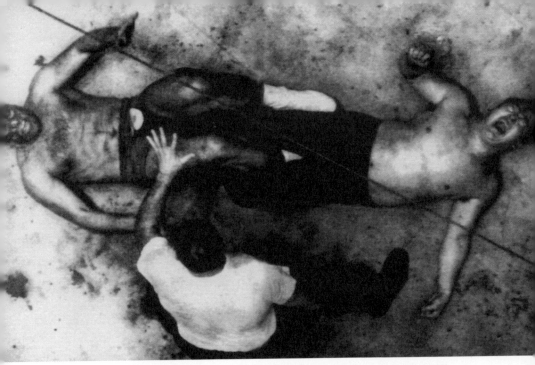

복면 레슬러 디스트 로이어와의 명승부 시리즈가 역도산의 마지막 경기였다. 특히 서로 상대방의 다리를 엉켜 걸고 압력을 가하는 넉 4자 굳히기(figure 4 leg lock)는 관중들을 열광시켰다.

　이날 샴페인 잔을 높이 든 역도산은 매우 즐거운 표정이었다. 세계적인 챔피언이 되려면 이 방법밖에 없다고 떠들썩한 파티장을 돌며 웃는 낯으로 많은 사람들과 인사를 나누면서 스스로에게 타이르고 있었다.

　다른 무슨 방법이 있겠나? NWA이건 반 가니어가 정상에 올라 있는 AWA이건 그 어느 단체가 장사 밑천인 타이틀을 역도산에게, 그것도 오랫동안 넘겨주겠는가? 역도산이 거액을 내놓는다면 그들은 미국 시장을 벗어나지 않는다는 조건으로 잠시 그에게 타이틀을 맡겨 줄지는 모른다. 그러나 그 타이틀을 일본으로 가져와서 여러 차례 방어전을 치르겠다면 결코 고개를 끄덕일 까닭이 없다. 자기네 장사가 망하고 말 테니까.

역도산의 얼굴에는 저도 모르게 쓴웃음이 떠올랐다. 기자들 가운데 노장인 다즈하마가 그의 쓴웃음에 눈길을 돌리고 말을 걸었다.

"진심으로 축하합니다. 테즈를 꺾고 챔피언의 타이틀을 빼앗아 가지고 돌아온 것은 대단한 일입니다."

"고맙소. 이 모든 것이 다즈하마 상을 비롯한 기자 여러분이 성원해 주신 덕이죠."

때때로 충격적인 폭로 기사 같은 것 때문에 가슴이 서늘해질 경우도 있긴 했지만 역도산으로서는 기자들이 자신의 흥행 업무에 협조해 주는 것이 고마웠다. 이날의 파티에서도 역도산이 가지고 돌아오지도 않은 NWA의 인정서를 내보이라는 기자는 없었다. 스스로 만든 현란한 챔피언 벨트 하나로 기자들은 역도산이 내세우는 인터내셔널 챔피언이라는 타이틀을 받아들일 수밖에 없었다.

인터내셔널 챔피언이라는 타이틀을 만들어 내다시피 한 역도산은 자신의 눈앞에 찬란한 미래가 펼쳐지는 느낌에 가슴이 한껏 부풀었다. 그해 10월 2일 구라마에 고쿠기칸에서 돈 레오 조나단을 1 대 0으로 꺾고 첫 타이틀 방어에 성공했다. 그 후 1963년 12월 4일 오사카에서 디스트 로이어와 무승부를 이루기까지 역도산은 5년 동안 열아홉 차례에 걸쳐 인터내셔널 챔피언의 타이틀 방어에 성공했다.

역도산을 살린 월드 리그

1958년 12월 17일 역도산은 하네다 공항에 내리자마자 특급 열차로 나고야로 가서 경기장에 도착해 보니 관중석은 텅텅 비어 있었다.

팔짱을 끼고 체육관 안을 둘러보던 역도산이 언제 그 격한 성미를 폭발시킬지 몰라 다나카를 비롯한 제자들은 슬금슬금 눈치만 보고 있었다. 테즈를 꺾고 인터내셔널 타이틀을 자기 것으로 만든 역도산은 10월 2일과 10월 31일 두 차례에 걸쳐 돈 레오 조나단을 꺾고 타이틀 방어에 성공한 뒤 11월 7일 요시노사토를 데리고 브라질 원정을 떠났다. 역도산이 없는 동안에도 프로 레슬링은 지방을 돌면서 순회 흥행을 가졌으나 또다시 인기는 시들해졌다.

'그렇게 힘들여 인터내셔널 챔피언 타이틀을 만들어 내다시피 했는데도 팬들은 보다 강한 자극을 바라고 있으니…'

4,500만 엔의 수표를 지불하기 어려워 일본 텔레비전의 프로 레슬링 중계 스폰서인 미쓰비시 전기에 부탁해서 돈을 꾸어 위기를 모면한 것도 이때쯤이었다.

레슬러와 흥행 관계자들을 모두 먹여 살려야 하는 경영자의 자리에 앉아 있던 그에게 프로 레슬링의 인기는 가장 큰 관심거리가 되지 않을 수 없었다. 그동안 밀려 있던 레슬러들의 파이트머니를 정산하기 위해서도 목돈이 필요했다. 밀렸던 돈의 일부를 나누어 주는 과정에서 아즈마후지가 자기 몫만 챙기는 바람에 다른 레슬러들로부터 외면당해 프로 레슬링계를 떠날 수밖에 없는 궁지에 몰려 있었다.

테즈에게 도전하기 전 하와이에 머무르고 있던 역도산은 비서 요시무라(레슬러 요시무라와는 다른 사람)에게 도쿄에서 돈을 마련하도록 지시했었다. 역도산의 친지에게 부탁해서 마련한 150만 엔이라는 돈을 요시무라는 아즈마후지에게 건네주면서 "레슬러들에게 고루 나누어 줘서 생활비에 보태도록 해 달라. 조금만 참으면 좋은 세월이 올 테니 기다려 달라"는 역도산의 전갈도 곁들여 전달했었다. 그러나 아즈마후지는 그 돈을 몽땅 자기 혼자서 챙겨 버렸던 것이다. 미국에서 돌아온 역도산은 화가 머리끝까지 올라 그에게 따졌다.

"아니, 어떻게 된 거야? 고루 나누어 주라고 했는데 단 한푼도 받았다는 사람이 없으니 말이야."

역도산의 추궁에 아즈마후지는 거리낌없이 대꾸했다.

"으응. 그 돈은 내가 전부 챙겼어. 그 150만 엔을 다 받고도 나는 아직 일본 프로 레슬링 흥행 회사로부터 받을 돈이 300만 엔이나 남아 있어."

"……."

얼굴 가죽이 두껍기로 둘째가라면 서러워할 역도산도 그의 이 억지 해명에는 한동안 말문이 막힐 정도였다. 이 사건이 직접적인 계기가 되어 다음 해 1월 아즈마후지는 정식으로 프로 레슬링계를 떠나고 만다. '돈이 필요하다. 어떻게 하면 벌 수 있을까? 어떻게 하면 경기장을 관중들로 가득 채울 수 있을까?' 자나 깨나 프로 레슬링 붐 일으키기에 두뇌를 짰다. 하루는 일본 프로 레슬링 흥업의 영업부장과 선전부장을 앉혀 놓고 의논의 말머리를 열었다.

"당신네들도 알다시피 이대로 가다가는 내가 스스로 목을 맬 수밖에 없네. 무슨 방안이 없겠나?"

영업부장이 힘없는 목소리로 대꾸했다.

"그렇습니다. 이대로 가다가는 얼마 더 버틸 수 없는 상황입니다. 돈줄이라는 돈줄은 거의 막혀 버렸어요."

"이렇게 되고 보니 떠나가 버린 나가타 사장 생각이 나는구먼. 그 양반은 나니와부시의 흥행으로 큰 성공을 거둔 사람이지. 1950년대에 일본 전국의 나니와부시의 일류들을 한자리에 모아 흥행을 치렀는데 그것이 일찍이 없었던 엄청난 인기를 모아 돈방석에 올라앉게 되었지. 알고들 있나?"

나니와부시란 일본 고유의 악기인 샤미센(三味線)을 켜면서 통속적인 이야기를 늘어놓는 것으로 굳이 따진다면 우리나라의 창과 비슷하다고나 할까? 역도산은 영업부장과 선전부장의 대답도 기다리지 않고 말을 이었다.

"어떨까? 나가타 사장이 나니와부시로 했던 것처럼 미국에서 여러 레슬러들을 불러들여 스모의 리그전 형식으로 흥행을 가져 보면…."

텔레비전 카메라와 역도산. 그의 레슬링은 텔레비전을 타고 엄청난 붐을 일본 방방곡곡에 일으켰다.

잠시 동안 침묵이 흘렀다. 역도산의 말대로 새로운 활로를 찾아야 했다. 그러나 미국으로부터 많은 레슬러들을 불러들이는 것은 큰 모험이 아닐까? 다시 프로 레슬링 붐에 뜨거운 불이 붙는 계기가 된다면 다행이지만 만의 하나라도 팬들이 외면한다면 파이트머니와 체제비 등 그 많은 경비를 안고 재기 불능이 될 것임에 틀림없었기 때문이다. 한참 생각에 잠겨 있던 선전부장이 고개를 끄덕였다.

"이렇게 되면 이판사판이니 한번 크게 도박을 해보시죠. 세계 각국에 프로 레슬링이 널리 퍼져 있는 것은 아니지만 미국 한 나라가 세계나 다름없으니 미국 레슬러만 가지고도 충분할 겁니다."

"……?"

역도산이 그의 얼굴을 빤히 쳐다보면서 무슨 뜻인가 하고 궁금한 표정을 지었다. 선전부장의 다음 말은 그럴듯했다.

"프로 레슬링의 세계 리그전을 여는 겁니다. 미국에는 여러 인종이

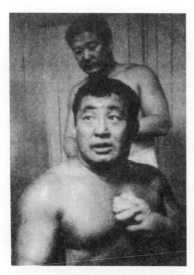

실질적인 프로모터이자 레슬러로 활약한 역도산은 머리 회전이 무척 빠른 사람이었다. 라커룸에서라도 언뜻 아이디어가 떠오르면 제자들에게 실행하도록 지시하곤 했다.

살고 있지 않습니까. 백인도 있고 흑인도 있고 황색 인종도 있습니다. 또 원래의 국적별로 구분한다면 영국계, 독일계, 프랑스계, 이탈리아계 등 세계의 모든 나라 사람들이 살고 있어요. 미국 한 나라에서 여러 인종, 여러 국적의 레슬러들을 데려오면 됩니다."

역도산은 그의 어깨를 투박한 손으로 가볍게 두들겼다. 일본 프로 레슬링의 사령탑인 역도산의 으뜸가는 칭찬 방법이었다. 선전부장은 계속해서 자신의 아이디어를 펼쳐 놓았다.

"영국계는 영국 대표, 독일계는 독일 대표, 이탈리아계는 이탈리아 대표가 되는 겁니다. 그래서 세계 각국의 대표들이 모두 일본에 모이게 하는 겁니다. 그리고 스모처럼 풀리그로 실력을 겨루게 하고 세계 으뜸이 누구인지를 가려 내자는 거죠."

"맞았어. 그거야, 그걸 한번 해보자. 19세기 말 유럽에서는 파리, 부다페스트, 비엔나, 모스크바, 밀라노, 런던 등의 프로 레슬링 토너먼트가 유명했었어. 최고 200명 안팎의 레슬러들이 출전해서 개최 기간도 두 달이나 걸렸다는 거야. 그때만 해도 관중들이 경기 결과에 엄청난 돈을 걸기도 했고 또 상금으로 걸기도 했었지."

사실 그랬다. 1896년 공포의 터키 인이라 불린 유소프가 파리의 일류 극장 포리 메르쥘에서 프랑스 챔피언인 라울 푸제를 반쯤 죽이고 이긴 경기에서는 관중들이 총 100만 프랑이나 되는 많은 돈을 상금으로 걸었다.

"지금은 내기를 거는 사람이 없어졌
으니 그건 어쩔 수 없는 일이라 치고 우
승 트로피를 엄청나게 크고 화려하게
만들어 팬들의 관심을 끌기로 하자."

사업가로서 자질을 타고난 역도산에
게서도 흥행을 성공시키기 위한 아이
디어가 줄줄이 나왔다.

"그래, 일류를 무더기로 불러 오자.
그래서 일본 열도에 다시 붐을 일으키
는 거야. 까짓 것 실패하면 또 맨몸으로
미국에 건너가 돈을 모아서 다시 출발
하는 거지."

'이 기획은 틀림없이 들어맞을 거야.
일류에 약한 일본인들에게 세계 정상
급들이 총출전하는 프로 레슬링 월드
리그는 더할 수 없는 구경거리로 받아
들여질 게 틀림없어.'

경우에 따라서는 작은 문제에 지나
치게 신경을 쓰는 섬세함을 지닌 반면
자신만 납득이 가면 엄청난 모험도 서
슴지 않았던 배짱을 지닌 역도산에게
월드 리그 개최는 마음에 쏙 드는 기획
이었다.

일본계 미국인 레슬러인 그레이트 도고는 제2
차 세계대전이 끝나자 악역 레슬러로 맹활약해
엄청난 돈을 벌었다. "레슬러는 링에서 떨어지
면 절대로 관중들에게 등을 돌려서는 안 된다"
라는 말이 있다. 프로 레슬링을 진짜 대결로 알
거나 진짜 대결로 믿고 싶어 하는 광폭한 팬이
우산이나 기타 흉기로 악역 레슬러를 공격하기
때문이다. 도고의 몸에는 이런 상처가 수없이
많다. 역도산은 월드 리그 창설 때 돈 문제가 깨
끗하지 못하다고 하면서도 많은 미국 프로모터
를 알고 있는 도고의 도움을 받았다.

"보통 힘든 일이 아니겠지만 해보기로 하세. 현재로서는 다른 도리가 없으니깐 말이야."

"그러면 레슬러 초청은 미국의 그레이트 도고 상에게 부탁을 하시는 게 좋겠네요."

영업부장의 이 말에 대답 대신 고개만 끄덕였다. 금전 관계가 깨끗하지 못한 도고에게 역도산은 별로 좋은 감정을 가지고 있지 않았다. 그러나 다른 루트가 없으니 이번에도 그의 손을 빌릴 수밖에 없었다.

'언젠가는 그를 제쳐 놓고 미국의 레슬러들을 초청할 수 있는 파이프 라인을 마련해야 할 텐데….'

아무튼 도고를 일본과 미국의 프로 레슬링 교류에서 제외하는 일은 뒤로 미루어 두고 당장은 그를 이용하기로 결심한 역도산은 일본 프로 레슬링 사상 가장 큰 흥행을 위해 뛰기 시작했다.

크리스마스 날인 12월 25일 기자회견을 갖고 프로 레슬링 월드 리그를 내년에 개최하겠다고 발표했다. 미국과 캐나다의 이름난 프로모터들에게 자신이 일본에서 월드 리그를 개최할 것을 밝히고 굵직한 레슬러들이 이 행사에 참가할 수 있도록 도와달라는 서신을 보냈다. 캐나다의 퀸, 미국의 말코비치 등으로부터 협력하겠다는 내용의 회답과 선수 명단이 돌아왔다.

역도산은 아무리 퀸이나 말코비치가 거물급 프로모터라 해도 그들의 추천만으로 선뜻 초청할 수는 없다는 생각이 들었다. 이번 월드 리그는 그의 프로모터 생명이 걸린 중요한 행사니까….

한번 결단을 내리면 주저 없이 실천에 옮기는 역도산은 1959년 2월 24일 혼자서 미국으로 떠났다. 이번 미국 방문에는 몇 가지 목적이 있었다. 첫째는 물론 뛰어난 레슬러들을 골라서 초청하는 일이었다. 둘째는 역도산 자신이 미국에서 경기를 갖고 달러를 벌어들이는 일이었다. 많은 레슬러들을 초청하려면 그들에게 지불할 달러가 있어야 했다. 셋째는 컨디션 조절이었다. 월드 리그를 치르기 위해서는 주역인 자신의 컨디션을 최고로 가져가야 하는데 일본에 있으면 여러 가지 일에 쫓겨 트레이닝을 마음껏 치르기 어려웠다. 그래서 아예 미국에 머물면서 웨이트 트레이닝을 비롯해 로드워크 등으로 컨디션을 조절하려는 것이었다. 넷째는 월드 리그의 붐에 불을 붙이기 위해 역도산보다 먼저 쓸 만한 미국인 레슬러를 일본에 들여보내는 일이었다.

로스앤젤레스에 도착한 역도산은 별로 마음이 내키는 대화 상대는 아니었으나 어쩔 수 없이 그레이트 도고와 의논했다. 그리고 붉은 망토에 붉은 가면을 쓴 미스터 아토믹이라는 복면 레슬러를 자신보다 먼저 일본에 들여보냈다. 떠나기 전 아토믹에게 일본 프로 레슬링 팬들의 심리를 상세히 설명하고 역도산이 돌아가기 전까지 일본에서

텔레비전 연속극 '월광 가면'의 인기에 편승한 복면 레슬러 미스터 아토믹의 등장은 절묘하게 팬들의 호기심을 자극했다. 자신이 미국 원정 중 아토믹이 일본 프로 레슬러들을 차례로 무찌르게 만든 후 팬들이 이를 갈고 있을 때 미국에서 돌아와 그를 깨부수는 등 역도산의 연출은 얄미울 정도였다.

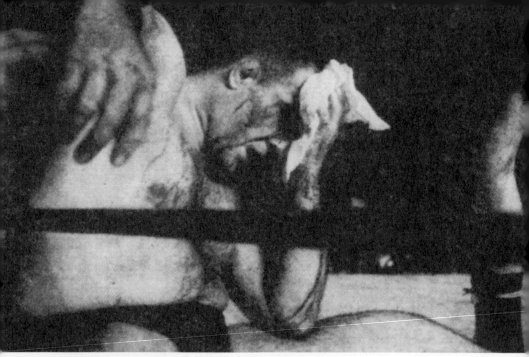

첫 번째 월드 리그에서 역도산은 붉은 마스크를 쓴 아토믹의 복면을 벗기고 피투성이로 만들었다. 구경거리의 클라이맥스를 연출해 내는 데에도 역도산은 천재적인 재능을 지니고 있었다.

역도산은 자신이 해외에 나가 있는 사이 몸집 큰 복면 레슬러 미스터 아토믹을 일본에 들여보내 피바람을 일으키게 만들어 팬들에게 '역도산이 빨리 돌아와야 한다'는 분위기를 조성했다.

그가 해야 할 일을 단단히 당부했다. 역도산이 미국에 머물고 있는 동안 미스터 아토믹은 일본의 매트에 피바람을 불러일으켰다. 브라질 원정에서 돌아온 요시노사토가 첫 번째 제물이 되고 말았다.

복면 레슬러가 일본의 프로 레슬링 시장에 등장한 것은 처음이었다. 그는 복면 속에 흉기를 감추어 놓고 박치기로 요시노사토를 피투성이로 만들어 19분 38초 만에 폴을 빼앗아 냈다. 두 번째 상대가 된 요시무라도 역시 편치와 킥 그리고 박치기에 피범벅이 된 채 12분 16초 만에 침몰하고 말았다.

"역도산이 돌아와야 한다. 가라데춥만이 아토믹을 분쇄할 수 있다!"

"빨리 불러들여라! 일본이 쑥밭이 되고 있는데 도대체 미국에서 무얼 하고 있느냐!"

잇달아 일본의 중견 레슬러들이 아토믹에게 깨지자 팬들은 역도산의 귀국을 학수고대하게 되었다. 미국에서 이런 움직임을 날마다 보고 받고 있던 역도산은 회심의 미소를 띠었다. 계획했던 대로 일본 프로 레슬링 시장은 또다시 뜨겁게 달아 올라가고 있었다.

아토믹에 대한 관심이 급상승했던 또 다른 이유는 때마침 일본의 각 가정에 보급되기 시작한 텔레비전 수상기에 비쳐진 '월광 가면(月光假面)'의 영향 때문이었다. 흰 복면을 쓰고 활약하는 월광 가면은 어린이들에게 절대적인 인기가 있었다. 복면 레슬러가 일본에 첫 등장한 타이밍은 매우 알맞았다고 할 수 있겠다.

1959년 4월 17일 역도산은 하네다 공항에 내려섰다. 5월 8일 무로란에서 역도산은 도요노보리와 팀을 이루고 아토믹―프레체스의 콤비와 싸웠으나 반칙으로 이겼을 뿐 폴을 빼앗아 내지 못했다. 5월 15일 삿포로에서 또다시 대결했으나 이때도 아토믹으로부터 폴을 빼앗아 내는 데 실패했다. 정확히 말하면 월드 리그에 출전시킬 그의 상품 가치를 떨어뜨리지 않기 위해 아토믹이 지는 각본을 짜지 않은 것이다.

5월 20일 프로 레슬링 센터에서는 엔리키 토레스, 제스 올테가, 킹콩, 타로크 싱, 로드 프레아스, 미스터 아토믹, 대니 프레체스 등 일곱 명의 외국인 레슬러들이 공개 훈련을 펼쳐 보도진들의 입을 딱 벌어지게 만들었다. 130~140kg급이 즐비한 이들의 모습은 정말 장관이었다.

그때까지만 해도 외국인 레슬러를 불러들였을 때는 많아야 고작 세명 정도였다. 그런데 이번에는 일곱 명이, 그것도 풀리그전을 치르기로 되어 있으니 팬들을 위해서는 그야말로 푸짐한 행사일 수밖에 없었다. 경기 방식도 그레코로만형의 8분 3회전이 적용되기 때문에 61분 경기보다 훨씬 압축된 내용의 레슬링을 볼 수 있었다.

5월 21일 도쿄 체육관에서 첫 경기를 갖고 전국 주요 도시를 26일간 돌고 난 뒤 마지막 경기는 또다시 도쿄에 돌아와서 가졌다. 첫날 체육관 주위에는 입장하지 못한 팬들이 2천 명이나 득실거렸다. 대회 기간인 26일 동안 어느 지방 도시에서의 흥행도 만원사례의 성황이었다. 팬들이 바랐던 대로 제1회 월드 리그는 역도산의 우승으로 막을 내렸다.

월드 리그에서 인기가 높았던 제스 올테가, 엔리키 토레스, 미스터 아토믹의 세 명을 월드 리그가 끝난 뒤에도 일본에 머무르게 하고 한 달 동안 순회경기를 더 가졌다. 이 행사는 역시 가는 곳마다 만원을 이루었다.

제1회 월드 리그와 그 후 흥행은 일본 전국 서른한 곳을 돌며 치러져 총관람객 수가 약 22만 명에 이르렀으며 입장 수입은 2억 4천만 엔이나 됐다. 엄청난 돈이 들어오자 그동안 밀렸던 레슬러들의 파이트머니를 모두 갚아 주었다. 월드 리그 창설이야말로 일본 프로 레슬링 그리고 역도산을 살린 큰 터닝 포인트가 됐다.

그때 역도산이 이를 악물고 모험에 뛰어들지 않았더라면 그때까지도 굳건한 기반을 닦지 못했던 일본 시장은 시들어 버렸을지도 모른다. 그 후 해마다 월드 리그를 개최했으며 해를 거듭할수록 인기는 높아 갔고 숱한 화제도 낳았다.

제너럴 일렉트릭 사의 연구원 한스 허만

1960년 제2회 월드 리그에 독일 대표라는 타이틀을 지니고 한스 허만이라는 레슬러가 참가했다. 오사카에서 역도산과 격돌한 허만은 주먹으로 얼굴을 마구 강타해서 피투성이로 만들어 쓰러뜨린 뒤 그 상처를 구둣발로 짓밟는 등 팬들에게 소름 끼치게 만든 레슬러였다. 역도산을 링 밖으로 내던지고 링 위로부터 무릎으로 내려찍기를 시도했으나 역도산이 옆으로 몸을 굴려 피하는 바람에 오히려 무릎을 다치고 굴복하고 말았다.

1960년 제2회 월드 리그에 참가한 한스 허만은 미국 공군 장교 출신으로 프로 레슬러 생활에서 은퇴한 후에는 캐나다의 맥길 대학에서 공학박사 학위도 따고 그 대학의 교수가 된 이색적인 인물이다.

한스 허만은 미국의 세계적으로 이름난 제너럴 일렉트릭의 연구원이었다. 어째서 공학도가 전혀 분야가 다른 프로 레슬링의 세계에 뛰어든 것일까? 허만은 독일인이다. 열다섯 살 때 단치히로부터 미국으로 이주한 후 다시 캐나다로 옮겨 대학의 전자학부에서 측시기기학(測時器機學)과 정밀전자기계공학을 전공했다.

대학을 나온 후 뉴욕의 제너럴 일렉트릭 연구원으로 근무하고 있을 때 제2차 세계대전이 터졌다. 공군에 기술 장교로 입대한 그는 스스로 지원해서 파일럿 훈련을 받아 조종사가 되었다. 하늘의 요새라 불린 B-29의 기장을 맡아 중국 대륙으로 부임해 장개석 총통의 휘하에 있던 한 중국 공군 부대를 지휘하는 한편 미얀마와 인도 방면의 일본군 기지를 공격하는 나날을 보냈다. 제2차 세계대전이 끝났을 때 그의 계급은 공군 중령이었다.

전쟁은 이긴 쪽의 정신도 황폐하게 만들어 버리는 것인가. 허만은 비록 전쟁이었다고는 하지만 폭격기를 타고 많은 사람을 죽이고 말았다는 죄의식에 사로잡힌 나머지 전쟁이 끝나고 제너럴 일렉트릭 연구소로 돌아가고 난 뒤에도 지난날의 규칙적인 생활에 적응하지 못하고 술과 여자가 엉킨 퇴폐의 늪에 빠져들었다. 그러나 그 거친 생활 속에서도 허만 스위치라 불리게 된 특수 타임 스위치를 발명해 내서 회사에 수천만 달러의 이익을 올리도록 만들어 주기도 했다.

전쟁이 끝난 다음 해인 1946년 캘리포니아 여행을 하는 동안 허만은 샌프란시스코에서 한 사람의 프로 레슬러를 만나게 된다. 당시 미국 태평양 연안에서 세계 챔피언임을 내세우고 있던 고저스 조지의 만남은 그의 인생을 잠시 바꿔 놓았다.

"당신은 체격도 좋고 용모도 괜찮으니 프로 레슬링을 해보지 않겠소?"

"프로 레슬러요? 그래, 얼마나 벌 수 있소?"

"그야 격에 따라 수입이 다르지만 나는 1년에 10만 달러쯤 벌어들이고 있소."

몇 천 달러면 집을 살 수 있었던 시절이라 10만 달러라면 대단한 돈이었다.

'나는 머리를 쥐어짜서 회사에 많은 이익을 주어 왔지만 프로 레슬

러는 별다른 두뇌를 쓰지도 않고 오직 체력과 쇼맨십으로 1년에 10만 달러씩이나 챙기고 있다니….'

허만은 그의 권유에 따라 프로 레슬링에 뛰어들기로 마음먹었다. 원래 대학에 다닐 때 복싱과 레슬링을 했던 경험이 있는 데다 워낙 체격이 좋았기 때문에 레슬러로서의 새 출발에는 아무 문제가 없었다. 바로 연구소에 사표를 낸 후 캐나다의 거물 프로모터인 에디 퀸을 찾아가서 매트에 오르게 되었다.

프로 레슬링 사상 아마도 허만 같은 인텔리는 찾아보기 어려울 것이다. 레슬러들 가운데에는 간혹 유명 대학을 졸업했다고 주장하는 사람들이 있으나 대개는 1년 이내에 퇴학한 경우가 많았고 체육학과를 나온 사람들은 더러 있을지 몰라도 허만처럼 자연과학계의 엘리트 코스를 밟은 레슬러는 드물었다.

이색적인 학사 레슬러로 등장하여 당시 에디 퀸이 내세우고 있던 세계 챔피언 킬러 커월스키와 태그 팀을 짜서 41연승을 거두었다. 전성기의 커월스키를 그늘에서 뒷받침한 것이 바로 허만이라는 것은 널리 알려진 사실이었다. 일본에 와서 역도산과 피투성이 대결을 벌였던 그는 얼마 후 매트를 떠났다.

"프로 레슬링으로 돈을 벌 수는 있지만 그것도 젊은 나이에 할 수 있는 직업일 뿐 결국 두뇌를 쓰는 연구실로 돌아가야겠다는 생각이 들더군."

프로 레슬링을 떠나면서 친구에게 이렇게 털어놓았다. 그러나 허만이 프로 레슬링을 떠나게 된 결정적인 이유는 야만성에 싫증이 났기 때문이라는 이야기가 더 설득력이 있을 것이다.

1961년 허만은 프이츠 폰 에릭과 한 조가 되어 딕크 브루저와 윌버

슈나이더 조를 상대로 신시내티에서 대결하여 처절한 혈전을 벌인 일이 있었다. 쇼이기는 하지만 때론 감정이 격앙되거나 팬들을 흥분시키기 위해서는 프로모터가 미리 정해 놓은 승패와 상관없이 유혈극을 벌일 때가 종종 있다.

반칙과 유혈의 명수라 불렸던 브루저와의 대결에서 냉철한 허만도 화가 머리끝까지 치솟았다. 링 밖의 장외 난투가 벌어지자 허만은 강철 파이프를 집어 들고 그의 머리를 쳐 버렸다. 도박장의 경비 책임자 출신이며 괴력의 소유자였던 브루저는 깨진 이마에서 피를 줄줄 흘리면서 눈을 새하얗게 뜨고 복수하기 위해 쫓아다녔다.

"그때 브루저의 반 미친 것 같은 얼굴을 잊을 수가 없었다. '이건 인간이 사는 세계가 아니구나'라는 생각이 들었지. 맨 마운틴 캠벨을 반쯤 죽이고 난 뒤에는 열흘가량 밤마다 악몽에 시달렸어. 프로 레슬러 15년에 몸보다도 신경이 너덜너덜하게 낡아 버린 거야. 나는 더 이상 피비린내 나는 세계에서 견딜 수가 없었네."

그의 솔직한 고백이었다. 매트를 떠난 허만은 캐나다의 몬트리올에 있는 맥길 대학의 교수로 들어가 공학박사 학위를 따고 측시기기학 주임교수가 되었다.

허만 교수는 프로 레슬링에서 번 돈으로 롤스로이스를 두 대 사고 그 가운데 한 대를 스포츠카로 개조했다. 피투성이 프로 레슬러 생활을 기리기 위해서인지 그 스포츠카는 빨간색으로 맥길 대학의 명물이 됐다. 허만 박사가 프로 레슬러였던 것은 대학 내에서 널리 알려진 사실이었지만 그 일에 대해서 이렇다저렇다 말하는 사람은 아무도 없었다. 오히려 뛰어난 체력과 투지까지 지녔던 인텔리로 존경을 받았다.

군 장교 출신 '붉은 도깨비' 아이크 어킨스

한스 허만이 지성을 지닌 대표적인 레슬러라면 아이크 어킨스는 야성의 대표적인 레슬러라고 할 수 있을 것 같다.

1961년 제3회 월드 리그에서 그 간이 큰 역도산도 정말로 공포에 떨었던 일이 있었다. '뱀 사나이', '붉은 도깨비' 라는 거창한 닉네임이 붙었던 어킨스는 링에서 무슨 짓을 저지를지 모르는 그런 타입의 레슬러였다. 아오모리에서 경기를 가졌을 때의 일이었다.

역도산이 날리는 소나기 가라데춉에 밀려 링 밖으로 떨어진 그는 때마침 옆에 있던 카메라맨의 플래시 램프를 빼앗아 링포스트에 두들겨

댔다. 당시 스트로보 같은 것이 없어 대형의 플래시 램프가 어두운 곳에서 촬영에 쓰이고 있었다. 링포스트에 부딪친 플래시는 전구가 깨져 나가고 뾰족뾰족한 금속들이 튀어나와 더할 수 없는 흉기가 되고 말았다.

이 흉기를 쥔 채 링 위에 날쌔게 뛰어 올라간 어킨스는 팔을 옆으로 휘둘러 역도산의 이마를 쫙 그어 버렸다. 뿜어 나오는 피에 링 사이드에 있던 관객들은 비명을 질렀고 순식간에 역도산의 얼굴은 붉게 물들고 말았다. 그 처참한 광경을 보면서도 어킨스의 얼

1961년 제3회 월드 리그에 초청되어 온 아이크 어킨스는 무슨 짓을 저지를지 몰라 역도산도 두려워했던 레슬러이다. 제2차 세계대전 중 아프리카 전선에서 탱크 부대 장교로 활약했고 전쟁이 끝난 후 럭키 루치아노가 이끄는 마피아의 중간 두목 노릇을 했다. 1968년 어킨스는 애틀랜타의 링 위에서 심장마비를 일으켜 사망했다.

굴에는 오히려 황홀한 표정이 스쳤다. 마치 피에 굶주린 살인귀 같은 표정에 역도산은 등골이 오싹했다.

프로 레슬러들은 가끔 실수로 유혈극을 벌일 때가 있고 또 일부러 미리 짜고 할 때도 있다. 그러나 그때마다 가해자인 레슬러는 피를 보는 순간 미안한 표정을 띠게 마련인데 어킨스만은 그렇지 않아 역도산이 전율을 느낀 것이었다.

아이크 어킨스와 짐 라이트는 제3회 월드 리그에 참가한 레슬러들 가운데 거친 플레이가 밑천이었던 사나이들이다.

"정말 무서운 팀이었어. 무슨 짓을 저지를지 모르는 상대처럼 무서운 것은 없는 거야. 물론 프로모터인 나의 지시대로 승패는 마무리 지어 주지만 그 과정에서는 어떤 엉뚱하고 잔인한 짓을 할지 몰라. 경기 도중에 '자식들은 정말 나를 죽이려고 하는 것이 아닌가' 라는 생각이 들기도 했어."

역도산이 다나카를 비롯해 그의 심복들만이 앉아 있는 자리에서 들려준 이야기였다.

"너희는 모르지."

한참 침묵을 지키다가 역도산은 진지한 표정으로 털어놓았다.

"그 자식들은 말이야, 진짜 살인자들이야."

마치 옆에서 누가 들을까 봐 목소리를 낮춘 듯한 이 말에 그 자리에 있던 사람들은 공포에 얼어붙은 것 같은 표정이었다.

어킨스는 1908년 미국 켄터키 주의 부리지 산맥 가운데에 있는 로그라는 곳에서 태어났다. 그의 아버지는 말단 나무꾼이었다. 가난하긴 했어도 아들에게 제대로 된 교육을 시키려고 애를 썼다. 소년 시절부터 힘이 강해 싸움을 잘했던 어킨스는 고등학교를 졸업하자 듀크 대학에 들어갔다. 고학을 하면서 대학에 들어간 그는 미식축구의 살인 태클러로 용명을 떨쳤고 졸업과 동시에 프로의 명문 그린베이 패커즈로부터 스카우트 제의를 받았다. 그러나 프로 미식축구 선수가 되지 않고 군대에 뛰어들었다.

브리스톨의 미 육군 탱크 학교를 거쳐 제2차 세계대전 중에는 아프리카 전선에 종군했다. 저 유명한 엘아라메인 전투에서는 탱크 부대의 선임장교로서 영국군에 참가하여 독일의 룸멜 원수가 이끄는 기갑부대와 처참한 대결을 벌였다. 아마도 그때가 그의 인생 가운데서 가장 알찼던 시기가 아니었는지 모르겠다.

전투에서 용맹을 떨치던 어킨스 대위는 타고난 성미가 불 같아 화만 나면 상대가 누구이건 철저하게 해치워 버리는 결점을 지니고 있었다. 규율이 생명인 군대에서 무법자 같은 생활이 오래 계속되기는 힘들었다. 가는 곳마다 싸움을 벌이고 상관을 두들겨 패서 여러 차례 영창에 갇히기도 했다. 제2차 세계대전이 끝났을 때는 대위로부터 상사로 강등당해 있었고 본국에 돌아오자마자 쫓겨나고 말았다.

서른일곱 살의 나이는 미식축구 선수 생활을 하기엔 너무 늦은 나이였다. 어킨스가 빠져들어간 세계는 폭력과 위법이 판치는 암흑가였다. 뉴욕의 '밤의 제왕'이라 불리고 프로 레슬링 흥행과도 관련을 맺었던 마약 왕 럭키 루치아노의 산하에 들어간 후 타고난 배짱과 싸움 실력으로 금세 두각을 나타내 중간 보스까지 자랐다. 진짜 갱이었다.

어킨스는 가끔 레슬러들에게도 "건방진 녀석, 지금 기관총을 가지고 있으면 벌집으로 만들어 버릴 텐데…"라는 농담을 곧잘 하곤 했다. 그러나 이 농담은 듣는 사람을 소름 끼치게 만들 만큼 박력이 있었다.

어킨스는 어째서 프로 레슬러가 됐느냐는 질문에 싱긋 웃으면서 대답했다.

"갱보다 재미있을 것 같아서 말이야. 그러나 내가 진짜로 치러 온 싸움이나 목숨을 걸었던 격돌에 견주면 프로 레슬링 같은 거야 어린애 장난이지."

역도산을 전율시킨 제3회 월드 리그에 참가했을 때 어킨스는 프로 레슬링 기자인 하라에게 한 장의 사진을 보여 준 일이 있었다. 흰 양복에 검은 셔츠 그리고 흰 넥타이를 매고 흑백의 콤비네이션 구두로 멋있게 차려입은 그의 옆에 한 미녀가 나란히 서 있는 사진이었다. 기자의 눈이 휘둥그래졌다. 유명한 여성이었기 때문이다.

"버지니아 메이요야. 할리우드의 영화배우인 메이요 말이야. 나는 정말로 이 여자와 결혼하려고 생각했던 적이 있어. 나의 옛 애인이지."

할리우드의 유명한 여자 배우와 사귈 정도였다는 사실만이 확인된 셈이었다.

역도산이 세상을 떠난 지 3년 뒤인 1966년, 그러니까 5년 만에 어킨스는 다시 일본에 왔다. 골든 시리즈에 참가하기 위해 나타난 그를 보고 프로 레슬링 관계자들은 모두 놀랐다. 아니, 5년 사이에 사람이 이렇게도 늙을 수 있는 것일까?

노쇠한 그에게는 이제 매트의 주역이 아니라 들러리 노릇밖에 맡겨지지 않았다. 역도산의 제자인 바바가 돋보이도록 그의 공격을 모두 받아 준 뒤 라커룸으로 돌아간 어킨스는 샤워도 하지 않고 가방에서 작은 위스키 병을 꺼내더니 꿀꺽꿀꺽 마셨다. 가쁜 숨을 몰아쉬며 10분 동안이나 일어나지도 못한 그는 쉰여덟 살인데도 70세 노인처럼 늙어 보였다.

골든 시리즈의 심판으로 참가한 오키와는 오랜 구면인 데다가 영어

프로 레슬링은 손님들의 관심을 끌기 위해 온갖 아이디어를 다 짜낸다. 미국 태평양 연안의 흥행시장을
장악하고 있는 WWA는 머리는 은발로 염색하고 물어뜯기를 주특기로 내세운 프레드 블라씨를 매트에
올려보내 한동안 인기를 끌었다. 1962년 일본에 건너와 역도산과 WWA 타이틀 매치를 치른 블라씨는
'백발의 흡혈귀' 라는 별명에 걸맞게 역도산을 피투성이로 만들었다. 이 경기의 참혹한 장면을 보던 노인
이 쇼크로 사망한 사건이 일어났으나 통상 프로 레슬링의 유혈극은 작은 면도날로 긋거나 캡슐 안의 염
소 피를 터뜨리거나 딸기잼을 문지르는 수법을 쓴다. 블라씨는 자기에게 맡겨진 악역을 잘해 냈지만 원
래 성품은 온화한 데다 어린이들만 보면 반가워하는 마음씨 좋은 아저씨였다. 돈벌이의 천재인 역도산은
블라씨의 이런 모습을 매우 못마땅하게 여겼다. 그래서 제자를 시켜 줄칼을 건네주면서 "이 줄칼로 이를
뾰족하게 가는 시늉을 사진기자들에게 보여 주어라. 그래야 손님들이 몰려들 것이 아닌가" 라고 가르쳤
다. 이 이야기를 전해 들은 블라씨는 "남들은 나를 두고 쇼맨이라고 부르지만 역도산이야말로 쇼맨 가운
데 쇼맨이다" 라고 감탄했다.

타고난 프로모터인 역도산은 1961년의 제3회 월드 리그에 몸무게가 204kg이나 되는 그레이트 안토니오를 참가시켜 그 괴력으로 버스를 끌도록 해서 사람들을 놀라게 만들었다. 그러나 그레이트 안토니오는 몸집만 클 뿐 레슬러로서 실력은 보잘것없었다.

로 말이 통했기 때문에 자주 지난날의 이야기를 나누곤 했다.

"나도 이젠 늙었어. 요즘은 술의 힘을 빌려 겨우 매트에 오르고 있지만 오래 못 갈 거야. 라이트 녀석이 저승에서 나를 부르고 있는 것 같아."

태그 팀 파트너로 애리조나의 살인귀라는 별명을 지녔던 짐 라이트는 이미 2년 전인 1964년 애리조나 주 피닉스의 링에서 경기 도중 협심증 발작을 일으켜 세상을 떠났다. 친한 친구가 죽으면 충격을 받아 살 의욕을 잃고 더 늙는 수가 많다는데 어킨스도 그런 경우였는지 모른다.

1966년 10월, 그러니까 두 번째 일본 원정을 마치고 미국으로 돌아간 지 두 달쯤 지나 조지아 주 애틀랜타의 링에서 댄디 잭 도노반과 대결을 마친 후 어킨스도 협심증 발작을 일으켜 저승으로 떠나고 말았다. 짐 라이트도, 아이크 어킨스도 나이를 무시하고 무리하게 버텼던 링에서 일생을 마친 것이었다. 나무꾼, 대학 미식축구, 탱크 부대 장교, 갱, 프로 레슬러 등 다양한 경력을 지녔던 어킨스의 기구한 인생은 60을 채우지 못했다.

변호사 출신 '괴기 레슬러' 스컬 머피

프로 레슬링은 쇼이기 때문에 팬들의 관심을 끌기 위해 여러 가지 수단이 동원된다. 그 가운데 하나가 괴기 레슬러의 등장이다.

역도산이 아끼던 제자인 김일과 대결했던 더 머미는 몸과 얼굴에 미라처럼 긴 붕대를 감은 레슬러였다. 또 해골 가면을 쓴 레슬러도 있었다. 그러나 이들은 모두 프로모터가 만들어 낸 괴기 레슬러였다. 역도산이 만났던 진짜 괴기 레슬러의 으뜸으로는 아무래도 스컬 머피를

캐나다에서 변호사로 개업까지 했던 인텔리 레슬러 스컬 머피는 어릴 때 열병을 앓아 온몸에 털이 하나도 없다. 자신의 용모에 대한 열등감 탓인지 머피의 레슬링은 잔혹했다.

꼽아야 할 것 같다.

그가 일본을 처음 방문한 것은 1962년 8월이었다. '스컬(Skull, 두개 골)'이라는 별명 그대로 머피는 머리뿐만 아니라 온몸에 털이라고는 단 한오라기도 없는 사나이였다. 초록색 눈은 차가운 광기를 띠었고 보디 빌딩의 세계 챔피언급인 둘레 51cm나 되는 굵은 팔에는 무시무 시한 해골과 비석이 꽂힌 묘지의 문신 그림이 있어 보는 사람으로 하 여금 소름 끼치게 만들었다.

9월 10일 도쿄에서 치러진 태그 매치에서 그는 역도산에게 박치기 를 퍼부었다. 견디다 못한 척하면서 역도산이 다운되자 머피가 오른 손을 들었다. 그 순간 링 밑에 있던 솔락과 아트 마하릭이 번개처럼 링 위로 뛰어 올라갔다. 역도산의 파트너인 도요노보리도 역시 머피의 박치기로 링 밖으로 떨어지고 그 위로 차례차례로 뛰어내렸다.

"으악!"

진짜 비명이 체육관 안에 울려 퍼졌다.

'이 멍청이 같은 녀석들이 실수했구나!'

도요노보리의 생각대로였다. 각본대로 링 밖에 떨어져 있는 역도산 위에 차례차례 뛰어내리되 한쪽 발로 충격을 줄이고 나머지 한쪽 무 릎으로 살짝 복부를 가격하기로 되어 있는데 솔락이 잘못해서 어깨와 빗장뼈 부분을 제대로 가격해 버린 것이었다.

"우두둑!"

뼈가 나가는 둔탁한 소리가 링 사이드의 기자석까지 들렸다.

"앗! 뼈가 부러졌나 보다."

"솔락이라는 녀석 둔하게 생겼다 했더니 기어이 일을 저지르고 말 았군."

"만약 그랬다가는 역도산이 정말로 당신을 죽일 거야. 알아서 해."

프로 레슬링의 내막을 구석구석까지 잘 알고 있는 기자들도 사태가 심상치 않음을 직감했다. 만약 뼈가 부러졌다면 적어도 한 달 이상은 링에 오르지 못할 텐데 역도산이 빠진 프로 레슬링 흥행은 생각조차 할 수 없었기 때문이다.

"저것 좀 봐. 머피 녀석만 웃고 있어."

일을 저지른 숄락을 비롯해 다른 레슬러들이 모두 뜻하지 않은 사고에 충격을 받은 표정인데 유독 머피만은 광기어린 눈을 빛내며 웃고 있었다. 순간 기자석에는 싸늘한 기운이 감돌았다.

"머피는 머리가 좀 돌아 버린 녀석 같아."

"그래, 저녀석은 정말로 정상적인 인간이 아냐."

기자들의 말대로 그는 보통 사람과 다른 데가 있는 레슬러였고, 그렇기 때문에 비극적인 생애를 마치게 되었다.

역도산은 게이오 병원에 실려가 X레이를 찍고 진찰을 받은 결과 오른쪽 빗장뼈의 탈구로 밝혀졌다. 다행이 뼈가 부러진 것은 아니었지만 관절이 빠졌기 때문에 한동안 무리한 운동을 할 수가 없게 됐다. 하지만 역도산은 흥행의 주역이라 링에 오르지 않을 수가 없었다. 그래서 미식축구의 어깨 프로텍터를 걸치고 링 위에 올라 괴로운 순회 경기를 마쳐야 했다. 그때 숄락은 정말 실수를 한 것일까? 아니면 머피의 지시에 따라 실수인 척하고 다치게 만든 것일까? 다친 어깨를 스스로 감싸면서 나머지 흥행을 소화해야 했던 역도산을 괴롭힌 의문점이었다.

머피는 1931년 아일랜드의 코크라는 곳에서 태어났다. 목재상을 경영하던 아버지는 사냥을 즐겨 했으며 그를 잘 데리고 다녔다. 머피에게 용기라고 할까 생각하기에 따라 잔인함이라고나 할까. 아무튼 남다른 점이 나타난 것은 그의 나이 아홉 살 때였다. 아일랜드 북부의 숲속에는 개만큼이나 몸집이 큰 살쾡이들이 살고 있었다.

그날도 아버지의 사냥에 따라갔었다. 아버지가 엽총으로 쏜 꿩을 사냥개가 쫓아가고 그 뒤를 머피가 쫓아갔다. 한 발자국 늦게 꿩이 떨어진 현장에 도착한 그는 뜻하지 않은 장면을 목격하게 되었다. 어디서 나타났는지 큰 살쾡이가 꿩을 가로챘기 때문에 사냥개가 덤벼들어 물어뜯고 물어뜯기는 싸움판이 벌어졌다. 아마 웬만한 어린애 같았으면 처참한 혈투에 두려움이 앞서 꼼짝할 수 없었을 것이다. 그러나 그는 달랐다. 겁도 없이 살쾡이의 목을 뒤로부터 조이고 오른손의 손가락을 눈에 푹 꽂아 눈알을 도려내 버렸다. 눈알을 잃고 앞을 못 보게 된 살쾡이가 미친 듯이 날뛰자 옆에 굴러 있던 나무토막을 집어들고 대가리를 마구 내리쳐서 박살을 내고 말았다. 참으로 무서운 소년이었다.

살쾡이를 때려잡은 다음 해, 그러니까 열 살 되던 해에 그의 생애에 가장 큰 영향을 미치는 일이 일어났다. 학교에서 돌아온 머피는 머리가 터질 것처럼 아프다고 부모에게 호소한 뒤 정신을 잃고 말았다. 무서운 성홍열에 걸린 것이었다. 당시 아일랜드 북부 일대를 휩쓸었던 성홍열은 훗날 세계 으뜸의 괴기 레슬러를 탄생시키는 원인이 되었다. 사흘 동안 의식을 잃고 생사의 경계를 헤매던 그는 머리털은 물론 온몸의 털이 모두 빠져 버리고 말았다. 한창 귀여운 나이에 털이라고는 하나도 없는 괴물 소년이 되었으니 얼마나 얄궂은 운명인가. 병은 나았으나 머피는 친구들을 잃고 말았다. 흔히 어린이들은 순진하다고 하지만 사실은 곧잘 잔인함을 감추지 않고 그대로 드러내기도 한다.

"야아! 귀신."

"민짜 괴물!"

자기 또래의 어린이들이 퍼붓는 야유에 마음의 상처를 입고 머피는 인간을 증오하게 됐다. 그렇지 않아도 민감해지기 쉬운 사춘기 시절에 머피가 겪었던 고민은 짐작이 가고도 남는다.

"머리털이 제대로 난 다른 사람들을 보면 그때는 모두 죽이고 싶었다."

훗날 머피는 친했던 레슬러에게 이렇게 털어놓은 일이 있었다.

하도 거칠고 어두운 성격을 지니게 되자 부모마저도 친근감을 느끼지 못했다고 하니 마음의 상처가 얼마나 깊었는지 알 만하다. 외로움에 빠져 있던 그가 있는 힘을 다해 몰두한 것은 복싱과 역도, 그리고 공부였다. 스컬 머피가 정식 자격을 지닌 변호사였다고 하면 아마도 프로 레슬링 팬들은 놀랄 것이다. 그러나 머피는 어엿한 변호사였다.

그는 아일랜드의 으뜸가는 명문 더블린 대학의 법과에 진학했다. 대학 시절에도 고독을 잊느라고 학업에 열중해서 우수한 성적으로 졸업해 변호사 자격증을 땄다. 그러나 괴물처럼 생긴 그에게 사건을 의뢰해 오는 사람은 없었다. 자격증은 가지고 있으나마나였다.

얼마 후 그의 모습은 아일랜드에서 사라졌다. 머피는 새로운 삶을 개척하기 위해 캐나다로 이민을 떠나 몬트리올로 옮긴 후 다시 변호사 시험을 보아 자격을 따냈지만 그곳에서도 마찬가지였다. 아무도 사건을 의뢰하러 오지 않았다.

실망에 빠진 머피가 술집에서 술에 절어 있을 때 괴물이라고 놀린 몸집 큰 사나이와 싸움이 붙었다. 한때 복싱과 역도에 열중했던 머피는 뛰어난 힘을 지닌 데다가 주먹이 강했다. 10분 동안의 난투로 술집은 엉망이 됐고 상대방 사나이는 뻗어 버렸다. 이 상대가 당시 이름을 떨치기 시작했던 래리 머킨이라는 프로 레슬러였다.

"머피라는 괴물 변호사는 변호사답지 않게 강하다. 프로 레슬러를 반쯤 죽여 놓았다"라는 소문이 몬트리올 시내에 퍼지는 데는 그다지 오랜 시간이 걸리지 않았다.

어느 날 괴상한 사나이가 찾아왔다. 그는 조 버너드라고 자기 소개를 했다. '부르트(Brute, 짐승) 버너드' 라고 별명이 붙은 흉악 레슬러로 이름을 떨치기 시작한 사나이였다. 이 선수가 훗날 일본 원정에서 각목을 휘두르다가 실수해서 김일의 한쪽 귀를 반쯤 찢어 놓은 바로 그 장본인이다. 버너드는 몬트리올의 거물 프로모터 에디 퀸의 지시를 받아 머피를 만나러 온 것이었다.

"어떻소? 변호사님. 프로 레슬러로서 링 위에 올라가지 않겠소? 레슬러로 유명해지면 변호사로서도 이름이 날 테니 양쪽에서 돈을 벌 수 있어 좋지 않소?"

그의 권유에 머피는 선뜻 고개를 끄떡였다. 자신의 가슴 속에 쌓여 있는 한을 푸는 데는 매트가 알맞은 장소처럼 여겨졌기 때문이기도 했다.

링 네임은 자기가 가장 싫어했던 스컬 머피로 정했다. 이 이름은 자기를 싫어하던 모든 사람이 지어 준 이름이었기 때문이다. 매트 위의 머피는 무척 거칠었다. 그러나 매트의 세계는 참으로 이상한 세계였다. 처참한 경기로 매트를 피투성이로 만들자 괴기 영화나 괴기 소설에 관심을 쏟는 것과 같은 호기심으로 많은 사람들이 그를 보기 위해 경기장에 몰려들었다.

머피는 짧은 시일 안에 캐나다와 미국의 프로 레슬링 시장에서 괴기 레슬러로서 스타의 자리에 올랐다. 그의 레슬링은 연출된 쇼라기보다 그동안 사람들에게 품어 왔던 한을 푸는 거친 경기로 나타났기 때문에 매우 박력이 있어 팬들을 사로잡았다. 부르트 버너드와 짝을 이룬 태그 매치에서도 머피는 일류로 평가받게 됐다.

세상 일이란 참으로 한치 앞을 알 수 없는 노릇이다. 머피가 프로 레슬링의 세계 랭킹 상위에 오르게 되자 그가 더블린 대학 법과를 우수한 성적으로 졸업한 변호사라는 사실도 널리 알려지게 됐다. 그러자 수많은 의뢰인들이 머피에게 사건 변호를 맡아 달라고 밀려들었다.

몬트리올의 중심가에 그럴듯한 사무실을 차려 놓고 캐나다에서도 이름난 변호사 가운데 한 사람으로 꼽히게 됐다. 많은 팬들은 아무리 힘이 강해도 유능한 변호사가 어째서 프로 레슬러가 됐는지 궁금하게 여겼다. 머피는 매스컴과 인터뷰에서도 곧잘 그런 질문을 받았다.

"어째서 변호사가 프로 레슬러까지 하게 됐죠?"

"그야 프로 레슬러가 돈을 많이 벌 수 있기 때문이오."

웃으면서 이렇게 대답했지만 변호사도 많은 돈을 벌 수 있는 직업이었으므로 단순히 돈을 벌기 위해서 그가 프로 레슬링에 뛰어든 것은 아니었다. 머피가 자신에게 야유를 퍼부어 왔던 사람들에 대한 원한을 풀고 자신의 파괴 본능을 충족시키기 위해 매트의 세계에 뛰어들었다고 믿는 프로 레슬링 관계자들이 많았다. 그러나 변호사 머피가 어째서 프로 레슬러가 됐는지 정확한 진상은 끝내 밝혀지지 않았다. 머피가 갑자기 죽어 버렸기 때문이다. 당시의 신문은 '미국 노스캐롤라이나 주 샤롯테 시의 봅그린크리스탈 병원에서 심장마비로 사망했다'고 보도했다. 그러나 사실은 권총으로 머리를 쏘아 자살한 것이었다.

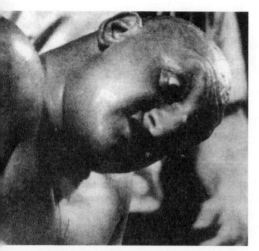

어엿한 변호사였는데도 프로 레슬러가 된 스컬 머피는
비참한 최후를 맞는다.

머피는 죽기 전날 밤 짐 버너드와 태그 팀을 이루고 돈 켄트, 크러셔 칼 카슨 조와 피투성이 경기를 치렀다. 버너드가 미친 듯이 날뛰는 바람에 장외에서 광란의 도가니가 되고 말았고 머피는 피범벅이된 채로 돈 켄트를 쫓아 다녔지만 잡지 못했다. 결국 노 콘테스트가 되어 승패가 가려지지 않고 끝났다.

그 이튿날 아침 머피는 묵고 있던 호텔에서 왼쪽 이마에 권총을 쏘아 피투성이가 된 채 쓰러져 있는 것을 옆방 손님이 발견해 병원으로 실려 갔으나 그곳에서 숨졌다. 왼손잡이였던 그가 사용한 권총은 스미드 앤드 웨슨의 구형이었다.

머피말고도 똑같은 종류의 권총으로 자살한 두 명의 위대한 레슬러가 있었다. 한 사람은 1962년 2월 미국 조지아 주의 시골 거리에 있는 교회 앞에 차를 세우고 그 안에서 죽은 괴력 레슬러 유콘 에릭이고 또한 사람은 최초이자 최후의 인디언 레슬러로서 세계 챔피언의 자리에 오른 일이 있었던 돈 이글이었다. 이글은 모호크 족의 추장 출신이며 1966년 캐나다의 퀘벡에서 자살했다.

이 두 선수가 머피가 쓴 것과 똑같은 스미드 앤드 웨슨 권총을 사용해서 자살한 데다 두 사람이 모두 머피와 같은 캐나다 국적에 프로모터 에디 퀸과 계약을 맺었던 레슬러들이었다는 것은 공교롭게도 우연의 일치였다. 유콘 에릭은 사랑하는 아내가 가출해서 행방불명이 되어 버리는 바람에 절망감에 빠져 자살했다.

한편 돈 이글은 인디언에 대한 인종 차별과 싸우기 위해 자신이 벌어들인 파이트머니를 모두 인종 차별 반대운동에 쏟아 넣은 후 삶에 지쳐 있었다. 게다가 마지막 소망이었던 인디언 문화유산을 후세에 남기기 위한 이로크오이 문화 센터의 설립이 캐나다의 퀘벡 주정부로부터 허가가 나지 않자 절망감에 빠져 자살한 것으로 전해진다.

그러면 스컬 머피는 왜 자살한 것일까? 광란의 레슬러 머피도 자기 자신의 광기와 싸우느라 지쳐 버린 것이 아니었을까? 프로 레슬러와 변호사로서 돈을 적지 않게 벌어들이고 있던 그가 경제적으로 어려움을 겪었던 흔적은 없었다. 결국 머피는 자신의 파괴 본능을 억제하지 못해 언젠가는 링에서 살인을 저지르게 되지 않을지 고민을 하다가 스스로 목숨을 끊은 것으로 풀이하는 프로 레슬링 관계자가 적지 않았다.

역도산의 우상, '철인' 루 테즈

프로 레슬링의 역사에 관한 세계적 권위자 가운데 한 사람으로 알려진 일본의 다즈하마 히로시가 쓴《혈투와 우정의 기록》을 바탕으로 루 테즈의 성장 과정과 주요 경력을 살펴보자.

루 테즈는 1916년 4월 26일 미국 미주리 주 세인트루이스에서 태어났다. 테즈는 프로 레슬러가 될 운명을 지니고 태어났다고도 할 수 있다. 아버지 마틴 테즈는 제1차 세계대전이 터지기 전 미국으로 이주한 헝가리 인이었다. 마틴은 미국 이름이며 헝가리 본명은 산드아 세즈로 레슬링의 헝가리 미들급 챔피언이었다. 세인트루이스 동쪽 변두리에 작은 구두 가게를 하고 있던 가난한 마틴은 자신의 아들 루를 위대

프로모터가 미리 각본을 짜 놓을 수 없었던 전형적인 정통파 레슬러 루 테즈는 온몸이 강철 같은 근육으로 덮여 있어 철인(鐵人)이라 불렸다. 쇼인 프로 레슬링에 실망했던 역도산은 타도(打倒) '테즈'를 목표 삼아 자신의 레슬링을 키워 나간다.

한 레슬러로 키울 꿈을 보람 삼아 살고 있었다. 루란 이름은 루이스의 약칭으로 '이 아이가 언젠가는 세인트루이스의 자랑이 되도록…' 이라는 아버지의 뜨거운 바람이 담겨 있었다.

유럽에서 찬란하게 꽃 피웠던 일류 레슬링 경기 대회들이 제1차 세계대전이 발발하기 전부터 시들어 버리자 유럽의 많은 일류 프로 레슬러들은 새로운 시장을 찾아 미국으로 건너갔다. 마틴 테즈도 그들 가운데 한 사람이었다.

그러나 무엇이든지 스케일이 큰 것을 좋아하는 미국인들의 기질 탓인지 프로 레슬링에서도 아기자기한 기술로 스피디하게 펼쳐지는 중간 체급은 외면당하고 헤비급만이 인기를 모았다. 즈비스코 형제를 비롯해 유럽에서 건너간 헤비급의 거한들은 미국에서도 프로 레슬러로 성공했으나 고작 75kg의 마틴 테즈가 설 땅은 없었다.

'좋다. 어디 두고 보자. 내 아들을 프로 레슬러로 훌륭히 키워 세계 최강자로 만들고 말겠다.'

자신이 이루지 못한 꿈을 아들에게 꽃 피우려고 마틴은 루에게 천재 교육을 시켰다.

헝가리는 원래 세계 레슬링의 명문 국가로 오랜 전통을 자랑한다. 그리스에서 시작되어 로마에서 사라지고 만 고대 레슬링이 18세기에 프랑스 파리에서 부활하기 훨씬 이전인 12세기경부터 헝가리에서는 이미 레슬링이 치러져 '15세기에는 마시어스 콜빈이라는 임금이 레슬러를 키우고 있었다' 는 기록이 남아 있다.

1888년부터 헝가리에서는 그 유명한 부다페스트 토너먼트가 시작되어 파리 토너먼트 그리고 페테르부르크 토너먼트와 함께 유럽 3대 토너먼트로서 권위를 자랑했다. 헝가리에는 거리마다 레슬링 클럽이 많이 있었으며, 그 총본산은 부다페스트의 M. T. K. 클럽이었다.

루의 아버지는 이 클럽에서 자라 헝가리의 미들급 챔피언이 됐다. 헝가리는 프로 레슬링뿐만 아니라 아마추어 레슬링에서도 막강함을 자랑하면서 수많은 세계 챔피언과 올림픽 챔피언을 배출하게 된다.

마틴 테즈는 그의 아들이 일곱 살 때부터 레슬러로서 천재 교육을 시작했다. 10년 세월이 흐르고 루가 열일곱 살이 됐을 때 그는 처음으로 아버지 마틴을 백 드롭으로 던졌다. 백 드롭이란 상대방 허리를 뒤에서 안아 뒤로 젖혀 던지는 호화로운 기술로 강한 힘과 부드러운 허리가 요구되는 기술이다. 레슬러로서 아들의 성장을 확인한 마틴은 기쁨을 감추지 못했다.

루 테즈는 세인트루이스의 프로 레슬링 체육관 해리 쿠크에 입문했다. 루의 프로 레슬링 첫 경기는 조 앤더슨이라는 베테랑을 상대로 치러졌다. 이 경기에서 소년 레슬러 루는 놀랍게도 팽팽한 접전 끝에 무승부를 기록했다.

'흐음, 이 소년은 물건인데….'

루의 경기를 지켜보던 조지 트라고스가 감탄했다. 트라고스는 힘이 강한 장사로 위대한 트레이너이자 체육학자였다. 1906년 아테네 중간 올림픽에서는 그리스 선수로서 역도의 금메달을 땄고, 그 후 미국으로 건너가 1920년에는 미국 올림픽 레슬링 대표팀의 코치를 지낸 그가 루 테즈를 가르치겠다고 나섰다.

그의 제자가 됐을 때 열입곱 살의 루는 키 182cm에 몸무게 95kg으로 이미 헤비급의 체격을 훌륭히 갖추고 있었다. 트레이닝은 기초 체력 단련을 포함해서 하루 9시간이라는 맹훈련이었다. 트라고스라는 대장장이가 루 테즈를 단련해서 철인으로 만들어 갔다.

세계 챔피언의 자리를 떠난 에드 루이스가 1936년 세인트루이스에 들렀다. 왕좌를 물러나긴 했어도 루이스는 아직 정상급 레슬러임에 틀림이 없었다.

전 세계 챔피언 루이스의 시범 경기 상대로 루 테즈가 뽑혔다.

"아니 이게 어떻게 된 거야?"

"뭐가 잘못된 거 아냐?"

시범 경기를 지켜보던 관중들은 자신의 눈을 의심하지 않을 수 없었

20세기 위대한 프로 레슬러 가운데 으뜸으로 꼽히는 루 테즈는 1947년 4번째 세계 타이틀(훗날의 NWA 타이틀)을 차지한 후 936차례 싸워 단 한 번도 지지 않은 놀라운 기록을 세웠다. 1925년 프로 레슬링이 쇼로 되고 난 후 프로 레슬러의 종합전적은 기록되지 않았다. 그러나 루 테즈만은 예외였고, 그는 전설이 됐다. 역도산은 테즈를 우상으로 삼고 있었다(왼쪽). 역도산은 프로 레슬링의 프로모터로서 일본에 붐을 일으키려면 무엇을 해야 하는지 누구보다도 잘 알고 있었다. 이미 프로 레슬링은 쇼라는 소문이 강력하게 퍼지고 있는데도 일류 레슬러와 눈에 띄는 레슬러들을 초청해 프로 레슬링의 참 재미를 팬들에게 깨우쳐 주었다. 루 테즈는 그 가운데서도 으뜸가는 전설이자 우상이었다(오른쪽).

루 테즈의 오른쪽 귀는 멀쩡한데 왼쪽 귀는 찌부러져 있다. 오랫동안 매트에서 강한 헤드 로크를 당하다 보니 남겨진 자국이다.

다. 경기가 시작된 지 단 33초 만에 테즈가 루이스를 백 드롭으로 던지고 이어 빠져 나갈 틈을 주지 않은 채 폴로 눌러 버렸기 때문이다. 누구보다도 깜짝 놀란 것은 루이스였다.

'아니 이런 풋내기에게 내가 눈 깜짝할 사이에 당하다니…'

폴을 당한 루이스는 벌떡 일어나더니 외쳤다.

"자아! 한번 더 덤벼 봐. 이번에는 내가 너무 방심했었어."

루이스도 둘째 판은 매우 신중하게 싸웠으나 5분 25초 만에 또다시 같은 수로 폴을 빼앗기고 말았다. 세계 챔피언을 갓 떠난 에드 루이스가 조지 트라고스의 제자인 무명의 신인 루 테즈에게 당한 완패는 '세인트 루이스의 기적'이라고까지 불렸다.

"나는 세계 챔피언이 되어 가고 있는 사나이를 발견했다."

루이스도 기자들 앞에서 테즈의 실력을 높이 평가했다.

'이 젊은이는 틀림없이 세계 챔피언이 될 수 있는 자질을 지니고 있어. 이제 나도 나이가 들었으니 현역에서는 은퇴해야겠고…. 그래, 이 젊은이를 키워 보자.'

이렇게 마음먹은 루이스는 루 테즈의 매니저를 자신이 맡겠다고 제의했다. 프로 레슬링계에 영향력이 큰 에드 루이스가 루의 매니저를 맡아 주겠다니 트라고스도, 아버지 마틴도 반대할 까닭이 없었다.

1937년 12월 29일 세인트루이스 에리너에서 당시 세계 챔피언 에베렛 마셜이 루 테즈의 도전을 받았다. 제아무리 유망 신인이라고는 하나 세계 타이틀에 첫 도전하는 테즈가 세 판 가운데 단 한 판만이라도 이기면 대성공이라는 것이 경기를 앞두고 지배적인 전망이었다.

경기가 시작되자 챔피언인 마셜은 선제 펀치를 날려 테즈의 전투력을 파괴하려 했다. 그러나 루는 잽싸게 펀치를 피해 마셜이 몸의 중심을 잃고 발놀림이 흩어지도록 만들었다. 그의 뒤로 돌아 허리를 잡았다. 겨우 빠져 나온 챔피언은 안 되겠다 싶었는지 신중한 전법으로 맞서 숨막히는 긴장의 연속이 2시간이나 계속되었다. 그때만 해도 프로 레슬링이 완전히 쇼로 탈바꿈했던 시절이 아니었으므로 지금으로서는 생각하기조차 힘든 2시간 이상의 실력 대결이 존재할 수 있었다.

그 사이 마셜은 발목을 잡아 비트는 토 홀드(Toe Hold) 와 뒤에서 두 팔을 자신의 두 팔로 깍지 끼는 풀 넬슨을 한 번씩 성공시킬 뻔했으나 테즈는 미꾸라지처럼 빠져 나가 버렸다. 테즈도 마셜의 팔을 두 차례나 조이는 데 실패한 뒤 세 번째에는 15분 동안이나 조이는 데 성공했지만, 마셜이 테즈를 질질 끌고 가서 로프에 터치하는 바람에 경기 규칙상 공격을 중지할 수밖에 없었다.

2시간 반쯤 지났을 때 마셜이 테즈에게 헤드 로크를 걸었다. 두 팔과 자신의 겨드랑이 사이에 상대방의 머리를 끼고 조이는 헤드 로크는 위력이 강해 잘못하면 뇌가 손상을 입는 경우도 있다.

'됐다! 드디어 걸려들었다.'

마셜은 이제 이겼다는 듯 승자의 눈초리로 자기 코너에서 치프 세컨드 노릇을 하고 있는 빌리 산도에게 신호를 보냈다.

산도는 지난날 오랫동안 루이스의 매니저를 맡아 루이스의 주무기였던 헤드 로크를 완성시키는 데 협력한 인물이므로 전성기의 루이스가 했던 대로 헤드 로크를 건 채 심하게 흔들면서 조이도록 마셜에게 사인을 보냈다. 마셜은 산도가 몸짓한 대로 온 힘을 다해 흔들어 댔다. 보기에는 테즈의 위기 같았으나 사실은 챔피언이 테즈의 함정에 빠진 셈이었다. 헤드 로크를 당하면서 테즈는 두 손을 챔피언의 허리와 사타구니로 뻗었다. 다음 순간 백 드롭으로 챔피언의 몸을 허공에 날렸다. 머리부터 매트에 꽂힌 마셜은 첫 판을 빼앗긴 뒤 그로기 상태에서 둘째 판을 맞이해 제대로 싸워 보지도 못한 채 신예 테즈에게 굴복하고 말았다. 전혀 예상치 못했던 큰 이변이 일어났던 것이다. 약관 스물한 살의 루 테즈가 강호 마셜에게 세계 타이틀을 빼앗아 냈다는 것은 정말 놀라운 일이었다.

당시 프로 레슬링의 세계 챔피언은 복수 시대여서 아홉 명이나 되는 자칭 챔피언이 각 지역에 난립하고 있었다. 뉴욕의 데이브 레빈, 콜로라도의 에베렛 마셜, 펜실베니아의 딘 디튼, 뉴저지의 루디 듀섹, 매사추세츠와 캐나다의 이본 로버트, 텍사스의 레오 새비지, 캘리포니아의 빈센트 로페츠, 영국의 잭 셰리, 아르헨티나의 울라딕 즈비스코 등이 모두 세계 챔피언이라고 주장하면서 돈을 벌어들이고 있었다.

미국 레슬링협회가 2시간 56분에 걸친 마셜과 테즈의 경기를 진짜 세계 타이틀 매치라고 높이 평가한 것은 경기 내용도 좋았고 챔피언이었던 마셜의 실력도 인정했기 때문이지만, 테즈의 배후에 에드 루이스라는 거물이 존재하고 있었기 때문이기도 했다.

에베렛 마셜과 거의 3시간에 이르는 격투로 테즈는 매우 피곤했다. 경험 많은 매니저인 루이스

철인 루 테즈를 발굴해 내고 다듬어서 세계 챔피언의 자리에 올려놓은 에드 스트랭글러 루이스(오른쪽)도 지난날의 세계 챔피언이었다.

는 피로 회복을 위해서는 3개월의 휴식이 필요하다고 판단했다. 그 3개월 동안에는 시범 경기에만 응하겠다는 속셈이었다. 이 휴식 기간만 보아도 그때 프로 레슬링 경기가 진짜 실력 대결이었다는 사실을 알 수 있다.

그러나 시범 경기 가운데 하나로 신청이 들어 왔던 스티브 케이시와의 대결이 어물쩡 타이틀 매치로 둔갑하고 말았다. 케이시는 보스턴의 이름난 프로모터인 폴 포저 밑에 레슬러로 인간 분쇄기(Crusher)라는 별명이 붙을 만큼 힘이 강하고 거칠었다.

루이스는 10년 전 세계 프로 레슬링계가 두 쪽으로 쪼개질 때 폴 포저와 손을 잡고 보스턴 파를 옹립했던 낯익은 사이였다. 루이스는 돈에 약했고 포저가 루이스의 약점을 꽉 쥐고 있었기 때문에 꼼짝하지 못하고 포저가 파놓은 함정에 빠져 시범 경기라야 했을 테즈 대 케이

철인(鐵人) 루 테즈의 특기 가운데 하나인 백 드롭은 뒤에서 상대방의 허리를 안아 뒤로 젖혀서 던지는 기술이다. 역도산이 아무리 프로모터 노릇을 해도 테즈에게 마구 패배를 요구하는 계약을 맺지는 못한 것 같다. 테즈의 백 드롭에 걸린 역도산이 허공에 떴다. 이때 잘 떨어지지 않으면 뇌진탕을 일으킬 수도 있으나 노련한 레슬러들은 그런 사고를 일으키지 않는다.

시 전을 타이틀 매치로 바꾸는 데 고개를 끄덕이고 말았다.

테즈는 스태미너 회복에 필요했던 3개월의 고작 절반밖에 안 되는 44일째인 1938년 2월 11일 밤 세인트루이스에 신축된 킬 오디터리움에서 스티브 케이시를 맞아 첫 타이틀 방어전을 가졌다. 아직도 프로 레슬러로서 연륜이 짧았던 테즈는 케이시의 기습에 말려들고 말았다. 케이시는 3판 2승제인 이 경기에서 경기 시작 때의 악수를 악용했다. 악수로 잡은 테즈의 손을 꺾어 비틀고 왼손으로 사타구니를 들어 올려 쓰러뜨리고는 어이없게 폴로 첫 판을 이겨 버렸다.

첫 판을 뜻하지 않게 빼앗긴 테즈가 냉정함을 잃어버린 둘째 판에서도 케이시는 일방적인 공격을 가했다. 엎어진 테즈의 등에 올라 두 다리를 자기의 두 팔에 안아 뒤로 꺾어 젖히는 보스턴 크랩으로 18분 25초 만에 기브업(항복)을 받아 냈다. 이렇게 해서 세계 타이틀은 세인트루이스에서 보스턴으로 옮겨졌다.

그로부터 한 달이 좀 지난 1938년 3월 25일 보스턴 가든 어레너에서 전 챔피언인 에베렛 마셜이 스티브 케이시에게 도전했다. 경기는 3판 2승제였으나 첫 판에서 끝나 버렸다.

경기가 시작되자 마셜은 그 엄청난 힘으로 케이시를 두 어깨에 짊어지더니 몸을 빙그르르 회전시켜 생긴 원심력으로 던지는 에어플레인 스핀(Airplane Spin, 비행기 던지기)으로 링 밖으로 날려 버렸다. 케이시는 떨어지면서 링 모서리에 부딪혀 20바늘이나 꿰매는 큰 상처를 입고 경기를 계속할 수 없게 됐다.

에어플레인 스핀은 프로 레슬링에서 합법적인 기술로 인정되고 있었다. 그런데도 주심은 KO된 피투성이의 케이시를 안아 일으키더니 그의 오른손을 들어 반칙승을 선언해 버렸다. 장내는 발칵 뒤집혀질 수밖에 없었다. 게다가 케이시의 흥행권을 지니고 있는 폴 포저가 능청스럽게도 "마셜의 경기 규칙 위반은 용서할 수 없다. 고의로 로프 너머 장외로 챔피언을 집어던지는 중대한 반칙은 당연히 실격에 해당한다"고 선언했다. 포저의 본고장이었던 데다가 케이시와 같은 아일랜드계 관중들이 많았기 때문에 이런 어처구니없는 억지가 통할 수 있었다. 케이시는 상처를 치료한다는 핑계로 고향인 아일랜드로 돌아가 테즈나 마셜의 도전을 피했다.

미국의 프로모터들은 세계 타이틀 매치를 개최하지 못해 돈을 벌 수 없게 되자 화가 머리끝까지 솟았다. 그해 9월 캐나다의 몬트리올에서 열린 미국 프로 레슬링협회의 총회에서 계속 도전을 기피하고 있는 케이시가 도마 위에 올랐다. 이 회의를 몬트리올에 유치한 캐나다의 유력한 프로모터 에디 퀸이 "케이시는 부상을 핑계로 도전을 기피하면서 사실은 유럽을 돌며 돈을 벌고 있다. 케이시의 타이틀을 박탈해야 한다"고 제의하자 대다수가 이 제의를 지지했다.

결국 마셜과 타이틀 매치에서 케이시가 거둔 반칙승은 오심이었다는 일찍이 없었던 판가름으로 에베렛 마셜이 세계 챔피언으로 인정받게 되었다. 마셜의 왕좌 복귀가 확정되자 바로 테즈는 그에게 도전을 했다. 1939년 2월 23일 밤 마셜의 홈 매트인 콜로라도 주 덴버에서 치러진 타이틀 매치는 한 판 경기로 치러졌다. 이 경기에서도 마셜은 에어플레인 스핀을 걸어 보려고 허점을 노렸지만 움직임이 빠른 테즈는 잡히지 않았다. 초조해진 마셜이 드디어 헤드 로크를 걸었다 싶었을 때 바로 3년 전과 마찬가지로 그의 몸은 테즈의 백 드롭에 걸려 허공에 포물선을 그리고 말았다.

또다시 테즈는 마셜을 꺾고 두 번째 세계 정상에 올랐다. 그러나

1939년 7월 19일 텍사스 주의 휴스턴에서 테즈는 브롱코 나굴스키에게 굴복해 왕좌를 빼앗겼다.

'브롱코(야생마)'로 더욱 알려져 있는 나굴스키는 미식축구 사상 가장 강력한 태클을 구사했다는 평을 들었던 미식축구 선수 출신이었다. 프로 레슬러가 된 뒤 에드 루이스가 현역 시절 최대의 라이벌이었던 조 스테커로부터 레슬링을 배웠으며 매니저는 조 스테커의 형인 토니 스테커였다.

따라서 테즈와 나굴스키는 매니저끼리도 원한을 품고 있는 사이였다. 프로 레슬링의 매트 위에서 펼치는 태클로 상대방의 두 다리를 손으로 끌어당기며 쓰러뜨리는 것이 아니라 엄청난 스피드로 대시해 들어가 어깨로 충돌해서 날려 버리는 숄더 블로킹(Shoulder Blocking)이 나굴스키의 주무기였다.

1963년 버디 로저스를 물리치고 6번째 NWA 왕좌에 오른 루 테즈.

루 테즈는 나굴스키에게 왕좌를 빼앗긴 뒤 8년 후인 1947년 호이퍼 빌 왓슨을 깨뜨리고 왕좌에 복귀했다. 8년 동안이나 긴 공백 기간을 가졌던 까닭은 무엇일까?

첫째는 나굴스키의 매니저인 토니 스테커가 테즈의 매니저인 에드 루이스를 미워해서 테즈의 도전을 받아 주지 않았다. 1928년 토니의 동생인 조 스테커로부터 세계 타이틀을 빼앗은 에드 루이스가 그 후 조 스테커의 도전을 받아 주지 않았던 원한을 이렇게 앙갚음했다.

둘째는 '매트의 철인'도 사랑에 빠졌기 때문이다. 결혼 상대인 프레다를 만난 것이다. 프레다는 텍사스 석유 재벌의 딸이었으며 화가였다. 이 장밋빛 사랑이 왕좌 복귀의 뜻을 이루지 못해 초조해 하던 테즈에게 부드러운 안식을 주었다.

그리고 셋째는 테즈의 군 입대였다. 제2차 세계대전이 한창인 1943년 여름에 입대해서 약 4년 동안 체육교관이라는 특수 임무를 맡았다. 그는 백병전에서 맨손으로 어떻게 상대방을 제압하는지를 가르쳤다.

테즈가 세계 타이틀에서 떠나 있는 동안에도 왕좌의 임자는 여러 차례 바뀌었다. 전쟁이 끝난 2년 뒤인 1947년 2월 호이퍼 빌 왓슨이 론슨을 깨뜨림으로써 프로 레슬링 세계 타이틀 매치의 불은 다시 켜졌다.

군에서 제대한 루 테즈는 1947년 4월 25일 세인트루이스의 킬 오디터리움에서 왓슨을 물리치고 7년 9개월 만에 세 번째 세계 정상에 올랐다. 그러나 1947년 11월 21일 같은 장소에서 와일드 빌 론슨의 KO 펀치를 맞고 또다시 세계 왕좌에서 굴러 떨어졌다.

론슨은 지난날 프로 복싱 헤비급 세계 챔피언 맥스 베어에게 도전했을 정도의 강펀치였으니 주먹다짐에서는 강할 수밖에 없었다. 론슨과의 리턴 매치에 대비해서 테즈는 트레이닝의 프로그램에 복싱을 넣어 주먹다짐에서도 결코 지지 않는 자신감을 키웠다.

1948년 7월 20일 테즈는 론슨에게 깨끗이 설욕해서 네 번째 세계 챔피언 타이틀을 차지했다. 그리고 다음 해인 1949년 미국의 이름난 프로모터들이 세인트루이스에 결성한 미국 레슬링 동맹 NWA의 초대 세계 챔피언으로 인정받았다. 그 후 몇 년 동안 미국 각 지역을 돌며 그 지역 프로모터들이 세계 챔피언이라고 내세우던 레슬러들을 모조리 실력으로 굴복시켜 버렸다. 이렇게 해서 미국 전역의 80퍼센트가량이

NWA의 지배를 받게 되고 프로 레슬링이 분열된 지 실로 30년 만에 세계 타이틀의 통일이 이루어졌다.

그 후에도 지역 군소 프로모터들이 내세우는 세계 챔피언이 있었으나 프로 레슬링의 진짜 세계 챔피언(Real World Champion)은 오직 루 테즈 한 사람뿐이었다. NWA의 초대 챔피언으로 인정된 6년 뒤인 1955년 5월 22일 샌프란시스코의 카우 팰리스에서 레오 노메리니에게 반칙패를 당할 때까지 아직 아무도 이루지 못했던 936전 연속 무패의 놀라운 기록을 수립했다. 역도산이 처음 루 테즈를 보았을 때 철인의 무패 기록은 700전에 육박하고 있었다. 역도산은 루 테즈를 자신의 우상으로 삼았다.

1963년 1월 8일 서울 김포공항에 도착한 역도산이 환영의 꽃다발을 받고 있다.

역도산의 한국 방문 실현

역도산이 처음 서울을 방문한 것은 1963년 1월 8일의 일이었다.

그의 한국 이야기는 이미 오래 전부터 있었으나 본인이 결단을 내리지 못해 그때마다 미뤄 왔었다. 조국에 금의환향하고 싶은 마음은 간절했으나 '일

1963년 1월 서울을 방문한 역도산이 인기 듀엣 '김치캐츠'와 포즈를 취하고 있다.

1963년 1월 김포공항에 내려 조국의 땅을 밟고 목에 화환을 건 역도산. 그의 오른쪽에 서 있는 사람은 당시의 대한체육회 주영광(朱榮光) 사무총장. 역도산은 머지않아 서울에 다시 오겠다고 했는데….

본의 영웅'으로 행세하고 있는 자신이 한국인이었다는 사실이 드러날까 봐 두려웠기 때문이다.

'한국 정부가 초청해 주는 것은 고마운 일이다. 하지만 내가 서울에 가면 신문들은 아마도 '역도산 금의환향'이라고 쓰겠지. 그러면 내가 한국인이라는 사실이 밝혀질 것이 아닌가. 나의 팬인 일본의 어린이들이 크게 실망하지 않을까?'

자신의 핏줄이 밝혀져 인기가 떨어지는 것도 신경이 쓰였지만 더 나아가 자기가 달궈 놓은 프로 레슬링 붐이 식어 버리는 것이 더 염려됐다.

이미 한국에서는 1962년 10월에 박일경 문교부 장관이 역도산과 일본 후지 관광의 한녹춘(韓綠春)을 초청해 11월 16일부터 5일간 방문한다고 보도했다. 한국의 신문들은 역도산이 닷새 동안 한국을 방문한 뒤 1963년 1월 4일에는 장충체육관 개관 기념 세계 프로 레슬링 선수권 대회를 개최한다고도 보도했다.

훗날 정계에 투신하여 김영삼을 대통령으로 당선시키는 데 공이 컸던 민자당의 중진 김윤환은 당시 《조선일보》의 주일 특파원이었다. 1963년 12월 15일 역도산이 사망하고 난 뒤 김윤환은 《조선일보》(1963년 12월 17일자)에 '역도산의 생애'를 돌이켜보면서 생전에 그가 얼마나 외로웠고 국적 문제로 고민했는지에 대해 다음과 같이 썼다.

> 지금은 이 세상 사람이 아닌 그의 생시는 외로웠다.
> 지난 4월 기자(김윤환)와 만난 역도산은 곧잘 우리말을 쓰면서 조국의 정취에 취했다. 특히 기자를 만날 때마다 "내가 열네 살 때 당신 회사인 《조선일보》 주최 전국 씨름대회 때 우승했다"는 추억담을 늘어놓기도 했다. 그리고 술이 거나해지면 함경도 목가(牧歌), 아리랑, 도라지 등 우리나라 민요를 곧잘 불렀던 그.
> 진정 그는 외로웠고 언제나 조국을 잊지 않았다. 그는 "일본인으로 오늘의 성과를 차지했다. 내가 한국인이라고 밝힐 수 없는 이유는 나를 일본인의 '정의의 심벌'로 여기고 있는 어린이들의 꿈을 깨뜨리기가 무서웠기 때문이다"라고 고백했다.

김윤환 특파원의 글도 뒷받침하고 있듯이 '일본의 영웅'인 자신이 한국인이라는 사실이 밝혀짐으로써 모처럼 살려 놓은 프로 레슬링의 인기가 시들어 버릴까 봐 무척 신경을 썼다.

한국을 방문하면 매스컴에 의해 자신의 핏줄이 드러날까 봐 주저했던 역도산이지만 더 이상 한국 방문을 미룰 수 없는 상황에 몰리게 됐다. 표면상 그의 한국 방문은 관서지방의 흥행계를 장악하고 있던 폭력조직 야마구치구미의 총수 다오카 가즈오 그리고 그와 요시오의 영향 아래 있던 다오카와 정건영 등은 역도산의 방한이 한일 국교정상화를 촉진할 것이라고 여겨 그에게 서울에 다녀오라고 재촉했다고 한다. 일본 폭력조직 사상 최대의 광역 폭력단인 야마구치구미를 이끄는 다오카 그리고 자신과 절친한 사이인 정건영의 간청을 언제까지나 외면할 수가 없었던 것이다. 하지만 가장 결정적인 동기는 자민당 부총재 오노 반보쿠가 "아무래도 서울에 다녀오는 것이 좋겠네"라고 등을 밀었기 때문이다. 집권당인 자민당 부총재의 말을 어느 명이라고 거역하겠는가. 오노의 명을 받아 한국으로 가면서도 주위 사람들에게 행선지를 알리지 않고 "골프 치고 오겠다"고 얼버무렸다.

역도산이 서울에 도착한 다음 날인 1963년 1월 9일자 《도쿄 주니치(東京中日) 신문》은 서울 8일발의 AP 특약기사를 실었다. 통신의 특약기사란 일반적으로는 통신사가 보도하지 않는 정도의 작은 소식이나 보도하더라도 짤막하게 끝날지 모르는 기사를 보다 자세하게 보내 달라고 특별히 계약하는 기사를 뜻한다. '역도산 갑자기 한국행,' '20년만의 모국,' '링의 왕자도 감개무량'이라는 제목이 곁들여진 기사의 내용은 다음과 같다.

프로 레슬러 역도산은 8일 박일경 문교부 장관의 초청을 받아 항공편으로 한국을 방문했다. 약 1주일간 머무를 예정.

이날 김포공항에는 한국 체육협회(대한체육회를 가리키는 듯)와 레슬링 관계자 등 약 60명이 마중을 나왔다. 한국 소녀로부터 많은 꽃다발과 환영을 받은 역도산은 기자회견에서 "20년만에 모국을 방문하게 되어 감무량(감개무량)합니다. 오랫동안 일본 말을 썼기 때문에 한국 말은 전혀 못 합니다"라고 말했으나 인터뷰를 마친 뒤 "감사합니다"라고 덧붙였다.

이번 방문 시에는 경기 스케줄이 짜져 있지 않고 4월쯤에는 한국 각지에서 경기를 갖는다고 한다. 역도산은 한국에 머무르는 동안 정부 고관과 간담회를 갖고 판문점 관광과 서울에 건설 중인 체육관 견학을 하도록 되어 있다.

1960년대 '한국 프로 레슬링의 왕' 장영철

역도산이 도착한 날 김포공항에는 그의 재종누이 김정윤이 마중 나왔으며 한국에 프로 레슬링 붐을 일으킨 장본인 장영철 등 레슬러들의 모습도 보였다. 이미 역도산과 김일은 아마추어 레슬러 출신인 장영철이 한국에서 뜨거운 프로 레슬링 붐을 일으키고 있다는 소식을 들어 잘 알고 있었다. 프로 레슬링 사장으로서 한국의 가능성을 살피는 것도 방한

1960년대 초반 헤비급 챔피언 장영철을 주축으로 뜨거운 프로 레슬링 붐이 한국에 일어났다. 아마추어 시절 착실한 기초를 바탕으로 장영철은 다채로운 레슬링을 펼쳐 팬들을 열광시켰다.

목적 가운데 하나였던 역도산은 장영철을 비롯한 한국 레슬러들을 냉정한 눈초리로 살펴보았다.

1960년대 초반 한국의 프로 레슬링 붐은 매우 뜨거웠다. 장영철은 아마추어 레슬링에서 닦은 기본기가 탄탄한 데다가 허공에 몸을 날려 두 발로 상대방의 가슴을 치는 드롭 킥 그리고 몸을 날려 두 다리로 상대방의 머리를 휘감아 쓰러뜨리는 플라잉 헤드 시저스 등 화려한 테크닉을 밑천 삼아 한국 프로 레슬링의 총수로 군림하고 있었다. 이외에도 역도산과 체형이 비슷한 데다가 역시 손날 휘두르기를 주무기로 삼았던 제2인자 천규덕(千圭德), 좋은 몸집과 활기찬 레슬링으로 팬을 매료시켰던 홍무웅(洪武雄), 개성이 강한 인상으로 눈길을 끌었으나 경기 내용은 부드러웠던 고릴라 이석윤(李錫潤), 다이내믹한 레슬링의 김기남(金基男) 등 그런대로 재주 있는 레슬러들이 많았다.

비록 큰 몸집들의 격돌은 아니었으나 장영철과 일본의 아라쿠마가 장충체육관에서 대결할 때면 체육관은 관중으로 터져 나갔고 입장권에는 많은 프리미엄이 붙는 바람에 암표 장사들이 들끓었다. 아라쿠마는 역도산에게 도전했던 야마구치의 문하생으로 짐작되는데 일본에서는 별로 알려지지 않았던 레슬러였다. 그러나 경기 내용이야 어쨌든 한국의 장영철이 일본의 아라쿠마를 꺾어 이긴다는 줄거리 하나만으로도 팬들은 열광했다.

제2차 세계대전의 패전국인 일본의 역도산이 승전국인 미국의 레슬러들을 가라데춉으로 마구 두들겨 일본 국민들의 속을 후련하게 만들었듯이 장영철은 우리나라를 침략했던 일본의 레슬러를 무찌름으로써 한국인들의 한을 풀어 준 셈이었다.

'지리적으로도 일본과 매우 가까운 한국을 앞으로 내가 이끄는 일

본 프로 레슬링의 흥행 시장에 편입시켜야겠다'라고 역도산이 생각
했을 가능성은 크다.

역도산은 한국 최초의 본격적 실내체육관인 장충체육관의 완공을
계기로 한국 진출을 진지하게 검토하기에 이르렀다. 같은 한국인의
핏줄이며 자신에게 충성을 다하는 김일에게 앞으로 한국에서의 주역
을 맡길 속셈이었다. 자신이 이끄는 일본 프로 레슬링의 영향권 아래
한국 시장을 포함시키고 김일을 내세우려는 역도산에게 장영철을 비
롯한 한국 프로 레슬러들을 어떻게 장악하고 대접하느냐 하는 것은
풀어야 할 또 하나의 과제였을 것이다.

'별로 씨알이 굵지 못하구나. 적어도 덩치가 김일 정도는 되어야 미
국 시장에서도 써먹을 수 있을 텐데…. 한국의 프로 레슬러들은 아무
래도 전반적으로 몸집이 너무 작아.'

자신에게 최고의 경의를 나타내며 빳빳이 서 있는 장영철을 비롯한
프로 레슬러들을 힐끗 바라본 후 역도산은 아무 말 없이 공항을 빠져
나가 버렸다.

"그날은 무척 추웠다. 덜덜 떨면서 역도산을 기다렸다. 프로 레슬링
의 선배이자 세계적인 스타인 역도산이 본격적으로 한국 프로 레슬링
시장에 진출한다면 물론 적극적으로 협조하고 우리 모두 그의 산하에
들어갈 생각이었다."

훗날 장영철은 역도산을 환영하기 위해 공항에 나갔을 때의 심정을
필자에게 솔직히 털어놓은 일이 있다.

"하지만 우리를 첫 대면한 역도산은 너무나 차가웠다. 따뜻한 격려
의 말 한마디 없이 그냥 지나가 버렸다."

장영철 등 대부분의 한국 프로 레슬러들은 그때까지 자기네들이 일

구어 놓은 황금 시장이 막강한 역도산의 한국 진출로 그의 손안에 들어가는 것은 어쩔 수 없는 일이라 해도 그동안의 노고를 치하해 주며 매트에 계속 기용해 주겠다는 선수 생활 보장의 따뜻한 한마디를 기대했을 것이다.

역도산처럼 미국의 굵직한 프로 레슬러들을 초청할 파이프 라인과 재력을 지니고 있지 못해 비록 일본에서는 이미 매트를 떠난 아베, 아라쿠마 등을 불러들일 수밖에 없었지만 화려하고 재미있는 경기로 뜨거운 붐을 일으켰던 장영철을 비롯한 한국의 프로 레슬러들은 이유야 어떻든 역도산이 자기네들에게 보인 냉담한 태도가 불안하고 섭섭했다.

그 후 역도산이 사망하고 1965년 가을 김일이 본격적으로 한국 시장에 진출했을 때 한국의 프로 레슬러들은 김일을 지지하는 쪽과 장영철을 중심으로 기득권을 지키려는 쪽 두 파로 나뉘었다.

일본 매트의 선배인 요시무라, 요시노사토, 후배인 오쿠마 등을 불러들여 서울, 부산 등지에서 경기를 치르면서 김일은 장영철을 앞지르는 스타로서 인기를 얻어 갔다. 그러던 중 뜨거운 열기에 찬물을 끼얹게 되는 사건이 장충체육관에서 일어났다. 세미파이널 경기 도중 오쿠마가 장영철을 엎어 놓고 두 다리를 자신의 겨드랑이에 낀 채 몸을 뒤로 젖혀 허리를 꺾는 보스턴 크랩을 걸어 기권을 강요하자 링 아래에서 지켜보던 장영철계의 프로 레슬러들이 링 위로 뛰어 올라가 오쿠마에게 공격을 가했다.

이 폭행이 프로 레슬링을 재미있게 만들기 위해 미리 짜여졌던 각본에 따른 것이라면 아무 문제가 없었으나 폭행당한 오쿠마 쪽이 들고 일어나는 바람에 경찰이 수사에 나섰다. 폭행에 가담했던 장영철계의 레슬러들은 입건되기에 이르렀고 장영철도 사건 경위를 설명하기 위해 경찰에 출두해야만 했다.

실력이 뒤지는 장영철이 오쿠마에게 지게 되자 미리 링 아래 대기시켰던 부하들을 링 위로 불러들여 폭행을 가했다고 김일을 내세우는 일본 쪽은 주장했다. 자칫하면 자신을 위해 오쿠마를 혼냈던 부하 레슬러들이 형무소에 가게 될지도 모른다는 중압감을 받게 된 장영철은 끝내 그들을 구하기 위해 프로 레슬링의 실체를 경찰에 털어놓고 오쿠마 쪽이 약속을 위반했다고 주장했다.

"프로 레슬링은 미리 각본이 짜진 쇼다. 이번 경기를 앞두고 일본 쪽은 풋내기인 오쿠마에게 지라고 요구했으나 나는 이 요구를 거절했다."

한국에서도 이미 오래 전부터 '프로 레슬링은 쇼다' 라는 이야기가 끈질기게 나돌긴 했으나 내부 관계자의 입에서 이 소문이 확인된 것은 처음이었기 때문에 조서를 받는 경찰도 놀라움을 감추지 못했다.

"나의 강력한 반발 탓인지 일본 쪽도 한 걸음 물러나 내가 이기는 내용으로 경기를 갖기로 받아들였다. 그러나 아무래도 눈치가 이상했기 때문에 내 제자들이 링 아래에서 지켜보고 있었던 것이다."

쇼로 변한 프로 레슬링이 아직도 팬들에게는 진짜 실력 대결로 보이고 있다는 다른 한쪽 측면을 이용해 내부적으로 잔인한 파워 게임이 펼쳐질 수도 있음을 장영철의 증언은 보여 주고 있다.

"일본 쪽의 눈치가 이상하긴 했으나 그렇다고 팬들에게 레슬링을 보여 주지 않을 수 없어서 공격을 서로 주고받았다. 그런데 느닷없이 보스턴 크랩을 건 자세에서 내 허리를 진짜로 꺾으려 했다. 아픔을 견디다 못해 항복하도록 말이다."

장영철의 말에 따르면 보스턴 크랩을 걸고도 허리를 꺾는 시늉만 하고 기술이 걸린 레슬러도 비명을 지르는 등 아픈 시늉만 낸다는 것이다.

지난날 역도산은 미국의 샤프 형제가 기무라를 어린애 다루듯 해서 그의 인기를 깎아 내리도록 만들었고, 멕시코의 올테가에게 아즈마후지를 짓이기도록 해서 크게 자라지 못하게 손을 썼었다. 그와 똑같은 수법이 오쿠마를 통해 자신에게 적용됐다고 장영철은 확신했다. 일본 쪽이 한국 프로 레슬링 정상에 있던 자기를 끌어내리려 한 배후에는 김일이 있다고 판단한 장영철은 그날 바로 장충체육관에서 김일에게 도전하겠다고 밝혔다.

물론 진짜 실력 대결의 도전이었다. 더 이상 당하고만 있을 수 없다는 한이 서린 도전이었다. 그러나 일본 쪽과 김일은 그 후 조선호텔에서 기자회견을 갖고 "김일은 WWA에 소속되어 있고 장영철은 WWA의 라이센스를 가지고 있지 않으므로 그의 도전을 받아들일 수 없다"는 등의 이유를 내세워 장영철의 도전을 외면했다.

부하 레슬러들을 구하기 위해 털어놓은 '프로 레슬링은 쇼다' 라는 폭로는 매스컴에 일제히 크게 보도됨으로써 그때까지 뜨겁게 달아올랐던 한국의 프로 레슬링 붐은 급속히 냉각되고 말았다.

역도산은 여러 차례의 위기를 넘기며 일본의 프로 레슬링 붐을 지켜 왔으나 한국에서는 그와 같은 뛰어난 수완과 배짱을 지닌 인물이 없어 등을 돌리는 팬을 잡을 수가 없었다.

골프채로 얻어맞은 김일

20년 만에 고국 땅을 밟은 역도산은 대단한 환영을 받았다. 여러 대의 지프차들이 에스코트하는 가운데 시보레의 오픈카를 타고 서울 시내에 들어온 후 조선호텔에 여장을 풀었다. 호텔에서도 그를 기다리

는 사람들이 적지 않았다. 특히 역도
산이 씨름 선수 출신이라는 연유에서
씨름 관계자들도 그를 기다리고 있었
다. 1960년대 한국 씨름판을 휩쓸었
으며 훗날 일양약품 씨름단의 감독으
로 취임해서 이준희(李俊熙), 강호동
(姜鎬童) 등을 천하장사의 자리에 올
려놓은 김학룡(金學龍)도 거구의 김
영주(金榮珠)와 함께 그들 틈에 끼여
있었다.

역도산은 같은 핏줄의 제자인 김일을 누구보
다도 호되게 훈련시켰다. 훈련을 게을리한다
고 골프채로 때려 그 상처는 이마에 영원히 남
아 있다. 그러므로 역도산은 김일을 어느 제자
보다도 사랑했다.

"역도산이야말로 정말 스타였었죠.
얼마나 사내답고 멋있었습니까? 얼굴
좋고 몸 좋고 배짱 좋고 그야말로 사
나이 가운데 사나이 아닙니까? 그때
프로 레슬링 붐은 한국에서도 대단했
고요. 오죽하면 제가 프로 레슬러로 전향하려고까지 했겠습니까?"

역도산이 한국에 본격적으로 진출하게 되면 김학룡도 씨름을 떠나
프로 레슬링에 몸을 던지려고 했다는 것이다.

"씨름의 저와 후에 도쿄 올림픽(1964년) 유도 국가대표 선수가 된 김
종달도 함께 프로 레슬링 전향을 진지하게 논의했었습니다."

역도산을 만난 지 30여 년이 지난 어느 날 김학룡은 필자에게 자신
이 만났던 역도산과 당시의 일본 및 한국의 프로 레슬링 실정에 대해
들려주었다.

"그러니까 역도산은 한국에 다녀간 그해인 1963년 12월 야쿠자의

칼을 맞고 세상을 떠나고 말았죠. 만약 그가 살아 있었더라면 한국 프로 레슬링의 앞날은 달라졌을 가능성이 큽니다."

결국 씨름의 김학룡과 유도의 김종달은 프로 레슬링의 매트에 오르지 못했으나 2m가 넘는 장신의 씨름 선수 김영주는 역도산의 눈에 들어 일본으로 건너갔다. 이미 그때 역도산은 미국의 프로 레슬링 시장에 진출시켜 관중들을 끌어들이려면 일본이나 한국의 레슬러도 우선 몸집이 커야 한다는 것을 알고 있었다.

유도의 기무라, 야마구치 등을 차례로 꺾고 일본 프로 레슬링을 통일할 때만 해도 자신의 세력 확장을 위해 몸집이 크지 않은 레슬러들도 받아들였으나 이제는 달랐다. 일본을 미국에 버금가는 프로 레슬링의 세계 2대 시장으로 만들어 놓은 역도산은 미국의 레슬러들을 일본으로 불러들이는 대신 일본의 레슬러들도 미국으로 보내 미국과 일본의 프로 레슬링 시장을 연결시키는 한편 미국의 달러도 벌어들일 속셈이었다. 그러자면 미국의 매트 위에서 미국 레슬러들과 맞서 우선 체격으로 꿀리지 않는 덩치 큰 레슬러들이 필요했다.

당시 역도산의 실질적 후계자는 엄청난 괴력을 지닌 스모 선수 출신의 도요노보리였다. 하지만 그는 키가 작아 미국의 거한들과 마주 세워 놓으면 아무래도 시각적인 상품 가치가 뒤질 수밖에 없었다.

'국제시장에서 통용되는 프로 레슬러는 무엇보다도 먼저 덩치가 커야 돼. 기술은 자기에게 알맞은 것을 익히면 되지만 무조건 덩치가 커야만 돼.'

미국을 여러 차례 오고가면서 일본 레슬러의 빈약한 몸집이 크고 강한 영웅을 선호하는 미국 팬들의 구미에 맞지 않는다는 것을 뼈저리게 느끼고 있었다. 역도산이 크게 기대를 걸고 있던 신인은 자이언트 바바와 안토니오 이노키 두 사람이었다. 1960년 문하생이 된 이 두 사람은 역도산이 사망한 뒤 분열된 일본 프로 레슬링의 두 간판으로 자라게 된다.

키 205cm, 몸무게 128kg의 바바는 부상으로 프로 야구를 그만둔 거인으로 역도산의 제자가 됐을 때 스물두 살이었다. 한편 이노키는 역도산이 브라질에 갔을 때 발굴해서 데려온 육상 선수 출신이며 열일곱 살의 나이에 키 192cm, 몸무게 90kg의 프로 레슬러로서 알맞은 몸집을 지니고 있었다.

큰 재목을 찾고 있던 그의 눈에 206cm의 씨름 선수 출신 김영주는 또 한 사람의 유망 신인으로 비쳤다.

"김영주는 몸집이 컸지만 참으로 깔끔한 멋쟁이였습니다. 남색 계통의 양복에 먼지 한 톨 묻히지 않는 그런 신사였죠. 그때는 일본으로 여행하기도 힘들었던 때라 역도산의 초청을 선뜻 받아들여 건너갔습니다만…."

김영주에 관한 김학룡의 설명은 계속됐다.

"그러나 그때 이미 김영주는 척추에 이상이 있었습니다. 그런 사실이 일본으로 건너간 뒤 발각되고 말았으니 어떻게 됐겠습니까."

키 큰 씨름 선수나 레슬러들은 척추에 이상이 일어나기 쉽다. 무거운 상대를 들어 올릴 때 허리에 큰 부담이 가기 때문이다.

"일본에 오고 싶은 욕심으로 허리 다친 것을 감추고 있었다는 사실에 격노한 역도산은 골프채로 김영주를 때렸답니다."

참으로 엄청난 이야기였다. 골프채로 사람을 때리다니…. 자칫 잘못 맞으면 죽지 않겠는가. 그러나 역도산이 제자들에게 골프채를 휘두르는 것은 새삼스러운 일이 아니었다.

김일의 얼굴도 가까이에서 보면 상처가 몇 군데 있으며 이마에는 파인 자국까지 있다. 필자가 이마의 파인 자국은 어떻게 해서 생긴 것이냐고 물었을 때 그의 대답은 섬뜩한 내용이었다.

"아아, 이 상처 말입니까? 제가 훈련을 소홀히 한다고 역도산 선생으로부터 골프채로 맞은 자국입니다."

그와 이야기를 나눌 때마다 감동을 느끼게 만드는 것은 반드시 스승인 역도산을 선생이라고 부른다는 점이다. 혹 우리나라 가운데는 왜 선생님이 아니고 선생이냐고 의아해 할 사람이 있을지 모르나 일본에서 오래 살았던 김일은 일본식으로 선생이라 불렀던 것이지 결코 홀대하는 뜻에서 '님' 자를 뺀 것이 아니다. 같은 한문을 쓰면서도 일본에서는 선생이나 사장에게 '님' 자를 붙이지 않는다. '님' 자를 붙이지 않아도 일본에서는 존칭이기 때문이다. 일본의 매스컴도 역도산의 이야기가 나올 때마다 깍듯이 선생을 붙이는 김일의 스승에 대한 변함없는 존경심에 호의를 나타냈을 정도이다.

비록 대결이 실현되지는 못했으나 역도산이 사망하고 한참 세월이 흐른 뒤 김일이 최영의에게 도전의 뜻을 밝혔던 일이 있었다. 그때에도 재일교포 실력자들이 만류하는 바람에 김일과 최영의의 격돌은 이루어지지 않았다.

김일이 최영의에게 도전했던 까닭은 최영의의 무용담이 빛을 보게 되면서 상대적으로 역도산과 프로 레슬링의 이미지가 깎여졌다고 생각했기 때문이다. 그만큼 스승 역도산을 향한 김일의 충성심은 강했다.

"상처가 그 정도로 남았다면 처음에는 대단했겠군요."

필자의 질문에 김일은 빙긋이 웃으며 손으로 상처를 만지고는 대수롭지 않다는 듯 대답했다.

"처음에는 상처가 꽤 컸죠. 그러나 부상을 무서워하다가는 프로 레슬러 노릇을 못합니다. 경기 도중 상대 레슬러에게 귀를 찢기기도 하고 링 아래 내려와서는 관중들에게 칼로 찔리기도 하죠."

물론 실수였겠지만 브루트 버너드가 휘두르는 각목에 맞아 김일의 귀가 찢어져 여러 바늘 꿰맸던 일이 실제로 있었다. 쇼라고는 하나 선수들이 적지 않은 위험 부담을 안고 있다는 점에서 프로 레슬링은 어느 경기 못지않게 집중력이 요구되는 구경거리인 셈이다.

척추에 이상이 생겼던 김영주는 끝내 프로 레슬러로서 대성하지 못하고 말았다.

서울에 머무르는 동안 역도산은 친척들과도 만났다. 서울에 있는 친척 가운데 저명인사는 서울사범대학 학장인 김계숙(金桂淑) 교수였다. 역도산은 스무 명가량의 친척과 함께 식사를 하며 가지 못하는 고향 이야기로 꽃을 피웠다.

"그때 함께 무슨 이야기를 나누었는지는 기억이 잘 나지 않습니다. 돈을 많이 벌었는지 역도산은 한국에서도 무엇인가 뜻 있는 사업을 하고 싶은 것 같았어요. 글쎄 그때 저는 교육 사업에 투자하는 것이 어떠냐고 권했던 것 같기도 하고요."

훗날 김계숙 교수는 역도산을 만났던 때를 이렇게 회고했다.

"역도산은 판문점에도 다녀왔습니다"라고 김학룡은 말했다. 오시타가 쓴 《영원한 역도산》에도 판문점을 방문했던 때의 이야기가 다음과 같이 실려 있다.

남북을 가르는 판문점에도 갔다. 한겨울의 찬바람이 불고 있었다. 역도산은 판문점의 앞에서 (아마도 군사분계선 앞인 듯) 무엇을 생각했는지 갑자기 오버코트를 벗어 던졌다. 웃저고리도, 넥타이도, 와이셔츠도 벗어 던지자 상반신은 알몸이 됐다. 국경을 지키는 병사들이 무슨 일인가 하고 긴장했다.

역도산은 고향을 향해 두 팔을 하늘로 뻗고 외쳤다.

"우워?!"

38도선의 산봉우리에 끝없이 메아리쳤다. 요시무라 요시오 (프로 레슬러 요시무라와는 다른 인물)는 역도산의 뒤편에서 그의 행동을 처음부터 끝까지 지켜보고 있었다.

"두 팔을 뻗어 올리고 외친 순간 국경의 양쪽에서 일제히 카메라의 셔터가 눌러졌습니다. 찢어진 고향의 현장에 서서 치솟아 오르는 그 무엇을 억누를 수 없었던 것이겠죠. 우리에게 그 외침은 '형님!' 이라 부르는 것같이 들렸습니다."

역도산은 그 후 두 번 다시 고향 땅을 밟을 수가 없었다.

한국인임을 밝힌 신문사에 취재 거부

나흘 동안의 방한 일정을 마친 역도산은 1964년 1월 11일 일본으로 돌아왔다. 일본의 스포츠 일간지인《스포츠 닛폰 신문》(1964년 1월 12일자)은 일본으로 돌아온 역도산과 기자회견을 갖고 그의 이야기를 실었다.

이날 예정보다 두 시간 늦은 오후 일곱 시에 귀국한 역도산은 경기 출전이라는 바쁜 스케줄을 마치고 한국을 다녀온 소상을 다음과 같이 말했다.

"고베의 프로모터 다오카 상에게 전부터 당부를 받고 있었기 때문에 시간을 내서 한국에 갔다. 그쪽에서는 경기 갖는 것을 전제로 와 달라고 했으나 추운 옥외에서 할 수도 없고 출전료도 정해져 있지 않기 때문에 시찰만 하려고 떠났다. 서울에서는 1만 명을 수용할 수 있는 체육관이 가까운 장래에 완공된다고 하고 오키나와에서 프로 레슬링의 인기가 프로 야구를 앞지르고 있다는 것도 알고 있었다. 정부 수뇌와도 만났다. 그러나 아직 여러 가지 문제가 있는 데다가 항공 편도 좋지 않아 한국 흥행이 결정되지는 않았다. 하지만 올해는 해외에 적극적으로 진출할 방침이라 2월쯤에 다시 가서 조사해

일본 광역 폭력조직 사상 가장 넓은 지역에서 최고로 강력한 두령으로 꼽혔던 야마구치구미 3대째 두목 다오카 가즈오는 "프로 레슬링 흥행으로 역도산을 알게 됐으나 그는 자기 자신을 제대로 다스리지 못해 자주 문제를 일으켰다"고 회고했다.

보고 싶다. 수확이랄 것은 없었지만 한국 씨름의 요코즈나로 2m가 넘는 청년이 제자가 되고 싶다고 해서 만나 보았다. 이름은 모르지만 몸 움직임도 좋아 장래가 유망하다고 생각한다."

역도산은 일본에 돌아온 뒤 '20년 만의 귀국'이라는 제목으로 기사를 실었던《도쿄 주니치 신문》에 대해서는 자기가 한국인임을 밝혔다고 화를 내면서 취재 거부라는 형태로 분노를 나타냈다. 그러나 다른 신문들은 모두 역도산이 고국에 돌아간 기사를 쓰지 않았다. '일본의 영웅' 역도산 자신이 싫어하고 일본 팬들을 실망시키는 기사는 일본의 매스컴이 자주적으로 규제하고 있었다.

망가져 가는 역도산

역도산이 때때로 어처구니없을 만큼 잔혹했다는 에피소드는 많다. 한때 스모를 그만두고 닛다 건설에 근무하고 있던 시절에 이런 일이 있었다. 후배인 스모 선수들을 찾아가 호기 있게 술을 사 주고 있을 때 거나하게 취해 버린 다마노카와라는 선수가 제 딴에는 친근감을 표시하느라 세키도리라고 부르면서 옆자리의 역도산 어깨에 손을 얹었다. 이것이 잘못이었다.

"뭐야? 이 건방진 녀석!"

소리를 지르자마자 역도산은 한 되나 되는 정종병으로 그의 머리를 내려쳤다. 병이 박살나면서 붉은 피가 치솟았다. 그래도 분이 안 풀리는지 이번에는 맥주병을 집어 들고 또다시 머리를 후려쳤다.

"야! 다마노카와, 도망쳐라!"

도저히 사태를 수습할 수 없다고 판단한 요시노사토의 비명에 가까운 외침에 그는 두세 차례 구르면서 밖으로 튀어나가 달아나 버렸다. 당시 기분 나쁜 일이 있어서 울분의 돌파구를 찾던 역도산에게 안타깝게도 그가 걸려든 것이었다.

요시노사토는 쓴웃음을 띠면서 그때를 회고했다.

"다마노카와가 달아난 후 우리는 그를 찾아 헤맸어요. 그러나 찾을 수가 없었어요. 어디 있었는지 아세요? 경찰서라고요. 밤새껏 료고쿠 경찰서에서 지냈어요. 다음 날 어째서 경찰서까지 갔냐고 물어보니까 죽을까 봐 무서워서 거기에 있었다는 거예요."

사람들은 언제 폭발할지 모르는 화산과 같은 그의 성격을 두려워하곤 했다. 때로는 야쿠자의 간부와도 맞대 놓고 으르렁거릴 만큼 거칠었다. 일본의 광역 폭력조직으로 이름났던 야마구치구미의 3대째 두목인 다오카 가즈오(田岡一雄)는 그의 자서전에서 역도산에 대해 이렇게 썼다.

　나에게 최초로 프로 레슬링 흥행의 이야기를 건네 온 것은 닛신 프로의 나가타 사다오(永田貞雄) 사장이다.

　1951년의 일이다. 당시 재빨리 프로 레슬링에 눈을 돌리고 프로 레슬링 육성에 기초를 닦은 것은 누가 뭐래도 흥행계의 거물 나가타 사장의 공적이며 그의 뛰어난 수완 탓이었다. 그는 프로 레슬링 협회를 설립한 직후, 역도산을 데리고 고베로 나를 찾아왔다. 프로 레슬링의 지방 순회흥행에 대한 협조를 당부하기 위해서였다. 물론 나는 협조를 아끼지 않았다. 아직 텔레비전도 보급되지 않았던 시절이라 지방에서는 프로 레슬링이라는 이름조차 알려지지 않았고 지방 흥행은 처음에는 적자의 연속이었다.

　역도산은 나에 대해서는 양처럼 순한 사나이였으나 다른 사람들에 대해서는 거친 행동이 잦았고 주색을 지나치게 가까이했다. 근처에 주차해 있는 다른 사람의 자동차를 마구 몰고 다니다가 아무 곳에나 팽개치기도 하고 노래의 여왕이라 불리던 여가수를 여관으로 납치하는 등 행패가 심했다.

　오사카 부립 체육관에서 경기가 열리기 전날 밤, 역도산은 미나미의 클럽에 후지무라를 부른 후 이 술집의 서비스가 나쁘다면서 접시를 두들겨 깨뜨리는 망나니 짓을 했다. 후지무라라면 난도카이(南道會)를 조직해서 메이유카이(明友會)와 정면으로 대립했던 투장(鬪將)이다.

　전에 카바레 마루타마에서 나의 동생 격인 싸움의 명수 에하라와 어깨가 닿았느니 안 닿았느니로 싸움이 벌어졌던 일이 있었다. 언쟁 도중에 공교롭게도 전기가 나갔는데 다시 불이 들어왔을 때 에하라의 얼굴은 후지무라가 휘두른 맥주병으로 갈기갈기 찢어졌었다.

후지무라는 그 후 나의 동생 격이 됐는데 역도산은 그에게조차 위협적인 행동을 서슴지 않았다. 다음 날 격노한 후지무라의 부하들이 역도산의 숙소를 포위했다. 역도산은 숙소를 나올 수가 없었고 부립 체육관에서는 관중들이 기다리고 있었다. 결국 역도산은 사과를 했고 그 후 오사카에서는 술을 마시지 않았다.

우시지마도 그의 저서《역도산 이야기》에 그의 거친 성미에 대해 이렇게 썼다.

음주, 행패, 자동차 폭주의 패턴은 죽을 때까지 계속됐다. 술을 마시면 자주 야쿠자와 시비가 벌어졌는데 몇 마디 오고가지 않은 사이에 야쿠자들은 역도산의 가라데촙을 맞고 KO됐다. 뻗어 버린 야쿠자 똘마니들을 자동차 뒤에 싣고 그 두목의 집까지 가서 "자, 돌려준다"고 소리치며 쓰레기라도 버리듯 내팽개치곤 했다.

역도산이 벌이는 싸움은 대부분 밤 11시 지나서 일어났다. 그것도 큰 경기가 끝난 뒤에 일어나는 일이 많았다. 그 까닭은 큰 경기를 앞두고 무분별할 정도로 도핑(주로 흥분제)을 사용했기 때문이다.

지방에 순회경기를 가면 그 고장의 야쿠자들이 돈을 뜯으러

올 때가 많았다. 그럴 때면 역도산은 느닷없이 자신의 쓰케비토(附人, 밀착, 보살피는 사람)인 다나카 요네타로 등 측근의 얼굴을 후려패서 피투성이로 만들었다. 얻어맞은 당사자는 어째서 얻어맞는지 몰라 어안이 벙벙한 채 역도산이 마구 휘두르는 매를 맞아야만 했다. 돈을 뜯으러 왔던 야쿠자들은 얼굴이 피로 물든 쓰케비토를 보고는 겁이 나서 "지금은 번잡하신 것 같으니 다음에 …"라고 말하면서 물러나는 경우가 많았다.

또 지방 흥행에서 프로모터가 제대로 흥행료를 지불하지 않으면 그 프로모터 앞에서 자신의 경리담당자를 팼다. 피투성이가 된 경리담당자가 "돈을 못 받으면 제가 맞아 죽습니다"고 울면서 프로모터에게 애원해서 돈을 받아 내기도 했다.

아무튼 역도산은 이렇게 마구 철권을 휘두르면서 일본 프로레슬링의 정상에 군림해 갔다.

지나친 과음과 약물 복용으로 망가져 가는 역도산

"누구야? 왜 나를 노리는 거야!"

"으악!"

자신의 비명 소리에 놀라 역도산은 벌떡 잠에서 깨어났다. 식은땀이 온몸을 기분 나쁘게 적시고 있었다. 깊은 한숨이 절로 나왔다.

"꿈이었구나. 정말 기분 나쁜 꿈이야."

머리맡의 전기 스탠드를 켜고 그 옆의 조니워커 블랙 병을 집어 들어 맥주 컵에 반쯤 철철 따르고 단숨에 잔을 비우는 밤이 잦았다.

"약을 끊어야 하는데…"

겉으로 보기에 근육이 울퉁불퉁한 역도산의 몸은 매우 단단해 보였으나 그의 속은 지나친 약물 복용과 과음으로 엉망이 되어 있었다. 프로 레슬링 흥행뿐만 아니라 다른 분야의 사업에 손을 댄 역도산은 1961년 7월 시부야에 지상 7층, 지하 2층의 '프로 레슬링 전당' 리키 스포츠 파레스를 완공하고 아카사카에는 리키 아파트, 리키 맨션을 세웠다.

제4회 월드 리그의 결승에서 숙적인 철인 루 테즈를 2 대 1로 꺾어 프로 레슬러로서 절정기에 올라 있던 역도산은 사업가로서도 눈부신 활약을 나타내고 있었다. 그러나 엄청난 자금이 들어가는 사업에 돈을 쌓아 놓고 뛰어든 것은 아니었다. 자금 마련을 위해 뛰어야 했고 적지 않은 세금에 시달리기도 했다.

이런저런 일에 시간을 빼앗기고 신경을 쓰다 보니 트레이닝에 소홀하게 되어 매트 위에서도 시원한 레슬링을 보여 주지 못했다. 1 대 1로 겨루는 싱글 매치를 자연히 피하게 되고 태그 매치에 자주 나가게 됐다. 마음 같아서는 매트 위에 오르지 않고 쉬고 싶었으나 '일본의 영웅' 역도산이 빠진 프로 레슬링을 당시는 생각조차 할 수 없는 일이었다.

태그 매치에서도 코너를 지키는 일이 많았으며 경기를 치르는 경우에도 날카로운 기술을 보여 주지 못했다. 그럴 수밖에 없는 것이 사업에 쫓기며 신경을 쓰다 보니 잠을 이루지 못한 날이 계속되는 바람에 수면제를 복용하게 되었기 때문이다. 수면제를 복용하면 아침에 잠에서 깨어나기 힘이 든다. 하지만 기다리는 팬들이 있어 경기에 나가야 되는 데다 사업 관계상 결재를 해야 할 일도 많이 있었기 때문에 한편으로는 자율신경을 깨우는 흥분제 같은 것을 복용해야만 했다. 역도산의 쓰케비토를 지낸 다나카는 이렇게 털어놓았다.

"사업이다 뭐다에 신경 쓰느라 잠이 안 와서 수면제를 쓰게 됐다. 처

1962년 제4회 월드 리그에 불러들인 루 테즈에게 역도산은 결승에서 2 대 1로 이겨 4년 연속 우승을 차지했다. 이미 전성기를 넘어선 역도산과의 마지막 경기에서 패배를 감수했다.

음에는 한 알이나 두 알이던 것이 나중에는 열 알, 스무 알로 늘어났다. 그렇게 되면 아침에 일어날 수 없으니까 잠에서 깨어나는 약을 먹었다. 이게 무지하게 강한 약이었다. 그런 강한 약을 아침에 일어나면 바로 세 알쯤 먹었다. 그런 약을 계속 먹고 있었기 때문인지 마지막에는 좀 이상해졌다. 아무것도 아닌 일로 소리 지르고 때리는 것도 심해졌다. 너무 심했기 때문에 나중에는 가까이 가지 않으려고 했을 정도였다.”

골프 그린에서 졸도한 역도산

골프를 치러 갔던 역도산이 그린에서 졸도한 일도 있었다. 측근과 관계자들은 그의 건강에 이상이 있음을 애써 감추었다. 일본 프로 레슬링의 대들보가 약물 복용으로 심장이 쇠약해져서 골프장에서 졸도까지 했다는 소식이 팬들에게 알려지면 어떻게 되겠는가를 생각만 해도 끔찍했다.

잠을 자기 위해 수면제를 먹었고 다시 잠을 깨기 위해 흥분제를 복용했을 뿐만 아니라 경기를 앞두고는 또 다른 약을 먹었다. 경기 시간 30분 전이 되면 도요노보리는 "30분 후에 경기입니다"라고 알리도록 되어 있었다. 그러면 역도산은 오동나무 상자에서 노랑 캡슐을 꺼내서 삼켰다. 지나치게 흥분하는 것을 억제하기 위한 약이었다고 오시타가 《영원의 역도산》에 썼다.

요시무라나 도요노보리와 짝을 짓고 태그 매치를 치를 때 역도산의 파트너는 '일본의 영웅'이 얼마나 약해져 있는지를 피부로 느꼈다. 자주 태그 팀을 이루었던 도요노보리는 경기 도중 인터벌을 이용해 역도산에게 귀띔을 한 적이 몇 차례 있었다.

"텔레비전에 비치고 있으니까 조금 더 기운 내시는 게 좋겠습니다."

하도 힘이 없어 보이니까 보다 못한 도요노보리가 도움말을 건넨 것이었다. 이 말을 들은 역도산은 가

일본의 영웅이 된 역도산은 자신이 한국인이라는 사실을 철저히 숨겼다. 김일이 스승으로부터 들은 우리 말은 딱 한마디뿐이었다. 지방 순회공연을 갔을 때 식사를 하던 역도산이 김일에게 "한국에서는 '키쿄'로 나물을 무쳐 먹는데 너는 아느냐?"고 물었다. 물론 일본 말로 물었다. 김일이 아무리 생각해도 '키쿄'가 어떤 식물인지 알 수가 없었다. 화장실 근처에서 아무도 없을 때 나란히 소변을 보면서 역도산이 말했다. "키쿄란 도라지야." 우리말을 유창하게 구사하면서도 역도산은 한글을 못 읽었다. 그래서 북한의 가족이나 친지한테 편지를 보내면 김일을 공원에 데려가 벤치에 앉아서 편지를 번역해 달래서 소식을 들었다(위). 역도산이 세상을 떠나자 제2인자였던 도요노보리를 중심으로 일본의 프로 레슬링은 집단 지도체제로 들어갔다. 하지만 온화한 성격의 도요노보리가 노름에서 벗어나지 못한 데다 역도산 같은 기획력, 추진력, 통솔력을 지니지 못했던 탓에 역도산 왕국은 분열되고 도요노보리는 프로 레슬링에서 떠나고 만다(아래).

뻔 숨을 몰아쉬며 이렇게 대답했다.

"도요, 그런 소리 하지 마. 이것도 힘들어 죽겠어."

약물에 절은 역도산은 피망상증 같은 것에 걸려 지방 순회경기를 갔을 때에도 밤중에 제자들을 깨워 숙소 둘레를 살펴보라고 지시하곤 했다.

"누군가가 나를 습격하려는 기척을 느낄 수 있으니 숙소 주위를 자세히 살펴보아라."

그러나 그때마다 아무리 살펴보아도 아무 이상이 없었다.

역도산은 리키 아파트가 완공된 뒤 8층 전체를 자택으로 쓰고 있었다. 방문하는 사람은 아래에서 인터폰으로 자신이 누구이며, 무슨 용무로 찾아왔다는 것을 알려서 승낙을 받아야만 8층의 엘리베이터가 밑으로 내려오도록 되어 있었다.

그러니까 아무나 마음대로 8층에 올라갈 수 있는 것이 아니었다. 이것도 습격에 대비한 대책이었던 셈이다. 8층의 응접실 겸 거실에는 곰의 가죽이 죽 널려 있었다. 처음 찾아간 사람은 그 많은 곰의 가죽을 보고는 놀라기 마련이다. 유리 케이스 속에는 사냥총이 즐비하게 세워져 있어 보는 사람의 등골을 오싹하게 만들었다. 아무튼 역도산은 남을 위축시키는 엄포 속에서 살았던 사람이다.

파국의 날, 야쿠자의 칼에 당한 역도산

파국의 날은 갑자기 다가왔다. 1963년 12월 8일 밤, 역도산은 측근을 데리고 아카사카의 고급 나이트클럽인 뉴라틴쿼터에 갔다. 그동안의 지방 순회경기를 마치고 그날 아침 도쿄로 돌아온 역도산은 TBS 방송 출연 등의 스케줄을 마치고 홀가분한 기분으로 오랜만에 마음껏 술에 취했다.

애당초 역도산은 코피카바나에 가자고 했었다. 그러나 "코피카바나보다 뉴라틴쿼터가 좋을 것 같습니다. 거기에는 클럽 리키에 있던 밴드가 연주하고 있습니다"라고 측근 가운데 한 사람이 제안하는 바람에 그곳으로 가게 된 것이었다.

비서 가운데 한 사람이 "사장(역도산을 가리킴), 가능하면 뉴라틴쿼터는 피하는 것이 좋지 않겠습니까? 안전문제가 있으니까요"라고 말렸다. 하지만 역도산은 "이 밥통아, 나에게는 마치이(한국 이름 정건영) 선생이 뒤를 봐 주고 계시니 걱정 없어. 무엇 때문에 비싼 보디가드 요금을 도세이카이(정건영이 이끄는 조직)에 지불하고 있나?"라고 소리질렀다. 뉴라틴쿼터로 간 것이 그를 죽음의 길로 들어서게 만들 줄은 그때 아무도 알지 못했다.

'일본의 영웅' 역도산의 신변을 경호하는 일을 맡는 것은 폭력조직에게 큰 자랑거리였다. 유흥가 등에서 그들이 거두어들이는 막대한 액수에 견주면 역도산이 경호를 위해 내놓는 돈은 별것 아니었지만 천하의 역도산을 경호하고 그가 출전하는 연간 2백 개 경기의 흥행에 얼굴로 입장하는 데다 좋은 자리를 차지할 수 있다는 것은 폭력조직에게 더할 수 없는 매력이었다. 또 경조사에 역도산이 보낸 화환이 있다는 것은 그 폭력조직이 일류라는 것을 증명하고 있었다.

1960년까지는 관동지방 일대에서 다이닛폰고교(大日本興行)라는 조직이 경호를 맡았었다. 그러나 1961년에 접어들면서 같은 핏줄인 정건영이 이끄는 도세이카이에게 신변 경호를 맡겼다. 나이트클럽 뉴라틴쿼터는 지난날 역도산의 경호를 맡았던 다이닛폰고교의 세력권 안에 있었는데 그들이 경호 업무를 도세이카이로 옮겨 버린 역도산에게 좋지 않은 감정을 가지고 있던 것은 당연했다.

술 마시고 춤을 추며 놀던 역도산은 화장실에 갔다가 다이닛폰고교 소속의 무라타와 마주쳤다. 이때 역도산과 무라타 사이에서 무엇이 시비의 발단이 되었는지는 확실하지 않다.

가도는 《역도산의 진실》에서 "화장실에 가던 역도산이 무라타가 호스테스와 담소하고 있는 것을 보고 시비를 건 뒤 때렸기 때문에 무라타가 칼로 역도산의 아랫배를 찔렀다"라고 썼다. 그러나 오시타는 《영원의 역도산》에 이와는 좀 다른 내용의 경위를 밝혔다. "화장실 입구에 역도산과 호스테스가 서 있기 때문에 무라타는 역도산의 뒤로 빠져서 화장실에 들어갔다. 그러자 역도산이 자신의 발을 밟았다고 트집을 잡아 무라타를 공격했기 때문에 위험을 느낀 그가 쓰러진 채로 칼을 뽑아 역도산의 아랫배를 찔렀다."

오시타는 훗날 무라타를 직접 만나 그가 역도산을 찌른 경위를 들었으므로 당시의 상황 설명은 후자가 보다 진실에 가깝지 않나 여겨진다.

유일한 목격자인 호스테스의 찢어지는 듯한 비명이 들리는 가운데 역도산은 찔린 아랫배를 손으로 누르면서 술자리로 돌아갔다. 아랫배를 누르고 있는 그의 손가락 사이에서는 붉은 피가 흐르고 있었다. 그날 역도산과 술자리를 같이했던 측근은 리키 관광의 전무인 캐피이 하라다. 리키 엔터프라이즈의 전무인 요시무라, 리키 스포츠 파레스의 상무인 하세가와 등이었다. 역도산의 상처를 본 하세가와는 "병원으로 갑시다"라고 외쳤다.

"괜찮아."

오기가 강한 역도산은 부하들 앞에서 허세를 부렸다. 당시 자기네 테이블 옆에 서 있던 역도산이 갑자기 무대로 달려 올라갔다. 무대에서는 흑인 악단이 연주하고 있었다. 역도산은 가수의 마이크를 빼앗더니 객석을 향해 소리쳤다.

"여러분, 조심하십시오. 이 안에는 살인 하수꾼이 있습니다. 빨리 돌아가시는 것이 좋습니다."

"이 가게는 나를 죽이려는 사나이를 출입시키고 있다."

되는 소리, 안 되는 소리를 지껄인 역도산은 마이크를 내던졌다.

이윽고 자동차가 도착했다. 역도산은 무라타의 칼에 찔린 뒤 15가량 뉴라틴쿼터에 머물러 있었다. 자동차를 타자마자 하세가와는 역도산에게 말했다.

"마에다 외과로 가시죠."

마에다 외과는 아카사카에 있는 이름난 병원이었다. 그때 마에다 외과로 갔다면 역도산은 목숨을 건졌을지 모른다고 이야기하는 사람들이 많다.

"안 돼! 이 일이 널리 알려지면 재미없어. 산노 병원으로 가자."

가라데춉을 휘둘러 천하무적을 자랑하던 역도산이 그까짓 폭력배 한 사람이 휘두른 칼에 찔려 수술까지 받았대서야 체면이 서지 않는다는 생각이 그가 평소 원장과 친분이 있던 산노 병원을 택하게 만들었다.

자동차는 외과가 아니고 산부인과 전문인 산노 병원으로 향했다. 병원에 닿자 역도산은 부상을 무릅쓰고 또 행패를 부리기 시작했다. 의료기구 등을 마구 집어던져 부수고 침대까지 뒤집어엎었다. 아무리 생각해도 무라타의 칼에 찔린 것이 분하고 또 분했던 모양이다. 측근들은 날뛰는 그를 일단 자택인 리키 아파트 8층으로 데리고 돌아갔다.

"선생, 마에다 외과로 가셔야 합니다."

레슬러들은 역도산을 사장이라고 불렀으나 하세가와는 선생이라고 불렀다. 누가 보더라도 시급히 수술을 받아야만 할 상태였다. 그러나 역도산은 고개를 가로젓기만 했다.

"싫다. 나는 째지 않을 거야. 배를 째면 힘이 들어가지 않아 레슬링을 할 수 없게 된단 말이야."

평소에는 "나이 40이 가까운 내가 벌거벗고 링 위에 올라가야 된다니 한심한 노릇이야. 빨리 은퇴해야지"라고 푸념하던 역도산이 막상 수술을 받으면 레슬링을 못하게 될까 봐 수술 받기 싫다고 보채는 것이었다.

끝내 자기가 원했던 대로 그날 밤늦게 산노 병원에 입원했다. 다음 날인 9일 새벽 5시 45분 수술을 받았다. 집도의는 성 누가 병원의 이름난 외과의사였다. 수술을 받기 직전 역도산은 집도의에게 간청했다.

"너무 상처가 크게 나지 않도록 수술해 주십시오. 링에 올라갈 수 없습니다. 그리고 상처가 크면 배에 힘이 제대로 들어가지 않아 레슬링을 할 수 없게 됩니다."

프로 레슬링을 향한 역도산의 끝없는 집념에 수술을 맡은 집도의는 미소를 머금고 고개를 끄덕였다.

범인 무라타에게 가해진 피의 복수

그날 새벽 마에다 외과로부터 아카사카 경찰서에 긴급 전화가 걸려 왔다. '역도산을 칼로 찌른 무라타가 역도산의 경호를 맡은 폭력단원들에게 습격을 받아 심한 타박상과 자상을 입고 입원했다'는 내용이었다.

무라타는 두목인 고바야시와 함께 사과하기 위해 역도산의 자택으로 갔다가 도세이카이 회원들에게 몽둥이로 맞고 오른쪽 뺨을 칼에

역도산의 보디가드를 맡았던 도세이카이(東聲會)의 총수 정건영(마지이 히사유키)은 역도산을 찌른 야쿠자 무라타를 피투성이로 만들었다. 일본 경찰은 도세이카이를 일본의 10대 광역 폭력 조직의 하나로 꼽았으나 정건영은 재일교포의 보호 및 정치 결사(結社)라고 도세이카이의 본질을 내세웠다. 정건영은 제8대 거류민단 단장으로 1971년부터 1979년까지 재임했다.

찔려 피투성이가 되었다. 결국 도세이카이의 총수 정건영과 고바야시의 단독 대면으로 일단 사태는 수습되고 무라타는 마에다 외과에 입원했다.

역도산의 수술은 무사히 끝났다. 소장이 네 군데 잘려 있었으나 30바늘을 꿰맨 수술은 성공적이었다. 9일 오전 11시 산노 병원은 역도산의 수술 결과에 대해 다음과 같이 발표했다.

"칼에 의한 장의 결합은 성공했다. 경과가 순조로우면 한 달 정도로 완치될 것이다. 그러나 1주일 동안 면회는 금지된다."

수술 결과를 알기 위해 모여들었던 기자들과 관계자들은 병원 측의 발표에 모두 긴장을 풀었다. 그날 오후에는 당시의 자민당 부총재이자 프로 레슬링의 제2대 커미셔너인 오노가 비서관을 대동하고 역도산을 문병했다.

"리키는 괜찮은가. 천하의 리키도잔을 이렇게 만든 녀석은 도저히 용서할 수 없어. 내가 반드시 복수해 주겠네."

역도산의 코에는 가스를 빼기 위한 튜브가 꽂혀 있었다. 침대 곁에서 지키고 있던 레슬러 가운데에는 눈이 새빨갛게 충혈된 안토니오 이노키도 있었다.

"좀 어때? 역도산은…."

오노의 질문에 이노키는 힘없는 목소리로 대답했다.

"마취가 깨고 나니까 아파하십니다."

오노는 역도산의 잠든 모습만 보고 돌아갔다.

이틀이 지난 11일에 역도산은 놀랄 만큼 초인적인 회복을 보이기 시작했다. 일본 프로 야구계의 거대한 두 기둥인 투수 김정일(金正一, 가네다〈金田正一〉)과 타자 장훈(하리모토〈張本勳〉)이 역도산을 문병한 것도 이날이었다. 이 두 사람은 같은 핏줄인 역도산과 평소 두터운 친분 관계를 가지면서 고질적인 민족 차별의 냉대 속에서 서로 격려하며 지내 왔었다. 기운을 되찾아가면서 역도산의 입도 거침없이 험한 말을 되찾기 시작했다.

"무라타 이 새끼, 박살 내고 말겠어."

완쾌하면 그에게 복수하겠다고 다짐하는가 하면 문병 온 관계자들에게 소리치기도 했다.

"뭐야, 뭐하고 있는 거야! 너희들 연말이라 눈코 뜰 새 없이 바쁜 이 때에 병원에 와서 얼쩡거릴 시간이 어디 있어. 모두 빨리 회사로 돌아가서 볼일이나 봐!"

몸의 컨디션이 회복되자 금지되어 있는 수분을 섭취했다는 소문이 있었다.

"야! 사과 좀 깎아. 그리고 얼음 좀 먹자."

맹장염도 그렇지만 복부 수술을 마치고 난 후 일정 기간 수분 섭취는 금지된다. 복막염을 일으킬 가능성이 있기 때문이다.

역도산의 죽음에 얽힌 의문점들

역도산의 용태에 급변이 일어난 것은 12월 15일이었다. 아침 검진에서 복부에 이상이 일어난 것이 발견되어 정밀검사를 한 결과 장폐쇄를 병발하고 있어 재수술이 불가피해졌다. 첫 번째 수술을 맡았던 집

1963년 12월 역도산이 야쿠자의 칼을 맞고 사망하자 극진 가라데의 최영의는 이렇게 탄식했다.

"다쿠쇼쿠 대학의 선배였던 유도의 기무라에 대한 의리로 역도산에게 도전했으나 그에게 개인적인 감정은 없었다. 기획력, 추진력, 통솔력, 결단력 등 역도산은 뛰어난 자질을 가지고 있었다. 정계, 재계의 거물들과 친했던 그는 오래 살았으면 수상을 지냈을지도 모른다."

역도산이 세상을 떠난 후 일본 프로 레슬링계에서 민족차별을 받아 외톨이가 되어 가던 김일은 자신이 살 길은 타이틀 획득밖에 없다고 타이틀에 집착해 일본 프로 레슬링 기자들에게 타이틀 마(魔)로 불렸다.

1964년 미국 텍사스 주 루 테즈와 경기를 가졌을 때 일본 격투기 전문기자 가도의 말에 따르면 "프로 레슬러로서 해서는 안 될 일을 했다"는 말을 들었다. 각본을 어기고 테즈로부터 한 판을 따 내려고 했던 모양이다. 비록 나이도 들고 쇼가 된 프로 레슬링에서 밥을 먹고 있던 테즈지만 화가 나서 주특기인 백 드롭을 걸어 사정없이 김일을 뒤로 집어던져 뒷머리를 강타해 버리는 바람에 김일은 뇌진탕을 일으키는 소동이 벌어졌다.

2000년 3월 26일 김일은 70세 나이를 맞아 장충체육관에서 공식 은퇴식을 가졌다. 어쩐 일인지《한겨레》지가 필자에게 그 은퇴식을 기사로 써 달라고 청탁해 왔다. 이 이야기를 들은 프로 레슬링 동호회 총무인 외손자 강형석(당시 14세, 지금은 미국 펜실바니아에서 변호사로 로펌에 근무함)과 함께 갔다. 외손자는 필자가 쓴〈반역의 레슬러 역도산〉을 6차례나 숙독한 열렬한 프로 레슬링 팬이었다. 장충체육관에서 우리는 깜짝 놀랄 만한 인물을 보았다. 루 테즈가 김일의 은퇴식에 참석해서 레슬러로서 물러난 김일이 프로모터가 된다면 자신이 적극적으로 협조하겠다는 것이었다. 도대체 우리 매스컴은 테즈가 서울에 온 것을 왜 몰랐을까? 역도산이 결코 실력으로 못 이겼던 사나이는 충분히 화제의 인물이 될 수 있었는 데도 말이다. '김일 쪽에서 테즈의 프로필을 제대로 알렸다면 텔레비전이나 신문이 크게 다루었을 터인데…' 라는 아쉬움이 지금도 남아 있다.

도의가 또다시 수술 칼을 들고 오후 2시부터 재수술을 했다. 사태는 심상치 않았다. 두 시간에 걸친 긴 수술에 슈퍼맨 역도산도 보통 사람의 세 배가 넘는 1천 cc의 수혈을 받았다. 그러나 밤 8시 반쯤에 상태가 완전히 악화됐고 9시 반쯤에는 의식을 잃어 가고 있었다. 9시 50분, 역도산은 이 세상을 떠나고 말았다.

'역도산 죽다!'

역도산 사망의 슬픈 소식은 순식간에 전파를 타고 일본 전국에 전해졌다. 이 소식에 쇼크 받아 사망하는 노인이 나왔을 정도로 그의 죽음은 프로 레슬링 팬들뿐 아니라 많은 일본 국민들에게 큰 충격을 주었다. 역도산이 숨을 거둔 산노 병원 앞에는 구름 떼처럼 사람들이 몰려들어 경찰이 백차까지 동원해서 정리를 해야만 했다.

장례식은 12월 20일 정오 혼몬지(本門寺)라는 절에서 치러졌다. 장례위원장은 오노 반보쿠 자민당 부총재였다. 그는 때마침 한국을 방문하고 있었으므로 부위원장인 고다마 요시오가 "당신의 죽음은 전국의 몇 백만이라는 순진한 소년 팬들로부터 꿈을 빼앗아 가 버렸다"라는 내용의 조사를 읽었다.

예능계를 대표한 반 준자부로의 "리키 상, 나에게 신경 쓰라고 하던 자네가 먼저 죽어 버리다니 정말 슬프네. 집에 돌아가면 '리키도잔은 정말 죽었어…?'라고 애들이 물어보는데 어떻게 대답하면 좋겠나. 리키 상, 나는 당신을 좋아했어. 그러나 단 한 가지… 싫은 것이 있었지. 술, 술 말이야. 리키 상, 어째서 그토록 술을 마셨나"라는 넋두리가 섞인 조사는 듣는 이의 눈시울을 뜨겁게 만들었다.

생전에 숱한 화제를 뿌렸던 역도산은 죽고 난 후에도 수수께끼 같은 이야깃거리를 많이 남겨 사람들의 입에 오르내렸다.

'한동안 순조롭게 회복되어 가던 역도산이 어째서 갑자기 용태가 악화되어 죽었을까?'라는 의문에는 오늘날에도 아직 정답이 나오지 않고 있다. 사망 원인은 천공성 화농성 복막염이었다. 그러나 첫 번째 수술은 성공했고 그 후 나날이 회복되어 가던 그에게 도대체 무슨 일이 일어나 죽음에 이르게 된 것일까? 여러 가지 억측이 나돌았다.

복부 수술을 받고 난 후 물을 마셨을 것이라는 이야기를 믿는 사람은 적지 않았다. 아무리 졸라도 물을 가져다 주지 않았기 때문에 꽃병의 물을 마셔 버렸다거나 청량음료를 마셨다는 억측도 있었다. 하긴 평소에도 청량음료를 즐겨 마셨었다고 한다. 지방 흥행을 갈 때에도 얼음 채운 상자 속에 청량음료를 담고 다녔을 정도였다.

가도는 그의 저서 《역도산의 진실》에 "역도산의 병상사(病床史) 속에 가네다(김정일)와 하리모토(장훈) 두 사람은 역도산이 세계적으로 유명한 모 청량음료수를 마시는 것을 목격했다는 기술 내용이 있다"고 썼다. 또한 오시타는 "역도산이 산소 흡입 튜브를 스스로 뽑아 버렸다는 억측도 있었다"고 《영원의 역도산》에 썼다.

김일, "누군가 역도산 선생의 산소 흡입 튜브를 뽑아 버렸다"

역도산의 사망으로 가장 큰 타격을 입게 된 레슬러 가운데 첫 번째인 같은 핏줄의 김일은 튜브를 역도산 아닌 다른 사람이 뽑아 버렸다고 믿고 있었다. 1975년 당시 서울 정동에 있던 MBC 근처의 일식집에서 김일은 역도산의 사망 원인에 대한 자신의 견해를 이렇게 필자에게 들려주었다.

"역도산 선생을 제거함으로써 이익을 보는 자들이 몰래 산소 흡입 튜브를 뽑아 버려 돌아가시게 만든 것입니다."

오시타는 또 하나의 가능성을 《영원의 역도산》에 다음과 같이 밝혔다.

역도산 측근 가운데 한 사람은 얼마 후 산노 병원의 원장으로부터 이런 이야기를 들었다.

"약의 투여 방식을 잘못 읽었던 것 같다."

"약이란 마취약을 뜻한다. 그것은 무라타의 재판 과정에서 차츰 뚜렷해졌다. 역도산의 사망 원인을 규명하기 위해 차트가 제출됐으나 그 가운데 마취의 차트만이 빠져 있었다. 집도한 성 누가 병원의 외과의사는 분실했다고 계속 주장했다. 그래서 마취를 했을 때 쇼크사했다는 설까지 튀어나왔다. 보통을 넘는 역도산의 체력을 감안해서 대량 투여를 했다는 이야기가 될까?

박치기 왕 김일은 역도산에게 골프채로 얻어맞으면서도 스승을 원망하지 않고 평생 존경했다. 김일은 죽는 날까지 역도산은 누군가가 산소 흡입 튜브를 뽑아 버리는 바람에 죽음에 이르게 됐다고 믿고 있었다.

김일의 '역도산 이름 이어받기' 무산

사망하기 며칠 전 미국에 원정 중이던 김일이 미스터 모토와 함께 WWA 태그 챔피언이 됐다는 소식을 병상에서 전해 들은 역도산은 빙긋 웃으면서 "그 자식도 고생 많이 했지"라고 말했다.

골프채로 얻어 맞으며 강한 훈련을 받은 김일은 일편단심 역도산을 존경하고 따랐다. 자신이 이룩해 놓은 프로 레슬링 왕국을 좀먹으려는 인간들이 득실거린다는 불신감에 사로잡혀 있던 역도산에게 같은 핏줄인 김일은 믿을 만하고 착실한 제자였다.

185cm의 키에 90kg의 김일은 국제무대에 세우기는 좀 작은 편이었다. 그러나 역도산은 피땀 나는 훈련과 알맞은 영양 섭취로 김일의 몸무게를 100kg으로 늘린 뒤 미국에 보내 WWA 태그 챔피언을 따도록 만들었다. 말하자면 김일은 같은 민족인 재목을 다듬어 만든 역도산의 첫 작품이었던 셈이다.

키 209cm, 몸무게 135kg의 거인 자이언트 바바(馬場)는 역도산의 주특기 가라데촙에 자신의 큰 발로 차는 16문 킥으로 명성이 높았다. 바바는 역도산도 차지해 보지 못했던 NWA 세계 타이틀을 3차례나 획득했다. 물론 일본에서만 3차례, 그것도 잠깐 동안이긴 했지만 NWA는 바바가 제시한 조건이 NWA 세계 타이틀의 미국 흥행에 큰 지장이 없고 바바를 믿을 만한 프로모터로 인정했기에 가능했을 것이다.

역도산 사망 후 일본 프로 레슬링계는 여러 갈래로 분열을 일으킨다. 신일본(新日本) 프로 레슬링 간판을 내건 안토니오 이노키는 이종격투기 경기를 통해 자신의 프로 레슬링은 쇼가 아님을 증명하려고 애썼다. 프로 복싱 헤비급 세계 챔피언을 지낸 무하마드 알리(미국), 역시 프로 복싱 헤비급 세계 챔피언이었던 레온 스핑크스(미국, 사진)와도 대결했으며 1972년 뮌헨 올림픽 헤비급 금메달리스트 윌헬름 루스카(네덜란드), 극진 가라데의 강호 윌리 윌리엄즈(미국) 등을 불러 대결하는 모습을 보였다. 그러나 중립성을 지닌 프로모터가 치른 것이 아니라 이노키 자신이 프로모터이고 보면 이 대결은 순수한 스포츠로 보기는 어렵다는 비판이 강했다.

"역도산 선생이 살아 계셨으면 일본 프로 레슬링은 산산조각이 나지 않았을 테고, 저의 운명도 달라졌을 것입니다."

훗날 김일은 한숨을 내쉬며 스승인 역도산의 사망이 자신의 진로에도 어두운 그림자를 드리웠다고 털어놓았다.

"잘 아시겠지만 프로 레슬링에는 진짜 대결인 시멘트 매치라는 것이 있습니다. 당시 신예 가운데 톱은 저와 바바 그리고 이노키의 세 사람이었죠. 바바가 이노키를 꺾고 난 뒤 문을 잠근 방에서 역도산 선생 입회 아래 저와 바바가 시멘트 매치를 벌였습니다. 물론 제가 이겼죠."

쇼인 프로 레슬링은 각본에 따르지만 진짜 실력은 시멘트 매치로 저울질한다는 이야기였다. 김일은 자신이야말로 실력이나 역도산의 신임도에서나 신예 3총사 가운데 으뜸으로 후계자임을 자처하고 있었다. 역도산이 사망한 뒤 김일이 역도산이라는 이름을 이어받는 문제가 논의된 적이 있었다. 하지만 한국인을 일본 프로 레슬링의 대들보로 삼고 싶지 않은 세력에 의해 그의 '역도산 이름 이어받기'는 무산되고 말았다.

김기수를 아끼고 격려했던 역도산

역도산은 프로 레슬러 가운데 같은 핏줄인 김일을 가장 신임했고 프로 복서로서는 훗날 주니어 미들급 세계 챔피언이 된 김기수(金基洙)에게 큰 기대를 걸고 뒤를 밀어 주었다.

"역도산이 조금 더 살아 있었더라면 나는 더 일찍 세계 챔피언의 자리에 오를 수 있었을지 모릅니다."

아마추어 시절인 1960년 로마 올림픽에서 이탈리아의 니노 벤베누티에게 패배한 김기수는 그로부터 6년 후인 1966년 6월 25일 장충체

프로 복싱은 토너먼트나 리그전을 치러 챔피언을 가려내지 않고 챔피언과 도전자의 타이틀 매치로 새 챔피언을 결정한다. WBA 주니어 미들급 세계 랭킹에 들긴 했으나 김기수는 막강한 도전자가 아니었기 때문에 프로모터가 나서서 키우기는 어려운 상황이었다. 흥행사로 세계적인 영향력을 지녔던 역도산은 김기수의 뒤를 밀어 줄 생각을 지니고 있었으나 1963년 야쿠자의 칼을 맞고 사망한다. 1966년 박정희 대통령이 멍석을 깔아 주어 김기수는 세계를 제패했다.

육관에서 당시 주니어 미들급 세계 챔피언이던 벤베누티를 15회 판정으로 물리치고 아마추어 시절의 패배를 설욕하면서 왕좌에 올랐다. 그 후 두 차례의 타이틀 방어를 이룩한 김기수는 1968년 5월 25일 이탈리아로 건너가 전 챔피언 샌드로 마징기의 도전을 받아 3차 방어전을 치렀으나 15회 판정으로 지는 바람에 타이틀을 빼앗기고 말았다.

1968년 봄 마징기와 3차 방어전을 앞두고 필자는 김기수를 취재하기 위해 그의 자택을 방문했다. 그러다 뜻밖에도 역도산이 김기수의 뒤를 밀어 주었다는 이야기를 들었다.

1962년 후지(不二) 권투 구락부의 초청으로 일본에 건너간 김기수는 김일의 소개로 역도산을 만나게 됐다. 전남 여수에서 함께 자란 김일과 김기수는 잘 아는 사이였다. 김기수는 김일의 동생인 김공식과 친구였으므로 김일을 형이라 불렀다. 복싱에 전념하기 전 씨름에서도 두각을 나타냈던 김기수는 씨름대회 결승에서 김일과 마주쳐 패배했던 일도 있었다.

"김일 형은 일본 신문에 난 내 기사를 보고 전화를 걸어 왔습니다. 반갑게 만났더니 이것저것 사 주면서 그동안의 안부도 물었어요. 그러고는 역도산을 한번 만나라고 하더군요."

역도산은 프로 레슬링뿐만 아니라 프로 복싱에도 적지 않은 관심을 지니고 있어 자신의 제자 레슬러 몇 사람을 프로 복서로 전향시키려고까지 했던 일도 있었다. 그런 역도산인지라 일본 프로 복싱계에서 전율의 강타자라 불리게 된 김기수를 데려왔을 때 무척 반가워했었다.

역도산은 그때 김기수에게 용돈을 주면서, "훈련 열심히 해. 꾸준히 노력하고 있으면 이번에는 내가 일본으로 불러 주겠네"라고 격려했다.

1963년 늦가을 역도산의 초청을 받은 김기수는 다시 일본으로 건너갔다. 역도산이 만든 리키 스포츠 파레스라는 실내체육관에서 세계적인 트레이너 딕 새들러의 지도를 받아 실력이 급격히 향상되었다. 새들러의 과학적인 지도로 미국 복싱의 진수를 익히게 된 김기수는 그 후 3년도 채 안 되어 세계 정상을 정복한다.

"나를 밀어 준 역도산에게 세계 챔피언이 된 모습을 보여 주고 싶었습니다. 그것만이 은혜에 보답하는 길이었는데…."

김기수는 역도산의 사망에 큰 충격을 받고 깊은 슬픔에 잠겼던 사람 가운데 하나였다. 한국인이라고 스모계에서 차별 대우를 받았던 역도산의 가슴 속 깊은 곳에는 언제나 한국인이 일본인보다 강하다는 것을 보여 주고야 말겠다는 뜨거운 집념이 불타고 있었는지 모른다. 그래서 그는 프로 레슬러 김일과 프로 복서 김기수의 앞날에 기대를 걸었던 듯하다.

역도산의 임종과 세 손가락의 수수께끼

역도산은 숨을 거두기 전에 병상을 지키던 사람들에게 세 손가락을 내밀었다. 기운이 쇠진해서 입을 열 수조차 없었던 역도산은 마지막

1963년 6월 역도산은 JAL(일본 항공)의 여승무원 출신인 다나카 게이코와 화려한 결혼식을 올렸는데 한국에서 한 차례, 일본에서 두 차례, 그러니까 세 번째 결혼이었다. 그로부터 반 년 후 야쿠자의 칼을 맞고 삶을 마감하고 말았다.

기력을 다해서 윗몸을 일으키더니 세 손가락을 내밀어 보이고는 마치 부탁하겠다는 듯 고개를 끄덕였다. 역도산이 내밀었던 세 손가락의 수수께끼에도 여러 가지 억측이 나돌 수밖에 없었다.

북한에 남겨 둔 큰딸의 존재는 밝혀지지 않은 채 당시 2남 1녀를 두고 있었으며 그의 아내는 임신하고 있었다.

"남겨 두고 가는 세 자녀의 장래를 보살펴 달라는 뜻일 거야."

이 짐작이 가장 옳은 것인지도 모르겠다. 그러나 역도산의 성격으로 보아 애들보다 사업에 더 신경을 썼을 것이라는 추측에도 일리는 있었다.

"역도산이 지니고 있었던 세 개의 국제 타이틀을 지키면서 잘해 나가라는 뜻이었을 거야."

도요노보리의 주장도 그럴듯했다.

"역도산이 가장 이야기하고 싶었던 것은 '프로 레슬링의 불을 끄지

역도산의 비석 옆에 선 미망인 다나카. 역도산의 아들(앞줄 비석 바로 오른쪽 첫 번째) 그리고 프로 레슬링 관계자들.

마라' 라는 것이었어. 자기가 떠나고 난 뒤 세 명이 힘을 합쳐 프로 레슬링을 키워 나가라고 말한 거야.”

역도산이 사망한 후 일본 프로 레슬링은 도요노보리가 실질적인 우두머리가 되고 요시노사토, 요시무라, 엔도 등의 집단 지도 체제 아래 들어갔다. 이 가운데 엔도는 옵서버 격이었으므로 실제로는 세 사람이 이끌고 나가게 됐다. 도요노보리에 의하면 역도산의 세 손가락은 바로 세 사람이 힘을 합쳐서 잘해 보라는 뜻이었다는 것이다.

역도산의 이름이 새겨진 묘는 일본에 두 개 있다. 하나는 도쿄의 혼몬지라는 절에 있는 묘다. 이 묘에는 역도산의 생전에 자칫하면 격돌을 벌일 뻔했던 최영의가 1년에 한 차례씩 찾아가 고인의 명복을 빌었으나 이제 그 최영의도 유명을 달리하고 말았다. 그리고 역도산을 칼로 찔러 숨지게 만든 무라타도 속죄하는 마음으로 1년에 한 차례씩 찾아가 고인의 명복을 빈다고 한다. 또 하나의 묘는 나가사키 현 오무라

1957년 프로 레슬링 흥행을 마치고 오사카의 요정에서 베풀어진 연회에서 역도산이 야마구치구미 두령 다오카의 허리에 다리를 감고 친밀감을 나타내고 있다. 오른쪽은 아즈마후지.

에 있는 모모다 집안의 묘지에 있다. 모모다는 역도산이 입적한 집안이다. 이 묘에는 세 명의 아내 가운데 가장 오랫동안 함께 살았던 오자와 후미코의 유골도 도쿄로부터 분골되어 온 역도산의 유골과 함께 납골되어 있다.

한편 재일동포 사회에 널리 퍼져 있는 소문대로 조총련 루트를 통해 북한에도 유골이 보내졌다면 그의 고향에 아마도 역도산 아닌 김신락의 이름으로 묘가 하나 더 있을 법하다. 파란만장한 생애를 마치고 묘가 세 개나 있는 사나이, 역도산은 정말로 기구한 운명을 살다 간 것이다. 역도산이 세상을 떠나자 일본 프로 레슬링은 이해관계를 놓고 갈기갈기 찢어져 버렸다.

4장

맥아더 원수 움직인 이상백,
한국 올림픽, 아시안 게임
출전의 길 열다

1945년 8월 15일 일본의 패망으로 한국은 36년 동안의 일제 학정(虐政)에서 벗어났다. 일제 강점기 여러 분야에서 한국인의 활동이 금지되거나 제한됐던 탓에 일제의 지배가 한꺼번에 무너지자 그 빈자리를 메울 만한 조직이 순조롭게 바로 생겨나지는 않았다. 일본 체육협회와 JOC(일본 올림픽위원회)의 지배를 받아 왔던 스포츠, 체육 분야도 예외는 아니었다. IOC(국제올림픽위원회)를 비롯한 국제 스포츠 관련단체와 아무 연결이 없었던 한국 스포츠계는 앞으로 어떤 절차를 밟아야 국제무대에 진출할 수 있는지 몰라 헤맬 수밖에 없었다.

이 어려운 상황 속에서 한국이 올림픽, 아시안 게임에 출전할 수 있는 길을 연 인물이 이상백(1904~1966년)이다. 한국인이면서도 일본 체육협회 전무이사, 1932년 로스앤젤레스 올림픽 일본 선수단 단장비서, 1936년 베를린 올림픽 일본 선수단 총무 등을 지내면서 미국의 애버리 브런디지 IOC 부위원장 등 국제 스포츠계 지도자급 인사들과 친분을 맺은 이상백이라야 해낼 수 있는 일이었다. 친일파, 정치적으로는 진보파라는 비난을 받으면서도 학업과 스포츠를 양립한 전형적 인물로서 우리나라 스포츠와 체육의 건전한 발전에 평생을 바친 이상백의 참 모습을 살펴본다.

온갖 시련을 이겨 내며
IOC 가입과 올림픽 출전의 길 열어

1952년 헬싱키에서 IOC 위원장으로 뽑힌 미국의 브런디지와 함께한 이상백(오른쪽).

이상백 박사와 절친한 친구였던 미국의 브런디지는 1952년부터 1972년까지 20년 동안이나 IOC의 우두머리 노릇을 했다.

제2차 세계대전이 끝난 후 첫 대회인 1948년 런던 올림픽은 그해 나라를 세운 신생 대한민국을 온 세계에 알리는 매우 뜻 깊은 기회였다. 올림픽 참가를 위해서는 먼저 KOC(조선올림픽위원회)가 IOC에 가입해야 한다. 그러나 당시 한국에는 올림픽과 IOC의 얼개에 대해 잘 아는 사람이 없었다. 그래서 스포츠계 인사들은 일본 선수단 간부로 두 차례나 올림픽에 참가한 경험이 있는 이상백에게 올림픽 참가의 길을 열어 달라고 부탁했다.

1946년 7월 이상백을 중심으로 올림픽대책위원회가 조직됐다. 위원장은 조선체육회(훗날의 대한체육회) 부회장인 유억겸, 부위원장은 이상백과 전경부가 맡았다. 올림픽대책위원회는 1947년 6월 스웨덴의 스톡홀름에서 열리는 IOC 총회에 전경무를 보내 가입승인을 받기로 했다.

이상백이 KOC 대표로 내세운 전경무는 미국 유학 시절 미국 유학 총학생회 회장을 지내고 미국 대학생 웅변대회에서 1등을 차지했을 만큼 영어도 잘하고 설득력도 뛰어난 인재였다. 1947년 5월 20일 전경무는 미 군용기를 타고 일본을 거쳐 스톡홀름으로 가기 위해 서울을 떠났다. 그러나 안타깝게도 전경무가 탄 항공기가 도쿄 근처의 산에 부딪쳐 추락하는 바람에 탑승자가 모두 사망했다.

전경무의 죽음에 큰 충격을 받았지만 머뭇거릴 시간적 여유가 없어 전경무의 친구인 재미교포 이원순에게 스톡홀름으로 날아가 KOC의 IOC 가입승인을 받아 달라고 요청했다. 이원순은 30년 동안이나 미국에 살면서 독립운동을 도왔지만 미국 시민권을 갖고 있지 않아 미국 여권을 발급 받을 수 없기 때문에 궁여지책으로 자기가 스스로 여권을 만들어 영국, 덴마크, 스웨덴 등의 영사관을 돌며 세계에서 단 하나

밖에 없는 사제(私製) 여권에 비자를 받아 냈다.

IOC 총회가 열리기 사흘 전 스톡홀름에 도착한 이원순은 IOC의 지그프리드 에드스트롬(스웨덴) 위원장, 애버리 브런디지(미국) 부위원장 등 관계자들을 만나 가입 절차를 밟았다. 에드스트롬의 뒤를 이어 1952년부터 1972년까지 20년 동안이나 IOC 위원장을 맡게 된 브런디지는 이상백과 뜻이 잘 맞아 1936년 베를린 올림픽부터 농구를 정식 종목으로 채택되도록 이끈 사이다. IOC 총회장에 이원순이 들어가자 위원들은 뜨거운 박수로 그를 맞이하면서 KOC의 가입을 환영했다. 전경무의 고귀한 희생, 이원순의 헌신적인 노력에 힘입어 한국의 올림픽 참가는 이루어지게 됐다.

맥아더 원수 움직여 미 군정청으로부터 1948년 런던 올림픽 한국 선수단 출전비 모두 받아 내

이상백 주도 아래 한국의 첫 올림픽 출전이 확정되자 일부 스포츠계 인사들은 선수단 구성과 파견 등의 주도권을 잡기 위해 '이상백은 친일파'라고 헐뜯기 시작했다. "이상백은 일제강점기 일본 스포츠계의 거물로 활약했으니 친일파"라는 것이다. 이상백은 자신을 배척하는 움직임이 나타나자 한 걸음 물러났다. 서울대학교 문리과대학 사회학과 주임교수인 이상백은 명동에 동방문화연구회라는 사무실을 마련해 놓고 그곳에서 고고학, 역사학, 철학 등을 전공하는 학자들과 만나 학문과 세상 돌아가는 이야기를 나누며 안목을 넓혀 갔다.

조선체육회는 런던 올림픽에 나가기 위해 경기단체끼리, 지도자끼리 서로 헐뜯는 험악한 자리다툼을 벌인 끝에 육상, 축구, 농구, 역도, 복싱, 레슬링, 사이클 등 7개 종목에 67명 선수단을 구성했다. 1948년 8월

미국 올림픽위원회 위원장을 지낸 맥아더 원수는 1948년 런던 올림픽을 앞두고 당시 IOC 부위원장인 애버리 브런디지(미국)를 통해 이상백의 요청을 받아들였다. 맥아더 원수는 아직 대한민국이 독립하기 전 남한을 통치하고 있던 미 군정청에 "한국 선수단의 올림픽 출전비를 한 푼도 삭감하지 말고 모두 보내라"고 지시했다.

15일 대한민국 정부가 세워지기 전까지는 미 군정청이 한국의 통치를 맡고 있었기 때문에 런던 올림픽의 한국 선수단 파견 비용을 도와달라고 미 군정청에 요청했다. 그러나 미 군정청은 "67명은 너무 많으니 그 가운데 10명을 줄이라"고 했다. 67명을 뽑는 데도 불꽃 튀는 다툼을 벌였으니 그 가운데 10명을 줄인다면 무슨 일이 일어날지 모르는 흉흉한 분위기였다. 이 소식을 전해 들은 이상백은 "모두 보내 줄 수 있는데…"라고 말해 스포츠계를 놀라게 만들었다. 결국 조선체육회 간부들은 이상백을 찾아가 "67명 모두 런던으로 갈 수 있도록 도와달라"고 간곡히 요청했다.

이상백은 바로 미국에 있는 친구인 브런디지 IOC 부위원장에게 "태평양 주둔 연합군 사령관 맥아더 원수의 도움이 필요하다"라고 연락했다. 맥아더 원수는 1928년 암스테르담 올림픽 미국 선수단 단장을 지냈으며 1926년부터 2년 동안 미국 올림픽위원회 위원장을 맡은 적이 있다. 그때 미국 올림픽위원회 부위원장이 브런디지였던 탓에 두 사람의 친분은 두터웠다. 맥아더 원수는 즉각 미 군정청 장관인 하지 중장에게 "한국 선수단 전원이 런던 올림픽에 갈 수 있도록 재정지원을 하라"는 지시를 내렸다. 미 군정청이 조선체육회 간부들을 불러 "한국 선수단 67명 전원을 런던 올림픽에 보내겠다"고 통보하자 이상백을 배척해 왔던 그들도 대부분 이상백의 엄청난 영향력을 인정하지 않을 수 없었다. 미 군정청은 이상백도 선수단 임원으로 런던에 가도록 권유했으나 이상백은 굳이 사양했다. 선수단 내부에 자신을 배척하는 분위기가 감돌고 있으니 이번에는 가지 않는 것이 선수단의 화합을 위해서도 바람직하다는 생각에서였다.

1952년 헬싱키 올림픽에서 AG 임시총회 소집해 한국의 아시안 게임 참가의 길 열다

1949년 2월 인도 뉴델리에서 아시아의 8개국이 모인 가운데 AGF(아시아경기연맹)를 결성하고 아시안 게임을 열기로 결정했다. 이 모임에 한국도 반드시 참가해야 한국의 스포츠 발전과 아시아 여러 나라와의 친선에 도움이 된다고 이상백은 참가하려 했으나 이때에도 이상백의 세력이 커지는 것을 경계한 스포츠계 일부 인사들의 방해로 뉴델리에는 가지 못했다. 1950년 터진 한국전쟁으로 전국이 폐허가 되다시피 한 한국은 1951년 뉴델리에서 열린 제1회 아시안 게임에 선수단을 보내지 못했다. 그러나 잿더미 속에서도 1952년 1월 국회는 헬싱키 올림픽에 선수단을 파견하도록 정부에 요청했다. 온 국민, 해외 동포, 미군들의 성금으로 마련된 파견비로 6개 종목 44명의 선수단이 구성되고 이상백은 총감독을 맡았다. 헬싱키에 도착한 이상백은 필리핀 스포츠계의 큰 기둥인 이라난 박사를 만나 한국이 2년 뒤인 1954년 마닐라에서 열리는 제2회 아시안 게임에 참가할 수 있도록 도와줄 것을 요청했다.

제2차 세계대전이 일어나기 전 1913년부터 1934년까지 일본, 중국, 필리핀 등이 참가한 극동올림픽 혹은 동양올림픽이라 불린 극동선수권대회가 열렸었다. 이런 국제경기를 통해 당시 일본 체육협회 이사였던 이상백은 이라난 등과 알고 지내게 됐다. 이라난은 "아시안 게임에 출전하려면 먼저 AGF에 가입해야 한다. 그러자면 북한이 1951년 뉴델리 총회에서 AGF에 정식가입했는지 알아보아야 한다"고 알려주었다. 북한이 가입했다면 한국의 가입은 거의 불가능한 형편이었다. 1951년 한반도에서는 중공군의 지원을 받는 북한군과 미국을 주축으로 이루어진 연합군이 도와주는 한국군이 치열한 전투를 벌이고 있는 가운데 뉴델리에서 열린 제1회 아시안 게임에 북한은 출전하지 않았지만 13명이나 되는 대표단을 파견해 AGF 총회에도 모습을 나타냈었으니 회원국이 됐을지도 모르는 상황이었다.

이상백은 북한이 AGF 회원국 자격을 얻었는지 여부를 국제육상경기연맹 부회장인 일본의 아사노에게 알아봐 달라고 부탁했다. 이상백의 폭 넓은 인맥이 이번에도 도움이 됐다. 이상백의 대학 1년 선배인 아사노는 1951년 AGF 총회의 기록을 샅샅이 뒤져보고 "북한이 AGF 총회에 모습을 나타낸 것은 사실이나 회원국 자격을 얻지는 않았다"고 알려주었다. 이상백은 때를 놓치지 않고 AGF 회장인 이라난에게 헬싱키에서 AGF 임시총회를 열고 한국의 가입을 승인해 달라고 요청했다. 이상백이 AGF 가입을 서두른 것은 1951년 뉴델리 AGF 총회에 대표단을 파견했던 북한이 어떤 억지를 쓰면서 한국의 가입을 방해할지 모르기 때문이었다. 다행히도 헬싱키 올림픽에 참가한 AGF 회원국 선수단에는 AGF 평의원들이 당연히 끼어 있었다. 이라난은 1952년 7월 24일 AGF 평의원들을 식사에 초대했다. 그 자리에서 이라난이 "평의원들이 이렇게 한자리에 모이기도 쉽지 않으니 아예 오늘 이 자리에서 AGF 임시총회를 열자"고 제안하자 아무도 반대하지 않아 임시총회가 열렸다. 이 임시총회에서 한국과 대만(당시 자유중국)의 회원국가입이 받아들여졌다. 북한, 중국 등 공산국가들이 아시안 게임에 모습을 나타낸 것은 1974년 테헤란 대회부터다.

전국 체전에서 성화 봉송을 실현시키다

해마다 가을에 열리는 전국 체전에 성화 봉송을 제안한 사람은 이상백이다. 1936년 베를린 올림픽부터 시작된 올림픽 성화 봉송의 정신과 실체를 본받아 전국 체전에도 도입하자는 뜻에서 나온 제안이었다. 당시 독일 체육계의 큰 인물이고 베를린 올림픽 조직위원회의 핵심인물이었던 카를 딤 박사의 "고대 올림피아의 유적지에서 성화를 채화해 릴레이로 봉송해 와서 올림픽 주경기장에 대회 기간 중 불타오르게 만들어 스포츠를 통해 평화와 우정을 다짐했던 고대 올림픽의 정신을 오늘에 살리자"는 제안을 IOC가 받아들였다. 그리스의 고대 올림피아 유적지에서 베를린까지 성화를 릴레이로 봉송하는 데 3천 명이 넘는 사람들이 7개국을 지나 열흘 동안 달려야 했다. 그동안 온 세계는 올림픽 무드가 고조되어 갔으며 베를린 올림픽 주경기장에 성화가 도착하자 올림픽은 화려하게 개막됐다.

베를린 올림픽에 일본 대표선수단 총무로 참가했던 이상백은 이 성화 봉송에 깊은 감동을 느꼈다. 조국이 일제의 압박에서 벗어나 광복을 맞이하자 이상백은 "우리나라 전국 체전도 성화 봉송을 갖는 것이 좋겠다"고 생각했다. 그러나 그의 꿈이 실현된 것은 광복 후 10년이 지나서였다. 1955년 10월 15일 동대문의 옛 서울운동장에서 열린 제36회 전국체육대회 개회식 때 처음으로 성화 릴레이가 선을 보여 보는 이들을 감동시켰다.

이상백이 전국 체전의 성화 봉송을 제안하자 대한체육회는 이를 받아들였으나 성화의 불을 어디에서 붙여 오느냐를 놓고 의견이 엇갈렸다. 대한체육회의 여러 이사들은 "1947년 KOC(대한올림픽위원회, 당시는 조선올림픽위원회)의 IOC 가입을 위해 떠났다가 일본 도쿄 근처에서 항공기 사고로 숨진 전경무의 무덤에서 태양열로 불을 붙여 오자"고 주장했다. 이상백은 누구보다도 전경무와 친했던 사이지만 전경무의 무덤에서 성화를 채화하자는 주장에는 반대했다. 이상백은 우리 민족의 시조(始祖)인 단군이 하늘에 제사를 올렸다는 강화도 마니산 참성단에서 불을 붙여 와야 한다고 강력히 주장했다.

역사학자인 이상백은 옛날 부여의 영고(迎鼓), 고구려의 동맹(東盟) 등 우리 민족이 노래와 춤, 격투기 등으로 하늘에 제사를 지낸 것이 고대 그리스 올림피아 신전에서 제사를 지낸 것과 뜻이 같다고 여겼다. 그래서 우리나라 전국 체전을 밝힐 성화는 우리 민족의 신화(神話)에 바탕을 두어야 한다고 관계자들을 설득했다. 이상백은 자신의 의견이 체육계에서 받아들여질 때까지 기다렸다. 결코 무리하게 자신의 뜻을 밀어붙이지 않고 무르익을 때까지 기다리는 것이 이상백의 삶의 방식이었다. 마침내 이상백의 의견은 받아들여지고 불을 붙이는 채화식도 옛날 의식을 참고해 꾸며졌다. 이 의식은 오늘날까지 이어지고 있다.

남대문 이남에서 으뜸가는 명문 집안, 큰형 이상정은 중국군 장군, 둘째 형 이상화는 항일(抗日) 시인

이상백은 1903년 대구에서 아버지 이시우와 어머니 김신자 사이의 셋째아들로 태어났다. 아버지가 일찍 세상을 떠나자 큰아버지 이일우의 보살핌을 받았다. 자산가인 이일우는 자신의 재산을 교육사업과 독립운동에 선뜻 내놓은 애국자였다. 이상백의 큰형 이상정은 중국으로 건너가 장개석(蔣介石)이 이끄는 국부군의 장군이 되어 중국을 침략한 일본군과 싸웠다. 1945년 8월 15일 일본의 무조건 항복으로 제2차 세계대전이 끝나자 국부군은 중국 대륙의 일본군 무장해제에 들어갔다. 국부군은 중국 화중(華中) 방면 일본군(사령관, 오카무라 육군대장)의 무장해제를 이상정 장군에게 맡겼다. 오카무라 대장은 이상정 장군의 너그러운 인격에 감동해 자신의 집안 대대로 내려오던 작은 칼(短刀)을 감사의 뜻으로 이상정 장군에게 선사했다. 제2차 세계대전이 끝난 후에도 이상정은 2년 동안 중국에 머무르면서 동포들을 보호하고 여러 가지 어려운 일들을 해결해 주었다.

이상정은 1947년 9월 고국으로 돌아왔으나 아깝게도 한 달 만인 10월 27일 뇌일혈로 세상을 떠나고 말았다. 이상백의 둘째형 이상화는 〈빼앗긴 들에도 봄은 오는가〉라는 일제에 항거하는 시를 써서 유명한 애국시인이었다. 이상백보다 두 살 위인 이상화는 1919년 3·1 독립만세운동이 일어나자 뜻을 같이하는 백만기 등과 함께 대구에서 만세운동을 일으켰다. 만세운동 후 일본 경찰의 눈을 피해 서울로 피신한 이상화는 1922년 일본으로 건너가 외국어학교 불어과를 졸업한 후 고국에 돌아와 교남학교(훗날의 대륜중고교) 교사로 근무하면

이상백의 큰형 이상정은 중국의 장개석이 이끄는 국부군의 장군으로 제2차 대전 중 일본군과 싸웠다(위). 이상백의 둘째 형인 이상화(1901~1943년)는 항일 시인으로 〈빼앗긴 들에도 봄은 오는가〉라는 일제에 항거하는 내용의 시로 잘 알려져 있다(아래).

서 학생들에게 "나라를 빼앗긴 민족은 주먹이라도 강해야 된다"고 복싱부를 만들기도 했다.

1926년 잡지 《개벽》에 〈빼앗긴 들에도 봄은 오는가〉라는 항일시를 쓴 이상화는 일본 경찰에 끌려가 모진 고문을 받았고 감옥살이도 했다. 그러나 끝내 뜻을 굽히지 않는 이상화는 〈금강송가〉, 〈역천〉, 〈이별〉 등 잇달아 일본에 저항하는 시를 썼다. 일본 경찰의 모진 고문에

1948년 3월 대구 달성공원에 세워진 이상화의 시비이다.

시달려 건강을 해친 이상화는 조국이 해방되는 기쁨을 누려 보지 못한 채 1943년 3월 11일, 43세라는 젊은 나이에 세상을 떠났다. 1948년 봄 대구 달성공원에 이상화를 기리는 사람들이 뜻을 모아 그의 시를 새긴 기념비를 세웠다.

이상백의 동생인 이상오는 이름난 사냥전문가였다. 먹고 살기 위해 동물을 잡는 포수가 아니라 취미로 사냥을 했다. 일본 법정대학을 나온 이상오는 오랜 수렵생활을 바탕 삼고 외국의 수렵에 관한 책을 참고로 《세계의 포수꾼》, 《수렵》 등 여러 권의 책을 써서 많은 독자들을 확보했다.

이상정, 이상화, 이상백, 이상오 등 4형제는 어려서부터 큰아버지 집에 살면서 큰아버지가 세운 도서관인 '우현서루' 에 있는 책들을 읽으면서 식견을 넓혀 갔다. 기숙사까지 달린 우현서루에서 공부한 사람들 가운데는 뛰어난 인재들이 많았다. 상해 임시정부 대통령인 박은식과 국무령 이동휘,《황성신문》주필 장지연, 독립운동가 여운형, 대한민국 부통령 김성수 등이 우현서루에서 공부했다. 사람들은 4형제를 나이대로 가리켜 용(龍), 봉(鳳), 린(麟, 기린), 학(鶴, 두루미)이라고 불렀다. 옛사람들은 이 네 가지 동물을 고귀한 존재로 여겨 뛰어난 인물을 가리킬 때 이 동물들에 비유했다. 또 사람들은 이상백의 집안을 '남대문 이남에서 으뜸가는 명문 집안'이라는 찬사를 보냈다.

준수한 용모, 당당한 체구, 논리정연한 설득력으로 일본 스포츠계를 주름잡다

1920년 대구 고등보통학교를 졸업한 이상백은 다음 해 일본으로 건너가 도쿄 와세다 고등학원에 들어가면서 농구를 시작했다. 스포츠 원로들이 기억하는 이상백의 키는 175cm가량이었다. 지금으로서는 큰 키가 아니지만 1920년대에는 그만하면 장신으로 눈길을 끌 만했던 모양이다. 1924년 와세다 고등학원을 졸업하고 와세다 대학 문학부 철학과에 들어간 이상백은 사회철학을 전공했다. 1923년에 창설된 와세다 대학 농구 팀에 이상백이 들어가자 팀은 일본에서 손꼽히는 강팀으로 떠오르게 된다. 그만큼 이상백의 농구 실력은 뛰어났었다는 이야기다. 1926년 이상백은 와세다 대학 농구 팀을 이끌고 서울에 와서 서양 사람들로 구성된 팀과 두 차례, 서울중앙 YMCA 팀과 두 차례 모두 네 차례의 친선경기를 가져 전승(全勝)을 기록했다. 한국 농구는 와세다 대학 농구 팀의 여러 가지 작전과 기술을 효율적으로 흡수해서 큰 발전을 이루어 10년 뒤에는 연희전문(훗날의 연세대), 보성전문(훗날의 고려대) 등이 일본 농구를 제압하게 될 만큼 강해졌다.

1927년 와세다 대학을 졸업하고 와세다 대학원에서 사회학과 동양학을 연구하면서 와세다 대학 농구 팀 감독을 맡은 이상백은 그때까지 아무도 꿈꾸지 못했던 미국 원정을 실현시켜 일본 스포츠계를 놀라게 만들었다. "세계에서 가장 뛰어난 미국 농구를 직접 보고 경기도 치러 와세다 대학 농구의 수준을 끌어 올려야 한다"는 이상백의 주장에 반대할 관계자는 있을 수 없었다. 문제는 파견 비용이었다. 1927년 12월 19일부터 1928년 2월 25일까지 두 달 반 동안 팀을 이끌 교수와 감독인 이상백 그리고 선수 11명이 미국에 다녀오는 비용은 모두 3만 엔이라는 거액이었다. 이 비용을 마련하기 위해 와세다 대학 농구 팀은 음악회도 열고 선배들이 많이 취직해 있던 '도시바'라는 큰 회사로부터 기부도 받았다. 그러나 모두 합쳐도 2만 엔, 목표액에 1만 엔이나 모자랐다. 미국으로 떠날 날이 가까워 오는데도 실질적 책임자인 이상백은 아무 걱정도 하지 않고 느긋하게 지내고 있는 듯 보여 이상백의 1년 후배인 주장 도미타가 이상백에게 물었다.

"모자란 여비는 어떻게 마련하실 겁니까?"

"자네 아버님에게 그 돈을 대 달라고 하게."

이상백은 대수롭지 않게 대답했다.

도미타의 아버지는 국회 중의원(衆議院, 일본의 하원)에 10차례나 당선되어 의장까지 지낸 정계의 거물인 데다 큰 기업체를 지니고 있는 엄청난 부자였다. "와세다 대학 농구 팀의 미국 원정은 일본 농구 발전의 밑거름이 된다는 점을 말씀 드리면 자네 아버님은 기꺼이 돈을 내놓으실 걸세"라는 이상백의 말대로 도미타의 아버지는 선뜻 2만 엔이나 내놓았다. 이 일은 두고 두고 일본 스포츠계의 큰 이야깃거리가 되어 이상백의 배짱과 명분을 앞세운 설득력은 그를 일본 스포츠계의 큰 인물로 떠오르게 만들었다.

여비를 넉넉하게 마련한 와세다 대학 농구 팀은 예정대로 배를 타고 미국으로 건너가 캘리포니아 대학, 남캘리포니아 대학, 네바다 대학, 오리건 대학 등 미국 대학 팀 그리고 대학 졸업생들로 이루어진 클럽 팀, 일본인 2세 팀 등과 24차례 경기를 가져 10승 14패를 기록했다. 워낙 체력과 기술이 앞선 미국 대학 팀들에게는 단 한 차례도 이기지 못했지만 체력이 비슷한 일본인 2세 팀에게는 단 한 차례도 지지 않았다. 미국에 다녀와서 실력이 부쩍 강해진 와세다 대학 팀은 1928년 5월의 전 일본 농구선수권 대회에서 첫 우승을 차지해 미국 원정이 거둔 성과를 증명해 보였다.

일본 농구협회를 탄생시킨 한국인

1930년 9월 이상백은 젊은 대학 농구인들을 하나로 뭉치게 이끌어 일본 농구협회를 탄생시켰다. 그때까지만 해도 농구는 경기 단체로 독립을 못하고 일본 체육협회 안에 농구부회라는 작은 조직으로 존재하고 있었다. 이상백은 일본 스포츠계의 가장 큰 인물인 가노 그리고 두 번째로 큰 인물인 기시를 농구협회 고문으로 추대했다. 근대 유도의 창시자이자 일본의 첫 번째 IOC위원인 가노 그리고 이름난 변호사 출신의 법학박사이자 일본의 두 번째 IOC위원인 기시를 고문으로 내세우니 일본 스포츠계는 농구협회를 가볍게 볼 수 없었다. 그러나 이상백은 농구협회의 상무이사, 규칙위원장, 편찬위원 등 궂은일을 도맡아 봉사하면서 자신이 농구협회 우두머리 자리에는 앉지 않았다.

이상백은 오랫동안 비어 있던 농구협회 회장으로 영국 케임브리지 대학 출신의 백작(伯爵, 일제가 패망하기 전에는 귀족제도가 있었다)이며,

1936년 베를린 올림픽 마라톤 금메달리스트 손기정은 "일본 사람들이 굽신거리는 이상백 씨는 대단한 인물이었다"라고 말했다.

일본의 네 번째 IOC위원인 소에지마를 추대했다. 일본 농구협회를 대표해 일본 체육협회(한국의 대한체육회와 비슷한 조직) 이사가 된 이상백은 얼마 후 다른 이사들로부터 존경을 받아 중진으로 인정받게 된다. 일본 체육협회 이사진은 일본에서도 손꼽히는 정치인, 경제인, 법조인, 교육자, 언론인 등으로 이루어져 있어 양식(良識)을 지닌 지식인들의 모임으로 여겨지고 있었다. 이사들은 이상백과 이야기를 나누면서 그의 뛰어난 학식, 사물에 대한 판단력 그리고 부드러운 친화력(親和力)에서 국경을 초월한 세계인으로서 자질을 발견하게 된다. 일본 올림픽위원회가 대외 발표하는 성명문을 모두 이상백에게 맡길 정도로 그를 믿고 의지했다.

일본 체육협회는 이상백이 이사가 된 지 단 1년 만에 상무이사를 맡겼으며, 4년 후 1935년에는 전무이사로 승진시켰다. 한국 스포츠 철학의 1인자로 꼽혔던 이성구(연희전문 출신, 베를린 올림픽 일본 농구대표로 출전)는 생전에 "일제의 한반도 침략, 식민지화의 억지논리는 한국인은 열등민족이기 때문에 뛰어난 일본인들이 지켜주어야 한다는 것이었다. 우리는 스포츠 분야의 경기 면에서나 경기단체 운영관리 면에서나 일본인들을 압도해 우리 민족의 우수성을 밝혀야만 했다. 그 노력의 결과가 베를린 올림픽 마라톤 우승자 손기정, 일본 체육협회 전무이사 이상백이었다"라고 말했다. 손기정도 생전에 "서슬 시퍼런 일제강점기 시절에 많은 일본 사람들이 나이도 많지 않은 이상백 씨에게 '선생님', '선생님' 하면서 굽신거렸으니 이상백 씨는 정말 대단한 인물이었다"라고 회고했다.

일본인들의 멸시와 편견에 당당히 맞서 동포들의 인권을 보호

1932년 로스앤젤레스 올림픽에 한반도에서는 마라톤의 김은배, 권태하, 복싱의 황을수 등 3명이 일본 대표선수로 선발됐다. 올림픽을 앞두고 "합숙훈련에 참가하라"는 통고를 받은 권태하가 일본으로 건너가기 위해 부산에서 연락선을 타려다 한국인을 업신여기는 일본 경찰관의 불손한 태도에 항의하자 경찰은 권태하를 죄인처럼 끌고 갔다. 이 사실을 알게 된 이상백은 몹시 화가 나 당시 한반도의 통치기관인 조선총독부의 도쿄 사무소에 "일본 천황이 비용을 대서 올림픽에 출전하는 권태하를 죄인 취급해서 사기를 꺾는 경찰은 법에 따라 엄중히 처벌 받아 마땅하다"고 강력하게 항의했다. 권태하에 대한 차별 행위는 일본 왕을 무시하는 처사라고 따지는 이상백의 논리에 일본 경찰은 일본 왕에 대한 불경죄(不敬罪)로 몰릴까 봐 두려워서 권태하에게 싹싹 빌고 그를 놓아 주었다.

로스앤젤레스에 도착한 일본 선수단 가운데 우리 선수 3명은 현지 교민들이 베푼 환영만찬에 참석했다. 일본 선수단은 자기네 허가를 받지 않고 한국인 선수 3명이 우리 교민들의 모임에 참석했다고 트집 잡아 처벌할 움직임을 보였다. 그때 이상백은 히라누마 단장에게 "일본 선수들이 로스앤젤레스에 살고 있는 고향 사람들의 초청을 받은 것처럼 한반도에서 온 선수들도 교민들의 초청을 받은 것뿐이니 구태여 문제 삼을 일이 아니라고 생각한다"라고 말했다. 이상백의 조리 있는 말을 들은 히라누마 단장은 우리 선수 3명을 처벌하지 않기로 했다. 1936년 베를린 올림픽 일본 대표선수를 뽑을 때도 이상백은 우리 선수들이 선발과정에서 차별 받지 않도록 힘썼다. 자신이 맡고 있던 농구에서는 이성구, 장이진, 염은현 등 3명이 선발되도록 만들었으나 축구에는 김용식 단 한 명만 뽑힌 것을 못내 아쉬워했다. 당시 베를린 올림픽 파견 축구대표 선발전에서는 경성(京城, 서울) 축구단이 우승했다. 당연히 일본 축구 대표팀은 경성 축구단을 주축으로 구성됐어야 옳았다. 마라톤은 끝까지 우여곡절을 겪었으나 기록경기인 탓에 손기정과 남승용이 뽑혀 금메달과 동메달을 차지해 우리 겨레를 열광시켰다.

복싱은 이규환이 막강한 실력으로 일본 대표선수가 됐다. 두 차례의 올림픽에서 이상백은 우리 선수들이 의지할 수 있는 든든한 거목이었다. 1940년 일본의 전국 체전인 메이지신궁 경기대회 축구 일반부 결승에서 조선 대표인 함흥 축구단이 우승하자 현해탄을 건너 온 응원단, 도쿄 근방에서 몰려온 동포 관중들이 경기장 안으로 달려 들어가 선수들과 한 덩어리가 되어 기쁨을 나누었다. 메이지신궁 경기장에서 마지막 경기인 축구 일반부 결승이 끝나자 귀빈석에서 경기를 지켜보았던 일본 왕이 자리에서 일어나 경기장을 떠나게 됐다. "천황폐하께서 퇴장하시니 모두 경건하게 전송해 드립시다"라고 장내 아나운서가 안내방송을 했다. 그러나 승리의 기쁨에 휩싸인 우리 선수와 동포 관중들의 귀에는 그 방송이 들리지 않았고 기쁨의 환호는 계속됐다. 한국인들의 이런 모습을 보고 왕을 따라왔던 일본 관리들은 기분이 상했다. 고위관리 가운데 한 사람은 조선총독부 사회과 체육담당 주사인 마츠모토에게 "조선 사람들을 어떻게 다스리고 가르쳤기에 이런 꼴을 보게 되는가"라고 야단치면서 마츠모토의 뺨까지 때렸다. 화가 난 마츠모토는 조선 축구협회에 화풀이하는 소란을 피웠고 끝네는 일본 정계(政界)까지 "조선인들이 천황폐하에게 너무 무례한 것이 아닌지 그 진상을 조사하라"고 일본 체육협회에 압력을 가하기에 이르렀다. 일본 체육협회는 이 문제의 조사책임을 이상백에게 맡겼다. 조사를 위해 서울에 다녀온 이상백은 일본 체육협회에 다음과 같이 보고했다.

"조선 사람들은 천황과 자리를 함께해 본 일이 없다. 천황을 어떻게 맞이하고 어떻게 보내야 하는지 전혀 몰라서 그런 일이 일어난 것이다. 고향 선수들이 우승하자 기쁜 나머지 다른 일에 신경을 쓰지 못했을 뿐이다. 이런 작은 일을 가지고 따져서 책임을 묻는다면 오히려 민족의식을 건드려 일을 더 나쁘게 만들지 모른다. 그냥 넘어가는 편이 좋을 것이다."

일본 체육협회는 이상백의 조사보고를 받아들여 이 문제를 더 이상 따지지 않기로 했다. "민족의식을 건드리지 말라"는 이상백의 으름장에 3·1 독립만세운동을 통해 우리 겨레의 굳센 저항정신을 잘 알고 있는 일본인들은 이상백의 말에 따를 수밖에 없었다.

중국으로 건너가 독립운동에 가담하고 여운형이 이끄는 건국동맹 가입

일제가 조선 사람들의 뿌리를 아예 없애려고 우리말 이름을 일본 이름으로 바꾸도록 강요한 '창씨개명(創氏改名)'을 이상백은 끝까지 받아들이지 않았다. 이상백과 평생 친구였으며 일본 농구협회를 탄생시키는 데도 힘을 합쳤던 세노는 이상백에 대해 이렇게 말했다.

"이상백은 민족의식이 강한 친구였다. 마지막까지 일본 이름으로 바꾸지 않았

독립운동가 여운형(1886~1947년)은 광복 후 첫 번째 조선 체육회장도 맡고 건국준비위원회도 조직했으나 1947년 암살됐다.

다. 일본 정부로서는 골치 아픈 인물이었을 것이다. 이상백은 일본에서 단 한 번도 취직해 본 일이 없는 사람이다. 와세다 대학원을 나와 와세다 대학이 외국에 내보내는 연구원 생활을 몇 년 동안 했을 뿐 일본에서 돈벌이는 하지 않았다. 그래서 일본 사람들 가운데는 '이상백, 저녀석은 도대체 무엇을 해서 먹고 살지?' 라고 수상히 여기며 헐뜯기도 했다."

집안이 넉넉했던 이상백은 일본 사람에게 머리 숙여 돈벌이하지 않고 학문과 스포츠 분야의 활동에만 전념하면서 자신의 소신대로 살아갔다. 1937년 일본이 중국 대륙을 침공함으로써 중·일전쟁이 일어났고 일본의 침략을 규탄하는 미국, 영국 등과도 언제 전쟁을 벌일지 모르는 긴박한 상황 속에 이상백은 1939년 와세다 대학의 연구원으로 중국 베이징에 건너갔다. 이상백은 중국의 지식인들과 국제정세 등에 관한 의견을 나누면서 중국 사회에 인맥을 넓혀 나갔다. 중국에 머물던 1940년 이상백은 독립운동가 여운형을 만났고 1944년 여운형이 이끄는 독립운동 조직인 건국동맹에 들어가 독립운동에 힘을 보탰다. 이상백은 건국동맹과 조선독립동맹을 연결하는 연락책으로 활약했다.

1945년 8월 15일 일본이 패망하자 여운형을 중심으로 나라를 세우기 위한 대표조직으로 건국준비위원회가 결성됐다. 이상백은 이민규, 이여성 등과 함께 건국준비위원회 기획처에 몸을 담았다. 적극적으로 건국에 참여하는 정치인이 되려는 생각이었다.

여운형이 암살당하자 정치인 꿈 버리고 오직 학문탐구와 체육발전에만 힘쓰다

광복된 지 2년 만인 1947년 7월 여운형이 암살됐다. 광복 후 우리 사회는 정치, 경제, 문화 등 모든 분야에서 극심한 혼란을 겪고 있었다. 이념을 둘러싼 갈등 속에 여운형뿐만 아니라 김구, 장덕수, 송진우 등 거물급 민족지도자들이 잇달아 암살됐다. 이상백은 폭력이 판치는 정치계에 환멸을 느끼고 정치인의 꿈을 접고 학문, 체육 두 분야에 몸 바치기로 마음먹는다.

일제의 우리나라 역사 왜곡에 맞선 위대한 역사학자

1934년 5월 7일 서울에서 진단학회가 태어났다. '진단'이란 우리나라를 옛스럽게 이르는 말이다. 진단학회는 우리나라 역사와 문화를 연구하는 학자들의 모임으로 이상백은 이 학회 창립 발기인 가운데 한 사람이다. 우리나라 역사를 왜곡해서 이 땅을 영원히 식민지화하려는 일제가 내세운 청구학회에 맞서기 위해 진단학회는 뚜렷한 증거를 제시하면서 우리 역사 지키기에 힘썼다.

이상백은 진단학회가 펴낸 《진단학보》에 자주 글을 실었고 도쿄와 서울을 오가면서 국내학자들과도 깊은 논의를 가졌다. 이상백은 특히 한국 근세전기(近世前期)의 사회사와 문화사에 관한 연구를 많이 했다. 이상백이 얼마나 열심히 연구했는지는 《조선왕조실록》을 분석해서 4만 장의 카드를 만든 것만 보아도 알 수 있다. 이상백이 연구한 우리나라 역사 가운데 중요한 것으로는 〈이조 건국의 연구〉와 〈조선 문화사 연구 논고〉를 꼽을 수 있다. 〈이조 건국의 연구〉에서 이상백은 1930년대 말까지 나왔던 지난날의 이씨 조선 건국에 관한 학설들을 뒤집어 놓았다는 점에서 눈길을 끌었다. 그때까지는 중국 대륙을 지배했던 원나라가 망하고 명나라가 일어나자 한반도에서는 원나라를 떠받들던 고려가 덩달아 망하고 조선 왕조가 일어나 명나라에 머리를 조아렸다는 것이다. 그러나 이상백은 기존의 학설을 부정하고 조선 왕조의 건국은 중국의 영향 때문이 아니라 우리 겨레가 주체성을 지니고 정치의 혁신을 목표로 이루어진 혁명이라고 다음과 같이 주장했다.

"첫째, 이성계는 곧은 사람으로 고려 왕조를 무너뜨리고 스스로 왕위에 오르려는 야심이 없었다. 둘째, 당시 고려 왕조의 토지제도가 잘못된 점을 바로잡기 위해 정도전, 조준, 이방원 등으로 이루어진 개혁세력이 일본 해적 왜구(倭寇)를 물리침으로써 영웅이 된 이성계를 우두머리로 받들어 끝내는 고려 왕조를 무너뜨리고 조선 왕조를 건국했다. 이성계가 혁신세력의 우두머리가 된 것은 그들의 주장이 옳다고 여겼기 때문이다. 셋째, 조선 왕조의 건국은 이씨가 왕씨를 몰아 내 정권을 빼앗으려는 것보다 새로운 정치를 펼치려는 움직임이 바탕을 이루고 있었다."

그때까지 일본 학자들은 조선 왕조가 중국의 영향을 받아 세워진 것이지 스스로 일어선 것이 아니라고 주장해 왔다. 일본 학자들의 이러한 주장은 조선 왕조가 중국의 영향으로 세워졌으니 이제는 힘이 있는 일본이 한반도를 지배할 수밖에 없다는 침략자의 억지가 담겨 있었다. 구체적인 역사자료를 근거 삼아 정연한 논리를 펼친 이상백의 주장은 학문을 통한 독립운동이라는 평까지 들었다.

이상백은 광복이 된 1945년 지금의 서울대학교인 경성대학교 교수가 되어 사회학과 주임교수, 진단학회위원장, 학술원 회원, 국사편찬위원회위원을 지냈고 서울대학교에서 문학박사 학위를 받았다. 그밖에도 이상백은 한국사회학회 회장, 서울대학교 문리과대학 동아문화연구소 소장도 지내 1963년에는 건국문화훈장을 받은 빼어난 학자였다.

한국의 올림픽 아시안 게임 출전의 길을 연 이상백 박사
(서울대 사회학과 주임교수)는 우리나라 두 번째 IOC위원이다.

한국 두 번째 IOC위원 되다. 그가 있는 자리는 늘 아늑하고 부드러웠다

필자가 이상백을 처음 만난 것은 1960년 여름의 일이다. 당시《서울신문》풋내기 스포츠 기자로 서울시청 앞, 지금의 프라자호텔 자리에 있었던 옛 체육회관 안의 KOC 사무실에 새 출입기자로 신고하기 위해 방문했을 때 크게 놀란 점이 있다. 이성구(농구), 손기정(마라톤), 김용식(축구) 등 1936년 베를린 올림픽 참가자말고도 김명곤(복싱), 이유형(축구) 등 10여 명가량의 쟁쟁한 스포츠계 원로들이 기다리는 가운

이승만 정권의 제2인자로 솟아 오른 이기붕은 국회의장, 대한체육회장을 맡아 우리나라 최초의 IOC위원이 됐으나 1960년 4·19 혁명이 일어나자 부정선거의 책임을 지고 가족이 집단자살해 버렸다.

데 나타난 이상백은 다정하게 인사를 나누고 부드러운 분위기 속에서 스포츠계에 관한 여러 가지 이야기를 나누었다. 아무런 권위의식도 없는 이상백을 중심으로 대화는 진행됐고 이상백은 높은 학식과 오랜 경륜, 깊은 성찰 등을 바탕 삼아 자신의 견해를 피력해 듣는 이의 고개를 끄덕이게 만들었다.

"어떻게 이토록 아늑하고 부드러운 분위기 속에서 의견이 저마다 다를 수 있는 여러 사람들과 이야기를 주도해 나갈 수 있는 것일까?"라고 필자는 깊은 감명을 받았다. 훗날 올림픽에 관한 책들을 읽어 보면서 올림픽의 창시자인 프랑스의 쿠베르탱이 구성한 IOC가 바로 이상백의 사롱 스타일과 같은 회의방식으로 여러 문제를 논의했다는 것을 알게 됐다.

이상백은 1964년 우리나라 사람으로는 두 번째로 IOC위원이 됐다. 1955년 우리나라 사람으로 첫 번째 IOC위원이 된 인물은 이기붕이다. 이기붕은 서울시장, 국방부장관 등을 거쳐서 국회의장의 자리에 올라 이승만 정권의 제2인자로 꼽혀 대통령 버금가는 큰 힘을 지니고 있었다. 이상백이 대한체육회 회장을 맡고 있던 이기붕을 IOC위원으로 천거한 것은 자신보다 이기붕이 한국의 올림픽운동 확산에 도움이 된다고 여겼기 때문이다. 이상백은 자신과 막역한 사이인 미국의 브런디지가 IOC 위원장임에도 자신은 뒤로 물러나고 이기붕을 내세웠으며,

결국 브런디지는 이상백의 뜻을 받아들였다.

하지만 1960년 4·19혁명으로 이승만 정권이 무너지자 부정선거의 책임을 지고 이기붕과 그의 가족은 모두 자살해 버렸다. 이기붕이 떠난 지 4년 만에 이상백은 한국의 두 번째 IOC위원이 됐다. 얼마 후 이상백이 IOC 집행위원이 될 것이라는 이야기가 나돌 정도로 많은 IOC 위원들이 그에게 기대를 걸었다. 그러나 그 기대는 이루어지지 않았다. IOC위원이 된 지 2년 만에 이상백이 세상을 떠나고 말았기 때문이다.

이상백이 떠나자 스포츠와 체육계는 갈 길 잃고 헤매다

1966년 4월 3일 서울대학교 연구실에서 강의 준비를 하던 이상백은 갑자기 가슴에 이상을 느끼고 쓰러져 서울대학 병원에 실려 갔다. 4월 14일 이상백은 입원실에서 심근경색으로 숨을 거두었다. 63세였다. 이상백이 떠난 1966년 겨울 태국 방콕에서 열린 아시안 게임에서 한국 선수단의 주도권을 놓고 대한체육회와 KOC가 다툼을 벌여 손기정 선수단 단장이 말썽의 책임을 지고 삭발 귀국하는 불상사가 일어났다. 이상백이 살아 있었다면 결코 일어날 수 없던 일이 일어난 것이다. 급기야 이 사건을 계기로 정부는 유사(類似) 단체 통합의 원칙을 내세워 대한체육회, KOC, 뿐만 아니라 학교체육회까지 3개 단체를 통합시켜 버렸다.

3개 단체는 정관이나 헌장에 각각 서로 다른 목적사업을 내세우고 설립된 조직이다. 각자 목적사업대로만 활동했으면 통합해야 할 아무런 이유가 없었다. 이 통합은 KOC의 독립성을 해칠 수 있다는 IOC의 경고까지 받기에 이르렀으나 이 글을 쓰고 있는 현재까지 말끔히 정리가 안 된 상태다.

나폴레옹 전쟁으로 피해를 입고 영토를 빼앗긴 유럽 여러 나라들은 애국심, 단결심, 강한 체력과 정신력을 지녀 전시(戰時)에는 강병(强兵)이 되는 국민 양성을 위해 국가주의 체육에 힘을 기울이게 됐다. 프랑스의 쿠베르탱은 국가주의가 일으킬 충돌과 마찰을 완화시키고 평화로운 내일의 세계를 실현시키려는 이상을 품고 국제주의 체육 행사인 올림픽을 창설했다. 역사학자이자 스포츠, 체육, 철학에 탁월한 식견을 가진 이상백은 국가주의 체육과 국제주의 체육 두 가지 얼개와 기능에 대해 누구보다도 잘 알고 있던 인물이다.

이상백이 떠나자 한국의 스포츠는 엘리트 스포츠 중점으로 지나치게 기울고 국가 존립의 기반인 체육은 입시 위주의 교육에 밀려 경시되거나 심한 경우 아예 무시되어 청소년들의 정신적, 육체적 건강에 심각한 악영향을 미치고 있다. 청소년들의 키와 몸무게는 지난날에 견주어 현격하게 늘어났으나 순발력, 지구력 등 체력과 집중력, 인내력, 단결력 등 정신력은 지난날에 견주어 훨씬 뒤떨어지고 있다는 관계기관들의 보고에 국가의 앞날을 염려하지 않을 수 없다. 운동 부족이 주된 원인으로 알려지고 있는 고혈압, 당뇨병, 심혈관 질환 등 성인병이라 불리는 순환기계 질병에 시달리는 청소년들에게 필요한 대책은 하나뿐이다. 연령에 알맞은 올바른 체육을 가르치는 것이다.

이상백과 체육에 대한 가치관을 공유했던 브런디지 전 IOC 위원장은 그의 회고록인《*The Challenge*》에 이렇게 썼다.

"지금은 불안과 반역의 시대다. 정치, 경제, 사회 모든 분야에 걸친 부정, 침략, 시위, 소란, 폭력, 전쟁 등 현대 악(惡)의 존재는 단 한 가지 인간관계에서 페어플레이 정신이 결여(缺如)된 결과다. 올림픽운동의 근본적인 철학은 페어플레이 정신의 실천이다."

브런디지의 말대로 우리에게 깊은 좌절감까지 안겨 주고 있는 부정선거, 뇌물수수, 병역비리, 탈세, 부정입학, 자살까지 불러일으키는 학교 내 폭력과 따돌림, 권력 남용, 공금횡령 등 갖가지 범죄는 모두 페어플레이 정신을 실천하지 못하고 있기 때문이다.

그렇다면 페어플레이 정신은 어떤 방법으로 청소년들에게 심어 줄 수 있는 것일까? "페어플레이 정신은 어릴 때부터 체육을 통해 심어 주어야 한다. 올바른 체육을 받지 못하고 15세를 넘기게 되면 다른 사람의 뒤통수를 치고 자신이 똑똑하다고 쾌감을 느끼게 되기 쉽다"라고 일본의 이름난 스포츠 철학자인 와세다 대학의 오니시 교수는 그의 저서인《투쟁의 윤리》에 이렇게 썼다.

그러나 우리나라는 올림픽, 세계선수권대회, 아시안 게임 등에서 메달 사냥에만 힘쓰면서 세계의 스포츠 강국으로 떠올랐으나 페어플레이 정신은 확산시키지 못하고 있다. 그뿐만 아니라 정부나 국민 대부분은 '국제경기대회에서 좋은 성적을 거두고 있으니 우리 스포츠와 체육은 잘 돌아가고 있다'는 착각에 사로잡혀 있다.

제2차 세계대전을 승리로 이끌고 올림픽에서도 최강을 자랑하던 미국은 1955년 치러진 크라우스 웨버 체력 테스트로 미국 청소년들의 체력이 유럽 여러 나라 청소년들의 체력보다 훨씬 뒤진다는 사실이 밝혀지자 큰 충격을 받는다. 올림픽에서 차지한 그 많은 메달이 나라의 희망인 청소년들의 체력을 나타내지 않는다는 사실에 놀란 미국 정부는 다음 해인 1956년 대통령 직속으로 청소년 체력 자문위원회를 둔다. 아이젠하워 대통령은 관계자들을 백악관에 초청해 식사를 함께 하면서 미국 청소년들의 체력강화 방안을 논의했다. 미국 정부는 각급 학교가 체육을 충실히 가르치도록 지시하고 청소년 체력강화에 필요한 관련 후속조치를 취해 그 흐름은 오늘에 이르고 있다.

어째서 미국은 대통령이 직접 국민 체력을 챙기고 있는 것일까? 막강한 무력으로 세계 질서를 지켜 나가고 있다는 자부심을 가졌던 미국이 최신무기를 지니고도 한국 전쟁과 베트남 전쟁에서 승리를 거두지 못한 쓰라린 경험이 국민 체력강화에 힘쓰게 된 배경일 것이라는 관측은 설득력이 있다. 북한이 핵무기 개발까지 하면서 우리를 위협하고 있는 엄중한 남북 대치 상황 속에서 우리는 너무 안일하게 프로스포츠, 구경거리 스포츠에만 마음을 빼앗기고 정작 필요한 청소년 체력강화는 지나치게 소홀히 하고 있는 것 같아 안타깝다.

체육특기자제도 강력히 반대. 올림픽 메달리스트인 의사, 판사, 변호사들을 보라

생전의 이상백은 체육특기자(정확히는 스포츠 특기자)제도 이야기가 나올 때마다 강력히 반대했다. "그렇지 않아도 학업을 소홀히 하기 쉬운 학생 선수들에게 체육특기자제도는 본인의 장래에 바람직하지 않을 뿐 아니라 스포츠계, 체육계 전체의 지적(知的) 수준을 떨어뜨릴 우려가 크다"라고 하던 이상백의 걱정대로 광복 후 지금까지 우리나라에서는 학업과 스포츠를 병행한 인재를 찾아보기 힘들다. 외국 특히 스포츠 왕국 미국의 경우를 살펴보면 놀라지 않을 수가 없다.

1948년 런던, 1952년 헬싱키 두 올림픽에서 수영 남자 하이다이빙의 금메달을 연거푸 차지한 한국계 미국인 새미 리(李)는 USC(남캘리포니아 대학교) 의과대학을 나온 이비인후과 전문의다. 1956년 코르티나 담페초오 동계올림픽 여자 피겨의 금메달리스트인 미국의 텐레이 올브라이트는 은퇴 후 학업을 계속해 하버드 의대를 나와 이름난 외과 전문의가 됐다. 흑인 최초의 여자 피겨 세계 챔피언인 미국의 데비 토마스는 1988년 캘거리 동계올림픽에서 동메달을 차지한 후 학업을 마쳐 정형외과 전문의로 성공했다. 1980년 레이크플래시드 동계올림픽 남자 스피드 스케이팅 5관왕 미국의 에릭 하이든은 스탠포드 의대를 나온 후 정형외과 전문의로서 스포츠 의학의 중진으로 자랐다. 백인 경찰들의 흑인 용의자 구타로 이름난 '로드니 킹' 사건의 재심판사인 존 데이비스는 1952년 헬싱키 올림픽 수영 남자 평영 200m에서 호주 대표로 금메달을 딴 후 미국으로 이민 간 사람이다. 1972년 뮌헨 올림픽 마라톤 우승자 미국의 프랭크 쇼터는 훗날 변호사가 됐다. 1992년 바르셀로나 올림픽 수영 남자 접영 100m에서 우승한 미국의 파블로 모랄레스도 변호사다. 올림픽의 금메달리스트뿐만 아니라 은·동메달리스트, 더 나아가서 올림피언(OLYMPIAN, 올림픽에 출전했던 선수)까지 살펴본다면 스포츠와 직접 관련이 없는 분야에서 성공한 사람들이 적지 않다. 스포츠를 직업으로 삼지 않았기 때문에 스포츠와 학업을 양립할 수 있었다.

유감스럽게도 우리나라에서는 유명한 선수 가운데 스포츠와 직접 관련이 없는 학문 분야에서 성공한 사람을 찾아보기 매우 힘들다. 1982년 뉴델리 아시안 게임 여자 수영 3관왕인 최윤희는 고교 시절 미국에 수영 유학을 갔었다. 최윤희는 "미국 고등학교에서는 학업성적이 떨어지면 아무리 스포츠를 잘해도 경기대회에 내보내지 않고 방과 후에 스포츠 훈련도 금지한다. 학업성적이 일정 수준 올라가야만 스포츠 활동 금지가 해제된다"고 말했다. 아시아 최우수 선수로 꼽힌 최윤희에게 미국의 이름난 대학들이 앞다투어 "스포츠 장학금을 주겠다"고 알려왔지만 최윤희는 이를 받아들이지 못하고 귀국해 국내 대학의 체육과를 나왔다. 최윤희의 어머니 이경선은 "미국 대학은 스포츠에 뛰어난 고교 졸업생들에게 일단 입학도 시켜 주고 스포츠 장학금도 주지만 학점을 따지 못하면 가차 없이 진급도, 졸업도 안 시킨다. 당연히 학생은 학업이 우선이라는 원칙은 흔들림이 없다. 그래서 윤희는 한국으로 돌아올 수밖에 없었다. 도저히 학점을 딸 자신이 없었기 때문이다"라고 솔직히 털어놓았다.

미국의 NCAA(미국 대학경기연맹)는 일정수준의 학점을 따지 못한 선수에게는 대학 경기 출전을 금지하고 있다. 학생 선수들이 학업에 지장을 가져오지 않는 한도 내에서 스포츠를 해야 한다는 것은 당연한 원칙이다. 그러나 우리나라에서는 이 원칙이 지켜지지 않고 있다. "스포츠를 통한 국위선양이 국익에 큰 도움이 된다"는 미명 아래 학생 선수의 미래는 외면하고 정부, 교육계, 스포츠계는 이 문제에 대해 입을 굳게 다물고 있다. 생전의 이상백이 염려했던 일들이 일어나고 있는 것이다. 한마디로 우리 스포츠, 체육계의 나아갈 길을 올바르게 제시할 어른이 없다는 것은 국가의 장래를 위해서도 불행한 일이다. 학업과 스포츠를 훌륭히 양립하고 격동하는 세계의 흐름 속에서 국력의 바탕이 되는 스포츠, 체육정책 수립에 큰 도움이 될 이상백의 후계자가 하루 속히 나타나야 하지만 아직은 싹이 보이지 않아 안타깝다.

5장

손날로 쇠뿔, 술병 목을
잘라낸 최영의

제2차 세계대전이 끝난 직후 반공운동, 폭력단 등에서 주먹을 휘둘렀던
최영의는 무도의 길을 택해 극진 가라데의 총수로서 삶을 마감했다.

20세기 가장 위대한 무도인

극진회관의 관장실에는 일본 도(日本刀)가 놓여 있었다.
"만약 극진 가라데의 명예가 더럽혀질 위기를 맞이하게 되면 나는 목숨을 걸고
그 상대를 베어 버리고 나도 자결할 각오로 살고 있다"고 생전에 그는 말했다.

타고난 싸움꾼

격투기에 필요한 스피드 파워 테크닉은 타고나는 것일까? 자질은 확실히 타고나지만 그 자질을 갈고 닦는 것은 꾸준한 훈련이다. 격투기에는 자질이 뛰어난 이른바 천재형 선수들이 번쩍 빛나는 경우가 있다. "천재형 선수는 타고난 자질만 믿고 힘든 훈련을 게을리하기 쉽다. 자질은 좀 처지더라도 꾸준히 노력을 이어 나가는 자가 끝내는 달인의 경지에 이르기 마련이다"라고 생전의 최영의는 말했다.

1923년 전북 김제에서 태어난 최영의는 어릴 때부터 싸움으로 나날을 보냈다. 초등학교 시절 동네에서 싸움을 해서 상대를 패고 울리면 최영의 어머니는 눈물을 흘리면서 아들에게 타일렀다. "너는 싸움만 해서 장래 무엇이 되려고 하니? 싸움하지 말고 공부해야지…" 어머니의 말씀에 최영의도 눈물을 흘리며 다시는 싸우지 않겠다고 다짐했단다. 그러나 그 다짐은 금세 잊어버리고 싸움으로 세월을 보내는 바람에 퇴학을 당해 전북 지방에서는 받아 주는 학교가 없었단다. 결국 서울에 올라와서 영창중학을 다니다가 일본으로 건너가 격투기인 가라데의 길을 걷게 되지만 실전 가라데의 완성을 위해 복싱과 유도도 배웠다.

무력(武力) 투쟁파 반공투사

최영의가 1994년 세상을 떠나자 한국 정부는 그에게 체육훈장을 주었다. 극진 가라데를 통해 국위를 선양했다는 명분이다. 하지만 그보다 먼저 그에게는 국민훈장이 주어졌어야 한다.

1945년 8월 15일 연합국에게 일본이 무조건 항복함으로써 한동안 일본 사회는 치안이 거의 공백 상태였다. 훗날 민단계와 조총련계는 도쿄 간다(神田)의 진보즈(神保町)에서 치열한 무력충돌을 일으켰다.

이때 최영의는 남쪽 행동대의 맨 앞장에 서서 주먹을 휘둘렀고 정건영(마치이 히사유키), 이유천 등이 합세했다. 도쿄뿐만 아니라 오사카까지 가서 조총련계의 간담을 서늘하게 만들었던 이야기는 유명하다.

오사카 민단계의 리더인 강계중의 요청을 받아 오사카에 내려간 최영의는 수적으로 우세한 조총련계와 맞섰다. 오사카 유도의 강호로 꼽히는 하야시(林二, 임씨 성을 가진 자로 추정됨)가 이끄는 조총련계 행동대 앞에서 최영의는 제2차 세계대전 당시 집집마다 마련해 두었던 시멘트 방화용 수통에 정권으로 구멍을 뚫었다. 깜짝 놀란 조총련계는 대결을 단념하고 슬그머니 후퇴해 버렸다.

"싸움이 일어나지 않았어. 그때 정면충돌했으면 많은 사람들이 피

1952년 최영의는 시카고 프로 레슬링협회의 초청을 받아 처음으로 미국 땅을 밟았다. 엄청난 격파시범과 프로 레슬러, 프로 복서와의 실력 대결을 통해 그의 손은 '신(神)의 손'이란 평을 받게 된다(위). 최영의가 미국 원정을 떠나면 사범대리를 맡았던 안수영(야스다)이 앞차기의 달인으로 조폭 세키네구미의 야쿠자 8명을 혼자서 해치운 이야기는 극진 가라데의 전설이다(아래).

를 흘렸겠지. 내가 언제까지나 오사카에 머물러 있을 수도 없고…"

최영의의 말이다.

민단계로 이 광경을 목격한 허박문은 유도를 버리고 최영의의 극진 가라데 대열에 합류하게 된다.

신희와 함께 주일대표부 습격

일본과 국교가 정상화되기까지 도쿄에 주일 대표부를 두어 재일교포들의 고국방문을 위 해 여권, 비자 등을 발급했다. 그러나 유태하 공사가 책임자로 있는 주일대표부가 교민들 의 편의를 위해 봉사하는 것이 아니라 뒷돈을 받는다는 소문이 파다하게 퍼져 있었다.

훗날 재일거류민단 단장을 지내게 되는 신 희(辛熙)가 최영의와 함께 부패한 외교관들을 혼내 주겠다고 주일대표부를 급습했다. 그때 유태하 공사는 자리를 비웠기 때문에 무사했 지만 공관에 남아 있던 남자 직원들은 최영의

최영의와 함께 주일대표부를 습 격해 부패했던 공관원들을 혼낸 탈북자 출신의 큰 주먹 신희(辛 熙). 그는 1962년부터 1967년까 지 재일거류민단의 제5대 단장을 지냈다.

의 일격에 갈비뼈가 부러지는 등 큰 봉변을 당했다. 이 이야기는 최영 의 본인이 아니라 서울에서 신희에게 들었다.

"주일대표부에 가서 내가 직원의 멱살을 잡고 요이쇼 하고 최맹호에 게 넘기면 맹호가 단 한발에 갈비뼈를 분질러 버렸어. 정말 재미있었지."

최맹호(猛虎)는 최영의가 사용했던 또 하나의 이름이다.

최영의의 동생인 최영정(전《조선일보》체육부장)이 "오이 고 차장(그 때 나는《서울신문》체육부 차장이었다), 우리 형의 재미있는 명함이 발견

됐어"라고 최맹호라고 박힌 명함을 보여 주었다. 아닌게아니라 최영희는 맹호처럼 살다 간 사람이다.

정건영을 '긴자의 호랑이'로 만들어 준 최영의

광복 직후 도쿄의 번화가는 실권을 장악하려는 야쿠자들의 격전장이었다. 그 가운데 막강한 주먹을 자랑하던 정건영은 우익보수의 깃발을 내세우고 긴자(銀座)를 제패하게 된다. 그 과정에서 뛰어난 전투력으로 정건영을 도와준 투사가 최영의다.

그러나 최영의 본인은 이 이야기를 생전에 입에 올리려 하지 않았다. 최영의의 동생인 최영정이 이런 이야기를 들려 주었다.

"도쿄에서 정건영과 함께 술자리를 가진 적이 있었다. 형(최영의)은 참석하지 않았던 자리다. 그 자리에서 정건영은 술잔을 건네주면서 '최영정 씨, 나 같은 사람을 취재하지 말고 당신 형님 이야기를 쓰시오' 라고 말했다."

1964년 일본 경찰은 일본 전국의 10대 광역폭력조직을 발표했다. 그 가운데 한국계도는 정건영이 이끄는 도쿄의 도오세이카이(東聲會) 그리고 양원석(야나가와지로)이 두목인 야나가와구미(柳川組)가 들어 있었다. 그리고 이 두 사람은 일본 폭력조직 사상 가장 큰 보스로 꼽힌 야마구치구미(山口組)의 다오카 가즈오의 산하에 들어가 있었다. 정건영은 프로 레슬러 역도산의 보디가드를 맡아 주었고 양원석은 최영의와 아래위가 없는 의형제를 맺어 서로의 보호막이 되어 주었다.

노름판에서 강도 짓도 하다

정의감과 의협심이 강했던 최영의는 권총을 몇 자루나 지니고 있던

정권으로 촛불을 끄는 최영의. 여간 빠른 스피드가 아니면 주먹으로 촛불 끄기는 어렵다고 한다 (위). 인간의 힘의 한계에 도전하겠다고 황소 뿔을 꺾고 쓰러뜨린 최영의는 실적 없는 가라데를 외국인들은 인정치 않는다고 믿고 있었다(아래).

젊은 시절 최영의는 서슴없이 손날로 맥주병의 병목을 잘라 냈다.
그러나 나이 들면서 모든 사람은 순발력이 떨어지는데
최영의도 그 예외는 아니었다.
하지만 실적을 중히 여기는 최영의는 꾸준한 격파,
병목 자르기 등의 훈련을 게을리하지 않았다.

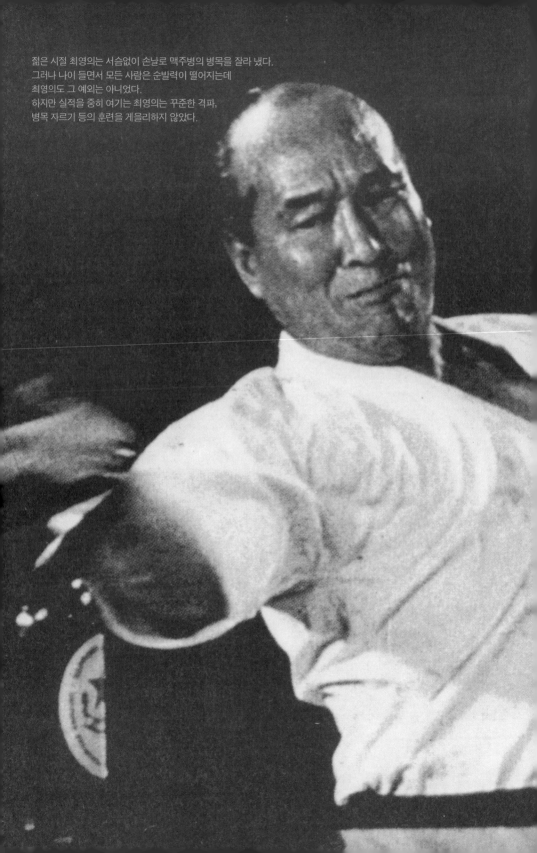

시절이 있었다. 점령군으로 도쿄에 진주한 미군 가운데도 망나니가 있어 일본 시민을 폭행하고 여성에게 못된 짓을 하는 놈이 눈에 띄면 최영의는 그들을 가만두지 않고 후려팼다. 그 가운데 권총을 가진 녀석이 있으면 전리품으로 빼앗아 버려 한때는 미군 헌병들의 지명수배 대상이 됐다. 이 권총을 지니고 최영의는 같은 동포이자 노름꾼인 기요카와와 함께 다카자키(高崎)라는 곳의 도박장을 털기로 했다.

최영의와 그의 아내 시노마키 치야코. 그녀의 남동생 시노마키 준은 이름난 영화배우였다. 시노마키 집안은 원래 인물이 좋았고 치야코도 미모인 데다 일본인치고 키가 컸다.

"어차피 노름판의 판돈은 경찰에도 신고할 수 없는 돈이고 노름하는 놈들은 모두 나쁜 놈들이니 그런 돈을 털어도 상관없다"라는 말도 안 되는 논리를 내세우면서 두 사람은 도박장을 털고 도쿄로 도망쳐 왔다.

도박장을 터는 과정에서 최영의는 늙은 야쿠자가 내민 작은 나이프를 볼에 꽂은 채 도망치다가 추격을 뿌리치고 난 후에야 그 나이프를 뽑았으며 그 상처는 평생 자국으로 남았다. 훔쳐 온 돈은 60만 엔, 당시 대학 초임 월급이 200엔 정도이므로 60만 엔이면 고급주택가의 큰 저택을 살 수 있는 돈이었다. 둘이서 공평하게 30만 엔씩 나누어 가졌다. 최영의는 그 돈을 애인 시노마키 치야코에게 몽땅 건네주었다. 이 돈을 본 치야코는 물론 최영의와 교제를 반대해 왔던 치야코의 어머니도 그 후 최영의를 받아들이게 됐다. 최영

젊은 날 일본 교토의 리츠메이캉(立命館) 가라
데부에 몸담고 있던 시절의 조영주. 그는 훗날
거류민단 단장도 지내고 최영의에게 "무도의
길을 걸어라"고 길을 제시하기도 했다.

의는 치야코와 결혼하고 어릴 때 어머니가 바랐던 대로 학업도 계속하기 위해 와세다 대학 교육학부 체육과에 들어갔다.

조영주(曺寧柱)의 권유에 따라 가라데 길을 택해

지금 돌이켜 보아도 그때가 최영의의 인생의 갈림길이었던 것 같다. 목숨 걸고 대결하는 이념 투쟁, 폭력조직 행동대의 중진에 강도 노릇까지 그의 앞날은 한치 앞을 내다보기 어려운 상태였다. 그때 최영의의 스승 격인 교토 리츠메이캉(立命館) 대학 출신의 조영주가 최영의에게 귀중한 충고를 해주었다.

"너는 격투가로서 훌륭한 자질을 타고났다. 앞으로는 오직 가라데 수련에 온 힘을 기울여라."

조영주의 충고를 놓고 심사숙고한 최영의는 극진 가라데 창설의 길에 나섰고, 끝내는 온 세계로부터 '지상 최강의 가라데'라 불리도록 대결과 격파 등에 실적을 남기게 된다.

머슴 덕보에게 차력을 배우다

한국계 가라데 군단이라 불린 극진 가라데의 창시자인 최영의는

1923년 전북 김제에서 태어났다. 어릴 때부터 공부보다 싸움에 뛰어
났던 최영의는 13세 때 자기 집의 머슴인 덕보로부터 차력을 배우게
된다. 최영의의 아버지 최승현
은 면장이자 1백 섬의 큰 농사
를 짓는 지방 유지로 그의 집
에는 20명가량의 머슴이 있었
다. 최영의는 6형제 가운데 넷째
였다. 최영의가 덕보에게 차력
을 배우게 된 계기는 그의 싸
움 실력에 반해서였다.

추수가 끝난 후 머슴들의
노고를 위로하는 술자리가
벌어졌다. 마당 한가운데에 불
을 피워 놓고 그곳에 둘러앉아 막
걸리를 마시며 놀고 있을 때 몸집
큰 판쇠가 덕보에게 시비를 걸었다.
덕보는 싸움을 피하려는 듯 판쇠
를 달랬다. 그러나 판쇠는 더욱
기고만장해서 덕보의 멱살을
잡으려고 손을 뻗었다. 판쇠
는 씨름판에서 우승해 소도
몇 마리 차지한 적이 있는 힘
센 사나이였다. 그러나 몸집
도 크지 않은 덕보가 판쇠의

공격을 상대방 몸 앞에서 멈추는 '슨도메(寸止)' 룰을 적
용하는 종래의 일본 가라데에 불만을 느낀 최영의는 호구
도 걸치지 않고 겨루는 Full Contact 극진 가라데를 창설
했다. 파괴력을 중시한 최영의는 평생 격파훈련과 시범
에 힘썼다. 그러나 그도 나이는 이길 수 없었다. 한국을
찾을 때마다 자주 들린 세종호텔 사우나에서 가끔 만난
최영의는 "팔이나 손에 무리한 충격으로 생긴 건초염 때
문에 통증을 느끼고 있다" 고 쓴웃음을 지었다.

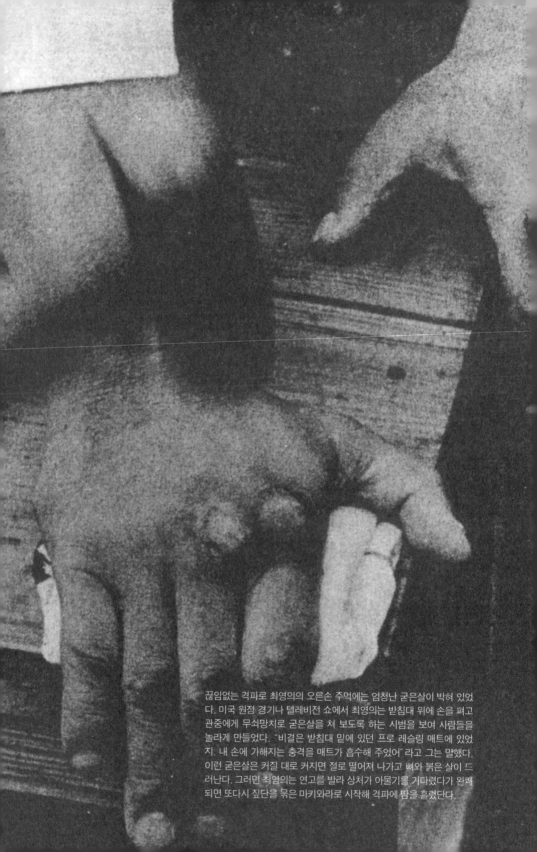

끊임없는 격파로 최영의의 오른손 주먹에는 엄청난 굳은살이 박혀 있었다. 미국 원정 경기나 텔레비전 쇼에서 최영의는 받침대 위에 손을 펴고 관중에게 무쇠망치로 굳은살을 쳐 보도록 하는 시범을 보여 사람들을 놀라게 만들었다. "비결은 받침대 밑에 있던 프로 레슬링 매트에 있었지. 내 손에 가해지는 충격을 매트가 흡수해 주었어"라고 그는 말했다. 이런 굳은살은 커질 대로 커지면 절로 떨어져 나가고 뼈와 붉은 살이 드러난다. 그러면 최영의는 연고를 발라 상처가 아물기를 기다렸다가 완쾌되면 또다시 짚단을 묶은 마키와라로 시작해 격파에 땀을 흘렸단다.

공격을 피하며 눈깜짝할 사이에 판쇠의 상투를 뽑아 버렸다. 머리에서 피를 흘리며 판쇠는 쓰러져 있었고 덕보의 손에는 피가 묻은 판쇠의 머리카락이 한움큼 쥐어져 있었다. 이 광경을 지켜본 최영의는 눈이 휘둥그레지고 "나도 덕보 아저씨처럼 강해지고 싶다"는 소망을 갖게 된다.

덕보와 판쇠는 다음 날 화해를 했고 머슴들은 그전처럼 몸집 작은 덕보를 깔보지 않게 되었다. 다음 날부터 최영의는 끈질기게 덕보에게 졸라 차력을 배우기 시작했다. 덕보는 차력을 가르쳐 주면서 최영의에게 한 가지 명심해야 할 일을 타일렀다.

"도련님, 어른이 되더라도 술을 마시면 안 됩니다. 나는 술로 인생을 망친 사람입니다."

"염려 말아요. 술은 안 마실 테니까…"

누구의 말이라고 거역하겠는가. 최영의는 1994년 71세 나이

역도산의 제자 가운데 한 사람이었던 안토니오 이노키는 신 일본 프로 레슬링을 만들어 이종격투기 경기를 펼쳐 인기를 모았다. 위대한 프로 복싱 헤비급 챔피언으로 꼽혔던 무하마드 알리(미국)와의 대결을 앞두고 최영의를 찾아와 로킥(Low Kick)을 배웠다. 알리의 길고 강력한 스트레이트 펀치를 피하기 위해서는 몸을 낮추어 다리로 알리를 공격하는 것이 유리하다고 판단했기 때문이다. 입이 험한 알리는 "이노키는 창녀처럼 드러누워서 돈을 벌었다"고 야유했다(위). 지금은 두 사람 모두 고인이 됐지만 1964년 4월 사토 에이사쿠 전 일본 총리는 최영의가 이끄는 국제 가라데연맹 극진회관 회장으로 취임했다(왼쪽). 그만큼 그의 실전(實戰) 가라데는 일본에서 인정을 받고 있었다(아래).

로 세상을 떠날 때까지 술을 입에 대지 않았다.

일본으로 건너가 가라데의 길에…

최영의는 전북 지방의 중학교를 여기저기 옮겨 다녔다. 가는 곳마다 싸움을 벌이는 말썽꾸러기였기 때문이다. 더 이상 옮겨 다닐 수가 없어 서울의 영창중학으로 전학했다. 그것도 아버지의 친지이자 광복후 국회의원이 된 윤제술의 도움을 받아서였다. 손기정의 올림픽 마라톤 제패에 큰 자극을 받은 최영의는 "나도 격투기에서 세계 으뜸이되어야겠다"는 목표를 세우고 1938년 일본으로 건너갔다. 그해 9월 최영의는 일본 가라데의 거물 후나고시의 문하생이 되어 가라데를 배우기 시작했다. 그로부터 2년 후 1940년 다쿠쇼쿠 대학에 들어간 최영의는 가라데 2단이 되어 있었다.

1947년 교토의 마루야마 공회당에서는 제2차 세계대전 이후 최초의 일본 가라데 선수권대회가 열렸고 최영의는 우승을 차지했다. 그러나 가라데 경기들은 상대방 몸 바로 앞에서 공격을 멈추도록 되어 있다. 심사위원들은 그 공격의 정확도와 강도를 따져서 승패를 가렸다. 최영의는 우승을 했으면서도 이 경기방식에 의문을 품고 있었다.

"먼저 공격해도 약한 가격이라면 상대를 쓰러뜨릴 수 없고, 조금 뒤늦은 공격이라도 강하면 상대에게 충격을 입힐 수 있는 것 아닌가? 실제로 대보지 않으면 승패를 가릴 수 없는 것이 아닐까?"

가라데의 경기규칙을 받아들일 수 없던 최영의는 결국 실제로 상대방의 몸을 가격하는 극진 가라데 창시의 길을 달리게 된다. 1948년 최영의는 가라데의 길을 추구하기 위해 지바 현의 기요즈미 산에 들어가 산 속에서 1년 반 동안 수련을 쌓았다.

황소 뿔을 꺾고 쓰러뜨리다

필자가 최영의를 만나서 알게 된 것은《조선일보》체육부장을 지낸 최영정 선배를 통해서였다. 최영의는 최영정의 친형이었다. 1970년대 초 한·일 축구 정기전을 취재하기 위해 일본으로 건너간 나는 최영정의 소개로 최영의를 만났다. 도쿄 이케부쿠로의 극진 가라데 본부에서 만난 최영의는 자신이 걸어온 길을 이야기해 주면서 쇠뿔 한 쌍을 보여 주었다.

"쇠뿔은 아교질로 되어 있어서인지 세월이 흐르면 크기가 줄어들어요."

최영의는 자신의 강한 주먹과 킥을 사람에게 날릴 수 없어 1950년 기요즈미 산에서 내려온 후 지바 현 다테야마 시의 도살장 근처에 묵으면서 황소와의 대결을 벌였다.

"어린 소의 뿔은 아교질이 많아 탄력성이 강하기 때문에 잘 안 부러져요. 차라리 큰 소의 큰 뿔은 꺾기 쉬웠지만…"

도살장에 부탁해서 이왕 도살할 소니까 내가 손날로 쇠뿔을 부러뜨리고 도 정권으로 쳐서 쓰러뜨릴 수 있도록 해달라고 했다.

"정말 그럴 수 있겠소? 좋아요. 한번 해보시오."

도살장 책임자는 재미있다는 표정으로 최영의의 부탁을 들어주었다. 그러나 처음에는 실패했다. 앞쪽에서 아무리 힘껏 손날을 내리쳐도 황소 뿔은 끄떡도 하지 않았다.

"한번 뒤쪽에서 쳐 보시오. 소는 원래 뿔로 받아서 공격하는 동물이라 앞의 충격에는 강해요. 그러나 뒤쪽에서 치면 부러질지 모르오. 그것도 어린 소의 뿔은 탄력이 있어 어려우니 다 자란 소의 뿔에 도전해보시오."

그 노인의 말이 맞았다. 살금살금 뒤쪽으로 다가가 번개처럼 손발을 날리자 뿔은 부러져 나갔다.

"와아!"

구경하던 도살장 사람들은 놀라운 광경에 환호성을 질렀다.

모두 47마리 황소를 쓰러뜨려

황소 뿔을 꺾는 것에 만족하지 않고 최영의는 맨주먹으로 소의 머리를 쳐서 쓰러뜨려 보기도 했다. 정권을 쥐고 소의 머리를 내리치자 분명히 두개골이 부러지는 감촉을 느낄 수가 있었다. 하지만 황소가 죽지 않고 미친 듯이 날뛰어 최영의를 뿔로 받으려는 바람에 혼비백산한 그는 잽싸게 도망쳐서 울타리를 뛰어넘어 위기에서 벗어났다. 얼마 후 소를 도살해서 해부했더니 분명히 두개골은 부러져 있었다. 도살장 관계자는 도살용 쇠망치를 최영의에게 보여 주면서 설명했다.

"이것 좀 보시오. 도살용 망치는 끝이 여느 쇠망치처럼 평평하지 않고 뾰족한 돌기가 나와 있어요. 그래서 두개골을 뚫고 이 돌기가 골에 박혀야만 소는 죽게 되어 있죠. 그러니까 두개골 깨진 것만으로는 즉

최영의가 유언으로 자신의 후계자로 지목한 문장규(마츠이 쇼케이)는 아버지가 제주도 출신이다. 1백 명을 차례로 겨루는 1백 명 대련을 돌파했고 세계 챔피언의 자리에도 올랐다. 그러나 카리스마와 실적이 워낙 강했던 최영의가 떠나자 극진 가라데는 분열을 일으켰다.

사하지 않은 거요."

최영의는 황소와의 대결에서 여러 가지 배울 수 있었다. 쇠뿔에 대해서 이야기해 준 노인이 또 최영의에게 도움말을 주었다.

"소의 급소가 어딘지 아시오? 귀 밑이오. 귀 밑을 강타하면 쓰러질지도 몰라요. 아마 당신이라면 해낼 거요."

노인은 가라데를 통해 인간의 힘의 한계에 도전하고 있는 최영의에게 호감을 지니고 있었던 모양이다. 최영의는 노인에게 깊이 머리 숙여 감사한 뒤 다시 도살장에 나섰다. 노인이 일러준 대로 그의 무쇠주먹이 황소의 귀 밑을 내리쳤다.

순간 "쿵!" 소리를 내며 황소는 앞발을 꺾더니 땅에 고꾸라졌다. 또다시 도살장 사람들은 환호성을 지르고 박수를 치며 젊은 무도인에게 찬사를 보냈다. 다테야마의 도살장에서 최영의는 47마리 소를 쓰러뜨렸으며 그 가운데 네 마리는 즉사했다.

1953년 미국을 방문한 최영의는 시카고에서 황소와 대결해 손날로 뿔을 부러뜨려 미국 사람들을 놀라게 만들었다. 1955년에도 시카고에서 황소와 싸웠으나 동물애호협회로부터 "동물을 학대한다"는 항의를 받았다. 1956년에는 멕시코 시티에서 투우와 싸우다 쓰러지는 투우 밑에 깔려 다리를 다치는 바람에 6개월 동안이나 치료를 받았다.

세계를 돌며 실력 대결을 벌이다

1952년 처음으로 미국에 건너간 것을 비롯하여 여러 차례 유럽 남미 등을 돌면서 프로 복싱, 프로 레슬링, 카포에라(브라질의 격투기), 하바트(프랑스의 격투기) 등 다른 격투기의 선수들과 대결했으나 무패를 기록하면서 극진 가라데의 보급에 이바지한다.

최영의의 일본 이름은 오야마 마스다쓰다로 마스다쓰는 우리말로 배달이다. 그는 항상 배달민족임을 자랑으로 여겼고 한국인임을 감추지 않았다. 그의 정신을 이어받아 극진회관 2대 관장인 문장규(교포 2세)도 일본 이름은 마츠이 쇼케이라고 부르지만 자신이 한국계임을 떳떳이 밝히고 있다. 극진 가라데를 한국계 가라데 군단이라 부르는 것은 최영의가 한국 사람인 데다 극진회관 고단자들 가운데 많은 사람들이 한국계이기 때문이다. 안수영, 노초웅, 조영삼, 조태언, 허박문, 김청차, 문장규 등 기라성 같은 고단자들이 모두 한국계다. 이 가운데 문장규는 최영의의 유언에 따라 후계자가 됐다.

전 세계를 돌며 맨손으로 벽돌을 깨고 위스키 병을 손날로 자르는 시범을 보이면서 해외에 기반을 구축해 나간 최영의는 1964년 태국 복싱이 일본 가라데에 도전하자 다른 유파가 이 도전을 받아들이지 않는 데 격분해 제자 3명을 방콕에 보냈다. 구로자키, 나카무라, 오자와 3명은 그곳에서 타이복싱와 싸워 3전 2승 1패를 기록해 극진 가라데의 이름을 떨친다.

극진회관 짓고 국제 가라데 연맹 창설

1964년 도쿄 이케부쿠로에 극진회관 본부 건물을 완공시키고 국제 가라데 연맹 극진회관을 창설한 최영의는 사토 에이사쿠(훗날 일본 국무총리)를 회장으로 추대했다. 그해 최영의는 2만 장의 사진과 3천 장의 원고로 《*This is Karate*》라는 가라데 교과서를 영문으로 출판해 온

세계의 많은 가라데 수련생들로부터 환영을 받았다.

미국, 유럽, 남미, 아프리카 등에 차례로 극진 가라데의 지부를 마련한 최영의는 한편으로 《소년 가라데 호신술》 등을 출판해 출판물을 통한 가라데 보급에 힘썼다. 1969년 드디어 제1회 일본 가라데 수도권 대회를 도쿄 체육관에서 열었다. 그 후 이 대회는 매년 열리고 있다. 호구를 걸치지 않고 손에 의한 얼굴 공격과 급소 공격만을 금지한 극진 가라데의 경기는 보는 이들의 흥미를 끌어 관중 동원 능력으로는 세계 으뜸을 자랑하는 아마추어 격투기 대회로 손꼽히게 됐다.

1975년 드디어 제1회 세계 가라데도선수권 대회가 도쿄 체육관에서 열려 우리나라에서도 김용채 전 대한태권도연맹회장, 장경순 전 대한유도회회장 등이 초청을 받았으며 필자도 부름을 받아 관중석을 메운 극진 가라데의 인기에 놀라움을 감추지 못했다.

일본 사람에게는 지지 마라

1975년 첫 세계선수권대회에 나를 초청해 주었다. JAL(일본 항공)은 가라데의 여러 유파 가운데 극진 가라데를 일본의 대표적 무도로 꼽아 후원해 주고 있다. 그러나 최영의는 내가 일본을 찾을 때마다 누가 옆에서 듣건 말건 우리말로 그것도 큰 목소리로 대화를 나눈다.

한때 라이벌 관계에 있었던 한국계 프로 레슬러 역도산(한국 이름 김신락)과 최영의의 공통점이 하나 있다. 그것은 만나는 한국 젊은이들에게 "일본 사람에게는 지지 마라"라고 타이른다는 점이다. 어쩌면 최영의나 역도산 그리고 현해남 같은 격투기 선수들이 민족차별이 심한 일본에서 두각을 나타내고 성공할 수 있었던 것은 "일본 사람에게는 질 수 없다"는 강한 정신력을 지니고 있었기 때문인지도 모르겠다.

그리고 세계의 스포츠 무대에서 이러한 사실을 증명한 것이 바로 1936년 베를린 올림픽 마라톤 우승자 손기정이었기 때문에 최영의와 현해남은 손기정을 존경하고 따랐을 것이다.

최영의는 손기정을 세계선수권대회에 초청해 관중들에게 소개하기도 했다. 극진 가라데는 날로 그 세력을 확장해 나갔다. 세계 130개국에 1,200만 명의 회원을 안고 일본에서만 전국에 총지부 관서본부 55개 지부를 두고 회원수가 50만 명에 이른다.

최영의의 수제자 가운데 한 사람이었던 조일삼은 일본 이름을 오오야마(大山一三)라고 지을 정도로 최영의를 존경했으나 미국에 진출한 뒤 독립을 해 극진 가라데 아닌 오오야마 가라데를 내세웠다. 하지만 최영의가 삶을 마감하자 장례식에 모습을 나타내 애도하는 모습을 보였다.

1994년 4월 27일이었던가? 최영정 선배로부터 전화가 걸려 왔다.

"아, 나 영정이야. 우리 형이 죽었어. 오야마 관장이 죽었어."

"……."

순간 나는 수화기를 든 채 아무 대꾸도 못하고 머릿속은 텅 빈 것 같았다.

"폐암이래…"

"담배는 안 피우셨지 않습니까?"

"안 피웠어. 그래도 폐암에 걸리는 모양이야."

1994년 4월 26일 한때는 '지상에서 가장 강한 사나이'로 불렸던 최영의는 폐암으로 덧없이 세상을 떠나고 말았다. 71세이었다. 꼭 두 달 뒤 도쿄 아오야마 장의소에서 치러진 최영의의 극진회관 장례식에는 세계 각국의 가라데 지도자들이 구름떼처럼 모였으며 김종필 전 국무총리도 조사와 화환을 보냈다. 최영정과 필자도 장례식에 함께 초청을 받아 '20세기 가장 위대한 무도인'으로 추앙받는 고인의 영결식에 참석할 수 있었다.

　세월은 흐르고 영웅들도 차례차례 세상을 떠나간다. 최영의는 타계했고 손기정은 2002년 11월 15일 세상을 떠났다. 남는 것은 전설뿐이다. 전설만이 우리 가슴속에서 영웅들의 모습을 사라지지 않게 만들어 주고 있다.

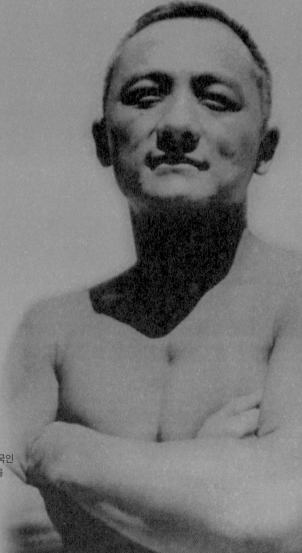

6장

가슴에 태극기 못 달았던
한국계 미국 선수
두 차례 올림픽에서 금메달 딴
이승만(대통령) 친구 아들 새미 리

1948년 런던, 1952년 헬싱키 두 올림픽에서
수영 남자 하이다이빙의 금메달을 딴 한국계 미국인
새미리는 USC(남캘리포니아 대학교) 의과대학을
나온 이비인후과 전문의다.

많은 사람들은 가슴에 태극기를 달지 못하고 올림픽에서 금메달을 딴 선수는 손기정 한 사람뿐이라고 알고 있다. 그러나 같은 우리 핏줄로 올림픽에서 그것도 두 차례 연거푸 금메달을 딴 위대한 선수가 있다. 1948년 런던 올림픽과 1952년 헬싱킹 올림픽의 수영 남자 하이다이빙에서 잇따라 금메달을 차지한 한국계 미국 선수 새미리가 바로 그 사람이다.

　1947년 서윤복을 데리고 보스턴 마라톤에 출전했을 때 손기정은 로스앤젤레스에서 한국계 2세인 새미리를 만났다. 새미리는 손기정 민난 다음 해인 1948년 런던 올림픽 사상 최초로 하이다이빙 2연패를 이룩했다.

　"새미리는 미국에서 태어났으면서도 조국을 사랑하는 마음이 대단한 사람이었어. 자신도 올림픽 금메달을 목표로 열심히 노력하고 있었기 때문에 베를린 올림픽 마라톤의 금메달리스트인 나를 만나 보고 싶어 했던 것 같아."

1947년부터 맺어진 손기정과 새미리의 우정은 평생 이어진다.

비록 가슴에 태극기는 달지 못했지만 올림픽 챔피언의 자리에 오른 두 영웅. 1948년, 1952년 올림픽에서 수영 하이다이빙 2연패를 이룩한 한국계 미국인 새미리(오른쪽 사진의 왼쪽)와 손기정(왼쪽 사진).
"새미리하고는 여러 차례 올림픽에서 만났지. 정말로 한국을 사랑하는 사람이었어. 1984년 로스앤젤레스 올림픽 때에는 새미리의 집에도 갔었지. 재미있었던 것은 새미리의 손자가 나에게 '나, 새미리의 새끼'라고 말하는 거야. 새끼가 후손이라는 뜻이 되긴 하지. 그 말을 듣고 한참 웃었어"라고 생전의 손기정은 그때만 돌이키면 참을 수 없다는 듯 웃음보를 터뜨렸다.

인종차별 받으며 자라난 새미리

새미리는 1920년 미국 캘리포니아 주 프레스노에서 한국계 이민 이순기의 아들로 태어났다. 그의 위로 두 누나가 있었다. 새미리의 집안은 그가 4세 때 로스앤젤레스로 이사했다. 그의 아버지 이순기는 미국으로 이민해서 공과대학에 들어가려고 했으나 돈이 떨어져 야채장사로 살림을 꾸려 나갈 수밖에 없었다.

새미는 여러 차례 아버지가 가게를 빌리기 위해 백인들을 방문할 때 따라갔던 일이 있다. 그러나 그때마다 "꺼져라! 우리는 더 이상 뙤놈(중국 사람을 낮추어 부르는 말)을 보기 싫다"라고 문을 쾅 닫아 버리는 경우가 많았다. 나이 어린 새미는 그럴 때마다 가슴이 아팠으나 아버지는 "새미야, 이것이 진짜 미국의 목소리는 아니다. 나는 교육을 못받았기 때문에 이런 수모를 겪지만 너는 공부를 하면 네 눈앞에서 문이 쾅 닫히는 일은 없을 것이다"라고 아들을 격려했다.

초등학교를 다닐 때부터 새미는 모든 운동을 잘했다. 중학교를 마칠 때까지 그는 모든 스포츠 경기에서 뛰어났다. 그러나 새미는 자기 자신의 키가 작다는 것을 깨닫게 된다. 고등학교 1학년 때부터 새미는 라이트급 미식축구 팀의 사나운 블로킹백과 라인백커를 맡았다. 그러나 그때 그의 몸무게는 고작 51kg 남짓이었다. 학년이 끝날 때 새미는 코치에게 "어떻게 하면 다음 시즌에 몸집 큰 아이들과 함께 미식축구를 할 수 있습니까?"라고 물었다. 코치는 그에게 "이번 여름 사이에 네가 몸집만 커지면 학교 대표팀 선수로 뽑힐 수도 있다"고 대답했다. 새미는 여름방학 내내 체중을 불리기 위해 먹는 데 열중했다. 개학 날 미식축구 선수들의 몸무게를 쟀을 때 새미는 54kg에 미치지 못했다. 방학 동안에 2kg 조금 체중이 불었을 뿐이다. 코치는 그를 옆으로 데려가

더니 조용히 이야기했다. "새미, 이 정도의 몸무게 가지고는 안 돼." 새미는 눈물범벅이가 되어 라커룸으로 되돌아갔다.

그렇다면 다이빙 선수가 되자

몸집이 작아 미식축구 선수가 못 됐던 것이 오히려 새미에게는 행운이었는지도 모른다. 새미는 뛰어난 미식축구 선수가 못 될 바에는 다이빙을 열심히 해서 사상 최초의 동양인 미국 챔피언이 되고 올림픽 금메달리스트가 되어야겠다고 마음먹는다. 새미는 12세 때 여름 시립수영장에서 다이빙을 시작한다. 로스앤젤레스에서 겨울 동안 수영장은 1주일에 한 번만 유색인종에게 개방됐다. 그날을 '국제의 날'

이라 부르고 흑인 멕시코인, 동양인들이 입장하려면 건강증명서를 지니고 있어야 했다.

1932년 여름 제10회 올림픽이 로스앤젤레스에서 열렸다. 새미는 아버지에게 올림픽이 어떤 행사냐고 물었다. "세계에서 가장 뛰어난 선수를 가려 내는 행사야"라는 것이 아버지의 대답이었다. "바로 이것이다. 내가 되고 싶은 것이 올림픽의 금메달리스트다"라고 새미는 다짐했다.

다이빙에 열중하기 시작한 첫 번째 여름, 새미는 16세짜리 흑인 소년 크럼에게 공중에서 한 바퀴 반 도는 기술을 배웠다. 새미의 다이빙 기술은 눈부시게 늘어 1년 후에는 자기보다 나이가 위인 소년들을 앞지르게 됐다. 그러나 더 이상 발전하기 위해서는 전문코치의 지도가 필요했다. 문제는 유색인종에게 다이빙을 가르쳐 주려는 코치가 없었다는 점이다. 새미가 전문코치를 만나게 될 때까지 6년이라는 세월이 흘러야 했다. 고등학교 3학년인 18세 됐을 때 새미는 다이빙 경기에서는 무패를 자랑할 만큼 성장해 있었으나 전문코치가 보기에는 아직 햇병아리일 뿐이었다.

어느 날 올림픽 수영에서 두 차례 우승한 듀크 카하나모쿠가 하와이에서 건너와 시범을 보인다고 해서 새미는 수영장에 갔다. 시범 수영을 구경하면서 새미는 틈틈이 다이빙을 즐기고 있었다. 그때 키 큰 백인이 새미의 다이빙을 날카로운 눈으로 관찰하고 있었다. "도대체 저 사람 누구야?"라고 새미가 친구에게 물었다.

"저 사람이 바로 짐 라이언이야. 세계 으뜸의 다이빙 코치야."

한동안 새미의 다이빙을 지켜보던 라이언이 새미를 불렀다.

"너, 다이빙 좋아하니?"라고 라이언이 으르렁대듯이 물었다.

"네, 미치도록 좋아합니다."

"그래 그러면 스완 다이빙을 해봐."

새미는 다이빙대에 올라가 자기 딴에는 멋지게 두 팔을 벌리고 스완 다이빙을 해보였다. 그러나 새미가 물에서 나오자 라이언은 "내가 평생 본 것 가운데 가장 형편없는 스완 다이빙이었어"라고 핀잔을 주었다.

라이언의 지도로 눈부시게 성장

"아직은 너를 가르쳐야 할지 말아야 할지 모르지만 아무튼 네가 배울 뜻이 있다면 내일 정오에 여기서 만나자"고 라이언은 말했다. 새미는 일찍부터 수영장에 나가서 라이언을 기다렸다. 그러나 정오가 되어도 라이언은 나타나지 않았다. 저녁 6시가 되어서야 나타난 라이언은 "네가 정말로 다이빙을 배우고 싶은 모양이구나"라고 말하면서 새미를 제자로 삼았다. 라이언의 지도를 받으면서 새미의 실력은 눈부시게 향상했다.

1940년 새미는 미국 주니어 다이빙 선수권대회에서 우승했고, 1941년에는 미국 선수권대회 2위 그리고 1942년에는 스프링보드 다이빙과 하이다이빙의 미국 선수권을 함께 차지했다. 백인이 아닌 유색인종이 다이빙의 미국 선수권을 차지한 것은 새미리가 처음이었다.

옥시댄털 대학에 다니던 새미는 절대적 복종을 요구하는 라이언과 3년 만에 헤어지게 된다. 새미의 아버지는 "다이빙 선수는 일생에서 짧은 기간이지만 너는 장래를 위해 의과대학에 가야 된다"고 말했고, 새미가 공부를 위해서 시간을 더 달라고 애원했는데도 라이언은 자기 지시대로 훈련을 하지 않으면 더 이상 가르쳐 줄 수가 없다고 떠나 버렸다. 새미는 USC(남가주 대학) 의과대학에 들어가기 위해 선수 생활에서 은퇴했다. 1945년 새미는 로스앤젤레스에서 열린 수업경기대회를 구경 갔다가 1944년도 미국 다이빙 챔피언인 놈 스퍼를 만났다.

스퍼는 새미에게 "너는 내가 다이빙을 하지 않았을 때 챔피언이 되기를 잘했어. 내가 다이빙을 했더라면 너는 챔피언이 못 됐어"라고 비아냥거렸다. 새미는 그 자리에서 "내년에 내가 의과대학을 졸업하면 다이빙 선수로 컴백해서 내 코를 납작하게 만들어 주겠다"라고 자신 있게 말했다.

최초로 유색인종 올림픽 다이빙 챔피언

다음 해인 1946년 다이빙 선수로 복귀한 새미는 미국 다이빙 선수권대회에서 스퍼를 큰 점수 차로 물리치고 우승했다. 새미는 제2차 세계대전이 끝난 후의 첫 올림픽인 1948년 런던 올림픽에 군의관인 등위로서 미국 대표로 뽑혀 출전했다. 새미는 미국의 브루스 할란, 멕시코의 호아킨 카필라의 추격을 받았으나 마지막에 자신의 특기인 세 바퀴 반 돌기로 우승을 확정지어 올림픽 사상 최초로 유색인종 다이빙 챔피언이 되었다.

런던 올림픽이 끝난 후 새미는 또다시 다이빙 선수 생활에서 은퇴했다. 군의관으로서 충실히 근무하기 위해서였다. 1951년 팬 아메리칸 경기대회가 열렸을 때 새미는 미국 대표팀의 페페코치로부터 전화를 받았다.

"새미! 멕시코의 카필라를 꺾어 이길 선수는 자네밖에 없네."

군의관 소령이 되어 있던 새미는 소속부대의 허가를 받고 아르헨티나로 날아가 다이빙 경기에 나갔으나 카필라에게 지고 말았다. 하지만 훈련만 잘 치르면 1952년 헬싱키 올림픽에서는 우승할 수 있다는 자신감을 지니게 됐다. 군 당국의 협조로 새미는 남캘리포니아에 배치되어 훈련에 집중할 수 있었다. 멕시코의 카필라는 헬싱키 올림픽에서 하이다이빙의 강력한 우승 후보로 꼽히고 있었다. 그러나 새미는 또다시 나무랄 데 없는 다이빙의 올림픽 2연패라는 위엄을 이룩했다. 올림픽에서 하이다이빙의 우승을 연거푸 차지한 선수는 새미리가 처음이었다.

　마지막 다이빙을 뜻대로 멋지게 해서 풀 바닥에 닿은 새미는 미소를 띠우면서 "생일 축하하네, 새미"라고 자신에게 말했다. 사실 그날은 새미의 32번째 생일이었다. 올림픽에서 두 번째 우승을 차지한 후 새미리 소령은 한국에 배치되었다.

이승만 대통령과 새미리

　한국에서 군의관으로 근무하고 있던 새미리는 어느 날 경무대(오늘날의 청와대)로 부름을 받아서 갔다. 이승만 대통령의 귀에 염증이 생겼기 때문에 이비인후과 전문의인 새미리 소령을 부른 것이다. 새미리가 자신의 아버지 이름이 이순기라고 이 대통령에게 말하자 대통령은 깊은 감동에 휩싸였다. 이순기는 이승만 박사가 미국에서 독립운동을 하고 있을 때 그 어려운 가운데서도 이승만 박사를 도왔던 절친한 친구였기 때문이다.

　"너희 아버지는 나를 위해서 죽은 거나 마찬가지야"라고 말한 이승만 대통령은 새미에게 "그런데 다이빙 챔피언인 자네 형제는 잘 지내고 있나?"라고 물었다. 이 대통령은 자기 앞에 서 있는 157cm의 단

대한민국의 건국 대통령인 이승만 박사는 일제에게 나라를 빼앗겨 미국에 망명했던 시절 독립운동을 함께한 친구인 이순기의 아들 새미리가 1948년 런던, 1952년 헬싱키 올림픽에서 남자 하이다이빙의 금메달을 연거푸 차지하자 매우 기뻐했다. 새미리가 미국 아마추어 스포츠 선수에게 주어지는 설리번 상을 받게 되자 새미리 어머니에게 로스앤젤레스에서 뉴욕에 다녀오는 여비를 보내 주기도 했다.

신인 새미리가 설마 올림픽의 금메달을 두 차례나 따낸 위대한 챔피언이라고 믿지 않았던 것이다.

1953년 한국에서 근무 중이던 새미리 소령은 미국으로부터 반가운 전화를 받았다. 미국의 가장 위대한 스포츠 선수에게 주어지는 설리번 상의 수상자로 새미리가 뽑혔다는 소식이었다. 이승만 대통령은 새미리가 설리번 상을 받게 되었다는 소식을 듣고 매우 기뻐했다. 그래서 새미리의 어머니에게 4백 달러(당시 꽤 큰돈이었다)를 전송해서 뉴욕에서 치러지는 아들의 시상식에 참석할 수 있도록 배려했다. 새미리는 미국 모든 스포츠맨의 선망의 대상인 설리번 상을 받은 첫 번째 유색인이다. 새미리가 설리번 상을 받은 후 미 국무성은 그에게 동남아 순회여행을 당부했다. 미국은 동남아 여러 나라 사람들에게 순회여행을 당부했다. 미국은 동남아 여러 나라 사람들에게 동양인도 미국에서 성공할 수 있다는 사실을 새미리를 통해 알리고 싶었던 것이다. 실제로 그의 동남아 여행은 큰 성공을 거두었다.

"미국의 많은 사람들이 우리가 주장하는 평등을 실천하려 하지 않았다면 내가 두 차례나 미국 대표로 올림픽 금메달을 딸 수도 없었을 것이며, 미군 의무부대의 군의관 소령으로 될 수도 없었을 것이다"라는 이 말에 새미리의 연설을 공격하려던 공산주의자들은 침묵할 수밖에 없었다.

손기정과 새미리의 따뜻한 우정

한 사람은 나라를 일제에게 빼앗기고 있었기 때문에 가슴에 일장기를 달고 또 한사람은 일제에 나라를 빼앗기고 있을 때 부모가 미국으로 이민하여 성조기 아래 각각 올림픽에서 금메달을 땄다. 새미리는 자신이 어린 시절 존경했던 손기정을 1947년에 만난 후부터 민족적인 자긍심을 지니게 되었고, 손기정은 학업과 스포츠를 병행한 새미리를 같은 핏줄로서 자랑스럽게 여기고 있었다. 두 사람은 올림픽 대회나 아시안 게임 등에서 만날 때마다 반갑게 이야기를 나누었고, 1984년 로스앤젤레스 올림픽에서는 두 사람이 함께 성화주자로 달리기도 했다. 손기정이 1947년 보스턴 마라톤 우승자 서윤복, 1950년 보스턴 마라톤 1·2·3위 함기용, 송길윤, 최윤철, 이 가운데 최윤철은 1957년 헬싱키 올림픽 4위 그리고 1956년 멤버른 올림픽 4위 이창훈 등의 후진을 키워 낸 것처럼 새미리도 고국의 후배인 이필중, 조창제, 송재응 등에게 다이빙을 가르쳤다.

1977년 6월 여자 수영의 유망주 최윤정(최윤희의 언니)을 미국으로

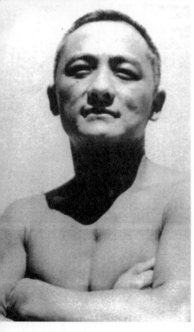

데려가 수영 유학을 시키기 위해 한국에 다시 나온 새미리를 서울 프라자 호텔 커피숍에서 만났다.

"이번에는 몇 해 만에 서울을 찾아오셨습니까?"

"횟수로는 열 번째지만 햇수로는 6년 만에 왔습니다."

"그토록 자주 오시다가 이번에는 왜 6년 동안이나 발걸음을 끊으셨었습니까?"

"그럴 만한 이유가 있었기 때문입니다. 한국 스포츠는 큰 잘못을 저질렀습니다. 한국은 조창제, 송재웅의 뒤를 이을 다이빙 선수들을 길러 냈어야 했습니다. 소련을 비롯한 다이빙 강국들이 한국 다이빙에 관심을 나타냈었습니다. 그러나 1972년 뮌헨 올림픽에 다이빙 선수를 보내지 않았습니다. 매우 섭섭한 일입니다."

당시 대한체육회는 다이빙 종목의 장래성을 내다보지 못하고 소위 소수정예부대를 올림픽에 보낸다고 다이빙은 빼버려 1964년 도쿄 올림픽부터 상승세를 타고 있던 다이빙의 경기력을 약화시키고 말았다. 손기정이나 새미리나 평생 자기가 정열을 쏟았던 스포츠 종목에서 조국의 선수들이

새미리가 남자 하이다이빙에서 연거푸 금메달을 차지한 두 차례 올림픽(왼쪽부터)으로 1948년 런던, 1952년 헬싱키의 포스터다. 새미리는 유색인종으로서 최초로 이 종목에서 우승했을 뿐더러 올림픽 사상 최초로 2연패를 이룩한 위대한 선수다. 학업과 스포츠도 양립해 USC(남가주 대학) 의과대학을 나와 이비인후과 전문의로서도 이름을 떨쳤다.

눈부신 활약을 펼쳐 주길 바라고 있었다.

　한국인으로서 긍지가 강하고 동포애가 깊은 새미리는 미국 로스앤젤레스에 찾아오는 한국 스포츠맨, 특히 수영선수들에게는 여러 가지로 도움을 주었다. 1968년 멕시코 올림픽에 한국 대표로 출전했던 여자 경영의 남상남과 그의 여동생 남상필(전 국가대표 코치), 1992년 뉴델리 아시안 게임 여자 경영 3관왕 최윤희, 3개 은메달을 차지한 언니 최윤정 등이 모두 새미리의 보살핌을 받았다.

7장

박정희 대통령과 김기수, 한국 최초의 프로 복싱 세계 챔피언

1966년 6월 25일은 많은 사람들의 꿈이 이루어진 날이다.
그날 서울 장충체육관에서 김기수는 WBA(세계복싱협회)
주니어 미들급 세계 챔피언인 이탈리아의 니노 벤베누티에게 도전해
15회 판정(2 대 1)으로 이겨 한국 최초로 프로 복싱 세계 챔피언이 되었다.
프로 야구, 프로 축구, 프로 농구, 프로 배구 등이 없던 시절
가장 인기 있던 스포츠 종목은 실외경기 축구, 실내경기 프로 복싱이었다.
세계에 별로 자랑할 것이 없던 시절,
김기수의 프로 복싱 세계 정상 정복에 국민들은 환호했다.

"바람, 나뭇잎, 새들이 승리 예언했다"

경기를 앞두고 전문가들의 예상은 대부분 7 대 3으로 벤베누티 우세를 점쳤다. 한마디로 큰 이변이 일어나지 않는 한 김기수에게 승산은 없다는 이야기였다.

"오늘 아침 산들바람, 흔들리는 나뭇잎, 지저귀는 새들이 모두 나에게 '네가 이긴다. 네가 이긴다' 고 속삭였다."

김기수는 타이틀을 딴 후 자신도 신기하다는 듯 진지한 표정으로 말했다. 승리를 향한 강한 집념이 이런 현상을 불러일으키는 것일까? 필자는 스포츠 기자 생활을 통해 이런 경우를 두 번 겪었다. 김기수가 세계 챔피언이 된 6개월 후 태국 방콕에서 제5회 아시안 게임이 열렸을 때 일이다. 역도 라이트헤비급의 가장 강력한 우승 후보였던 한국의 이종섭(훗날의 대한역도연맹회장)이 어쩐 일인지 평소에 쉽게 들어 올렸던 중량을 들지 못하고 실격 직전의 위기에 몰렸다. 마지막 시기를 앞두고 무슨 까닭인지 이종섭은 잠시 실내경기장을 빠져나갔다 들어오더니 거뜬히 제 중량을 들어 올리고 금메달을 차지했다.

"실내경기장 안의 냉방이 너무 강해 근육

▶ 1966년 한국 최초의 프로 복싱 세계 챔피언(WBA 주니어 미들급)
의 자리에 오른 김기수

이 수축되었던 것을 몰랐다. 하도 답답해 밖에 나갔더니 뜨거운 기온에 온몸에서 땀이 솟아나면서 근육이 확 풀리면서 그 순간 내 귀에는 분명히 태릉선수촌에서 늘 듣던 '승리의 노래'가 울려퍼졌다"고 이종섭은 금메달을 차지한 뒤 털어놓았다. 승리를 향한 집념이 강한 선수의 귀에는 승리의 속삭임, 승리의 노래가 들리는 것일까?

로마 올림픽 완패의 교훈—치고 껴안아라

김기수는 15회 내내 치고 껴안는 '히트 앤드 클린치' 전법을 썼다. 6년 전 로마 올림픽 웰터급 2차전에서 벤베누티에게 완패당한 경험을 살려 미국인 보비 리처드 트레이너와 짜낸 것이 '히트 앤드 클린치'다. 김기수는 키가 172cm인 데 견주어 벤베누티는 180cm 장신이었다.

김기수에게 주니어 미들급 타이틀을 잃은 니노 벤베누티는 그렇지 않아도 감량고에 시달리고 있던 데다 돈도 더 많이 벌 수 있는 미들급으로 체급을 올려 미국에서 눈부신 활약을 보인다. 에밀 그리피드(미국)와 치른 명승부는 지금도 미들급의 전설 가운데 하나로 꼽힌다. 은퇴 후 실업가, 정치가 그리고 영화에도 출연하는 등 그의 인생은 자신의 복싱만큼 화려했다.

"벤베누티는 장신인 데다 허리가 유연해서 뒤로 젖히면 공격하기 힘들었다. 게다가 화려하고 다채로운 테크닉에 펀치력도 강해 매우 싸우기 어려운 상대였다. 푸트워크에만 의존하는 동양 스타일의 복싱으로는 다리 움직임에 더해 유연한 허리를 중심 삼아 자유자재로 상체의 위치를 바꾸는 유럽 스타일의 복싱에 맞설 수가 없었다. 2회전서 나는 한 차례 슬립다운을 당했고, 3회전이 끝났을 때는 '내가 졌다'고 인정할 수밖에 없었다. 난생 처음 만난 강적이었다."

로마 올림픽을 마치고 귀국한 김기수의 솔직한 고백이다.

"김기수는 황소, 벤베누티는 투우사 같았다" ― 동양화가 천경자

막강 벤베누티의 세계 타이틀에 도전한 김기수는 뒤로 물러나지 않고 끝까지 잘 싸웠다. 《서울신문》의 1일 기자로 경기를 관람한 동양화가 천경자는 "마치 투우를 보는 것 같았다. 김기수가 황소처럼 밀고 들어가면 벤베누티는 화려한 동작으로 황소의 뿔을 피하는 투우사처럼 아름답게 움직였다"고 경기가 끝난 후 소감을 이야기했다.

경기를 마친 김기수는 두 눈 언저리가 부어 있었고 벤베누티는 두 눈 사이의 콧등이 상대방 글로브를 조인 끈에 스쳤는지 한일자로 붉은 줄이 그어져 있을 뿐 얼굴은 멀쩡했다. 판정은 2 대 1로 김기수의 승리. 벤베누티 측은 판정에 불만을 품고 WBA에 제소하겠다고 했으나 벤베누티는 그 후 보다 더 돈을 많이 벌 수 있는 미들급으로 올라가 버렸다. 김준호, 로이김 등 국내 전문가들은 "김기수가 이겼다"고 한결같은 목소리였다.

프로 복싱 세계 타이틀 매치 관람한 단 한 사람의 대통령 박정희

귀빈석에서 경기를 처음부터 끝까지 관람했던 박정희 대통령은 김기수의 어깨를 두드리며 그의 승리를 축하해 주고 격려했다. 그 후 이 글을 쓰고 있는 2015년 겨울까지 반세기 동안 프로 복싱 세계 타이틀 매치를 관람한 대통령은 단 한 사람도 없었다.

1938년 미국의 프랭클린 루즈벨트 대통령은 맥스 슈멜링(독일)의 도전을 받은 프로 복싱 헤비급 세계 챔피언 미국의 조 루이스를 백악관에 불러 "조, 정의는 반드시 이긴다"고 격려했다. 당시 독재자 히틀러

미국의 국민 영웅 조 루이스(전 헤비급 세계 챔피언)는 루즈벨트 대통령으로부터 격려를 받았고 그 후 사망해
서는 레이건 대통령의 특명에 따라 알링턴 국립묘지에 묻혔다.

가 이끄는 나치 독일의 슈멜링은 악(惡)의 상징이었다. 조 루이스가 세계 타이틀을 따기 전이었던 1936년 6월 루이스는 슈멜링에게 12회 KO 패를 당한 적이 있었다. 그때 슈멜링은 승리 소감을 묻는 기자에게 "우수한 아리안족이 열등한 흑인에게 이기는 것은 당연하다"라는 인종 차별적인 발언을 했다 해서 큰 물의를 일으켰다. 1938년 6월 22일 루이스는 경기가 시작되자마자 '갈색의 폭격기'라는 그의 별명 그대로 무거운 집중펀치를 날려 단 1회에 슈멜링을 KO시켜 온 세계를 들끓게 만들었다. 박정희 대통령이나 루즈벨트 대통령이 프로 복싱 특정 세계 타이틀 매치에 깊은 관심을 나타낸 것은 그 결과가 국민들의 사기에 적잖은 영향을 미치기 때문이었다.

김기수의 세계 정상 도전은 어떻게 실현되었을까?

"김기수에게 승산도 없고 프로모터에게는 채산(採算)도 안 맞는 서울에서 세계 타이틀 도전이 실현된 까닭은 무엇일까?"라고 의문을 제기한 사람은 아마추어 복싱 원로 주상점(1952년 헬싱키 올림픽 출전)이었다.

"누군가 김기수의 승리를 확신하지 않으면 어떻게 대통령을 장충체육관까지 모시고 나올 수 있었겠는가?"

날카로운 분석과 해설로 이름났던 주상점의 말이 맞다. 챔피언 벤베누티에게 지불해야 할 파이트머니를 포함해 엄청난 개최비용이 드는 세계 타이틀 매치를 서울에서 연다는 것 차체가 큰 부담을 안은 모험일 수밖에 없는데도 흥행에 나설 프로모터가 있겠는가. 그런데도 유종배 프로모터가 나서서 은행의 융자를 받아 타이틀 매치는 치러졌다. 김기수를 홈링에서 이기게 만들 수 있는 길은 세 명의 심판 가운데 두 명의 우호적인 심판을 확보하고 김기수가 최선을 다해 싸우는 것이었다. "김기수는 이길 수 있다"고 확신해 유종배 프로모터를 전적으로 뒷받침한 인물은 당시 청와대 경호실장이었던 박종규로 알려졌다. 훗날 대한체육회회장, IOC위원까지 지낸 인물이다. 대통령의 두터운 신임을 배경으로 막강한 원력을 지녔던 박종규는 김기수를 지원하는 치밀한 계획을 세우고 박정희 대통령에게 장충체육관에서 김기수의 세계 정상 등극을 볼 수 있도록 꾸몄다는 주장은 매우 설득력이 있다.

벤베누티는 로마 올림픽에서 쉽사리 물리친 김기수를 대수롭지 않게 생각하고 서울에 왔다가 "이 경기를 이기지 못하면 더 이상의 기회는 없다"고 이를 악물며 잘 싸운 김기수에게 근소 차나마 판정패를 당한 것이다. 김기수가 여러 차례 다운을 빼앗기거나 KO를 당했더라면 멍석을 깔아 준 박종규의 노력은 물거품이 되었을 것이고 박정희 대통령의 호의도 쓸모없게 됐을 것이다. 그런 뜻에서 어려운 기회를 놓치지 않고 타이틀을 차지한 김기수는 세계 챔피언이 될 만한 역량을 지닌 선수라는 평가를 받을 만하다.

6·25전쟁 때 홀어머니 형 등과 함께 월남, 온갖 고초 다 겪어

김기수는 1939년에 태어나 한국전쟁이 터진 1950년 겨울 중공군(당시는 중국을 중공〈中共〉이라 불렀다)이 압록강을 건너 밀려들어오자 그해 겨울 돛단배를 타고 홀어머니, 형 등과 함께 함경남도 북청군 바닷가의 신창리 마을 포구에서 빠져 나와 포항에 닿았다. 그 후 여섯 달을 머물고 전라남도 여수로 가서 피난살이 둥지를 틀었다. 구두닦이, 엿장수, 길거리에서 담배팔이, 신문팔이 등 김기수는 돈이 되는 일이면 가리지 않고 닥치는 대로 했다. 뒤늦게 여수 여항중학에 입학한 김기수는 몸 움직임이 빠른 데다 운동신경이 뛰어나 육상 달리기, 축구, 배구 등에서 두각을 나타냈다. 중학교 2학년 때는 씨름대회에 나가 우승해 황소를 끌고 돌아가 어머니를 기쁘게 만들었다.

김기수는 1년 선배인 복싱선수를 따라 극장에서 열렸던 호남 도시(都市) 대항 복싱대회를 구경하고 복싱선수의 길을 걷기로 마음먹게 된다. 복싱을 시작한 지 여섯 달 만에 전남학생 복싱선수권 대회에서 김기수는 웰터급의 우승을 차지했다.

서울 성북고 이희섭 교장에 스카우트되어 상경하여 본격적인 복싱 훈련 돌입

때마침 이 경기를 지켜보았던 서울 성북고교의 이희섭 교장이 김기수를 스카우트해서 서울로 데려가 본격적인 복싱선수 생활이 시작됐다. 이희섭 교장이 이른 아침부터 시키는 엄한 훈련을 견디다 못한 김기수는 그리운 어머니가 살고 있는 여수로 도망 내려간 것이 한두 번이 아니다. 그때마다 이희섭 교장은 아내를 여수로 내려보내 김기수를 데리고 올라왔다. "기수야, 너는 훌륭한 자질을 타고났어. 그러나 힘든 훈련을 이겨 내지 못하면 성공할 수 없어"라고 차근차근 타일렀다.

정상을 향한 그의 노력은 계속됐다. 1958년 일본 도쿄에서 열린 제3회 아시안 게임에 한국 대표로 출전한 김기수는 웰터급의 금메달을 차지하고, 이어 1960년에는 로마 올림픽에 나가 벤베누티에게 지고 난 후 먹고 살기 위해 1961년 프로 복서가 됐다. 1966년 벤베누티에게 로마 올림픽의 패배를 설욕하고 기어이 세계 정상을 정복했다.

애들도 못 먹이는 달걀을 매일 한 개씩 남편 손에 쥐어 준 아내

김기수는 자신이 세계 챔피언의 자리에 오르는 데 가장 크게 이바지한 인물로 이희섭 교장을 꼽았다. 굳이 두 번째 은인을 꼽아야 한다면 그의 아내 정하자일 수밖에 없다. 김기수는 세계 챔피언이 될 때까지 결혼했다는 사실을 숨겨 왔다. 부부생활로 정력을 소모해 경기력이 떨어졌다는 비판을 받는 게 싫었기 때문이다. 정릉 산골짜기 오막살이집에 살던 시절 남편이 매일 아침 로드워크를 마치고 돌아오면 문밖에서 기다리던 아내는 남편 손에 날달걀 한 개를 쥐어 주었다. 아이들 밥상에는 올릴 수 없는 달걀이라 문밖에서 남편에게 전해 줄 수밖에 없었다. 당시는 대규모 양계장이 없어 달걀은 귀한 먹거리라 김기수 네 가정형편으로는 애들에게 사 먹일 수가 없었다. 그러나 김기수는 세계 정상을 향해 단백질을 섭취해야 하기 때문에 애들 몰래 달걀을 먹어야만 했다. 김기수 내외의 가슴이 얼마나 아팠을까. 경기가 가까워지면 아내는 남편과 각방을 썼다. 아내는 안으로 방문을 잠가 남편과의 동침을 경기가 끝나는 날까지 거부했다. 스포츠 선수의 부부생활이 경기력에 미치는 영향에 대해서는 의견이 다를 수 있다. 하지만 정하자는 남편 김기수를 세계 왕좌에 올려놓기 위해 경기 전의 금욕(禁慾)을 하나의 신앙으로 삼았었다.

1968년 김기수는 3차 방어전을 치르기 위해 적지인 이탈리아의 밀라노로 날아가 전(前) 챔피언인 산드로 마징기와 대결하게 된다. 그 대결을 앞두고 서울 이문동에 김기수가 지은 새 집에 필자는 초대 받아 방문한 적이 있다. 멋진 양옥에 넓은 마당에는 값비싼 나무들이 심어져 있었다. "이 집에서는 애들이 유리창을 깨건 그릇을 깨건 무슨 짓을 해도 야단을 치지 않는다. 우리 집이기 때문이다. 어려웠던 시절 셋방

살이할 때는 애들이 울면 부부가 한 사람씩 애들의 입을 틀어막아야 했다. 집주인이 시끄럽다고 내쫓을까 봐 무서워서였다. 그때마다 우리 부부의 가슴에는 피멍이 들었다"고 김기수는 고난의 지난날을 담담한 말투로 회고했다. 그해 5월 마징기와 타이틀 방어전을 치를 때 김기수는 가족을 함께 데려가 유럽 구경을 시켰다. 외환 사정 탓에 단수여권 받기도 어려웠던 시절 이 여행은 많은 사람들의 부러움을 샀다.

'히트 앤드 클린치' 때문에 3차 방어 실패?

김기수는 마징기에게 15회 판정패를 당해 2년 동안 군림했던 세계 왕좌에서 내려왔다. 김기수의 형 학수는 밀라노에서 돌아온 후 필자에게 흥미로운 이야기를 들려주었다.

"경기가 끝난 후 이탈리아 신문에 실렸다는 마징기의 기자회견 내용은 놀랄 만한 것이었다. 마징기는 '김기수의 강타를 맞고 정신이 아득해졌을 때 쓰러지지 않은 것은 김기수가 꽉 껴안아 주고 있었기 때문이다. 자칫했으면 타이틀을 따지 못할 뻔했다'고 말했다."

그러니까 김기수는 '히트 앤드 클린치'로 세계 정상에 올랐다가 이번에는 그 '히트 앤드 클린치' 탓에 굴러 떨어졌다는 이야기가 되는 것인가?

벤베누티의 활약에 덩달아 주가가 치솟은 김기수

김기수의 주가가 국제 흥행시장에서 치솟은 것은 벤베누티가 체급을 올린 후 1967년 4월 미국의 흑인복서 에밀 그리피드에게 도전해 15회 판정승으로 미들급 세계 타이틀을 빼앗아 영웅으로 떠올랐기 때문이다. 벤베누티는 빼어난 미남인 데다 백인 복서인 탓에 이탈리아계

김기수에게 WBA 주니어 미들급 세계 타이틀을 빼앗긴 벤베누티(오른쪽)는
한 체급을 올려 WBA 미들급 세계 타이틀을 두 차례나 차지하면서 미국의
에밀 그리피드와 타이틀을 주고받는 명승부를 펼쳤다.

뿐 아니라 백인들의 성원이 대단했다. 그리피드와 세계 타이틀을 주
고받는 모두 세 차례의 열전은 손에 땀을 쥐게 하는 명승부로 온 세계
복싱 팬들을 열광시키면서 미들급의 전설이 되었다.

그리피드로부터 되찾은 미들급 세계 타이틀을 네 차례나 방어한 후
벤베누티는 역대(歷代) 미들급 복서 가운데 가장 주먹이 강하다는 아르
헨티나의 카를로스 몬손에게 1970년 11월 왕좌를 12회 KO로 내준 후
1971년 3월 리턴 매치에서도 3회 KO로 패배해 링을 떠나 여러 가지 사
업으로 은퇴 후에도 많은 돈을 벌었다. 세계적으로 이름난 미국의 스포
츠 주간지《스포츠 일러스트레이티드》는 전성기의 벤베누티를 표지

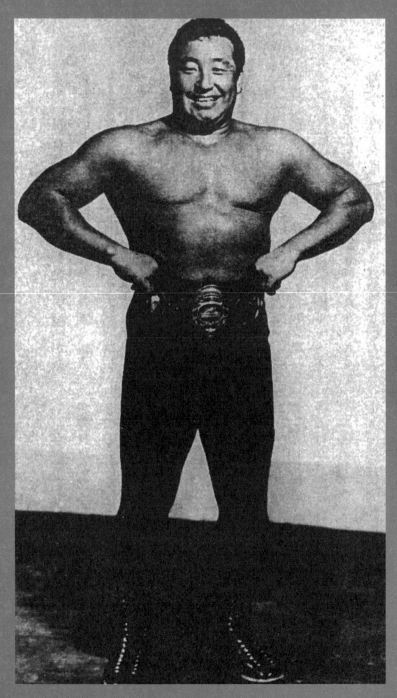

'일본 프로 레슬링의 아버지'라 불린 재일동포 레슬러 역도산은 제자인 김일을 통해 김기수를 불러
용돈도 주고 격려했다. 역도산은 김기수의 매니저가 될 생각을 지니고 있었던 듯하나 1963년 12월
야쿠자의 칼을 맞고 세상을 떠났다.

에 싣고 "올리브 이래 이탈리아로부터 최고 수출품"이라고 격찬했다.

"돈도 좋지만 살인 펀치를 지닌 그리피드와 싸우긴 싫었다"

돈벌이에 밝은 미국의 프로모터가 벤베누티에게 이긴 적이 있는 에 밀 그리피드와 김기수의 경기를 미국에서 갖기로 계획을 세우고 김기 수에게 미들급 세계 챔피언급의 파이트머니를 제시한 적이 있었다.

그러나 김기수는 고개를 가로저었다. 웰터와 미들 두 체급에서 통산 다섯 차례나 세계 챔피언의 자리에 올랐던 그리피드는 경기에서 베니 파렛에게 강타를 퍼부어 죽음에 이르게 만든 살인 펀치의 소유자였기 때문이다. "일반 사람들은 복싱이 얼마나 무서운 경기인지 모른다. 자 칫하면 목숨을 잃을 수도 있는 경기가 복싱이다. 돈도 좋지만 세계 타 이틀도 따 보았고 평생 먹을 수 있는 돈도 모은 내가 왜 그런 위험한 링 에 올라가겠는가"라고 김기수는 쓴웃음을 웃었다.

역도산이 일찍 죽지 않았다면 김기수의 세계 정상 도전은 앞당겨졌을지도…

1963년 12월, 야쿠자의 칼을 맞고 수술을 두 차례나 받았지만 끝내 숨진 일본 프로 레 슬링의 아버지 역도산이 좀 더 살았다면 김기수는 자신의 세계 정상 도전이 보다 일 찍 이루어졌을 것이라고 회고했다. 1962년 일본으로 건너가 와타나베를 3회 KO로 물 리쳐 두각을 나타내기 시작했을 때 김기수 는 프로 레슬러인 박치기 왕 김일로부터 연

일본 프로 레슬링의 아버지라 불린 역도산의 제자가 되기 위해 일본으 로 건너간 김일은 여수의 씨름판에 서 알게 된 김기수를 동생처럼 보살 펴 주었다.

WBA 주니어 플라이급 세계 타이틀 14차례 지켜낸 유명우(왼쪽), WBC 주니어 플라이급 세계 타이틀을 15차례나 방어한 장정구(오른쪽).

락을 받았다.

"김일 형은 여수에서 씨름을 할 때 알게 됐다. 숙소로 찾아와 역도산을 만나러 가자는 것이었다. 역도산은 내가 하는 우리말을 알아듣는 것 같았으나 본인은 한마디도 우리말로 대꾸하지는 않았다. 나에게 용돈도 주었다. 프로 레슬링뿐만 아니라 프로 복싱의 무거운 체급 선수 양성에 힘을 기울이고 있던 역도산은 나의 매니저가 될 생각이었던 것 같다. 그가 일찍 세상을 떠나지만 않았다면 아마도 나의 세계 정상 도전은 앞당겨졌을 것이다."

김기수의 뒤를 따라 수많은 세계 챔피언들이 줄을 이어

김기수가 처음으로 세계 타이틀을 따내자, WBA 밴텀급과 주니어 페더급 두 체급을 제패한 홍수환, WBC(세계복싱평의회) 주니어 플라이급 타이틀 15차 방어라는 놀라운 기록을 세운 장정구, WBA 주니어 플라이급 타이틀 17차 방어를 이룬 후 일본의 이오카에게 판정으로 왕좌에서 밀려났으나 리턴 매치에서 타이틀을 되찾고 한 차례 더 방어를 하고는 스스로 타이틀을 반납한 유명우 등 수많은 세계 챔피언들이 뒤를 이어 한국은 동양의 프로 복싱 왕국으로 온 세계에 이름을 떨쳤다.

박정희 대통령, "왜 김기수는 후배를 키워 내지 않으냐?"

은퇴한 김기수는 딱 한 번 프로 복서의 트레이너를 맡았던 적이 있다. 자신의 뜻에 따라 코치가 된 것이 아니라 박정희 대통령의 뜻에 따른 단 한 차례의 코치 생활이었다. 지긋지긋하고 지겨웠던 복서 생활에서 벗어나 골프를 즐기고 사업에서 돈을 버는 재미로 꽤 괜찮은 나날을 보내고 있던 김기수를 바짝 긴장시키는 박정희 대통령의 뜻이 전해졌다. "세계 챔피언이 된 김기수는 어째서 후진들을 키워 내지 않는 것이냐?"라는 박정희 대통령의 뜻을 어떻게 거역할 수 있겠는가. 박정희 대통령은 김기수가 세계 정상에 오르는 데 크게 힘이 되어 준 은인이다. 1978년 12월 일본 오사카에서 WBA 주니어 미들급 챔피언 구도우(일본)에게 도전한 주호의 트레이너를 김기수가 맡아 따라갔다. 필자가 취재하기 위해 현지로 가서 주호와 김기수가 묵고 있는 호텔을 찾아가자 주호와 복도를 사이에 두고 맞은편 방에서 김기수가 마중 나와 '조용히 해 달라'는 뜻으로 입술에 손가락을 세우고 자신의 방으로 안내했다.

"주호는 지금 얕은 잠에 들었다. 감량(減量)하느라 무척 시달린 상태다."

그의 말대로 프로 복서는 제한체중 안에 들면서도 가능한 체력은 지켜야만 이길 수 있다. 감량에 실패하면 경기 치르기 전에 이미 패배한 것이나 다름없다. 그리고 주호는 주니어 미들급으로 감량하기 매우 힘든 선수였다.

"호텔에 들면 배정된 방의 냉장고를 모두 비워 버린다. 먹고 싶은 대로 먹어서는 안 되기 때문이다. 식사할 때도 칼로리가 높은 음식은 '이건 내가 좋아하는 것이니까 내가 먹을께' 라고 부드럽게 말하면서 내 접시로 옮겨 버린다. 감량에 들어가면 무척 신경이 날카로워져 만사에 짜증이 난다. 그런 선수를 살살 달래면서 대결의 링에 올려 보내야만 한다. 밤에 잠시 눈을 붙이면 온통 먹는 꿈만 꾸게 된다. 특히 못 견디는 것은 몹시 목이 마르다는 것이다."

김기수의 말을 들으니 생각나는 이야기가 있다. 1965년부터 1968년까지 WBA 밴텀급 세계 챔피언으로 군림했던 일본의 파이팅 하라다는 자신이 겪었던 감량고(減量苦)의 처절함을 이렇게 털어놓은 적이 있다.

"감량에 들어가면 그렇게 목이 마를 수가 없다. 내가 트레이닝에 들어가 호텔에 묵으면 몰래 물을 마시지 못하도록 냉장고를 비워 버리는 것은 물론 화장실 세면대의 물도 나오지 않도록 단수(斷水)해 버린다. 어떤 때는 하도 갈증(渴症)이 나서 화장실 변기에 고인 물을 마시려고개를 들이밀어 넣으려고 한 적이 있었다. 그때 내 몸 안에서 '하라다! 너는 개가 아니다! 너는 인간이다!' 라는 소리가 울려 나와 고개를 뺐다. 감량이란 이렇게 힘든 것이다."

김기수는 이렇게 그의 이야기를 매듭지었다.

"소를 물가에 끌고 갈 수는 있다. 그러나 물을 마시느냐 아니냐는 소의 뜻에 달려 있다."

여기서 소는 선수이고 물가는 감량고를 뜻한다. 결국 감량고에 실패해 병자 같은 무기력한 모습으로 링에 올라간 주호는 최선을 다했으나 판정패로 타이틀을 따지 못했다. 감량고를 이겨 내 세계 정상에 올라 두 차례 방어에 성공하고 은퇴한 후 처음으로 트레이너를 맡았던 김기수는 그 후 다시는 트레이너 생활을 하지 않았다. 박정희 대통령에게 최소한의 예의와 의리는 지킨 셈이다.

김기수 58세 아까운 나이에 떠나다. 프로, 아마추어 망라한 복싱 명예의 전당 지었으면

은퇴한 후 건실하게 부동산 투자, 명동의 챔피언 다방 경영 등으로 착실히 돈을 벌어 아무 걱정이 없다고 여겨졌던 김기수가 1997년 간암으로 58세 아까운 나이에 세상을 떠나고 말았다. 온 힘을 기울여 김기수를 세계 챔피언으로 밀어 올린 그의 아내 정하자도 2003년 남편을 뒤따르듯 삶을 마쳤다. 아직 경제성장이 이루어지지 않아 어려웠던 시절 온갖 고초를 겪으면서 프로 복싱 세계 정상에 올라 모범적인 삶을 살았고 은퇴 후에도 많은 사람들로부터 사랑과 존경을 받았던 김기수를 기억하는 세대는 해마다 줄어들고 있다.

미국과 자유우방의 영웅이었던 프로 복싱 전 헤비급 세계 챔피언 조 루이스가 세상을 떠나자 당시 레이건 미국 대통령은 특명을 내려 루이스의 유해를 알링턴 국립묘지에 묻었다. 한국의 이름난 스포츠 선수 출신으로 국립묘지에 묻힌 영웅은 1936년 베를린 올림픽 마라톤에서 우승한 손기정 단 한 사람뿐이다. 온 국민들을 열광시켰던 프로 복싱 세계 챔피언들을 영원히 기리는 제대로 된 복싱 명예의 전당(Hall Of Fame)을 마련하면 좋겠다. 그곳에 가면 그들의 열전 장면 등을 동영상으로 볼 수 있고 그들이 사용했던 복싱 글로브, 슈즈, 가운 등을 전시하고 그들을 길러 낸 코치, 트레이너, 당시 유명한 심판, 프로모터들의 사진, 약력까지 보여 주면 하나의 스포츠 역사기념관이 될 것이다.

프로뿐만 아니라 아마추어 부문을 마련해 올림픽이나 세계선수권 메달리스트들을 함께 헌액(獻額)하는 것도 좋을 것이다. 자라나는 청소년들에게 희망과 용기를 불어 넣어 줄 수도 있고 관광자원도 될 수 있을 것 같다. 아마추어를 거쳐 프로가 된 선수들이 적잖으니 성장과정을 살펴볼 수도 있어 더욱 친절한 전시관이 될 것이 아니겠는가. 문화체육관광부와 아마추어 그리고 프로 복싱 관련단체가 한번 머리를 맞대고 의논해 볼 가치가 있다고 여겨진다.

8장

처절했던 여성들의
올림픽 도전의 역사

불후의 명작으로 꼽히는 1936년 베를린 올림픽의 기록영화
'민족의 제전' 첫머리는 아름다운 여인의 누드 사진으로 시작된다.

세상은 엄청난 속도로 변하고 있다. 과학을 바탕삼은 산업기술의 발달이 가져온 변화다. 필자가 초·중·고의 학창 시절을 지낸 1940년대부터 1950년대 초까지 각급 학교의 가정환경조사서에는 "집에 라디오, 자전거, 재봉틀이 있느냐?"라는 질문이 있었다.

필자가 1980년대 초에 출입했던 대한체육회의 사령탑은 현대그룹을 일으켜 세운 정주영 회장이었다. 그는 "샐러리맨들이 셋집에 살면서도 텔레비전, 냉장고를 갖추고 승용차까지 갖고 있는 것은 이해가 되지 않는다. 가장 먼저 장만해야 되는 것은 아무리 작더라도 자기 소유의 집이다"라고 쓴웃음을 지은 것이 기억에 새롭다. 이제는 IT와 스마트폰의 눈부신 진화로 세상은 하루가 다르게 바뀌어 가고 있다. 이러한 변화는 여성들의 인권에도 큰 영향을 미쳐 지난날에는 남성들만이 판을 쳐 왔던 정치, 경제, 문화 그리고 스포츠 분야에서마저 여성들의 진출이 활발하게 이루어지고 있다. 일본 게이오 대학의 이하라 데츠오 교수는 에세이에 다음과 같이 썼다.

"여자 스포츠의 활성화는 여성들의 사회진출과 움직임이 비슷하다. 지난날 근로자 집안에서는 남편이 밖에 나가 생활비를 벌어들이고 안에서는 집안에서 살림과 아이 키우기에 힘썼다. 그 시대에는 여자는 집에 있어야 되고, 따라서 높은 수준의 교육도 받을 필요가 없다는 것이 일반적인 인식이었다."

이하라 교수의 말이 옳은 것 같다. 유럽, 미국 등 선진국이 주도한 산업화는 굴뚝산업 시절부터 여성들에게 일터를 제공하기 시작한 데다 가전제품의 보급, 출산율의 저하로 여성들이 집안살림에서 해방되기 시작했고, 여가를 이용한 스포츠에 눈을 돌리게 됐다. 그러나 무엇보다도 가장 중요한 것은 남성들에게 억눌려 표출할 수 없었던 여성의 스포츠 참여 욕구가 기회만 주어지면 터져 나왔었다는 점이다. 남성 못지 않게 여성도 스포츠를 즐기면 스트레스가 해소된다는 것을 잘 알고 있었기 때문이다.

그러나 고루한 남성우월주의를 깨부수고 여성들의 스포츠 세계, 특히 올림픽에서 남녀평등을 실현시키기 위해서는 오랜 세월 그리고 처절할 만큼의 노력이 필요했다.

여자 100미터 결승에서 폴란드의 스텔라 월슈 양이
11초 9의 세계신기록을 수립했다. 월슈 양은 미국에 이민 온
폴란드 인으로 조국 폴란드의 국적으로 우승했다.

육상 여자 장대높이뛰기에서 세계신기록까지 세우며 역전우승을 거둔 러시아의 이신바예바가 보여 준 집념, 육상 여자 800m와 1500m의 2관왕에 오른 영국의 34세 노장 켈리 홈즈 그리고 같은 나이의 작은 몸집(키 163cm, 몸무게 52kg)으로 여자 철인 3종 경기에서 우승을 차지한 호주의 케이트 알렌이 과시한 30대 여성들의 프라이드, 사상 처음으로 대만에 올림픽 금메달을 안기고도 국가인 청천백일기가 게양되지 않는 시상식에서 눈물을 흘리고 만 여자 태권도 49kg급의 진시흔(陳詩欣, 천스신)의 기쁨과 서러움, 한국 여자 양궁 개인전 6연패와 단체전 5연패를 이룩하는 데 주역 노릇을 한 박성현의 흔들림 없는 자신감, 태국 여자 선수 최초의 금메달리스트인 여자 역도 53kg급의 우돈퐁 볼삭이 태국 국민들에게 안겨 준 환희, 지난 대회의 다카하시에 이어 일본 여자 마라톤 2연패를 실현시킨 노구치의 치밀한 사전준비와 들어맞은 작전, 20년 만에 미국에 여자 체조 개인 종합우승을 가져온 커리 패터슨의 왕성한 성취의욕, 정식경기로 채택된 1996년 애틀랜타 대회 이래 3연패를 거둔 소프트볼, 결승에서 브라질을 꺾고 두 대회만에 금메달을 건진 여자 축구, 결승에서 호주를 누르고 3연패를 달성한 여자 농구 등 구기에서 막강함을 자랑한 미국 여자 팀들의 넘치는 파워 등 올림픽에서 여자 선수들의 눈부신 진격을 보여 주고 있다.

여성 참가 금지에서 사상 최다 참가까지

단 한 명의 여자 선수도 참가하지 못했던 1896년 제1회 아테네 대회 때와 올림픽 사상 가장 많은 여자 선수들이 참가한 이번 아테네 대회를 견주어 보면 두 대회 사이에서 엄청난 시대의 변화를 실감하지 않을 수 없다.

근대 올림픽의 창시자인 프랑스의 피엘 쿠베르탱은 여성들의 스포츠 참여에는 반대했던 인물이다(왼쪽). 1980년 IOC의 사령탑에 오른 스페인의 후안 안토니오 사마란치 위원장은 넓은 포용력을 지닌 실용주의자로 올림픽을 세계 으뜸의 구경거리 스포츠 제전으로 만들면서 여러 가지 개혁을 밀고 나갔다. 또한 올림픽의 문호를 여성들에게 더욱 넓게 개방하면서 그때까지 금녀(禁女)의 집단이었던 IOC에 여성 위원을 받아들이기 시작했다(오른쪽).

그러나 1세기가 넘는 세월 속에 여자 선수들의 올림픽 참가가 순조롭게 뻗어나간 것은 결코 아니다. 여성들은 올림픽에서 제 몫을 찾기 위해 처절한 투쟁을 벌여 왔으며, 그 투쟁은 오늘날에도 계속되고 있다. 아테네에서 열린 첫 올림픽에는 14개국에서 241명 선수들이 참가한 가운데 9개 경기 종목(43개 세부 종목)이 치러졌다. 선수는 모두 남자뿐이었고 여자는 단 한 사람도 없었다. 아예 여자 종목이 없었기 때문이다. 근대 올림픽을 탄생시킨 프랑스의 쿠베르탱은 완고한 보수주의자로 여성들의 올림픽 참가를 극력 반대했다.

여자 선수들이 처음 모습을 나타낸 것은 1900년 파리에서의 제2회 대회 때였다. 이 대회에는 26개국으로부터 1,225명 선수들이 참가해 17개 경기 종목(86개 세부 종목)이 치러졌다. 여자는 테니스와 골프 두 종목에만 고작 11~12명의 선수가 출전해 전체의 1퍼센트에도 미치지 못했다. 여자 선수의 수효가 1백 명을 넘어선 것은 1924년 제8회 파리 대회 때이다. 하지만 참가선수 3,029명 가운데 여자 선수는 136명으로 겨우 4.32퍼센트에 지나지 않았다. 1928년 제9회 암스테르담 대회는 3,014명 가운데 여자 선수가 290명으로 지난 대회보다 배로 늘었으나 그래도 전체의 9.62퍼센트였다. 여자 선수가 1천 명을 돌파한 것은 1972년 제20회 뮌헨 대회 때로 7,123명 가운데 1,058명, 비율로는 전체의 14.8퍼센트였다. 올림픽에 참가하는 여자 선수들이 늘어나게 된 계기 가운데 하나로 금녀의 조직이었던 IOC에 여성 위원이 등장한 것을 꼽을 수 있다.

핀란드의 육상선수로 1972년 뮌헨 올림픽, 1976년 몬트리올 올림픽, 1980년 모스크바 올림픽에 출전했던 올림피안(Olympian)인 프리요 헤그만(당시 30세)이 1981년 IOC 사상 최초의 여성 위원이 되었다. 헤그만 위원의 IOC 입성으로 올림픽의 여자 종목 증가는 박차를 가하기에 이른다. 1996년 애틀랜타 올림픽에서는 1만 320명 가운데 여자 선수가 3,503명으로 33.9퍼센트를 기록했다. 2000년 시드니 올림픽에서는 1만 651명 가운데 여자 선수가 4,069명으로 38.2퍼센트로 올랐다.

올림픽을 유치한 후 경기장 건설을 비롯해 매사에 늑장을 부렸던 2004년 아테네 대회부터 여자 레슬링(자유형)이 도입되면서 '남성들의 아성' 가운데 남은 것은 이제 복싱뿐이다. 남자만의 종목으로 야구가 있긴 하지만 여자에게는 소프트볼이 있으니 비긴 것으로 치면 되겠다. 고대 올림픽에 여자는 출전할 수도 없고 관중이 될 수도 없었다. 그러나 제우스의 아내인 헤라를 기리는 '헤라 게임'에서는 단거리달리기를 겨루었다.

위반하면 낭떠러지에서 밀어 떨어뜨려 죽여

고대 올림픽은 여성을 완전히 배제한 스포츠 제전이었다. 여성은 경

여성은 고대 올림픽에 출전할 수도, 구경할 수도 없었다. 그러나 제우스의 아내인 헤라를 기리는 헤라 게임에서는 단거리달리기를 겨루었다. 참가자격은 미혼여성으로 제한됐었다.

기 출전은 물론 구경조차 허용되지 않았다. 이를 위반하면 올림피아 근처의 산꼭대기 낭떠러지에서 밀어 떨어뜨려 죽이도록 되어 있었다. 사실인지 아닌지 확실하지는 않지만 유명한 이야기가 있다.

기원전 5세기 로도스 섬의 페레니스라는 여성이 남성 코치로 변장해 경기장 안으로 들어가 아들의 복싱 경기를 구경하다가 흥분한 나머지 정체를 드러내고 말았다. 그러나 그녀의 아버지가 고대 올림픽 사상 이름난 복싱 왕인 디아고라스였던 데다가 오빠, 남동생, 아들까지 올림픽의 우승자였기 때문에 '가문의 영광'에 힘입어 사형을 면했단다. 그때부터 여자가 변장해서 경기장 안으로 들어오지 못하도록 코치도 모두 선수처럼 알몸으로 등록하게 했다고 한다.

참가는 그렇다 쳐도 어째서 여성을 구경조차 못하게 했을까? 고대 올림픽의 금녀제도에 관한 문헌은 작지만 선수들이 모두 알몸이었기 때문이라는 도덕적인 문제 때문만은 아니었던 것 같다. "옛 스파르타에서는 남녀가 함께 체력강화 훈련을 치렀다. 그때 남성은 알몸이었다. 따라서 도덕적인 문제가 아니라 오히려 여성의 존재가 남성의 경기력을 저하시킨다고 믿었기 때문이 아닐까"라는 주장이 있다. 고대 올림픽 참가자는 10개월간의 훈련을 거쳐 대회를 앞둔 30일 동안 합숙훈련을 가진 후 그 성적에 따라 참가 자격이 주어졌다. 따라서 금욕생활을 지낸 젊은 남성들이 경기장에서 여성을 보기만 해도 집중력이 흐트러져 경기력에 지장을 가져왔을 것이라는 설은 나름대로 그럴듯하다. 또 다른 주장도 있다. "고대 그리스의 사회적 차별이 그대로 고대 올림픽에 반영됐을 뿐이다. 당시 그리스의 여성들은 사회적 모임이나 공공행사에는 거의 참가할 수 없었다. 종교적·정치적으로 중요했던 고대 올림픽도 마찬가지였다"는 주장에도 귀를 기울일 만한 가치가 있는 것 같다.

그렇지만 예외는 있었던 모양이다. 풍요의 여신 데메테르를 받드는 여사제 한 사람은 반드시 경기를 관전했다. 기원전 472년 이후 올림피아에서 올림픽과는 다른 시기에 제우스의 아내인 '헤라'의 이름을 딴 '헤라 게임'이 열려 미혼여성들이 달리기를 겨루었다는 기록이 남아 있다. 그러니까 고대 그리스에서도 여성들이 스포츠를 하겠다는 욕구를 가지고 있었다는 이야기다.

첫 올림픽부터 시작된 여성의 도전

1896년 아테네의 첫 올림픽에서 여성 참가의 문호를 굳게 닫았던 것은 쿠베르탱을 비롯한 IOC위원들이 "여성들이 살갗을 드러내고 땀을 흘리면서 육체적으로 겨루는 것은 볼썽사납다"는 당시의 사회풍조에 듬뿍 젖어 있었기 때문이다. 쿠베르탱은 목숨을 다하기 1년 전인 1936년에 이렇게 썼다.

"참다운 올림픽의 용사는 남성이다. 여성이 자신을 공개된 장소에서 구경거리로 드러내지 않는 한 스포츠를 하지 말라고는 않겠지만 여성의 주된 역할은 우승자에게 관을 건네주는 것이다."

스포츠를 통해 세계 평화에 이바지하고 청소년을 교육하겠다는 '열린 생각'을 지녔던 쿠베르탱이 여성의 올림픽 참가에 관해서만은 이토록 보수적이었다는 사실에 쓴웃음을 금할 길이 없다. IOC 최초의 여성 부위원장을 지낸 애니타 디프랜츠(미국)는 쿠베르탱을 "이 세상에 완벽한 인간이란 없다는 이야기다"라고 평했다.

여성의 참가를 금지했던 1896년 제1회 아테네 올림픽에서 한 사람의 그리스 여성이 몰래 마라톤에 참가했다는 이야기가 있다. 멜포메네라는 이 여성은 아테네 올림픽 조직위원회에 참가신청을 냈으나 받아들여지지 않자 마라톤의 출발신호와 함께 출발선 옆에서 미끄러지듯 17명 남자 선수들 틈에 끼어 들어가 차례로 탈락하는 선수들을 제치고 꾸준히 달려 4시간 30분이나 걸려 완주했다고 한다(다음 날 달렸다는 설도 있다). 우승자인 그리스의 스피리돈 루이스의 기록은 2시간 58분 50초로 3시간에 1분 10초 모자랐다. 골이 마련된 파나시나이코 경기장은 경기가 끝나 이미 문을 닫아 버렸기 때문에 멜포메네는 경기장 밖에서 마지막 한 바퀴를 돌았다고 전해진다. 여자 마라톤이 올림픽 정식 종목이 된 것은 그로부터 거의 1백 년 후 1984년 로스앤젤레스 올림픽부터다.

쿠베르탱의 실권을 틈타 여자 종목 채택

1900년 제2회 파리 올림픽에 처음으로 여자 선수들이 참가했다. 그토록 여성들의 올림픽 참가에 강력히 반대했던 쿠베르탱이 자기 나라 프랑스 파리에서 열린 올림픽에 여자 선수들을 받아들인 까닭은 과연 무엇이었을까?

제2회 파리 올림픽은 파리 만국박람회의 부속 국제경기대회였다. 프랑스는 재정적으로 빈약해서 성공적인 개최가 어려운 올림픽을 정부 예산이 확보되어 있는 만국박람회의 부속행사로 치르기로 했다. 그래서 제2회 파리 올림픽은 만국박람회의 개최기간과 맞추어 1900년 5월 20일부터 10월 28일까지 5개월 이상에 걸쳐 경기를 드문드문 치렀다. 그러다 보니 어느 것이 올림픽 경기고, 어느 것이 만국박람회의 구경거리인지 그 한계가 모호했다.

당초 쿠베르탱은 자신의 친구를 올림픽 조직위원회 위원장으로 앉히고 올림픽 주최권을 장악하려 했다. 그러나 "만국박람회의 조직권한은 스포츠까지 포함해 모두 우리에게 있다"는 만국박람회 조직위원회의 강력한 주장에 밀려 쿠베르탱도, IOC도 경기운영의 실권을 잃고 말았다. 훗날 쿠베르탱은 "그때 만국박람회 조직위원회에게 경기운영을 양보한 것은 큰 잘못이었다"고 후회했다. 쿠베르탱이 경기운영의 실권을 잃은 틈을 타서 이 대회에서는 테니스와 골프에 여자 종목이 채택될 수 있었다. 미국·영국·프랑스 등 적어도 5개국에서 11~12명 여자 선수들이 참가했다고 한다.

여자 테니스 싱글의 우승자인 영국의 샬럿 쿠퍼는 모든 종목을 통틀어 올림픽 사상 최초의 여자 우승자로 기록되고 있다. 당시 쿠퍼의 사진을 보면 발목까지 덮은 긴 스커트를 입고 있었다. '저런 거추장

여자 선수가 처음으로 참가한 1900년 제2회 파리 올림픽 여자 테니스 싱글의 우승자인 영국의 살럿 쿠퍼. 긴 소매에 발목까지 덮는 긴 치마가 세월을 느끼게 한다.

스러운 긴 치마를 입고 어떻게 테니스를 칠 수 있었을까?' 라는 의문이 들 정도다. 하긴 발목이 살짝 보이기만 해도 '섹시하다' 고 떠들썩한 시대였으니 여자가 테니스를 치려면 긴 치마를 입을 수밖에 없었을 것이다.

수영복 입고도 '나체 노출죄' 로 체포

여성들의 올림픽 참가를 위한 투쟁은 경기 유니폼의 길이를 둘러싼 투쟁이기도 했다. 1907년 호주 태생의 이름난 수영선수이자 수중 쇼의 스타인 아네트 켈러만이 미국 보스턴의 바닷가에 현재의 수영복에 가까운 차림으로 나타나자 큰 소동이 벌어졌다. 몸에 찰싹 달라붙고 팔다리를 드러낸 수영복을 입은 켈러만은 '나체 노출죄' 로 체포됐다.

그때까지 여자 수영복이란 통상의 양복과 다를 바 없었다. 두꺼운 양복감으로 만들어져서 물에 젖더라도 몸의 선을 드러내지 않도록 긴 오버스커트에 바지로 이루어져 있어서 그걸 입고 물에 들어가 가만히 있는 것은 몰라도 도저히 헤엄치기는 어려운 물건(?)이었다.

재판에서 자신이 '살갗을 드러냈기 때문에' 체포된 것을 알게 된 켈러만은 머리를 짜내 새로운 수영복을 만들어 냈다. 스타킹과 팔에 딱 맞는 소매를 단 이 수영복은 살갗을 드러내지 않아 법에 걸리지는 않지만 몸의 선을 드러내기 때문에 논쟁을 불러일으켰다. 켈러만의 수영복은 많은 여성들로부터 압도적인 지지를 받았다.

올림픽에서 여자 수영이 처음으로 채택된 것은 육상보다 16년이나 빠른 1912년 스톡홀름 대회였다. 올림픽에 여자 수영이 선을 보이자 무엇보다도 여자 선수들의 수영복 차림이 남성들에게

최초의 전설적인 여자 피겨스케이터 맷지 사이어드(영국)는 1902년 피겨 세계선수권대회에 출전해서 위대한 울리히 살코우(스웨덴)에 이어 2위를 차지했다. 그때만 해도 피겨 세계선수권대회에 여자부가 따로 마련되지 않았던 시절이다. 사이어드는 여성들의 스포츠 참여를 개척한 선구자의 한 사람으로 꼽힌다.

큰 인기였다. 훗날 IOC 위원장이 된 에드스트롬(스웨덴)은 자기 고장에서 치르는 올림픽에 여자 수영을 도입하려고 적극적인 자세를 보였다. 여자 선수의 올림픽 참가에는 반대의 입장이었던 쿠베르탱 IOC 위원장은 탐탁지 않았으나 자신이 고안해 낸 근대 5종경기의 올림픽 도입과 맞바꾸어 여자 수영을 받아들였다는 뒷이야기다.

1912년 스톡홀름 올림픽에서 처음으로 여자 수영 자유형 100m가 치러졌다. 호주는 이 종목에서 금과 은을 차지했고, 영국은 3위에 파고들었다. 왼쪽부터 1위 파니 듀락크(호주), 2위 윌헬미나일리(호주), 3위 제니플레처(영국).

여자 수영이 처음으로 채택된 이 올림픽에서도 수영복 논쟁은 그치지 않았다. USOC(미국 올림픽위원회)의 설리번 위원장은 "여자 선수들이 긴 스커트를 입지 않고 경기하는 것은 부도덕하다"고 반대해서 여자 수영 선수단의 파견을 거부했다. 그러자 다른 경기 종목의 여자 대표선수들이 "그렇다면 우리도 안 가겠다"고 연대해서 올림픽을 보이콧하는 바람에 USOC가 모든 여자 선수단의 올림픽 파견을 중지할 수밖에 없는 사태로까지 번졌다.

스톡홀름 올림픽의 여자 수영은 팔과 무릎 위까지 다리를 드러낸 수영복 차림으로 치러졌고, 그 후 이 수영복은 꽤 오랫동안 올림픽의 여자 수영복으로 자리를 잡았다.

"수영에서도, 테니스에서도 경기 유니폼의 길이를 둘러싼 투쟁은
보수적인 사회통념과의 싸움이기도 했다. 호된 비판을 각오하고 도전
한 여성들의 의지와 힘이 경기 참가 확대의 길을 열었다"고 영국 라프
보로 대학의 이언 헨리 교수는 말한다.

IOC와 맞서 열린 여자 올림픽

IOC가 여성들의 올림픽 문호개방에 인색해 하고 있었을 때, 프랑
스에 앨리스 밀리아라는 여성 체육지도자가 있었다. 1919년 밀리아
는 IOC에게 "1920년 앤트워프 올림픽부터 여자 육상을 정식 종목으
로 채택해 달라"고 요구했으나, 쿠베르탱 IOC 위원장은 고개를 가로
저었다.

밀리아는 1921년 영국, 미국, 스위스, 이탈리아, 체코슬로바키아 등
을 끌어들여 FSFI(국제여자스포츠연맹)를 결성하고 자신이 회장에 취
임했다. 1922년 밀리아가 이끄는 FSFI는 파리에서 육상경기만을 치르
는 여자 올림픽을 열어 IOC와 IAAF(국제육상경기연맹)를 당황하게 만
들었다. 공교롭게도 5개국 65명 선수들이 참가한 여자 올림픽은 뜻밖
으로 큰 성공을 거두었다.

3만 명 관중들 앞에서 여자 선수들은 11개 세부 종목에 걸쳐 18개 세
계신기록을 세웠다. '지나친 배신 행위'라고 IOC는 분통을 터뜨렸지
만, 신문들은 '여자 올림픽 탄생'을 크게 다루었다.

여자 올림픽이 뜻밖의 인기를 끌자 IOC는 에드스트롬 IAAF 회장(후
에 IOC 위원장이 됨)에게 "두 개 올림픽이 있을 수 없으니 문제를 해결
하라"는 지시를 내렸다. 에드스트롬은 밀리아와 직접 만나 FSFI가 '올

림픽'이라는 어구를 사용하지 않는다면 IAAF는 1928년 암스테르담 올림픽부터 여자 육상을 도입하도록 힘쓰겠다고 약속했다. 밀리아는 여자 육상 10개 세부 종목의 채택을 요구했으나 암스테르담 올림픽에서는 5개 세부 종목만이 실시됐다. 이에 불만을 품은 영국 여자 선수단은 이 대회를 보이콧했지만 그래도 여자 육상이 올림픽의 정식 종목으로 채택된 것은 FSFI가 IOC에게 거둔 큰 승리라고 할 수 있겠다.

여자 올림픽은 1926년 스웨덴의 예테보리에서의 제2회 대회부터 국제여자경기대회로 이름을 바꾸고 1936년까지 계속됐으나 올림픽에 여자 육상이 채택된 데다가 IAAF의 줄기찬 압력에 못 이겨 FSFI는 차츰 그 영향력을 잃어 갔다.

1952년부터 1972년까지 IOC 위원장을 지낸 브런디지(미국)는 1920~1930년대를 돌아보면서 "밀리아는 부지런히 활동했고, 올림픽의 문호를 여성들에게 개방하라고 끊임없이 요구했다. 정말 골치 아픈 존재였다"고 고개를 살래살래 흔들었다.

"밀리아는 IOC에게 남녀평등을 요구한 최초의 인물이다. 그녀는 우리에게 올림픽에서 남녀는 평등할 수 있다고 처음으로 가르쳐 준 사람이다"라고 여성사를 전공한 아니타 테더는 말한다.

여자 육상의 발목 잡은 오보(誤報)

우여곡절 끝에 1928년 암스테르담 올림픽에서 처음으로 여자 육상의 5개 세부 종목이 채택됐다. 이 종목들 가운데 가장 긴 거리의 달리기는 800m였다. 올림픽에서 여자 육상 중·장거리는 오랫동안 제동을 받게 된다.

미국의 《뉴욕 타임즈》는 "800m 달리기는 여성들에게 지나친 부담

별로 인기가 없었던 여자 피겨스케이팅을 화려한 의상과 눈부신 점프기술 등으로 훌륭한 구경거리 스포츠로 진화시킨 소냐 헤니는 1928년, 1932년, 1936년 동계올림픽에서 3연패를 이룩한 뒤 프로로 전향해 할리우드 영화, 아이스쇼 출연 등으로 엄청난 돈을 벌었다. 헤니는 여자 피겨가 돈벌이의 수단이 될 수 있는 길을 열어놓았다.

제4대 IOC 위원장을 지낸 스웨덴의 지그프리드 에드스트롬 박사는 여성들에게 올림픽 참가의 문을 넓혔다. 그는 1937년부터 1942년까지 IOC 부위원장을 지냈고 제2차 세계대전이 끝나자 1946년부터 1952년까지 IOC 사령탑을 맡았다.

을 준다. 9명 선수 가운데 6명이 골에 들어오자 피로 탓에 땅바닥에 고꾸라졌고, 몇 명은 실려 나갔다"고 보도했다. 영국의《런던 데일리 메일》은 "여자 육상선수 쓰러지다. 올림픽 경기의 맹렬한 부하(負荷). 울먹이는 아가씨들"이라는 자극적인 제목을 뽑았다. 일본의 이름난 스포츠 저널리스트인 가와모토(川本信正)도 그의 저서《스포츠 찬가》에 "골에 들어간 9명 선수가 모두 필드에 쓰러지고 말았다"고 썼다. 육상경기는 여성의 몸과 출산 능력에 나쁜 영향을 끼친다고 믿던 시대였다.

IOC는 각국 신문들의 "800m 달리기는 여성들에게 가혹한 경기다"라는 보도를 빌미로 그 후 올림픽에서 여자 육상의 중·장거리 종목을 배제해 버렸다. 여자 800m 달리기가 다시 등장한 것은 그로부터 32년이나 지난 1960년 로마 올림픽에서였다. 문제는 암스테르담 올림픽의 여자 800m 경기에서 실제로 많은 선수들이 골에 들어온 후 쓰러졌느냐 하는 점이다.

그러나 사실 골에 들어온 9명 가운데 쓰러진 것은 4위인 제니 톰슨(캐나다) 한 사람뿐이었다. 그것도 올림픽 일주일 전에 입은 부상을 무릅쓰고 출전한 톰슨이 온 힘을 다해서 달린 끝에 쓰러졌다는 것이 사건의 진상이다. 우승자인 리나 라드케(독일), 2위 히토미 기누에(일본), 3위 잉예 옌첼(스웨덴) 등은 세계 기록을 갈아 치웠으며 나머지 선수들도 아무 문제가 없었다. 1924년 파리 올림픽의 남자 100m 금메달리스트인 해럴드 에이브러햄(영국)도 4년 후 암스테르담 올림픽에서 여자 800m 달리기를 직접 지켜본 사람이다. 그는 "그때 보도됐던 것처럼 여자 800m에서 선수들이 차례로 쓰러지는 장면은 없었다. 중거리를 처음으로 달린 두세 명의 선수들이 괴로운 표정을 나타낸 것은 사실이지만 이것도 육체적인 한계라기보다 정신적인 것으로 보였다"고 증언했다.

그렇다면 어째서 이런 오보가 많은 신문들에 일제히 실린 것일까? 올림픽사 연구로 이름난 미국의 알렌 굿맨 교수는 이렇게 풀이했다.

"많은 기자들이 실제로 경기는 보지도 않고 전해 들은 것만으로 기사를 썼을 가능성이 높다. 여성들에 대한 선입견과 드라마틱한 기사를 만들기 위한 과장이 그 원인이었을 것이다"

신문들의 오보는 그렇다 치더라도 왜 현장에 있었던 IOC와 IAAF 관계자들이 제대로 살펴보지 않고 오보를 그대로 받아들인 것일까? 아마도 여성들에 대한 편견을 지녔던 사람들에게 이 오보가 여자 육상경기를 배제하는 데 더할 수 없는 구실이 될 수 있었기 때문이 아니었을까?

여자 금메달리스트의 몸에 달렸던 남근

여성의 능력을 올림픽에서 과시한 여자 금메달리스트 가운데는 남자도 끼어 있었다. 1932년 로스앤젤레스 올림픽 여자 육상 100m에서 폴란드의 스텔라 월슈가 11초 9의 세계 타이틀 기록으로 우승했다. 4년 후 1936년 베를린 올림픽에서 스텔라의 2연패를 가로막은 것은 미국의 헬렌 스테펜스였다. 헬렌은 히틀러 총통을 만나기 위해 유리로

1932년 로스앤젤레스 올림픽 여자 육상 100m의 우승자인 폴란드의 스텔라 월슈는 '폴란드 특급열차'로 불릴 만큼 빨랐다. 그러나 1980년 변사한 뒤 검시 과정에서 남자임이 밝혀졌다.

둘러싸인 그의 개인용 관람석으로 안내됐다.

"히틀러가 들어오더니 나에게 나치식 경례를 해주더군요. 그래서 나는 우리 고장 미주리식 악수로 답례했죠. 그랬더니 히틀러는 내 손을 잡은 채 다른 손을 내 몸에 두드리더니 살짝 꼬집으면서 주말을 함께 보내지 않겠느냐고 유혹했어요. 물론 정중하게 거절했죠"라고 훗날 헬렌은 말했다.

헬렌이 스텔라를 물리치고 당시로서는 놀라운 세계 기록으로 우승한 것이 못내 분했던지 폴란드의 기자가 "사실은 헬렌은 여자가 아니라 남자다"라고 비난을 퍼부었다. 그래서 독일 임원이 헬렌이 진짜 여성인지 아닌지를 알아보기 위해 섹스 체크(sex check)를 실시했고, 헬렌은 "진짜 여자임을 밝히는 검사를 통과했다"는 성명을 발표해야만 했다.

한편 줄곧 미국에서 살아왔던 스텔라는 그로부터 44년의 세월이 흐른 뒤인 1980년 12월 고국 폴란드의 농구 팀을 환영하기 위해 리본을 사려고 클리블랜드의 할인점에 들렀다가 주차장에서 일어난 강도사건에 말려들어 총을 맞고 사망했다. 변사 사건이기 때문에 실시된 검시를 맡은 의사는 깜짝 놀랐다. 여성이라야 할 스텔라의 몸에는 작지만 남근과 고환이 달려 있을 뿐 여성의 성기는 찾아볼 수 없었다. 스텔라는 여성이 아니라 남성이었다. 11개 세계 기록을 세웠고, 41개 AAU(미국 체육회) 타이틀 그리고 올림픽의 금메달과 은메달을 차지했던 스텔라가 남성이었다는 사실은 많은 사람들을 놀라게 했다.

'민족의 제전'이라는 이름으로 한국에서도 상영된 1936년 베를린 올림픽의 기록영화는 예술성을 지닌 불후의 명작으로 온 세계의 극찬을 받았다. 인간의 아름다움을 상징하는 여인의 도약 누드가 첫머리를 장식한 이 영화는 독일의 여자 영화감독 레니 리펜슈탈이 만들었다. 레니는 자신감에 넘치는 히틀러의 연설에 매료되어 그의 일을 돕게 된다. 레니는 히틀러에게 연정을 품어 그와 맺어지기를 원했으나 "히틀러는 나에게 이성을 느끼지 않았던 것 같다"고 레니는 훗날 털어놓았다.

레니는 히틀러의 애인이었나?

올림픽을 무대 삼은 여성들의 도전은 스포츠 선수에 의해서만 치러지고 있었던 것은 아니다. 1936년 베를린 올림픽의 기록영화인 '민족의 제전'을 만들어 내 온 세계에서 열광적인 반응을 불러일으킨 독일의 여성 영화감독 레니 리펜슈탈은 여성이 남성보다 우수할 수 있음을 증명한 인물 가운데 한 사람이다.

발레리나와 영화배우를 거쳐 영화감독이 된 레니 리펜슈탈은 1932년 아직 집권 전인 아돌프 히틀러의 힘찬 연설에 사로잡혀 편지를 보

1936년 베를린 올림픽에서 나치 독일의 독재자 히틀러 총통은 여자 육상 100m의 우승자인 미국의 헬렌 스테펜스를 접견한 자리에서 그녀에게 "주말을 함께 보내자"고 유혹했으나 헬렌이 정중하게 거절했다고 전해진다.

내고 만난 것이 인연이 되어, 나치 전당대회의 기록영화 〈신념의 승리〉, 〈의지의 승리〉를 잇달아 찍어 히틀러와 나치로부터 뜨거운 박수를 받는다.

어느 날 베를린 올림픽 조직위원회의 사무총장인 카들 딤 박사가 레니를 찾아와 올림픽 기록영화를 만들어 달라고 요청했다. 레니는 "1백 개 종목이 넘는 경기 중에서 어떻게 한 편의 영화를 만들어 낼 수 있는가"라고 하며 처음에는 사양했으나, 딤 박사가 레니에게 "올림픽의 경기를 모두 담을 수는 없겠지만 올림픽의 이념은 표현하는 것이 가능하다"고 설득했다. 결국 레니는 올림픽에 관한 많은 문헌들을 놓고 연구해서 종전에는 없던 스포츠 기록영화를 만들게 된다.

'올림픽의 꽃'이라 불리는 마라톤은 선수의 입장에서 그 감정을 추구하기에 힘썼다. 피로가 쌓이면서 발이 땅바닥에 달라붙어도 어떻게 해서든지 골을 향하려는 의지의 힘만으로 달리는 모습에 백 뮤직으로는 지친 몸에 채찍질해 기권하지 말라는 듯 격려의 음악이 흐른다. 그 음악이 관중의 환성에 호응하는 가운데 선수는 스타디움에 입장해 마지막 힘을 짜내고 골에 들어간다. 이러한 아이디어는 손기정에 의해 스크린에 재현됐다. 제1부 '민족의 제전', 제2부 '미의 제전'으로 이루어진 기록영화 〈올림피아〉는 반나치 동맹의 반대로 상영하지 못한 미국을 제외한 거의 모든 나라에서 "종전의 단순한 기록영화를 벗어나 스포츠 영상을 예술적인 차원으로 끌어올렸다"고 해서 뜨거운 박수를 받았다.

제2차 세계대전이 끝난 후 레니는 나치의 협력자로 박해당해 괴로운 나날을 보내야 했다. 그러나 근거 없는 중상에 대해서는 명예훼손으로 과감하게 맞서 대부분의 재판에서 레니는 이겼다. "레니는 히틀러의 애인이었다"는 소문이 끈질기게 나돌았으나, 레니는 훗날 친구에게 "나는 히틀러를 좋아했기 때문에 그가 원하기만 한다면 맺어질 생각이 있었다. 그러나 히틀러는 나에게 이성을 느끼지 않았던 것 같다. 우리 둘 사이에는 아무 일도 없었다"고 털어놓았다.

성별검사에 울어 버린 여자 선수

여자 경기에 때때로 남자가 등장해서 말썽이 된 적이 있었다.

1932년 로스앤젤레스올림픽 여자 육상 100m에서 금메달을 딴 스텔라 월슈(폴란드)는 사망한 후 남성임이 밝혀졌고, 1936년 베를린 올림픽 여자 높이뛰기에서 4위를 차지한 독일의 도라 라첸도 훗날 남자였음이 드러났다. 1964년 도쿄 올림픽 여자 육상 400m 릴레이에서 금메달을 딴 폴란드의 에바 클로브코프스카는 1967년 성별검사에서 여성이 아니라는 판정을 받아 실격되고 말았다.

올림픽사에서 가장 충격적인 여성 차별로는 1966년부터 1999년까지 계속된 성별검사를 꼽는 사람들이 많다. 여자 경기에 여자가 아닌

1960년 로마, 1964년 도쿄의 두 올림픽에서 여자 포환던지기에서 금메달을 연거푸 따낸 소련의 타마라 프레스는 1966년부터 섹스 체크가 실시되자 자매인 이리나 프레스(1960년 로마 올림픽 여자 허들 100m 금메달리스트)와 함께 국제경기 무대에서 사라졌다.

남자가 출전한다는 것은 공정치 못하다는 것이 성별검사 실시의 가장 큰 이유다.

1960년 로마, 1964년 도쿄의 두 올림픽에서 여자 포환던지기의 금메달을 연거푸 차지한 타마라 프레스와 1960년 로마 올림픽 여자 육상 100m 허들의 우승자인 이리나 프레스 자매(구 소련)는 1966년 유럽 육상선수권대회부터 성별검사가 도입되자 국제경기 무대에서 자취를 감추어 버렸다. IOC와 IAAF가 인정하지 않은 1963년 자카르타에서의 GANEFO(신흥국가경기대회) 여자 육상 800m에서 처음으로 '2분의 벽'을 깬 북한의 신금단(辛金丹)도 "남자가 아닌가?"라는 의심을 받고 있었다. 신금단도 성별검사가 실시되면서부터 국제경기에 나타나지 않았다.

1966년 유럽 육상선수권대회에서 처음으로 도입된 검사방법은 의사들 앞에서 여자 선수들이 차례로 알몸이 되는 시인(視認) 조사였다. 이어 자메이카에서의 영연방경기대회에서는 IAAF의 지시에 따라 산부인과전문의인 여의사들이 모든 여자 선수를 직접 검진했다. 여자 선수들의 성별검사가 "여성들의 인권을 침해하는 굴욕적인 처사"라는 항의가 계속되자 다음 해부터는 성염색체 검사가 도입됐다.

1968년 멕시코 올림픽부터 치러진 것은 구강 안의 점막을 채취하는 성염색체 검사였다. 하지만 대회마다 검사방법은 달라 1970년 방콕 아시안 게임에서는 검진만 실시되어 여의사 앞에서 알몸이 된 여자 선수 가운데는 울음을 터뜨리는 사람까지 나왔다.

수영보다 더 자극적인 비키니 수영복 차림의 여자 비치발리볼은 텔레비전의 시청률을 높이기 위해 올림픽 종목으로 채택됐다는 비판을 받았다. 일부 완고한 보수주의자들로부터 '에로 올림픽 종목'이라고까지 불리는 이 경기를 폐쇄적인 북한이 '모래터 배구 경기'라는 이름으로 중계했다니 그들도 비치발리볼에 매력을 느끼는 모양이다.

유일하게 다시 여성으로 인정받은 마리아

1972년 뮌헨 올림픽의 경우는 참가 여자 선수 1,070명 전원의 머리카락을 뽑아 성염색체를 검사했다. 여성(XX)을 나타내는 성염색체인 X염색체를 가진 XXY의 여성도 초기 검사에서는 여성으로 인지됐었다. 그러나 1972년 삿포로 동계올림픽부터는 XXY 염색체를 가진 여자 선수는 '남성'으로 판정해 실격시켰다.

하지만 이 검사도 완전한 것은 아니었다. 1985년 고베(神戸) 유니버시아드 대회에서 스페인의 여자 육상선수 마리아 파티노는 성별검사

제2차 세계대전이 끝난 후 첫 올림픽인 1948년 런던 대회 여자
육상 4관왕인 네덜란드의 파니 블랜커즈 쿤은 두 아이의 어머니
인 30세 가정주부였다. 지구촌 가족, 특히 여성들은 쿤의 놀라운
활약에 뜨거운 박수를 보냈고 네덜란드는 쿤이 개선하는 날을
임시 국경일로 지정하고 그녀를 환영했다.

결과 'Y염색체를 지닌 남성'으로 진단됐다. "진짜 여성은 아니다"라는 신고를 받은 마리아의 인생은 엉망이 되고 만다.

"내 인생에서 일어났던 일 가운데 가장 슬픈 사건이었다. 신문은 내가 여성이 아니라는 이야기를 크게 다루었고, 여자로서 육상경기를 못하게 됐으며, 애인도 친구도 그리고 장학금도 잃었다"고 마리아는 당시 아픔을 돌이켰다.

억울함을 풀기 위한 활동에 나선 마리아는 저금도 바닥이 나는 곤경에 빠졌다. 국왕에게 자신의 딱한 사정을 호소한 마리아를 그 분야 전문의인 샤페레 교수가 도와주기 위해 나섰다. 마리아는 Y염색체를 지니고 있긴 해도 남성 호르몬에 반응할 수 없는 특수체질로서 비록 월경도 없고 출산도 할 수 없으나, 다른 신체 기능이나 심리는 여성으로 판단된다는 것이다. 3년 후 마리아는 여성으로 재승인되어 성별검사 결과를 뒤집은 유일한 경우가 됐다.

"남녀의 성차는 흑백으로 간단히 가려지는 것이 아니다. Y염색체를 지닌 여성은 1천 명 가운데 1명 꼴이다. 반대로 남성 가운데도 Y염색체를 지니지 않은 사람이 있다. 성염색체 검사는 여성을 폭로할 뿐이다"라고 샤페레 교수는 말한다. 마리아의 억울한 경우가 계기가 되어 IAAF는 1991년 성별검사를 폐지했다.

IOC는 1999년에 이르러서야 개별적으로 의심스러운 경우라면 몰라도 여자 선수 전원에 대한 성별검사는 중지하기로 했다. 따라서 IOC가 성별검사를 중지하기 전인 1996년의 애틀랜타 올림픽에서는 성별검사를 받은 3,387명의 여자 선수 가운데 8명이 Y염색체에 이어지는 유전자를 지니고 있음이 밝혀져 조용히 짐을 꾸리고 선수촌을 떠나야 했다. 도핑검사 때의 채뇨로 성별검사가 이루어질 수 있다는 것을 깨닫게 된 것도 성별검사를 폐지한 이유 가운데 하나다. 이번 아테네 올림픽부터는 성전환자도 출전할 수 있게 됐다.

차별받은 원주민 위해 달린 프리먼

2000년 시드니 올림픽의 성화 최종주자인 캐시 프리먼은 성화를 봉송하는 동안 내내 표정이 굳어 있었다. 그녀는 호주의 원주민인 애버리진(Aborigine)이다. 많은 애버리진들은 그동안 자신들을 천대하는 인종차별 정책을 펴 왔던 호주 백인들이 마치 호주에는 아무런 차별정책이 없었던 것처럼 시치미 떼고 올림픽을 정치적으로 이용하고 있다고 비난해 왔다. 지난날 호주 정부의 원주민 차별정책은 가혹했다. 퀸즐랜드에서는 애버리진의 인구가 더 불어나지 않도록 강제로 여성들의 자궁을 드러내는 수술을 실시했던 시기도 있었다. '잃어버린 세대'로 불리는 부모 자식 강제 격리 정책이나 백인 문화 동화 정책, 뿌리 깊은 인종차별은 애버리진의 마음에 깊은 상처를 남겼다. 프리먼의 할머니는 그런 격리 정책의 희생자였고, 스포츠맨이었던 아버지는 애버리진의 사회병인 알코올 중독으로 건강을 해치고 세상을 떠났다.

시드니 올림픽을 계기로 세계의 매스컴들이 크게 다룬 애버리진 인권 문제의 상징적 존재가 바로 성화 최종주자인 프리먼이었다. 개회식으로부터 열흘 뒤인 9월 25일 밤 여자 육상 400m 결승에서 프리먼은 원주민을 포함한 호주 사람들의 큰 기대에 짓눌리지 않고 우승했다. 골에 들어온 후 잠시 넋 나간 사람처럼 앉아 있던 프리먼은 훗날 그때를 이렇게 회고했다.

"나는 자신의 꿈만을 위해 달린 것은 아니었다. 많은 다른 사람들의

① 2008년 베이징 올림픽 여자 역도 슈퍼 헤비급(75kg 이상)에서 장미란(한국)은 총계 326kg의 세계신 기록으로 금메달을 따낸 직후 두 손을 모아 수줍은 웃음을 지었다. 외신들은 이 웃음을 '세계 으뜸의 웃음', '가장 아름다운 미소' 라고 표현했다.

② 2000년 시드니 올림픽 성화 최종주자인 캐시 프리먼은 애버리진이라 불리는 호주 원주민이다. 개회식으로부터 열흘 뒤 여자 육상 400m 결승에서 프리먼은 원주민을 위해 달려 금메달을 차지해 온 세계 매스컴으로부터 각광을 받았다.

③ 이란의 라프산자니 전 대통령의 딸인 파에제 하셰미는 1993년 이슬람 여성 스포츠 대회를 창설해 이슬람 여성들에게 스포츠 참가의 길을 열어 주었다. 그러나 이슬람 세계에서 여권신장운동은 과격파의 과녁이 될 수 있는 위험한 일이라고 한다.

마음과 꿈을 안고 있었다. 그 무게는 대단했고 감당하기에 매우 힘들었다."

프리먼은 지난해 선수 생활에서 은퇴했다.

"시드니 올림픽에서 우승한 순간의 그 만족감에는 이제 결코 이르지 못한다. 정상을 다시 노리기에는 정열이나 성취욕이 부족하기 때문에 물러난다."

프리먼이 최근에 낸 자서전에서 "내가 애버리진의 아이들에게 할수 있는 일은 본보기를 보여 그들을 이끌어 주는 것이다. 나 같은 평범한 사람도 남다른 일을 해낼 수 있다는 사실을 통해 그들에게 희망을 전해 주고 싶다"고 했다.

스포츠에 목숨을 건 이슬람권 여성들

아테네 올림픽 개막 전인 2004 7월 21일, 이라크 올림픽위원회는 끔찍한 선수 학대 기구들을 공개했다. 2003년 7월 미군에 의해 살해된 우다이(이라크 전 대통령 후세인의 장남)가 썼던 기구들이다. "이라크 올림픽위원회 위원장이었던 우다이는 질투심이 무척 강해 경기에서 진 선수들뿐만 아니라 이긴 선수와 여자 선수들까지도 학대했다"고 이라크 올림픽위원회 관계자는 밝혔다.

원래 이라크는 중동 여러 나라 가운데 비교적 일찍 여성들에게 스포츠 참가의 문호를 열어 1960년대에 걸쳐 선수들을 배출해 냈다. 그러나 1990년대 이후 우다이의 폭행이 되풀이되면서 아이들을 보호하기 위해 스포츠 훈련에 내보내지 않는 가정이 늘면서 여성 선수들은 자취를 감추었다.

IOC는 "1999년 탈레반 정권 아래 아프가니스탄 올림픽위원회가 여성 스포츠 참가를 금지한 것은 IOC 헌정 위반"이라며 아프가니스탄 올림픽위원회의 자격을 정지했다. 그 후 탈레반 정권이 무너지자 자격 정지를 해제해 2004년 아테네 올림픽부터 아프가니스탄의 복귀가 가능해졌다.

탈레반 정권 이전에도 이슬람교의 엄한 옷차림 규제 등으로 아프가니스탄 여자 선수는 단 한 사람도 올림픽에 참가하지 못했다. 그러나 아테네 올림픽에는 육상과 유도에 각각 1명의 아프가니스탄 여자 선수가 사상 처음으로 출전했다. 비록 여자 유도 70kg급 1회전에서 스페인 선수에게 단 45초 만에 굳히기 한 판으로 지고 말았지만, 유도 선수 프리바 라자이는 아프가니스탄 여성으로서 올림픽에 처음 출전한 것만으로도 뜻깊은 발자취를 남긴 셈이다.

"지금도 공포심 때문에 부르카(온몸을 덮은 긴 옷)를 걸치는 여성들이 있다. 나도 올림픽에서 돌아오면 과격파들이 테러의 표적으로 삼을지 모르니 얼마 동안 몸을 숨기라는 권고를 받고 있다"고 프리바는 말한다.

아프가니스탄 같은 나라에서는 아직도 올림픽에 나가는 여성은 위험을 각오해야 한다. 프리바는 과격파를 포함한 이슬람 국가의 남성들뿐만 아니라 여성들에게도 안타까움을 느끼고 있다.

"두려워만 하고 있어서는 아무것도 할 수 없다. 모두 마음만 합치면 잘못된 일을 바로잡을 수 있다. 나는 아직 어리고 영향력도 없지만 언젠가는 여성의 권리를 바로 세우는 데 도움이 되고 싶다. 내가 올림픽에 출전한 것을 계기로 용기를 갖게 되는 여성들이 많아졌으면 좋겠다"고 프리바는 이슬람 여성들의 단결을 호소했다.

이란에서는 1979년 혁명으로 여성들의 권리가 제약되었으나, 머리

1960년 로마 올림픽 여자 육상 달리기에서 미국의 흑인선수 윌마 루돌프는 100m, 200m, 400m 릴레이에서 모두 3개의 금메달을 차지했다. 놀랍게도 18명이나 되는 형제자매를 지닌 윌마는 어릴 때 소아마비에 걸려 두 다리로 일어서지도 못했으나 어머니의 징성어린 보살핌으로 병원에 다니면서 완치되어 세계를 제패하기에 이르렀다. 윌마는 인종차별을 받던 흑인들에게 그리고 남성우월주의에 시달렸던 여성들에게 용기와 희망을 불어넣어 주었고 특히 소아마비 환자들에게 밝은 등대가 됐다.

좋은 한 여성 체육지도자가 여성들에게 스포츠 참가의 길을 열었다. 라프산자니 전 대통령의 딸인 파에제 하셰미는 이슬람 여성 스포츠연맹회장을 맡고 1993년 이슬람 여성 스포츠 대회를 창설했다. 그녀는 '여성은 자기 집안이 아닌 다른 남성에게 살을 보여서는 안 된다'는 규율에 걸리지 않는 묘안을 짜냈다.

사격·승마 등의 특정종목은 스카프, 무릎 밑까지 늘어지는 긴 저고리, 그리고 발목까지 덮는 바지 차림의 경기 유니폼을 입혀 경기를 치렀다. 경영·육상 등 살을 드러내야 되는 종목에서는 남성 임원, 남성 보도진, 남성 관객들을 모두 경기장에서 내보내고 통상의 수영복이나 육상 유니폼을 입고 여성들만 경기를 가졌다. 남성이 보지만 않으면 살을 드러내도 아무 일이 없기 때문에 이 방법을 그 어느 누구도 트집 잡을 수는 없었다.

2001년 제3회 이슬람 여성 스포츠 대회에는 23개국으로부터 795명의 이슬람 여성들이 참가해 12개 경기 종목에서 겨루었다. 참가 선수나 대회 임원들은 아직도 이슬람 과격파의 과녁이 될 가능성이 있다. 여성 스포츠 진흥에 힘쓰는 이슬람 여성들은 신념을 위해 목숨을 걸고 있다고 볼 수 있다.

여자 종목 증가와 IOC의 상업적 속셈

2004년 아테네 올림픽부터는 여자 레슬링(자유형), 라이플 사격의 여자 자유권총 개인 25m, 요트의 여자 잉글링급, 펜싱의 여자 개인 세이버가 정식 종목으로 채택됐다. 이로써 올림픽의 여자 선수들의 참가가 늘어나고 있는 것은, 즉 여자 경기 종목을 늘려 나갈 수 있는 것은 막대한 텔레비전 방영권료와 스폰서 기업들이 내놓는 거액의 찬조금

이 있기 때문이다. 텔레비전의 첫 방영권료가 지불됐던 1960년 로마 올림픽 때는 125만 달러에 지나지 않았으나, 44년 뒤인 아테네 올림픽에서는 14억 8,200만 달러로 치솟았다.

톱 스폰서 11사가 내놓고 있는 것으로 어림되고 있다. 톱 스폰서 11사는 코카콜라·VISA·타임지(《스포츠 일러스트레이티드》지)·코닥·제록스·맥도널드·존 행콕(생명보험) 등 7개가 미국 기업이고, 나머지 4사는 삼성전자(한국)·마쓰시타 전기산업(일본)·스위치(스위스)·아토스 오리진(IT관련, 프랑스)이다.

텔레비전 방영권료와 스폰서의 협찬금을 밑천으로 IOC가 올림픽의 여자 경기 종목을 늘려 나가고 있는 것은 반드시 여권신장만을 위한 것이 아니다. 올림픽의 관중과 팬들을 늘려 나가면 늘려 나갈수록 보다 많은 텔레비전 방영권료와 스폰서의 협찬금이 확보되는 것도 여성 경기를 증가시키고 있는 이유 가운데 하나라는 분석이 있다.

"버스는 만원이다"

1994년 IOC 총회에서 사마란치 IOC 위원장이 비대화되어 가고 있는 올림픽을 빗대 놓고 한 말이다. 그러나 정작 올림픽의 비대화에 앞장선 사람은 사마란치다. 당시의 프로그램위원회가 제시한 "복싱, 야구, 근대5종 등을 올림픽에서 빼버리자"는 삭감안을 사마란치 위원장은 '지나치게 혁명적'이라고 휴지통에 던져 버렸다. 비대화를 가속시킨 원인은 상업주의다. 사마란치 전 위원장의 오른팔로서 상업주의를 밀고 나갔던 딕 파운드 전 부위원장은 "사마란치는 새로운 경기를 추가하고 또 추가했다. 문제는 우리 가운데 아무도 반대의 뜻을 밝힌 사람이 없었다는 점이다"라고 반성했다.

동계올림픽의 여자 피겨스케이팅이나 하계올림픽의 여자 체조는 같은 종목의 남자 경기보다 훨씬 높은 텔레비전 시청률을 기록하고 있다. 비키니 차림의 여자 비치발리볼 그리고 아테네 올림픽부터 새로 채택된 여자 레슬링도 많은 인기를 끌었다. 스포츠용구 소비자의 79퍼센트는 여성이라는 통계는 스폰서 기업들이 여자 종목 증가에 호의를 갖도록 만들고 있다.

놀라운 속도로 진행되는 남녀평등

2004년 아테네 올림픽은 준비과정부터 3명의 그리스 여성들이 앞장서서 이끌어 나갔다. 마치 눈부신 여권신장의 대회임을 상징하듯이 디스칼라키 대회조직위원회 위원장, 개최도시인 아테네의 바코야니스 시장, 그리고 파리페트랄리아 문화부장관(직무대행) 모두 여성이었다. 금녀(禁女)의 조직이었던 IOC에도 큰 변화가 일어나고 있다. 애니타 디프랜트(미국)는 박사학위까지 지닌 여성 변호사로 IOC 부위원장까지 지내며 올림픽과 스포츠에서의 여권신장에 힘썼다.

데프랜츠는 "스포츠 경기뿐 아니라 여성들이 IOC, NOC(국가올림픽위원회), IF(국제경기단체), NF(국가경기단체) 등 스포츠 조직에서 남성과 동등하게 의사 결정에 참여하게 되어야 한다"고 강력히 주장했다.

1995년 IOC는 NOC와 IF에 "집행위원회나 이사회에 여성 인원 수를 2000년까지 10퍼센트, 2005년까지는 20퍼센트로 끌어올리라"고 지시했다. 이 지시에 따라 여성 위원이 10퍼센트에 이른 NOC는 2003년 말 60퍼센트 좀 넘어섰고 여성 이사가 10퍼센트를 넘긴 IF는 32퍼센트에 지나지 않았지만 변화는 꾸준히 이루어지고 있다. 1980년 모스크바 올림픽 때만 하더라도 여성 IOC위원은 단 한 사람도 없었다. 하지만 2004년 아테네 올림픽 개막을 앞두고 123명의 IOC 가운데 여성 위원은 12명으로 약 9.7퍼센트 이르렀고, 2016년 초에는 99명의 IOC위원 가운데 23명이 여성이다. 2008년 런던 올림픽 참가선수는 10,900명, 그 가운데 여자 선수는 4,608명으로 42.3퍼센트에 도달했다. 리우 올림픽의 해인 2016년 초 IOC위원 92명 가운데 20명이 여성으로 22퍼센트에 조금 못 미친다. 하지만 1980년 모스크바 올림픽 때만 해도 여성 IOC 위원이 주목할 만한 여권신장이 IOC 안에서 이루어지고 있는 셈이다. 행정자치부가 밝힌 바에 따르면 2014년 말 기준으로 전체 공무원의 수가 1,000,000명을 돌파해 1,000,310명에 이르렀으며 그 가운데 43.9퍼센트가 여성이라고 밝혔다.

미 국방성은 2016년 1월부터 여성들에게 모든 전투병과를 개방한다고 발표했다. 특수부대인 레인저(육군 특수부대), 그린베레(공수 특전단), 네이비 실(해군 특수부대), 해병대 전투부대, 공군 낙하산부대에도 여군들의 모습을 볼 수 있게 된다. 온 세계에 걸친 정치, 사회, 경제, 문화 등 각 분야에서 이루어지고 있는 남녀평등의 물결 속에 스포츠와 체육계에서도 큰 변화가 일어나고 있다.

주간지의 여왕《선데이 서울》인기 연재만화

'미스터 기막혀'
-고두현

나는 1935년 일본 오사카에서 태어나 항구도시 고베(神戶)에서 초등학교를 다니다 광복을 맞은 1945년 겨울 한국으로 돌아와 인천에서 자랐다. 일본은 미국과 쌍벽을 이룰 정도의 만화 왕국이었고, 나는 만화읽기를 무척 좋아했다. 어릴 때 나의 꿈은 만화가가 되는 것이었다. 1958년 한국해양대학 항해과를 졸업했으나 당시 우리나라에 탈 만한 배가 없었다. 그래서 우선은 만화가의 길을 걸어 보기로 했으나 지금이나 그때나 만화가의 등용문이 없었다.

당시 여성월간지인《여원》이 독자만화를 모집해 투고를 해보았더니 운이 좋았는지 3차례 연속으로 1등을 차지했다. 심사위원장은 '코주부'로 이름난 원로 만화가 김용환 화백이었다. 훗날《동아일보》문화부장을 맡으신 최일남 선배가 편집장을 맡고 계셨던《여원》에서 두 차례 원고청탁을 해서 난생 처음으로 만화가로서 원고료를 받아 보기도 했다. 그러나 출판문화가 지금처럼 발달되지 않았던 때라《동아일보》에 '고바우 영감'을 그리시는 김성환 화백, 그리고《경향신문》에 '두꺼비'를 연재하시던 안의섭 화백 정도가 안정된 일자리를 지니고 있을 뿐 '왈순 아지매'로 훗날 이름을 떨치게 된 정운경 화백도 몇 군데 잡지에 작품을 싣고 있는 상태였다.

생각다 못해 대학을 졸업한 지 2년 만에《서울신문》견습기자 공채시험에 응시했더니 역시 운이 좋아 합격했다. 세상 일은 한치 앞을 내다볼 수 없는 것인지 1961년 5·16 군사혁명이 일어나 박정희 정권이 추진한 수출 위주의 경제정책 탓으로 우리나라에 많은 배가 들어오기 시작했다.

《서울신문》에서는 이른바 인기부서인 정치부, 경제부, 사회부 등에 배치가 되지 않고 체육부에 몸담게 됐다. 요즘은 많은 언론기관이 스포츠부라 부르는 모양이다. 사실 스포츠 기자를 해보니 차츰 재미를 느끼게 됐다. 정상급 선수들이 겪는 고통과 영광을 파고들다 보면 재미있는 이야기들이 많기 때문이다. 스포츠 기자를 하면서 SIDE JOB으로 만화도 그렸다.

《서울신문》이 주간지 《선데이 서울》을 창간하면서 '미스터 기막혀'를 연재했고, 소년 월간지 《새소년》에 프로레슬링 만화 '제왕' 그리고 《월간 여학생》에 '노고지리 클럽'을 각각 연재했다. '미스터 기막혀'는 한동안 꽤 인기가 있었나. 하지만 정윤경 화백의 말대로 남을 웃기는 만화 그리기란 여간 힘든 것이 아니었다. 어느덧 스포츠 칼럼 쪽에만 힘을 기울이게 되어 만화는 꼭 필요한 경우가 아니면 붓을 들지 않게 됐다.

나는 60세로 정년퇴임할 때까지 본지 체육부에만 있었던 깃은 아니다. 1971년 주간국으로 옮겨져 《주간소년 서울》, 《선데이 서울》을 거쳐 1975년 창간된 《주간 스포츠》 부장을 맡게 됐다. 고정 칼럼도 갖게 되고 긴 글도 쓰게 되어 훗날 스포츠 칼럼니스트가 되는 기초를 닦게 됐다. 《서울신문》을 떠난 뒤 대한태권도협회 기관지인 《월간 태권도》가 창간되면서 편집장을 맡았다.

조갑제 대표(조갑제 닷컴)가 《월간조선》을 책임 제작하고 있는 동안 나는 몇 차례 청탁을 받고 난생 처음 200자 100매의 긴 글을 써 보게 됐다. 조갑제 대표를 알게 된 경위는 그가 《월간조선》에 대기자론(大記者論)이라는 글을 썼을 때였으니까 내가 아직 《서울신문》에 몸담고 있었던 1995년 이전 일이다. 부서를 통솔할 능력도 욕심도 없었던 나는 《서울신문》에서 부장급, 부국장급 그리고 국장급 기자까지 됐으나 일단 대기자로 꼽혔던 것이 아닌가 싶다. 조갑제 대표는 기획력, 분석력에 뛰어난 분이라 이야기를 나누면서 배우는 바가 많았다. 어느덧 80의 고개를 넘고 단행본도 12권이나 썼다. 이 책은 내가 꼭 스포츠팬들에게 남겨주고 싶은 글, 그리고 그동안 《월간조선》을 비롯해 다른 간행물에 실었던 글 가운데 간추려 꾸며 보았다.

사 람 들

정년퇴임한
스포츠 대기자

高斗炫 씨

35년을 스포츠 담당 기자로만 일관했던 高斗炫 서울신문 논설위원
(61)이 지난 6월 말 정년퇴임했다. 60년 서울신문 입사 이후 그는
스포츠 빅게임이 있는 곳에는 국내외를 막론하고 쫓아다녔다. 그 중에
서도 복싱, 레슬링, 유도 등 격투기가 그가 자주, 그리고 즐겨 취재한
종목이었다. 작년엔 전설적인 레슬러 역도산 일대기를 책으로 펴내기
도 했다. 우리 스포츠사의 산증인이라 해도 손색이 없다. 신문사를 떠
나긴 했지만 기자로서 글 쓰는 작업은 중단하지 않을 작정이다. 당장
은 신문사 제직시절부터 맡았던 스포츠 전문지의 칼럼기고에 몰두할 계
획이다. 高씨는 『스포츠 전문기자는 경기 스코어만 전달하는 것이 아
니라 팬들이 궁금해 하는 점을 심층취재하여 보도해야 한다』며 『뛰어
난 외국어 구사능력이 필요하다』고 말했다.

사진 · 글／李相善 朝鮮日報 출판사진부 기자

고두현의 저서 목록

스포츠의 영웅들

고두현의 스코어카드

우리도 해낼 수 있다
한국의 올림픽 출전사

역도산
(상·하)

베를린의 월계관

한국을 이끄는 사람들
이상백

한국을 이끄는 사람들
손기정

얼굴없는 군사
두억시니

재미있는
육상경기 이야기

TV도 잡지 못한
2002 월드컵드라마

상훈
• 한국신문협회상(1978년)
• 체육훈장 거상장(1989년)
• 아산체육기자상(1994년)

저서
• 스포츠의 영웅들(1978년 · 어문각)
• 고두현의 스코어카드(1978년 · 세종출판공사)
• 우리도 해낼 수 있다-한국의 올림픽 출전사(1982년 · KBS사업단)
• 역도산-상 · 하(1994년 · 한나래)
• 베를린의 월계관(1997년 · 국민체육진흥공단)
• 한국을 이끄는 사람들-이상백(2002년 · 교원)
• 한국을 이끄는 사람들-손기정(2002년 · 교원)
• 소설 두억시니(2007년)
• 재미있는 육상경기 이야기(2008년)